权威·前沿·原创

皮书系列为
"十二五""十三五"国家重点图书出版规划项目

中国社会科学院创新工程学术出版资助项目

社会蓝皮书
BLUE BOOK OF CHINA'S SOCIETY

2018年中国社会形势分析与预测

SOCIETY OF CHINA ANALYSIS AND FORECAST
(2018)

主 编/李培林 陈光金 张 翼
副主编/李 炜 范 雷 田 丰

社会科学文献出版社
SOCIAL SCIENCES ACADEMIC PRESS (CHINA)

图书在版编目(CIP)数据

2018年中国社会形势分析与预测/李培林,陈光金,张翼主编.--北京:社会科学文献出版社,2018.1
(社会蓝皮书)
ISBN 978-7-5201-1986-3

Ⅰ.①2… Ⅱ.①李… ②陈… ③张… Ⅲ.①社会分析-中国-2018②社会预测-中国-2018 Ⅳ.①D668

中国版本图书馆CIP数据核字(2017)第306050号

社会蓝皮书
2018年中国社会形势分析与预测

主　　编 / 李培林　陈光金　张　翼
副 主 编 / 李　炜　范　雷　田　丰

出 版 人 / 谢寿光
项目统筹 / 邓泳红
责任编辑 / 桂　芳　张　媛

出　　版 / 社会科学文献出版社·皮书出版分社(010)59367127
　　　　　　地址:北京市北三环中路甲29号院华龙大厦　邮编:100029
　　　　　　网址:www.ssap.com.cn

发　　行 / 市场营销中心(010)59367081　59367018
印　　装 / 北京季蜂印刷有限公司

规　　格 / 开　本:787mm×1092mm　1/16
　　　　　　印　张:26　字　数:391千字
版　　次 / 2018年1月第1版　2018年1月第1次印刷
书　　号 / ISBN 978-7-5201-1986-3
定　　价 / 89.00元

皮书序列号 / PSN B-1998-002-1/1

本书如有印装质量问题,请与读者服务中心(010-59367028)联系

▲ 版权所有 翻印必究

社会蓝皮书编委会

主　　　　编　李培林　陈光金　张　翼

副　主　编　李　炜　范　雷　田　丰

课题核心组成员　李培林　陈光金　张　翼　李　炜　范　雷
　　　　　　　　　田　丰　张丽萍　邹宇春　崔　岩　朱　迪
　　　　　　　　　任莉颖

本　书　作　者　（以文序排列）
　　　　　　　　　李培林　张　翼　范　雷　吕庆喆　莫　荣
　　　　　　　　　陈　云　汪昕宇　吕学静　王永梅　李　涛
　　　　　　　　　张文婷　房　琛　房莉杰　周延东　宫志刚
　　　　　　　　　崔　岩　卢阳旭　何光喜　赵延东　刘保中
　　　　　　　　　孙秀林　施润华　朱　迪　高文珺　朱妍桥
　　　　　　　　　江治强　王　晶　田　丰　祝华新　廖灿亮
　　　　　　　　　潘宇峰　罗　杰　田　明　贾　峰　杨　珂
　　　　　　　　　田　烁　黄潇漪　周恋彤　乔　健　刘晓倩
　　　　　　　　　彭　超　张效榕　张久荣　吕　鹏　靳朝晖
　　　　　　　　　张丽萍

主要编撰者简介

李培林　男，山东济南人。博士，研究员，中国社会科学院副院长，中国社会学会学术委员会主任。主要研究领域：发展社会学、组织社会学、工业社会学。主要代表作：《村落的终结》（专著）、《社会结构转型——中国经济体制改革的社会学分析》（专著）、《和谐社会十讲》（专著）、《另一只看不见的手——社会结构转型》（专著）、《转型中的中国企业：国有企业组织创新论》（合著）、《新社会结构的生长点》（合著）、《社会冲突与阶级意识——当代中国社会矛盾问题研究》（合著）、《国有企业社会成本分析》（合著）、《中国社会发展报告》（主编）、《中国新时期阶级阶层报告》（主编）等。

陈光金　男，湖南醴陵人。博士，研究员，中国社会科学院社会学研究所所长，《社会学研究》主编。主要研究领域：农村社会学、社会分层与流动、私营企业主阶层。主要研究成果：《中国乡村现代化的回顾与前瞻》（专著）、《新经济学领域的拓疆者——贝克尔评传》（专著）、《当代中国社会阶层研究报告》（合著）、《当代英国瑞典社会保障》（合著）、《内发的村庄》（合著）、《中国小康社会》（合著）、《当代中国社会流动》（合著）、《多维视角下的农民问题》（合著）、《当代中国社会结构》（合著）等。

张　翼　男，甘肃静宁人。博士，研究员，中国社会科学院社会发展战略研究院院长。主要研究领域：工业社会学、人口社会学、家庭社会学、社会流动、社会融合等。主要代表作：《就业与制度变迁：下岗职工与农民工——两个特殊群体的就业》（专著）、《国有企业的家族化》（专著）、《中国人社会地位的获得：阶级继承与代内流动》（论文）、《中国城市社会阶层冲突意识研究》（论文）、《当前中国中产阶层的政治态度》（论文）、《农民工进城落户意愿与中国近期城镇化道路的选择》（论文）、《中国婚姻家庭的变化态势》（论文）。

李　炜　男，陕西西安人。博士，研究员，中国社会科学院社会学研究所社会发展研究室主任。主要研究领域：发展社会学、社会分层、社会研究方法。主要研究成果：《社会福利建设研究的民意视角》（专著）、《提升社会质量的社会政策建设》（著作/合著）、《农民工在中国社会转型中的经济地位和社会态度》（论文/合著）、《当代中国社会阶层的主观性建构和客观实在》（论文/合著）、《中韩两国社会阶级意识比较研究》（论文）。

范　雷　男，浙江嵊州市人。博士，副研究员，中国社会科学院社会学研究所社会发展研究室研究人员。主要研究领域：发展社会学。主要研究成果：《当代中国民生》（著作/合著）、《当代中国城市化及其影响》（著作/合著）、《当代中国生活质量》（著作/合著）、《80后青年的政治态度》（论文）、《城市化进程中的劳动力市场分割》（论文）、《当前中国住房状况与住房不平等》（论文）。

田　丰　男，安徽蚌埠人。中国社会科学院社会学研究所青少年与社会问题研究室副主任，研究员。主要研究领域：人口与家庭社会学、青少年与大学生、社会问题与社会治理、社会分层、调查研究方法。主要研究成果：《当代中国家庭生命周期》（专著）、《家庭负担系数研究》（专著）、《城市工人与农民工的收入差距研究》（论文）、《改革开放的孩子们——中国"70后"和"80后"青年的公平感和民主意识研究》（论文）、《消费、生活方式和社会分层》（论文）、《高等教育体系与精英阶层再生产——基于12所高校调查数据》（论文）。

摘　要

本报告是中国社会科学院"社会形势分析与预测"课题组2018年度分析报告（社会蓝皮书），由中国社会科学院社会学研究所组织研究机构专家、高校学者以及国家政府研究人员撰写。

本报告以"新时代的社会发展"为主题，分析了2017年中国经济社会发展的形势，指出在运行发展总体格局良好的同时也面临诸多难题和挑战。报告认为，2017年，党的十九大的胜利召开，为全面实现小康社会之后的中国描绘了新的现代化强国的宏伟蓝图。改革开放以来，尤其是党的十八大以来，中国经济社会发展成效显著。2017年，中国经济社会保持良好的全面发展态势且亮点纷呈。国民经济平稳增长，供给侧结构性改革初见成效；民生支出继续提升，城乡居民收入持续增长；社会保障覆盖范围继续扩大，精准扶贫成就显著。中国特色社会主义进入新时代，社会主要矛盾已经转化为人民日益增长的美好生活需要和不平衡不充分的发展之间的矛盾。因此，站在历史新时期的起点，大力提升发展质量和效益，推进社会公平公正，更好满足人民在经济、政治、文化、社会、生态等方面日益增长的需要，将成为今后中国发展的主要任务。

本书以翔实的统计数据和实地调查资料为依据，分四大板块，用1篇总报告和18篇分报告，分别讨论了2017年中国社会运行发展的总体状况和未来形势。总报告分析了2017年经济社会运行发展的总体形势以及面临的宏观问题和挑战。第二板块用6篇报告，比较全面地分析了2017年居民收入和消费、劳动就业、社会保障、教育事业、医疗卫生以及社会治安等领域的形势和问题。第三板块包括6篇调查报告，这些报告涉及中国社会发展质量，新兴共享经济的社会影响，大学生的就业、生活和社会态度，都市新白

领的生存状况、中国老年人的互联网生活以及城乡困难群体生存状况等社会热点问题，依据翔实的调查数据进行了分析和透视。第四板块由6篇专题报告组成，其中3篇专题报告系统描述和分析了中国互联网舆情状况、食品药品安全形势和环境保护形势，既肯定了2017年取得的进步和成绩，也分析了存在的问题和面临的新挑战；其余3篇专题报告则重点分析了近年来产业工人阶级、农户和新设立的小微企业的发展状况及其面临的难题。在这些问题上，各篇分报告都提出了具有针对性的对策建议。

序
我国新时代发展的特征、挑战和趋势

李培林

党的十九大报告指出,改革开放以来,经过长期努力,中国特色社会主义进入了新时代,这是我国发展新的历史方位。在这个新时代,我国发展产生一系列新特征,面临着一些前所未有的新挑战,也呈现一些未来发展的新趋势。

一 新时代发展的新特征

在新时代发展的新阶段,我国的发展显示出一系列阶段性新特征,准确把握这些新特征,是我国做出新判断、提出新思路、制定新战略、落实新举措的重要基础。

1. 实现了从"站起来""富起来"到"强起来"的历史性跨越

近代以来的中华民族历经磨难、饱受屈辱,数代仁人志士用血和生命追寻富民强国的道路。新中国的建立,标志着中国人民站了起来;改革开放取得的巨大成就,标志着中国人民逐步富裕起来;新时代中国特色社会主义,开辟了全面走向社会主义强国的新征程。

2. 中国特色社会主义发展道路产生世界性影响

东欧剧变、苏联解体曾一度被西方视为"历史的终结"和资本主义的完胜。西亚、北非一些国家的"民主化"浪潮,也一度成为资本主义全球化胜利的标志。在复杂多变的国际形势下,中国坚持和发展中国特色社会主

义,经过改革开放近40年的发展,我国发生了翻天覆地的巨大变化,经济持续快速发展,经济总量上已经成为世界上第二大经济体,人均GDP达到8000多美元,按照国际标准已经进入从中高收入国家向高收入国家迈进的阶段,人民生活水平不断提高并对未来充满信心。中国的发展为解决人类发展问题开辟了一条新的道路,贡献了中国智慧和中国方案,为发展中国家走向现代化提供了全新选择。

3. 开辟走向社会主义现代化新征程

制定长期的发展规划并实现规划,这是中国发展的一大特色。我国在改革开放初期就提出从解决温饱、实现小康到实现现代化的"三步走"战略。新时代为第三步又制定了"两步走"的蓝图,即第一个阶段,在全面建成小康社会的基础上,从2020年到2035年用十五年的时间,基本实现社会主义现代化;第二个阶段,从2035到本世纪中叶,在基本实现现代化的基础上,再奋斗十五年,把我国建成富强民主文明和谐美丽的社会主义现代化强国。

4. 走向现代化的征程步入工业化、城镇化中后期

现代化是一个漫长的历史发展过程,伴随着从农业的、乡村的、封闭半封闭的传统社会向工业的、城镇的、开放的现代社会的转型。中国经过新中国成立以来近70年的发展,特别是改革开放近40年的快速发展,工业化程度和城镇化水平都步入中后期发展阶段。今天,我国发展的基础、发展的动力、发展的条件、发展的战略选择都大不一样了。

5. 人民的生活需求发生深刻变化

人民的生活需求是随着经济的发展、社会的变迁和生活水平的提高而不断变化的。当前和今后一个相当长的时期,人民美好生活需要将日益广泛,不仅对物质文化生活提出了更高要求,而且在民主、法治、公平、正义、安全、环境等方面的要求日益增长。全面准确把握人民生活的新需求,是正确选择民生建设政策的基础。

6. 以人民为中心的新发展理念统领发展全局

发展依然是解决我国一切问题的基础和关键,但发展必须坚持创新、协

调、绿色、开放、共享的新发展理念，必须始终把人民利益摆在至高无上的地位，让改革发展成果更多更公平惠及全体人民。

中国特色社会主义进入新时代，这是一个非常重大的判断，它也需要我们深入思考面临的新挑战和未来发展的新趋势。

二 新时代发展面临的新挑战

在这个新时代，我国社会主要矛盾已经转化为人民日益增长的美好生活需要和不平衡不充分的发展之间的矛盾，社会主要矛盾的变化是关系全局的历史性变化。这意味着，我们今天的发展面临着一些前所未有的新问题、新挑战，这些问题和挑战不仅完全不同于改革开放以前的30多年，而且与改革开放以后30多年的情况相比，也发生了极其深刻的变化。

从发展的动力来看，一方面，我国长期以来推动经济高速增长的投资和出口，对经济的拉动作用明显减弱，消费对经济增长开始发挥基础性作用，其贡献率已达到近2/3，但随着信贷消费的快速发展，家庭债务也增长得很快，我国作为一个发展中的大国，能否靠消费维持长期增长仍然存在很大争议；另一方面，我国成为"世界工厂"所依靠的劳动力低工资和无限供给的比较优势，也逐步在减弱，在经济增长下行的情况下劳动力成本仍在持续上升，劳动力的供给出现结构性短缺，劳动力素质的提高还有待时日。

从发展的资源条件来看，我国长期以来依靠土地用途变动实现资本积累，推动了大规模的城镇化和基础设施建设，房地产成为各级财政的支柱性来源，同时在发展中以牺牲环境为代价成为普遍现象，生态环境不断恶化。当前这两个方面的约束条件已经全面收紧，我国开始实行前所未有的最严格的生态环境保护政策，中央坚决抑制房地产泡沫的决心也释放出强烈的信号，那就是宁肯经济增长速度放慢一点，也决不允许房地产价格疯涨和生态环境继续恶化。我们所要的经济增长，今后必须是高质量的增长。

从发展路径来看，改革开放以来我国依靠让一部分人一部分地区先富起来的大政策，打破了"大锅饭"，实现梯度增长，可以说这个大政策功不可

没。但现在发展起来以后，不平衡问题凸显出来，城乡、区域和社会成员之间的发展差距、收入差距和财富差距，都已经过大，这不仅不符合中国特色社会主义的本质要求，也对中等收入群体的成长、大众消费的发展和经济增长的可持续产生严重的负面影响。根据世界各国发展经验，解决这个问题比解决发展的问题还要难，必须长期努力、久久为功，但也要注意防止福利民粹主义绑架民意，要建设既有活力又和谐有序的公平正义社会。

从发展承担的社会负担来看，我国改革开放以来社会总抚养比（少年抚养比与老年抚养比之和）持续下降的时期已经结束，2011年跨过拐点并持续快速上升。随着人口结构的持续变动和人均预期寿命的延长，我国老龄化的速度远高于我们过去的多数预测结果，老龄化的程度也远高于一些发达国家在同等发展程度时的情况，即所谓"未富先老"。我国老龄人口总量的庞大和老龄化速度超乎寻常所显示的这种"超常规老龄化"，究竟会对我国未来的发展产生何等的深刻影响，由于多种复杂影响因素的存在，目前还很难进行精确的评估。新时代我国发展面临的新问题、新挑战还有很多，这些问题和挑战都需要我们进行细致的分析和精确的评估。

三　新时代的未来发展新趋势

一是中国将跨越"中等收入陷阱"。按照世界银行公布的标准，高收入国家需跨越人均GDP 12616美元的门槛。根据我国目前的发展水平和年均增长速度，预计我国将会在2025年前跨越"中等收入陷阱"，步入高收入国家行列，当然具体哪一年跨越，要看实际的经济增长速度、人口的增长数量以及人民币兑美元的汇率。中国是一个有13亿多人口的大国，如能如期跨越中等收入陷阱，是一个重大的历史事件，毕竟第二次世界大战以来，只有少数国家成功实现了这种跨越。越是人口大国，这种跨越越是艰难。日本人均GDP从1972年接近3000美元，到1984年突破1万美元，用了12年时间；韩国人均GDP从1987年超过3000美元到1995年达到11469美元，用了8年时间。我国2008年人均GDP超过3000美元，大概需要15年时间达到12000美元左右。但高收入国家并不一定是高生活品质的国家，相当一部分高收入国家都不属于发达国家，所以，进入高收入国家门槛后，我国仍处于并将长期处于社会主义初级阶段的基本国情没有变，我国是世界最大发展中国家的国际地位没有变。

二是创新驱动和产业结构升级的效应将会逐步显现。在新发展理念的引领下，我国加大教育和科技投入，大力实施技术引进和自主创新，加快产业结构的升级。创新和产业结构升级是一个艰难的、久久为功的过程，不可能一蹴而就。但经过多年的努力，我国已经逐步在国际上甩掉廉价产品生产大国和仿制大国的帽子，出口产品的品质和技术含量稳步提高，创新驱动和产业结构升级的效应将会逐步显现和爆发出来。

三是中国将成为服务业和消费大国。我国近20年来一直以世界工厂和制造业大国闻名于世，但目前产业结构正在发生深刻变化，服务业的增加值2015年超过了GDP的50%，预计到2025年达到60%，服务业就业人员占比也达到42.4%。这会在未来10年带来两大结果：一个是在全部从业人员中，所谓"白领"会超过"蓝领"，知识技术职工形成庞大群体；另一个是中等收入群体将会增加到近5亿人，中国在世界上将成为一个庞大的消费市场。

四是乡村振兴和"逆城镇化"将成为潮流。中国的城镇化已经走过了人口向大城市大规模集中和城市"摊大饼"式地向郊区扩展两个阶段，未来将迎来乡村振兴和"逆城镇化"的新潮流。乡村旅游、乡村休闲度假、乡村观光农业、乡村居住养老、乡村民宿等新兴消费形式将快速发展，农村产权制度的改革将更加深入，工作方式的深刻变化将使一部分"非上班族"城市中等收入群体选择乡村田园生活，乡村会因新的创业和年轻人的到来而重新活跃起来。

五是新的人口红利逐步形成。旧的人口红利主要指劳动力的无限供给和低成本，新的人口红利主要指劳动力素质的提高。我国目前的农民工多数还只有初中教育水平，劳动力素质提高的空间很大，随着我国从9年义务教育向12年义务教育的发展，随着职业教育的升级，随着大学毛入学率在目前

40%的水平上快速提高,将会产生一大批大国工匠、技师和工程师,新的人口红利将助推中国劳动生产率的不断提高。

六是社会保障将实现全国统筹。社会保障从全民覆盖到全国统筹是一个历史性的跨越,它将打破区域之间、单位之间的利益藩篱,将使人们更方便地异地看病、异地养老、异地就业、异地居住,有效地促进社会流动和激发社会活力。

七是极端贫困消除后将开启解决相对贫困新征程。我国将在2020年全部消除现行标准下的极端贫困人口,这将是一项令世界瞩目的伟业。但这并不意味着贫困现象的消失,相对贫困是一个长期存在的现象,我国将在新的相对贫困的标准下,开启减少和消除贫困的新征程。

前 言

本书是中国社会科学院"社会形势分析与预测"课题组第26部分析和预测社会形势的年度报告。

2018年的社会蓝皮书从以下两个方面展开分析，提出对策建议。

1. 经济社会运行发展总体格局

2017年，国际经济形势总体处于持续复苏阶段。我国国民经济平稳增长，供给侧结构性改革初见成效，前三季度国内生产总值按可比价格计算，同比增长6.9%，比上年同期加快0.2个百分点；第三产业则继续领跑，增长7.8%，对经济结构整体调整发挥着重要的促进作用。政府"三公"经费连年减少，公共财政的民生支出继续提升，其中最为突出的是，用于扶贫方面的支出增长了52%。城乡居民收入继续增长，消费结构优化，人民生活持续改善。2017年前三季度，城乡居民收入继续保持平稳增长。全国居民人均可支配收入为19342元，同比名义增长9.1%，扣除价格因素实际增长7.5%，增速比上年同期加快1.2个百分点；居民消费继续增长，而且农村居民人均消费与城镇居民人均消费之间的差距趋于缩小；消费对经济增长的贡献作用继续增强，前三季度最终消费支出对经济增长的贡献率达到了64.5%，比上年同期提高了2.8个百分点。社会保障覆盖范围持续扩大，精准扶贫成就显著，教育和医疗卫生事业改革取得新的进展。社会治安形势、食品药品安全形势和环境安全形势继续向好，社会公共安全水平继续提高，网络舆情展现出更多的正能量。

2. 经济社会发展面临的难题和挑战

2017年，中国经济社会发展在多项战略部署得到有效落实的背景下出现了全方位积极变化。但着眼于加速完成"两个一百年"战略目标和实现

社会主义现代化国家目标，目前及今后的工作任务将十分艰巨，也面临极大的挑战。一方面，尽管在宏观发展目标中，GDP已不再是核心目标，但保持必要的经济中高速增长仍是重要前提；另一方面，过去五年社会民生领域所获得的巨大成就，无形中也给其未来快速发展带来较大压力，能否继续保持现有发展态势啃硬骨头，就成为最大挑战。今后一个时期，经济仍存下行风险，发展不平衡问题需要注意，诸如地区发展不平衡、土地财政占比过高、农产品价格降低和农民收入增长受阻等。在社会发展领域，劳动力失业风险因为市场不稳定性增强而有可能增大，就业质量尚需进一步提高，部分地区劳动关系中的矛盾冲突有所反弹，新白领群体的工作生活焦虑和压力亟待舒解。收入差距仍然较大，地区之间、城乡之间和社会阶层之间收入分配格局的平衡性、公平性仍待进一步提升。社会保险基金形势仍不容乐观，养老保险全国统筹将成为社会热点问题。新医改仍在不断试错中前进，今后能否取得实质性进展，很大程度上取决于"医保"能否起到规范医疗机构行为和控制药品价格的基础性作用。同时，健康领域还有因病致贫、流动人口健康问题与民众健康素养问题需要着重加以解决。在社会公共安全领域（包括社会治安、食品药品安全、环境安全以及网络安全等），在总体形势良好的同时，也出现了一些新情况、新问题和新挑战。

总的来说，中国特色社会主义进入新时代，我国社会主要矛盾已经转化为人民日益增长的美好生活需要和不平衡不充分的发展之间的矛盾。站在历史新时期的起点，大力提升发展质量和效益，推进社会公平公正，更好满足人民在经济、政治、文化、社会、生态等方面日益增长的需要，将成为今后中国发展的主要任务。

本书的作者来自专业的研究和调查机构、大学以及政府有关研究部门，除总报告外，各位作者的观点，只属于作者本人，既不代表总课题组，也不代表作者所属的单位。

本书涉及的大量统计和调查数据，由于来源不同、口径不同、调查时点不同，所以可能存在着不尽一致的情况，请在引用时认真进行核对。

前言

本课题研究受到中国社会科学院的重点资助，本课题研究活动的组织、协调以及总报告的撰写，均由中国社会科学院社会学研究所负责。

本年度"社会蓝皮书"由陈光金、张翼、李炜、范雷、田丰、邹宇春、朱迪、任莉颖、崔岩负责统稿，李培林审定了总报告，傅学军负责课题的事务协调和资料工作。社会科学文献出版社社长谢寿光、皮书分社社长邓泳红、编辑桂芳和张媛为本书的出版做了大量工作，在此表示诚挚谢意。

编　者

2017年11月25日

目 录

Ⅰ 总报告

B.1 新时代的中国社会发展
——2017~2018年中国社会形势分析与预测
………… 中国社会科学院"社会形势分析与预测"课题组
张 翼 范 雷 执笔 / 001
    一 2017年中国经济社会发展总体形势……………… / 003
    二 2017年中国经济社会发展的挑战和难题…………… / 014
    三 2018年中国社会发展态势和重要任务……………… / 019

Ⅱ 发展篇

B.2 2017年中国城乡居民收入和消费报告 ………… 吕庆喆 / 028
B.3 2017年中国就业形势与高校毕业生就业质量报告
………………………… 莫 荣 陈 云 汪昕宇 / 040
B.4 2017年中国社会保障事业改革发展报告 …… 吕学静 王永梅 / 062
B.5 2017年中国教育改革和发展报告 …… 李 涛 张文婷 房 琛 / 082
B.6 2017年医疗卫生事业发展报告 ……………………… 房莉杰 / 099
B.7 2017年中国社会治安形势发展报告 ………… 周延东 宫志刚 / 113

Ⅲ 调查篇

B.8 新时代中国社会发展质量调查报告 ………………………………………… 崔 岩 / 130

B.9 中国共享经济发展与社会影响调查报告
——基于七城市居民抽样调查数据的分析
………………………………………… 卢阳旭 何光喜 赵延东 / 151

B.10 当代大学生生活观念和社会态度调查报告
——基于全国12所高校大学生追踪调查数据的分析
………………………………………… 刘保中 / 164

B.11 都市新白领生存状况调查报告
——基于2017年上海市调查 ………………… 孙秀林 施润华 / 183

B.12 中国老年人互联网生活调查报告 … 朱 迪 高文珺 朱妍桥 / 208

B.13 中国城乡困难群体状况调查报告 … 江治强 王 晶 田 丰 / 234

Ⅳ 专题篇

B.14 2017年中国互联网舆论分析报告
………………………………………… 祝华新 廖灿亮 潘宇峰 / 255

B.15 2017年中国食品药品安全形势分析报告 …… 罗 杰 田 明 / 273

B.16 2017年中国环境保护状况分析报告
………………………… 贾 峰 杨 珂 田 烁 黄潇潆 周恋彤 / 284

B.17 2017年中国产业工人队伍状况分析报告 …… 乔 健 刘晓倩 / 309

B.18 2017年中国农户发展状况分析报告 ………… 彭 超 张效榕 / 326

B.19 2017年中国新设小微企业状况分析报告
………………………………………… 张久荣 吕 鹏 靳朝晖 / 345

Ⅴ 附　录

B.20　中国社会发展统计概览（2017） ………………………… 张丽萍 / 360

Abstract …………………………………………………………………… / 374
Contents …………………………………………………………………… / 376

皮书数据库阅读**使用指南**

总报告
General Report

B.1 新时代的中国社会发展

——2017~2018年中国社会形势分析与预测

中国社会科学院"社会形势分析与预测"课题组

张翼 范雷执笔*

摘　要： 2017年，改革开放即将迎来40周年。党的十九大的胜利召开，为全面实现小康社会之后的中国描绘了新的现代化强国的宏伟蓝图。改革开放以来，尤其是党的十八大以来，中国经济社会发展成效显著。2017年，中国经济社会保持良好的全面发展态势且亮点纷呈。国民经济平稳增长，供给侧结构性改革初见成效；民生支出继续提升，城乡居民收入持续增长；社会保障覆盖范围继续扩大，精准扶贫成就显著。中国

---

* 张翼，中国社会科学院社会发展战略研究院院长、研究员。范雷，中国社会科学院社会学研究所，副研究员。

特色社会主义进入新时代，社会主要矛盾已经转化为人民日益增长的美好生活需要和不平衡不充分的发展之间的矛盾。因此，站在历史新时期的起点，大力提升发展质量和效益，推进社会公平公正，更好满足人民在经济、政治、文化、社会、生态等方面日益增长的需要，将成为今后中国发展的主要任务。

关键词： 新时代　社会发展　社会公平

对于当今中国而言，2017年必将以其划时代的特征而彪炳史册。始自1978年的中国改革开放事业即将迎来40周年。站在这一重要的历史节点，回顾40年来的风雨历程，中国实现了从计划经济到市场经济、从农业社会向工业社会、从封闭型社会到开放型社会、从普遍贫困向全面小康、从单位化社会到社区性社会、从成年型人口社会到老龄化人口社会的重大转型。在近40年中，中国的经济总量迅速增长，人民生活水平大幅提高，科技创新能力持续提升，综合国力不断增强，国际影响力日益显著。2017年也是邓小平同志逝世20周年。在中国改革开放事业即将进入新的历史时期之际，我们无比怀念这位坚持解放思想、实事求是，为中华民族伟大复兴奠定坚实基础、指明正确方向的老人。2017年还是中国共产党第十九次全国代表大会的召开之年。党的十九大报告在实践创新基础上进行了系统的理论创新，提出中国新时代的主要矛盾已转化为人民美好生活需要与不平衡不充分发展之间的矛盾。十九大也承上启下地对中国未来的发展进行了顶层设计意义上的重大部署，制定了新的"两步走"发展战略，决定在2020年全面建成小康社会的基础上，于2035年基本实现现代化，于2050年建设成为富强文明民主和谐美丽的社会主义现代化强国。小康社会的全面建成与新发展战略的实施，必将继续推进中国社会的不断转型，继续提高人均可支配收入、扩大中等收入群体规模、推进新型城镇化、形成城乡一体化、实施乡村振兴战略，在解决新的主要矛盾的过程中，实现中华民族伟大复兴的中国梦。

一 2017年中国经济社会发展总体形势

2017年，中国经济社会保持良好的全面发展态势且亮点纷呈。经济方面，形成了中高速增长、低通胀、低失业率的良性运行格局，城乡居民收入增速继续快于经济增速，社会消费继续成为主要驱动力，实体经济发展平稳向好，创新驱动发展战略有效落实，区域发展协调性增强，市场信心和预期得到有力提升。社会方面，财政支出持续向民生和社会发展倾斜，社会保障覆盖范围持续扩大且待遇水平稳步提高，教育质量稳步提升且教育公平获得长足进步，居民健康水平总体处于中高收入国家行列，扶贫攻坚取得令国际社会瞩目的成就，社会治安状况持续好转。与此同时，国家治理能力和治理现代化水平进一步提高。在保障国计民生稳定发展的前提下，统筹部署、精准落实，既有部门内政策创新又有部门间协调配合，既有因地施策又有地区间联动，加强了有效防范和化解金融、房地产等领域出现系统性风险的政策配置，为十九大的胜利召开也为随后十九大精神的贯彻落实创造了良好的经济社会氛围。

（一）国民经济平稳增长，供给侧结构性改革成效显著

目前国际经济形势总体处于持续复苏阶段，中国经济的持续稳定发展起着关键性作用。据国家统计局公布，2013年至2016年，我国GDP年均增长7.2%，高于同期世界2.6%和发展中经济体4%的平均增长水平。2016年，我国对世界经济增长的平均贡献率逾30%，居世界第一且超过美国、欧元区和日本贡献率总和。与此同时，2013年至2016年，居民消费价格年均上涨2.0%，31个大城市城镇调查失业率基本稳定在5%左右，中国经济总体呈现中高速增长、低通胀、低失业率的良好运行格局。另外，经济结构逐步优化，新的经济发展动能崭露头角，经济发展质量得到提升。2016年中国第三产业增加值占国内生产总值的比重达到51.6%，较2012年提高6.3个百分点；2013年至2016年，中国最终消费对经济增长的年均贡献率为

55%,内需已经成为中国经济增长的主要推动力;网上零售业的快速发展和共享经济的蓬勃兴起也成为中国经济发展的新亮点。①

2017年以来,中国经济继续保持了近年来良好的发展态势。前三季度国内生产总值按可比价格计算,同比增长6.9%,比上年同期增加0.2个百分点;分产业看,前三季度第一产业增加值同比增长3.7%,第二产业增加值同比增长6.3%,第三产业则继续领跑——增长7.8%。前三季度最终消费支出对经济增长的贡献率达到了64.5%,比上年同期提高了2.8个百分点,继续保持无可替代的重要驱动作用。1~8月份,居民消费价格同比上涨1.5%,继续维持低位运行;9月份31个大城市城镇调查失业率为4.83%,创下2012年以来最低值②;2017年实现GDP增速高于6.5%的目标已无悬念,这也为未来实现全面建成小康社会目标奠定了坚实基础。

(二)"三公"经费连年减少,民生支出继续提升

中国经济的稳定持续协调发展,为保障社会民生提供了有力支持。2017年前三季度,全国一般公共预算收入突破13万亿元,达到13.4万亿元,同比增长9.7%。同时,财政支出也保持较快增长,全国一般公共预算支出约为15.2万亿元,同比增长11.4%。

2017年4月初,中央部门预算及"三公"经费预算密集亮相引发舆论的高度关注。此次中央部门预算公开时间进一步提前,公开部门进一步增加,公开内容进一步细化,首次在共用平台集中公开预算。中央本级"三公"经费预算比2016年减少0.31亿元,继续贯彻了国务院"约法三章"要求,做到了只减不增。舆论认为,这表现出政府以公开促改革、以公开促规范,打造廉洁、节俭、高效政府的决心,获得了良好的社会反响。

近年来,由经济增速放缓导致的财政收支矛盾较为突出,但社会民生始

---

① 国家统计局:《新理念引领新常态 新实践谱写新篇章》,http://www.stats.gov.cn/tjsj/zxfb/201710/t20171010_1540653.html。
② 郭同欣:《四大宏观指标好于预期 稳中向好态势持续发展》,http://www.stats.gov.cn/tjsj/zxfb/201710/t20171030_1547428.html。

终是国家财政保障和支持的重点领域。尤其在与人民生活密切相关的科技教育、医疗卫生、劳动就业、社会保障等方面，财政支持力度不断加大。从2017年前三季度主要支出项目情况看，教育支出22312亿元，增长13.3%；科学技术支出4660亿元，增长17%，其中技术研究与开发支出增长31.5%；文化体育与传媒支出2081亿元，增长10.7%；社会保障和就业支出19946亿元，增长20%；医疗卫生与计划生育支出11834亿元，增长14.6%。[1] 最为突出的是，用于扶贫方面的支出增长了52%，表现出党和政府对保障民生、扶贫攻坚的高度重视和坚定决心。民生领域支出额的增加，在解决人民美好生活需要与不平衡不充分发展的矛盾上，又向前迈进了一步。

（三）城乡居民收入增长，人民生活持续改善

实现全体人民共同富裕是中国共产党执政的基本出发点之一。就城乡居民收入而言，十八大确立了到2020年城乡居民平均收入在2010年基础上翻一番的具体目标。2012年以来，中国城乡居民收入稳步提高。到2016年，中国城乡居民人均可支配收入为23821元，比2012年实际增长33.3%，年均实际增长7.4%。在收入增长的同时，收入差距不断缩小。2016年全国居民人均可支配收入的基尼系数为0.465，比2012年的0.474下降了0.009。

2017年前三季度，城乡居民收入继续保持平稳增长。全国居民人均可支配收入为19342元，扣除价格因素后实际同比增长7.5%，增速比上年同期上升1.2个百分点。按常住地分，城镇居民人均可支配收入27430元，扣除价格因素后实际增长6.6%；农村居民人均可支配收入9778元，扣除价格因素后实际增长7.5%。城乡居民人均收入倍差2.81，比上年同期缩小0.01。城乡居民收入增长有效扩大了中国中等收入群体规模。根据国家统计

---

[1] 《财政部2017年前三季度财政收支情况新闻发布会实录》，搜狐网，https://www.sohu.com/a/198334330_173240。

局数据，2013年我国中等收入者比重约为24.03%，2016年为34.79%，到2020年将上升到45.01%，呈现快速增长态势。①

居民收入的快速增长，为实现"收入倍增"计划打下了坚实基础。根据国家统计局的测算，在未来4年内，只要居民收入年均实际增速在5.3%以上，到2020年就可实现比2010年居民收入翻番的目标。②

在发展经济、提高劳动生产率、扩大中等收入群体规模的同时，进一步深化收入分配制度改革也是实现全体人民共同富裕的重要环节。2017年国家发展和改革委员会印发了《2017年深化收入分配制度改革重点工作安排》，提出在初次分配方面针对技能人才、科研人员、企业经营管理者、新型职业农民等多个群体，完善收入分配制度，以着力激发重点群体积极性；在再分配方面完善所得税制、社会保险制度，提高兜底保障能力，做好扶贫攻坚工作；在促进教育就业等领域机会平等、保障社会公平的同时，抑制对各类资产的过度投机性炒作，稳定预期。党的十九大提出"坚持在经济增长的同时实现居民收入同步增长、在劳动生产率提高的同时实现劳动报酬同步提高"，这就意味着建立和完善合理的收入分配机制，培养和形成全社会合理的收入增长预期将成为今后深化收入分配制度改革的重点。

在改革过程中人民群众获得感和满意度的提升，直接与居民的消费水平及消费水平的提升速度相关。2017年前三季度全国居民人均消费支出13162元，扣除价格因素的影响后，同比实际增长5.9%。按常住地分，城镇居民人均消费支出17846元，同比实际增长4.5%；农村居民人均消费支出7623元，同比实际增长7.4%。农村居民人均消费支出实际增速高于城镇居民2.9个百分点。从这里也可以看出，农村居民人均消费与城镇居民人均消费之间的差距正趋于缩小。

伴随供给侧结构性改革的深度实施和经济增速的企稳回升，城乡居民的

---

① 《"提低、扩中"收入分配改革再提速》，中国网，http：//finance.ifeng.com/a/20171101/15758560_0.shtml。
② 国家统计局：《未来4年居民收入年均增速5.3%以上》，新浪新闻，http：//news.sina.com.cn/c/nd/2017-07-06/doc-ifyhwefp0140035.shtml。

消费结构也逐步优化。居民花费在吃穿等生活必需品方面的开支继续下降。2017年前三季度，全国居民人均食品烟酒支出3847元，增长5.0%，占人均消费支出的比重为29.2%，比上年同期下降0.7个百分点。受猪肉、蔬菜、禽蛋等价格同比下降影响，全国居民人均食品支出增速较慢，增长3.3%。其中，肉类支出增长2.9%，蔬菜和蛋类支出分别下降2.6%和5.0%。人均衣着支出增长2.6%，占人均消费支出的比重为6.8%，比上年同期下降0.3个百分点。

食品与衣着等开支占比的下降，势必会扩大居民在服务消费方面的比重。2017年前三季度，全国居民在居住、教育和文化娱乐以及其他服务方面的消费快速增长，分别增长9.0%、8.9%和12.2%，占人均消费支出的比重分别为22.1%、11.2%和2.6%，比2016年同期分别上升0.3个、0.2个和0.2个百分点。另外，2017年前三季度全国居民人均用于购买化妆品等个人用品的支出增长了13.1%，人均用于旅游、景点门票、健身活动等方面的消费分别增长了13.4%、13.5%和17.3%，人均用于旅馆住宿和美容美发洗浴的支出分别增长了18.9%和10.4%，人均用于家政服务的消费支出也增长了12.2%。①

现在，消费对经济增长的贡献率达到64.5%。城乡居民的恩格尔系数也继续降低，2016年全国居民的恩格尔系数降低到30.1%，其中城镇居民的恩格尔系数降低到29.3%，农村居民的恩格尔系数已降低到32.2%。②2017年前三季度，全国居民的恩格尔系数又继续降低到29.2%。③

（四）劳动就业形势平稳，创业带动就业效应明显

就业是最大的民生。2012年以来，在经济增速放缓和供给侧结构性

---

① 王萍萍：《居民收入继续较快增长 消费结构不断优化升级》，国家统计局网站，http：//www.stats.gov.cn/tjsj/sjjd/201710/t20171020_1544404.html。
② 《2016年中国居民恩格尔系数为30.1% 接近富足标准》，凤凰网，http：//news.ifeng.com/a/20171010/52548181_0.shtml。
③ 《2017年前三季度居民收入和消费支出情况》，国家统计局网站，http：//www.stats.gov.cn/tjsj/zxfb/201710/t20171019_1543840.html。

改革背景下，中国就业状况却持续改善，成为近年来中国经济社会发展中的最大亮点。五年以来，中国解决了6500多万城镇新增就业人口的就业问题，解决了2790多万下岗失业人员的再就业问题，解决了880多万城镇困难人员的就业问题，城镇的调查失业率、登记失业率均保持较低水平。

2017年前三季度，全国城镇新增就业1097万人，同比增加30万人。如果考虑到第四季度的增加额，则全年城镇新增1100万就业岗位的目标任务一定会完成。2017年以来，全国城镇登记失业率一直保持在4%以内，三季度末为3.95%；31个大城市的城镇调查失业率已连续七个月保持在5%以下，三季度末为4.83%，双双创下近5年来的最低点。

这一成就的取得，得益于中国经济平稳持续的发展，得益于第三产业发展对就业的拉动作用，更得益于政府推进简政放权与"放管服"相结合、商事制度改革以及创新驱动发展战略的改革红利。2017年前三季度，全国新登记企业451万户，同比增长12.5%，平均每天新设1.65万户；全国新登记市场主体1414.6万户，同比增长16.7%，平均每天新设5.18万户。这表明中国"大众创业、万众创新"正步入黄金时期，为中国经济持续增长带来了巨大的活力。"大众创业、万众创新"中异军突起的共享经济成为2017年人们关注的焦点之一。国家发展改革委发布的《2016年中国大众创业万众创新发展报告》指出，2016年仅互联网共享经济市场规模就突破2万亿元，参与提供服务者超过5000万人，约占劳动人口总数的5.5%。2016年，专车共享、教育、娱乐、医疗保健等领域用工需求同比均保持两位数增长。中国的"大众创业、万众创新"在国际社会得到高度评价。联合国将"大众创业、万众创新"理念写入决议，以号召世界各国通过创新摆脱经济发展的低迷状态。国际舆论也认为随着中国"大众创业、万众创新"的持续推进，一个由技术、互联网和4.15亿"千禧一代"消费选择推动的新经济正蓬勃兴起。

自高等教育扩招以来，大学毕业生的数量就一直处于增势。2016年达到756万人，2017年达到历史新高的795万人。考虑到还有自学考试等非全日制教育，全年毕业的大专生、本科生和研究生会远远超过预期的数字。但全年大学生的就业形势却处变不惊，基本完成了就业任务。中西部地区的某些省会，还出台了一系列"人才大战"的优惠政策。如西安、武汉、长沙等地，甚至将吸引大学生的就业与住房优惠政策相挂钩。在此之前，各个大城市主要以招商引资为主发展城市，但从2017年开始，被称为新一线城市的这些人口超过500万的省会则在注重招商的同时，更加强调"人才吸引"的作用。

与前几年不同的是，2017年前三季度外出务工经商的农民工增幅也有所回升。从2011年到2016年，外出农民工增速一直处于降低的态势，2011年增速为3.4%，2012年增速为3.0%，2013年增速为1.7%，2014年增速为1.3%，2015年增速为0.4%，2016年增速是0.3%。2017年第一季度，虽然外出农民工的数量减少了2.1%，但第二季度比第一季度有所回升，第三季度继续保持了较好的增长态势。

农民工在劳动力市场的竞争中，强化了本地化与短工化趋势。离土不离乡的本地农民工数量一直处于上升的态势。2016年，在超过2.8亿的农民工大军中，本地农民工为11237万人，比上年增长3.4%，增速比上年上升0.7个百分点，增量占新增农民工的88.2%。但在外出农民工中，在沿海地区制造业企业的调查发现，生产流水线上的农民工的流失率，每月都会达到7%或8%。有些企业2017年前三季度的一线工人的更换率甚至达到了50%以上。农民工的短工化趋势，一方面缘于企业之间的竞争，另外一方面也起因于企业在关停并转迁形势影响下生产过程的不稳定性，如季节性歇业、停业或裁员等。企业与农民工之间形成的这种互动特征，各自影响着对方的就业策略。但短工化会导致农民工断缴社会保险，这是需要迫切注意的重大问题。

（五）教育事业稳步发展，高等教育强国可期

教育是最大的民生工程，是大国复兴的基础。党的十八大以来，中国教育事业稳步发展。2016年国家财政性教育经费首次超过3万亿元，达到

31396.25亿元，国家财政性教育经费占GDP的4.22%[1]，这是自2012年以来连续5年其在GDP中的占比超4%。在财政性教育经费使用上也突出了向义务教育倾斜、向中西部地区倾斜、向教师工资和学生资助倾斜的特点，有效保障了教育公平。随着教育投入的持续增加，教育机会不断增加。2016年全国各学段毛入学（园）率均比2012年有所提高。其中，学前三年毛入园率由64.5%上升到77.4%，小学阶段毛入学率由104.3%上升到104.4%，初中阶段毛入学率由102.1%上升到104.0%，高中阶段毛入学率由85.0%上升到87.5%，高等教育毛入学率由30.0%上升到42.7%。[2] 学前三年毛入园率、高等教育毛入学率超过中高收入国家平均水平，九年义务教育普及程度超过高收入国家平均水平。随着教育事业的发展，教育公平日益成为社会关注的焦点。近年来，各级政府和教育行政部门均将推进教育公平放在教育事业发展的首位，针对重点地区、重点人群开展工作。通过统筹推进县域内城乡义务教育一体化改革，缩小城乡教育差距；通过加大对中西部地区教育的支持力度，明显提升中西部教育水平；通过增加优质教育供给、优化布局，保障优质教育资源的共享；通过改善贫困地区义务教育薄弱学校基本办学条件，为提升其教育质量创造物质条件；通过加大对家庭经济困难学生、随迁子女、留守儿童等的政策帮助力度，使其顺利入学并完成学业；通过提高特殊教育整体水平，保障残疾人受教育权益。

长期以来，与世界各国相比，中国只是初等教育大国和中等教育大国。但在进入新时代之后，中国已经成为世界高等教育大国。据统计，2016年全国共有高等学校2880所，比2012年增加90所，其中普通高校2596所。高等教育在学总规模达到3699万人，比2012年增加了373.8万人，增长了11.2%。高等教育在校学生人数占世界高等教育总规模的比例达到20%，使中国的高等教育毛入学率达到42.7%。2017年，普通大学招生人数继续

---

[1] 《教育部 国家统计局 财政部关于2016年全国教育经费执行情况统计公告》，教育部网站，http：//www.moe.gov.cn/srcsite/A05/s3040/201710/t20171025_317429.html。

[2] 《2016年全国教育事业发展统计公报》，教育部网站，http：//www.moe.gov.cn/jyb_sjzl/sjzl_fztjgb/201707/t20170710_309042.html。

增长,新招收大专和本科生总人数超过750万人。高等教育人数的扩张,既为中等收入群体的发展提供了有力的人力资本支持,又为中国企业的转型升级准备了技术力量。所以,在成为世界第一高等教育大国之后,中国未来的经济社会发展会更具潜力。

2017年高等教育另外一件大事,就是"双一流"建设的顺利推进。根据9月教育部、财政部、国家发展改革委印发的《关于公布世界一流大学和一流学科建设高校及建设学科名单的通知》,总计有A类36所大学和B类6所大学入选"世界一流大学建设"名单,有96所高校的相关学科入选"世界一流学科建设"名单。"双一流"建设的有序推进,必将在很大程度上改变中国与世界其他教育强国的教学与科研格局,为在21世纪中叶将中国建设成为现代化强国,实现中华民族的伟大复兴做出贡献。但在强化"双一流"建设的同时,也要解决大学教育与科研中存在的发展不平衡和不充分问题,为未入选"双一流"的大学提供必要的支持,防范新一轮"人才大战"引发的"孔雀东南飞"问题。

(六)社会保障稳步提升,健康中国惠及全民

社会保障是民生的安全网、社会的稳定器。党的十八大以来,中国建立了世界上覆盖人群最多的社会保障制度。截至2016年底,基本养老、失业、工伤、生育保险参保人数分别达到8.88亿人、1.81亿人、2.19亿人、1.85亿人,分别比2012年末增加9980万人、2864万人、2879万人、3022万人。基本医疗保险覆盖人数超过13亿人,基本实现了全民医保。在社会保障覆盖面扩大的同时,社会保障水平也稳步提高。城乡居民基本养老保险基础养老金最低标准从每人每月55元提高至70元,人均养老金水平达到120元左右。全国企业退休人员月均基本养老金从2012年的1686元增加到2016年的2362元,年均增长8.8%。① 城乡居民基本医疗保险补助标准从2012年

---

① 危昱萍:《社保五年:建立起世界上覆盖人群最多的社会保障制度》,新浪财经,http://finance.sina.com.cn/roll/2017-10-17/doc-ifymvuyt2093351.shtml。

的240元提高到2016年的420元。职工医疗保险和居民医疗保险基金最高支付限额分别为当地职工年平均工资和当地居民年人均可支配收入的6倍,政策范围内住院费用基金支付比例分别达到80%和70%左右。大病保险覆盖城乡居民超过10亿人,政策规定的支付比例不低于50%。2016年,全国月均失业保险金水平为1051元,比2012年增加344元,年均增长10.4%;因工死亡职工一次性工亡补助金标准达到62.4万元,提高18.8万元;生育保险待遇水平达到人均15385元,增加4098元。社会保障方面的改革也不断深化,截至2017年10月31日,全国所有省级异地就医结算系统、所有统筹地区均已接入国家异地就医结算系统。

2017年前三季度,社会保障覆盖范围继续保持扩大态势。截至9月底,全国基本养老、基本医疗、失业、工伤、生育保险参保人数分别为9.05亿人、11.29亿人、1.86亿人、2.24亿人、1.90亿人。社会保障水平也继续提高。2017年,城乡居民基本医疗保险补助标准继续提高到450元。① 企业职工养老金迎来"第十三连调",全国企业退休人员月均基本养老金按平均5.5%的水平继续上调,1亿退休人员从中受益。

健康是人民幸福之本,是国家强盛之基。党的十八大以来,党和政府高度重视医疗卫生事业的发展。2016年10月,中共中央、国务院发布《"健康中国2030"规划纲要》,提出了"健康优先"原则,把健康摆在优先发展的战略地位上,将促进健康的理念融入公共政策制定实施的全过程,实现健康与经济社会良性协调发展。这是1949年以来首次在国家层面提出的健康领域中长期战略规划。《"健康中国2030"规划纲要》指出,2015年中国人均预期寿命已达76.34岁,婴儿死亡率、5岁以下儿童死亡率、孕产妇死亡率分别下降到8.1‰、10.7‰和20.1/10万,居民健康水平总体上高于中高收入国家平均水平;同时也提出了到2020年居民主要健康指标居于中高收入国家前列、到2030年居民主要健康指标进入高收入国家行列和到2050

---

① 《人社部就2017年第三季度人社工作进展情况举行发布会》,中国网,http://www.china.com.cn/zhibo/2017-11/01/content_41820919.htm。

年建成与社会主义现代化国家相适应的健康国家的发展目标。"健康中国"的一个重要愿景，就是到 2030 年，全国人均寿命达到 79 岁甚至突破 80 岁，婴儿的死亡率降到 6‰，孕产妇的死亡率降到 12/10 万。①

（七）精准扶贫成就卓著，贫困人口持续减少

使贫困人口稳定脱贫是中国 2020 年实现全面建成小康社会目标的关键因素。党的十八大以来，中央提出开展脱贫攻坚。在脱贫攻坚过程中，各级政府精准识别扶持对象，精准安排扶贫项目，精准使用专项扶贫资金，向 13.3 万个贫困村派驻 18.8 万名第一书记、270 多万名干部，确保扶贫工作精准落实。经过五年来的努力，6000 多万贫困人口实现脱贫，贫困发生率从 10.2% 下降到 4% 以下。2013 年至 2016 年，贫困地区农村居民人均可支配收入年均实际增长 10.7%，比全国农村居民收入增速高 2.7 个百分点，贫困地区农民收入增速高于全国。2017 年，有 28 个贫困县顺利通过国家专项评估检查，将由省级人民政府陆续批准退出贫困县。这是脱贫攻坚以来，贫困县首次集中脱贫摘帽，也是国家设定贫困县 31 年来，贫困县数量第一次净减少。

按照每人每年纯收入 2300 元（2010 年不变价）的农村贫困标准计算，2016 年全国农村贫困人口已降低到 4335 万人，比 2015 年减少了 1240 万人。2017 年加大了对集中连片特困地区、革命老区、民族地区、边疆地区的支持力度，在基础设施建设和基本公共服务等方面给予了倾斜支持。如果 2017 年完成全年的脱困任务，再减少贫困人口 1000 多万人，则全国的贫困人口会降低到 3000 万人左右。

中国的脱贫攻坚工作得到国际社会的高度赞誉。国际舆论认为，短时间内使如此大规模的贫困人口脱贫，是中国乃至人类减贫史上史无前例的成就，它为解决人类问题贡献了中国智慧和中国方案。

---

① 《2016 年全国孕产妇死亡率下降到 19.9/10 万》，搜狐网，https：//www.sohu.com/a/125023957_387204。

二 2017年中国经济社会发展的挑战和难题

2017年，中国经济社会发展在多项战略部署得到有效落实的背景下出现了全方位积极变化。目前及今后的工作任务十分艰巨，也面临极大的挑战。一方面，尽管在宏观发展目标中，GDP已不再是追求的核心目标，但保持必要的经济中高速增长仍是重要前提；另一方面，过去五年社会民生领域所获得的巨大成就，无形中也给其未来快速发展带来了较大压力，能否继续保持现有发展态势，就成为最大挑战。

（一）经济仍存下行风险，发展不平衡问题需要注意

从2017年前三季度的经济增速表现来看，新动能有所强化、消费对经济增长的拉动作用逐步显现。但消费作用主要是在投资与出口的下降中显化的。新动能强化过程中旧动能仍然发挥着极其重要的作用。因此，经济社会发展中不可避免地存在一些需要解决的难点问题。

第一，地区发展不平衡。在各个省份中，有些延续了以往增速，有些加快了调整步伐，有些还存在很大下行风险。从2017年前三季度已经公布的数据可以看出，重庆与贵州的GDP增速分别在10%与10.1%，位居全国前列。但西部地区的甘肃，GDP增长率仅为3.6%，差距相当大。东部沿海地区的有些省份通过经济转型，发展形势相对较好，但东北地区的发展仍然需要继续加力（辽宁上半年的经济增速仅为2.1%）。这表明地区发展的不平衡与不充分问题仍然突出。

第二，收入水平不平衡。2017年前三季度，上海、北京、浙江、天津、江苏、广东等省市的居民人均可支配收入居于全国前列，分别达到44360.24元、42641.17元、32413.77元、29448.10元、26529.72元、26054.75元。但西部各省份相对较低，如贵州、甘肃、西藏前三季度居民人均可支配收入仅分别为11948.62元、11476.91元和10573.54元。收入直接影响了消费，所以西部地区的消费也难以升级。

第三，土地财政占比过大。土地财政与房地产开发仍然在经济增长中起着重大作用。在有些二线城市，土地出让收入占财政收入的比重还很高，有些城市甚至超过了80%。即使在占比较低的城市，也占30%以上。所以，在房地产调控压力逐级加大的过程中，城市的财政收入结构需要调整。

第四，农产品价格降低和农民收入增长受阻。猪肉价格一直处于低位，对2016年因为猪价上升的诱致作用而进入养殖业的农户来说，2017年长期处于亏损。生猪价格长期徘徊在每斤6.5元到7.5元。2017年10月，猪肉价格为每斤7.2元，环比降低了1.2%。玉米价格全年也处于低位，一直徘徊在0.8元/斤左右。在农民的纯收入中，务农养殖收入所占比重继续下降，务工和转移收入所占比重上升。对于种植收入和养殖收入占比较大的农户来说，粮价与肉价的下跌、农资产品价格的波动上升等，十分严重地影响着其生活的改善程度。

（二）一些城市住房价格攀升，城市生活成本加大

在2016年下半年和2017年初，全国房价涨声一片。一线城市中深圳、上海、北京、广州的商品房价格一度大幅上扬。与2015年新建商品住宅价格相比，2017年3月北京、上海、深圳、广州分别上涨了35.7%、45.6%、48.1%和36%。对于某些二线城市来说，上涨的幅度可能更高。同样与2015年相比，2017年3月的新建商品住宅，合肥、厦门、南京的价格分别上涨了48.7%、50.7%和47.9%。[①]

虽然在2017年3月的严控后，房价上涨的势头有所抑制，有些地方还出现了微跌，但与上涨所造成的价格高位相比，跌幅微乎其微。根据2017年9月份的数据，一线城市新建商品住宅和二手住宅价格环比均下降0.2%。二线城市新建商品住宅价格环比上涨0.2%，二手住宅价格环比上涨0.2%，涨幅比上月涨幅回落0.1个百分点。三线城市新建商品住宅和二

---

① 《3月70城三线城市房价普涨 二手房价格涨幅继续扩大》，凤凰网，http://house.ifeng.com/detail/2017_04_24/51065459_0.shtml。

手住宅价格环比分别上涨0.2%和0.3%，涨幅比8月分别回落0.2个和0.1个百分点。

房价的上升，不仅增加了农民工到城市购房的难度，而且还在很大程度上提升了房屋的租金，提高了租房者租房支出占总消费支出的比重。据统计，农民工的房租支出占总消费支出的比重已经达到35%左右，在超大城市、特大城市等就业的农民工的房租支出占总支出的比重更高。房租支出比重的上升，会降低工资性收入劳动者的现金积蓄率，也会在很大程度上抑制受雇就业劳动者的消费升级速度。

（三）污染防治取得关键进展，防止反弹仍需继续努力

防范并化解重大风险、污染防治、精准脱贫被舆论认为是全面建成小康社会的"三大攻坚战"。党的十八大以来，中国在环境保护、环境治理方面取得突出成就。森林覆盖率稳步提高，由2012年的21.38%上升至2016年的22.3%；大气环境质量持续改善，京津冀、长三角、珠三角地区社会高度关注的$PM_{2.5}$平均浓度2016年比2013年下降了30%以上；水环境质量总体保持稳定，2016年，全国地表水控断面中，Ⅰ~Ⅲ类水质断面占67.8%，实现"水十条"66.5%的年度目标，同比上升1.8个百分点；劣Ⅴ类水质断面占8.6%，实现"水十条"9.2%的年度目标，同比降低1.1个百分点，2017年黄河水质变清也成为社会舆论关注的热点。2016年，中央环保督察机制启动成为污染防治取得关键性胜利的重要保证。中央环保督察两年内迅速覆盖全国31个省份，问责人数超过1.7万，受理13.5万件案件，办结率超过98%。中国在经济增速不减的背景下，环境质量得到较大改善，证明了生态文明建设与经济发展同步不仅可行，而且对社会发展有着极大推动作用。

但是，中国的环境保护仍面临巨大挑战。首先是环境保护中的地区发展不平衡问题突出。2017年8月，环境保护部通报上半年水环境形势。这是环境保护部第一次向社会公开31个省（区、市）年度水质目标和水质情况"期中考试"成绩单。通报显示，2017年上半年全国地表水水质总体呈改善

趋势，其中，优良水体比例同比上升1.2个百分点，丧失使用功能水体比例同比下降1.7个百分点。然而，各省（区、市）工作进展不平衡，部分地区完成2017年水质目标难度较大。河北、吉林、福建、江西、广西、重庆、贵州、陕西8省（区、市）优良水体比例均有不同程度下降。其次是污染防治存在反弹压力。2017年11月，北京、天津、河北、山西、山东、河南等地部分城市陆续发布重污染天气橙色预警，京津冀及周边地区城市采取了区域应急联动，仅北京一地环保部门就发现违法问题83处，693家企业停限产。这表明推动环境保护、加强环境保护的任务并非一朝一夕就可以完成。污染防治既是攻坚战，也是持久战。

（四）精准扶贫任务艰巨，完全脱困需要综合施策

中国的脱贫攻坚取得巨大成就，但今后的工作仍将面临更大挑战。截至2016年底，全国农村贫困人口还有4300多万人。在过去五年中，中国以平均每年帮助1000多万人脱贫而取得令世人瞩目的成就。但在今后三年时间内继续保持这一速度则面临严峻考验。余下的深度贫困人口大多处于地理及生态条件极端恶劣、自身及家庭条件极端困难、社会保障和公共服务极端缺乏的状态，同时他们也是脱贫之后极易返贫的困难群体。

对于深度贫困群体，一方面要继续采取生活救济、易地搬迁、生态补偿、社会保障兜底等手段，综合施策以帮助他们摆脱深度贫困状态；另一方面也要重点考虑脱贫效果的可持续性，更加注重资金、土地、劳动力等要素在脱贫过程中的合理有效配置，更加注重教育赋能作用，以增技能、断穷根。从以往的脱贫情况看，深度贫困群体在脱贫过程中极易产生对政府扶持政策、脱贫举措的高度依赖，对于扶贫的安置政策、信贷政策、补偿政策、务工政策等会有持续要求。这就在一定程度上不利于深度贫困群体在短期内获得自主发展的能力。因此，在帮助深度贫困群体脱贫的过程中，不仅要强化行政手段立竿见影的效果，也要重视市场、社会的作用，通过市场力量、社会力量的影响力，从根本上解决深度贫困群体在脱贫过程中所面临的问题。

（五）人口老化形势严峻，计生政策需要继续改革

中国的人口老龄化问题已十分严峻。2016年底，中国大陆65岁及以上老年人口占总人口的比重达到10.8%，60岁及以上老年人口占总人口的比重达到16.7%。中国人口的平均预期寿命已经延长到76.5岁左右。

为改变人口结构，2017年1月5日，国务院发布了《国家人口发展规划（2016~2030年）》，希望总和生育率有所提升并稳定在适度水平，2020年人口达到14.2亿，2030年达到14.5亿。按照2016年底13.82亿人的基数，需要在2017~2020年这四年内净增加3800万人才可达到2020年14.2亿人的目标。在这期间，如果减去每年的死亡人口（以2016年死亡人口977万计），则意味着2017~2020年平均每年需新增1920万人口。但在现实中，人口的数量变化轨迹却并不完全符合预期。

2015年12月27日新修订的《中华人民共和国人口与计划生育法》中明确规定："国家提倡一对夫妻生育两个子女。"这是继2013年启动"单独二孩"政策之后的又一次计生制度的重大改革。在新制度影响之下，2016年末大陆全年出生人口为1786万人，出生率为12.95‰，死亡率为7.09‰，自然增长率为5.86‰。人口增长的主要动因来源于二孩生育所占比重的上升。据国家统计局和卫生计生部门统计，2013年以前，二孩出生数量在全年出生人口中所占比重长期保持在30%左右。2014、2015年有显著提升。2016年，二孩及以上出生人口在全年出生人口中所占比重超过了45%。这种补偿性增长，在"双独"结婚、"单独"结婚或全面二孩的政策红利释放中，会逐渐趋缓。在这种情况下，如果现行生育政策不变，则很可能会在近期出现小幅增长后再度转头向下的趋势。

在政策放开的同时，人口出生率之所以还没有完全达到政策预期，主要原因在于生活成本的上升约束了新婚夫妇的生育意愿。如果家庭发展的支持体系难以建立健全，则出生率会在短期上升之后继续掉头向下。从发达国家鼓励生育的经验看，家庭建设、经济支持、住房改善、女性就业照顾、生育产假完善、托幼服务与教育资源均等化等，对生育率的提升具有显著影响。

但这些基础性公共产品,很难在短期内补齐短板。所以,伴随人口老龄化水平的迅速提升,对计划生育政策的继续完善或者全面放开计划生育政策的限制等政策内容,就需要及时研究。在2035年基本实现现代化目标和2050年建成现代化强国的长远目标既定的情况下,如何构建适宜于中华民族伟大复兴战略的人口结构、继续发挥人口对中国特色社会主义建设的支持作用,就成为当前必须解决的重要问题。

此外,在进一步完善养老的社会保障体系、基本养老服务体系,营造尊老、爱老、助老的良好社会氛围的同时,以延迟退休政策缓解劳动人口不足和抚养比过重等客观困境的制度设计也在进行之中。由于基本养老保险替代率从1997年的70.79%下降到2014年的45%,单一的基本养老保险制度难以满足不断提高的老年生活水平需求,中国老年人口的劳动参与率近年来有所回升。由清华大学和同方人寿共同发布的《2016中国居民退休准备指数调研报告》也显示,2016年中国居民退休准备指数为6.0,这较2015年的6.51出现显著下滑,也是该指数四年来首次止涨走跌。仅有15.3%的受访者认为自己为退休进行的准备十分充分,创3年来最低;认为退休准备不足以支撑退休生活的群体较2015年增加了10%。[①] 从发达国家60~64岁和65~69岁老年人口劳动参与率看,日本为62.90%和41.44%,美国为55.80%和31.56%。老年人口再就业已成为老龄化社会的普遍现象。但中国要推进老年人口再就业,仍需在完善有关老年人再就业的法律法规,拓宽老年人再就业渠道,鼓励用人单位雇用老年人,提供老年人再就业的咨询、培训、管理等一系列服务方面下更大的功夫。

三 2018年中国社会发展态势和重要任务

2018年,我国的改革开放事业将迎来40周年。同时,实现在2020年全面建成小康社会也将进入最后的冲刺阶段。党的十九大报告指出,中国特

---

① 傅洋:《〈2016中国居民退休准备指数调研报告〉发布》,《北京晚报》2016年12月19日。

色社会主义进入新时代,我国社会主要矛盾已经转化为人民日益增长的美好生活需要和不平衡不充分的发展之间的矛盾。因此,站在历史新时期的起点上,大力提升发展质量和效益,推进社会公平公正,更好满足人民在经济、政治、文化、社会、生态等方面日益增长的需要,将成为今后中国发展的主要任务。其中,进一步缩小城乡差距、收入差距、区域差距,促进就业、教育等重点民生领域发展,鼓励民营企业和社会组织发展以激发社会活力等成为社会发展当务之急。

(一)稳步推进城镇化,住房价格调控长效机制需完善

2017年底中国城市化率将达到58%以上,预计2020年将达到60%。而以国际城市化发展的经验来看,在城市化率达到70%之前,城市化水平都将会有一个快速增长的时期。因此,中国城市化率仍将在未来十年左右的时间里呈现快速增长的态势。根据国家统计局的数据,2016年末全国总人口138271万人,其中城镇常住人口79298万人,在快速城市化发展过程中,有大约1.8亿人要从农村转移到城镇。党的十九大报告提出实施乡村振兴战略,要求在快速推进城镇化的同时,更好地推进农村发展,从而进一步缩小城乡差距。

在推进农业转移人口城镇化、市民化的同时,提升城市治理水平是一项重要任务。从国际城市化发展的经验看,当城市化率达到50%左右时易出现诸多城市社会问题,从而积聚一定的社会风险。随着近年来人口向大城市、特大城市聚集的趋势日益明显,这些城市中人口无序过快增长、房价过高、交通拥堵、治安状况不好、环境污染严重、优质公共服务供给不足等"城市病"也逐渐显现。因此,合理规划城市布局、优化城市空间结构、提升城市基本公共服务水平、创新城市社会治理就成为城市发展的重要内容,同时这也是提高城镇化发展质量,真正体现以人为核心的城镇化的必然要求。

在稳步推进城镇化过程中,要重点防止流转完农地的农民工失业。目前离开户籍地外出打工的农民工已经达到1.7亿,几乎占全国就业人口的1/4,

其中的一部分已将土地完全流转出去。据统计，到2016年底，全国农地流转面积占农地总量的比重已经超过35%。如果进城务工经商的农民工不能较好地融入城市社会，或者因为经济的波动而难以在城市顺利就业，则其在土地流转期间就难以返乡。这就需要加强对农民工的就业培训，使流转土地的农民工不再有后顾之忧。

另外，在稳步推进城镇化过程中，要避免造成城镇住房价格的较大波动，目前尤其要防止房价继续上升或反弹。本轮房价在全国的轮番上扬，增加了城镇化过程中的购房成本，加大了工薪阶层的购房难度，也抑制了整个社会的消费升级速度。来自多方面的数据表明，流动人口在城市的房租支出随房价的上升而上升了，房租支出占总消费之比越来越高，在有些城市的有些群体中已经接近1/2。在2016年到2017年的严厉调控中，一、二线城市的房价增速放缓或持平（在有些地区出现了微跌），但三、四线城市仍然延续了迅速上升的势头。虽然在2017年第三季度末期有所控制，涨幅呈现缩小的势头，但投资房产以保值增值获取利润的趋势还没有扭转。一旦放松，其反弹的力量将极其迅猛。在严控压力下，很多城市新房售价远远低于同区域的二手房出售价格，如此一手住房再转成二手出售，则可以短期收获高额差价。对于全社会而言，如果人均可支配收入的增幅低于房价增幅，则房地产的隐性泡沫就可能转变为显性泡沫。在很多乡镇与县级市，房屋的空置率伴随去库存而上升了，房屋的租金也远低于同期银行按揭。所以，政府相关部门还需要继续监控房价的变化趋势，还需要继续研究和出台房价调控的长效机制，以提升人民的获得感、幸福感和安全感。

（二）缩小收入差距，扩大中等收入群体

改革开放以来，随着我国经济、社会的快速发展，扩大中等收入群体规模，构建"橄榄形"社会结构以拉动内需、促进消费升级、保持经济中高速增长、维护社会和谐稳定已成基本共识。今后在继续发展经济、做大"蛋糕"，以打好扩大中等收入群体规模基础的同时，也要进一步深化收入分配改革，以按劳分配和按生产要素分配相结合的原则深化薪酬制度改革，

以增加知识技能、增强管理能力为价值导向激发重点群体积极性，以深化农业供给侧结构性改革为重点努力增加农民收入。

当务之急是居民实际收入增速尚需加快。根据国家统计局2017年4月发布的2016年的数据，农民工月均收入为3275元，比上年增加203元，增长6.6%，增速比上年回落0.6个百分点。分行业看，除制造业收入增速较2015年有所提高，居民服务、修理和其他服务业增速与上年持平外，建筑业、批发和零售业、交通运输仓储和邮政业、住宿和餐饮业农民工月均收入增速分别比上年回落1.5个、1.9个、1.5个和0.7个百分点。同时，城镇居民可支配收入增速有所放缓。2016年，全国居民人均可支配收入增速较2013~2015年降低。按常住地分，城镇居民人均可支配收入33616元，比上年实际增长5.6%。农村居民人均可支配收入12363元，扣除价格因素后，比上年实际增长6.2%。2017年前三季度，虽然城乡居民人均可支配收入有所上升，但需要注意的是，在平均数上升的同时，中位数的增长率却从2016年同比的8.1%下降到2017年的7.1%。这说明收入差距有所扩大。

（三）进一步缩小地区差距，增强区域发展协调性

地区发展存在的较大差距一直是影响中国社会经济发展的重要问题。党的十八大以来，中央结合国内外发展格局，提出并重点实施了"一带一路"倡议及京津冀协同发展、长江经济带发展两大战略，并取得明显成效。党的十九大报告则更加重视区域协同发展，决定实施区域协调发展战略，提出加大力度支持革命老区、民族地区、边疆地区、贫困地区加快发展，强化举措以推进西部大开发形成新格局，深化改革以加快东北等老工业基地振兴，发挥优势以推动中部地区崛起，创新引领以率先实现东部地区优化发展，建立更加有效的区域协调发展新机制。新的区域协调发展战略以解决各地区发展中存在的主要问题为出发点，立足各地区自身具有的发展优势，并按照国家发展整体布局要求进行规划，准确客观地指明了各地区今后的发展方向。尤其是围绕实现全面建成小康社会的战略目标，将区域协调发展与脱贫攻坚紧密结合，打破了以往单纯以地域为基础制定区域发展战略的惯例，将扶贫攻

坚中贫困现象最为集中的地区作为首要发展地区，凸显了国家整体发展战略中各部分之间的相互关联、相互协同。

城市群建设作为带动区域经济社会发展的增长极，在区域协调发展战略中具有重要意义。目前，原有的京津冀、长三角、珠三角三大城市群的引擎增长极作用依然显著。而近年来新批复成立的中原城市群、长江中游城市群、成渝城市群、哈长城市群、辽中南城市群、山东半岛城市群、海峡西岸城市群、北部湾城市群、关中城市群等国家级城市群也快速发展，成为国家或区域经济社会发展的重要支撑。今后，在城市群建设方面应加强城市规划、产业布局、交通布网、城市功能定位等方面的统筹安排，有效配置当地资源，注重生态环境与人口规模的均衡发展，以适应城市的经济社会承载力。2017年4月，中共中央、国务院决定在河北雄安设立国家级新区。这是继深圳经济特区和上海浦东新区之后又一具有全国意义的新区，对于集中疏解北京非首都功能、优化京津冀城市布局和空间结构、培育创新驱动发展新引擎，具有重大现实意义和深远历史意义，被称为"千年大计"。

（四）坚持就业优先战略，实现更高质量和更充分就业

党的十九大报告指出，要坚持就业优先战略和积极就业政策，实现更高质量和更充分就业。随着中国劳动年龄人口总量的连年下降，长期以来影响中国劳动力市场的供大于求的就业总量矛盾初步得到缓解，就业压力有所减轻。但就业的结构性矛盾依然较为突出，供需错位导致的大学毕业生就业问题短期内难以得到有效解决，高水平技术工人短缺现象也较为突出。而在经济增速放缓和深化供给侧结构性改革的背景下，特定区域、特定行业的就业问题将会凸显，局部性的劳动力市场供大于求的矛盾仍会显现。因此，解决就业的数量问题在今后一个时期内仍将继续成为政府确定经济发展增速的底线标准。

在注重就业数量、实现更充分就业的同时，我们也要注重就业质量、实现更高质量就业。目前在就业质量方面仍存在一些问题。第一，就业的稳定性有待增强。中国社会科学院社会学研究所主持的"中国社会状况综合调查"（CSS）历年数据显示，在询问未来6个月失业的可能性时，非农就业

人员中表示完全有可能和有可能的比例趋于上升，2013年为21.2%，2015年为23.3%，2017年则为26.0%。第二，劳动者权益保障水平有待进一步全面提高。随着政府在规范市场化前提下的劳动用工行为、保障劳动者合法权益方面的努力，各类企业劳动合同签约率稳步提高。CSS历年数据显示，2013年企业职工中签订劳动合同的比例为56.5%，2015年为61.3%，2017年上升到82.2%。但2017年私营企业职工、村居委会聘用职工、个体工商户员工的劳动合同签约率则分别为52.1%、44.2%和16.1%。因此今后应进一步规范上述单位的劳动用工行为，使劳动者权益保障水平得到全面提高。第三，劳动者超时工作现象仍较为严重。合理的工作时间有利于劳动者身心健康，同时也有助于劳动者平衡工作与家庭生活的关系。CSS历年数据显示，2013年非农就业劳动者中有45.1%的人每天工作时间超过8小时；2015年这一比例为44.2%，2017年下降到41.9%。总体来看，非农就业劳动者超时工作现象略有好转但仍较为严重，这在一定程度上降低了劳动者就业质量。因此，今后在坚持就业优先战略和推进积极的就业政策以保障我国就业状况持续改善的同时，应进一步完善劳动力市场运行机制建设，建立劳动力合理流动机制；全面规范各类单位用工行为，努力保障劳动者权益；加强劳动者技能培训，不断提高劳动者素质；加强劳动力市场服务体系建设，为劳动者就业提供良好的保障。

（五）进一步提升教育质量，普及高中阶段教育

十九大报告指出，建设教育强国是中华民族伟大复兴的基础工程，必须把教育事业放在优先位置。近年来，中国教育事业得到快速发展，但距离实现"人民满意的教育"仍有进一步努力的空间。从学前教育看，学前三年毛入园率达77.4%，高于中高收入国家73.7%的平均水平。学前教育专任教师数从2012年的147.9万人增至2016年的223.2万人，增长50.9%，专科及以上学历教师人数则增加11%，但幼儿教师的数量尤其是质量问题仍是困扰学前教育发展的瓶颈，在实现"幼有所育"的同时也要更加注重保护和促进幼儿身心健康。从义务教育看，应继续贯彻教育公平原则，推进城乡义务教育一体化发展，高度重视农村义务教育。合理调整学校布局、加强薄弱学校改造、加快落实义务教育学校标准化建设，使义务教育学校办学条件得到均衡发展。从高等教育看，"加快一流大学和一流学科建设"为中国高等教育发展提出了新要求、提供了新机遇。更加注重内涵式发展、不断提高教育质量，通过培养高素质创新型人才以服务国家经济社会发展，同时引领中西部高等教育和地方高水平大学发展，实现其"双一流"的重要使命。

随着中国九年义务教育的普及和巩固，普及高中阶段教育就成为提高国民整体受教育水平的关键。目前，中国虽距离实现高中阶段毛入学率90%这一国际公认的全面普及标准仅一步之遥，但在农村地区，尤其是中西部贫困地区、民族地区、边远地区、革命老区实现这一目标则仍是最大难题。长期以来，中国农村地区高中教育面临师资薄弱、生源流失、经费投入不足、高等教育升学率低等一系列困境。2017年4月，教育部公布《高中阶段教育普及攻坚计划（2017~2020年）》，提出到2020年，全国普及高中阶段教育，适应初中毕业生接受良好高中阶段教育的需求，并细化为全国、各省（区、市）毛入学率均达到90%以上，中西部贫困地区毛入学率显著提升等五个具体目标，同时重点攻坚中西部贫困地区、民族地区、边远地区和革命老区四类地区和家庭经济困难学生、残疾学生和进城务工人员随迁子女三类人群，着力解决普通高中大班额比例高、职业教育招生比例持续下降、学校运转困难三个突出问题。随着这一攻坚计划的逐步落实，未来中国国民整体素质、劳动力竞争力将得到进一步提高。

（六）鼓励民企和社会组织发展，汇聚民族复兴社会力量

中华民族的伟大复兴需要激发社会活力，汇聚全社会力量。改革开放以来中国经济社会的飞速发展，离不开民营经济和社会组织的广泛参与。正是改革开放所激发的巨大社会活力，推动了中国特色社会主义事业的蓬勃发展。

从改革开放初期的"民营经济是公有制经济的有益补充"，到20世纪90年代"民营经济是社会主义市场经济的重要组成部分"，再到21世纪初的"毫不动摇地鼓励、支持和引导非公有制经济发展"，直到十八届三中全会提出对各种所有制经济"坚持权利平等、机会平等、规则平等",中国的民营经济获得了空前的发展机遇。目前,民营经济容纳了80%的就业,提供了60%的GDP,以及50%的税收,成为中国经济发展的重要力量。2017年9月,中共中央、国务院发布了《关于营造企业家健康成长环境 弘扬优秀企业家精神 更好发挥企业家作用的意见》,对依法保护企业家合法权益、激发优秀企业家精神提出了总体要求和具体举措,这在民营企业家中获得极大反响。文件中首次提出"鼓励创新、宽容失败,激发企业家创业创新活力",这被社会舆论视为中国迎来新民营经济时代的标志。但是,受国际经济波动的影响,中国民营经济发展也面临很多挑战。民间固定资产投资增速在经历了2016年的显著下降后,2017年虽有回升,但前三季度无论在民间固定资产投资占全社会固定资产投资比例,还是在民间固定资产投资增速上均有所回落。其中,民间固定资产投资占全社会固定资产投资比例在过去五年间,一直在60%以上,最高的时候达到了65.4%,而2017年前三季度则回落到60.5%的水平;民间固定资产投资增速在2017年一季度达到7.7%后则开始下滑,2017年前三季度为6.0%。

改革开放以来,我国社会组织发展迅速,在创新社会治理、预防和化解社会矛盾、协助政府职能转移等方面发挥着重要作用。党的十八大以来,中国的社会组织得到较快发展。2012年全国有各类社会组织共计49.9万多个,而2016年则发展到70.2万个,为动员和组织社会资源、改善民生、推动经济发展、创新社会管理、促进社会和谐做出了重要贡献。但中国的社会组织数量不足、发育不充分等问题依然存在。资源困境、人才困境甚至制度困境仍是社会组织进一步发展的主要障碍。今后,社会组织在参与社会事务和社会服务等方面的空间仍有待进一步拓展。

参考文献

国家统计局:《2017年前三季度居民收入和消费支出情况》,http://www.stats.gov.

cn/tjsj/zxfb/201710/t20171019_1543840.html。

《"满足人民新期待，保障改善民生"新闻发布会》，新华网，http://www.xinhuanet.com/politics/19cpcnc/zb/zb10/index.htm?isnm=1。

危昱萍：《社保五年：建立起世界上覆盖人群最多的社会保障制度》，新浪财经，http://finance.sina.com.cn/roll/2017-10-17/doc-ifymvuyt2093351.shtml。

王萍萍：《居民收入继续较快增长 消费结构不断优化升级》，国家统计局网站，http://www.stats.gov.cn/tjsj/sjjd/201710/t20171020_1544404.html。

发展篇

Reports on Social Development

B.2 2017年中国城乡居民收入和消费报告

吕庆喆*

摘　要： 2017年，中国居民收入持续增长，收入差距逐步缩小；同时，居民消费水平持续提高，生活质量明显改善。预测2018年，中国经济仍将保持稳中向好态势，经济增长率将达6.5%左右。为促进城乡居民收入和消费的持续增长，建议政府和有关部门：积极促进就业，提高城乡居民收入水平；加强政策扶持，鼓励居民"双创"增收；引导投资理财，增加居民财产收益；借力精准扶贫政策，完善社会保障体系；增加创新服务供给，激发居民消费潜能；加强政策规范引导，营造良好的消费环境。

* 吕庆喆，博士，国家统计局统计科学研究所高级统计师。

关键词: 居民收入　居民消费　生活质量

一　居民收入持续增长,收入差距逐步缩小

(一)居民收入持续增长

2010~2016年,全国居民人均可支配收入由12522.2元增加到23821.0元,增长90.2%,按可比价格计算,年均实际增长8.4%。其中,城镇居民人均可支配收入由18779.1元增加到33616.0元,增长79.0%,按可比价格计算,年均实际增长7.3%;农村居民家庭人均纯收入由6271.3元增加到12363.0元,增长97.1%,按可比价格计算,年均实际增长9.0%。农村居民收入增速快于城镇居民(见表1)。

表1　2010~2016年居民人均可支配收入及增长情况

年份	全国居民 绝对数(元)	全国居民 指数(上年=100)	城镇居民 绝对数(元)	城镇居民 指数(上年=100)	农村居民 绝对数(元)	农村居民 指数(上年=100)
2010	12522.2	–	18779.1	–	6271.3	–
2011	14550.8	10.3	21426.9	8.4	7393.9	11.4
2012	16509.6	10.6	24126.7	9.6	8389.3	10.7
2013	18310.7	8.1	26467.0	7.0	9429.6	9.3
2014	20167.0	8.0	28844.0	6.8	10489.0	9.2
2015	21966.2	7.4	31194.8	6.6	11421.7	7.5
2016	23821.0	6.3	33616.0	5.6	12363.0	6.2

资料来源:国家统计局住户调查办公室编《中国住户调查年鉴-2017》,中国统计出版社,2017。

2017年前三季度,全国居民人均可支配收入19342元,比2016年同期名义增长9.1%,扣除价格因素,实际增长7.5%。其中,城镇居民人均可支配收入27430元,同比名义增长8.3%,扣除价格因素,实际增长6.6%;农村居民人均可支配收入9778元,同比名义增长8.7%,扣除价格因素,实际增长7.5%。农村居民人均可支配收入增速仍快于城镇居民。

（二）转移净收入和财产净收入占比提高

2016年全国居民人均转移净收入占人均可支配收入的比重由2012年的16.5%提高到2016年的17.9%，提高1.4个百分点；人均财产净收入占人均可支配收入的比重由2012年的7.5%提高到2016年的7.9%，提高0.4个百分点（见图1）。2017年前三季度，全国居民人均转移净收入和人均财产净收入占人均可支配收入的比重继续提高，分别达到18.3%和8.1%。

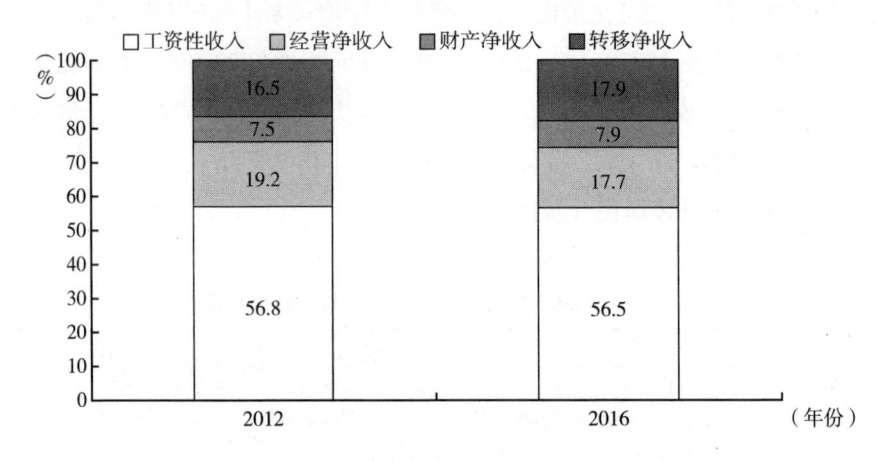

图1 2012年及2016年居民人均收入结构

就转移性收入而言，近年来，一方面，退休金和养老金等社会养老保障水平逐年提高。2012年全国企业退休人员月均基本养老金为1686元，而2016年则增加到2362元，年均增长8.8%。同时，城乡居民基本养老保险基础养老金的最低标准也从每人每月55元提高至70元，人均养老金水平达到120元左右。此外，城镇居民医保补助、高龄老人生活补助等也逐年增加。另一方面，强农惠农富农政策不断得到落实。2014年国家惠农扶持资金总额为1.4万亿元，2015年增长到1.6万亿元，2016年则达到1.8万亿元以上，保持了每年15%左右的增长速度。这一系列措施有效保障了城乡居民转移性收入的稳步提高。

就财产性收入而言，十七大报告中首次提出"创造条件让更多群众拥有财产性收入",而十八大报告则进一步提出"多渠道增加居民财产性收入"。近年来,通过深化国有企业改革和农村土地改革,使人们分享企业发展收益和土地增值收益;深化金融改革,拓宽城乡居民家庭投资渠道,使人们获得多元、安全的理财收益;积极培育、推进、规范房屋租赁市场发展,为城乡居民创造更多增加财产性收入的机会等,都有效促进了城乡居民家庭财产性收入的提高。

(三)收入差距逐步缩小

1. 基尼系数有所下降

十八大以来,城乡居民收入增速连续多年超过经济增速,中等收入群体规模得到持续扩大。2013年中国中等收入者占比为24.03%,2016年为34.79%,到2020年将上升到45.01%,呈现快速增长态势。中等收入群体规模的不断扩大,使城乡居民收入分配状况得到较为明显的改善,收入差距进一步缩小,并有效降低了基尼系数。2008年中国居民收入基尼系数高达0.491,自2009年开始有所下降,2016年已下降到0.465(见图2)。另外,我们也注意到2016年基尼系数较2015年有所上升,尽管这是基尼系数总体下降趋势中的小幅波动,但也表明在宏观经济尚未根本性好转背景下,进一步缩小收入差距也面临不小的压力。

2. 城乡差距持续缩小

随着农村居民收入的快速增长,城乡收入差距逐步缩小,城乡居民收入之比(以农民收入为1)从2009年的3.333∶1缩小至2016年的2.719∶1(见图3)。自2002年起,中国城乡居民收入差距有所加大。2001年城乡居民收入比为2.899∶1,而从2002年开始则连续12年在"3∶1"以上。其中,2009年则达到改革开放以来的最高值3.333∶1。近年来,为提高农村居民收入,政府通过加快推进新型城镇化、发展适度规模经营、开展大规模农田水利基础建设、促进农村一二三产融合、加快农产品价格体制改革、缩小城乡公共服务差距等多项措施,有效扭转了城乡居民收入差距扩大的态势。自2010年起,农村居民收入增长速度开始"跑赢"城镇居民收入增速,并保持

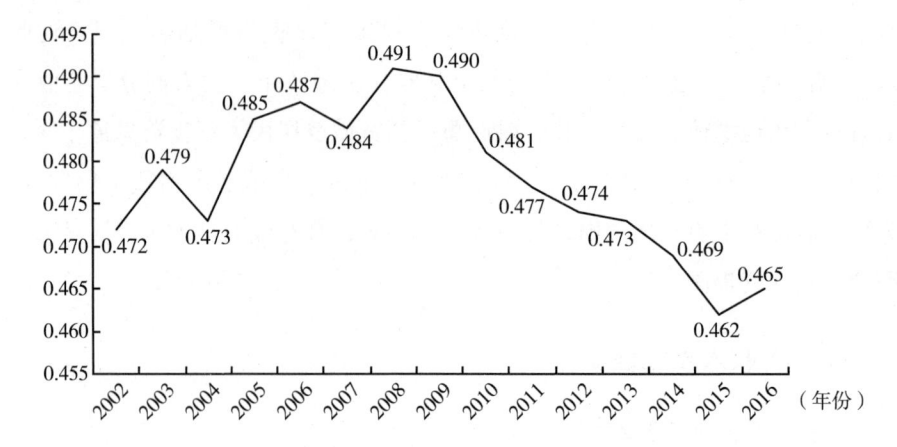

图2　2002~2016年中国居民收入基尼系数

资料来源：国家统计局住户调查资料。

多年。2014年，城乡居民收入比重回"2"时代，为2.970∶1。随着十九大提出的乡村振兴战略的实施，未来城乡居民收入差距有望得到进一步缩小。

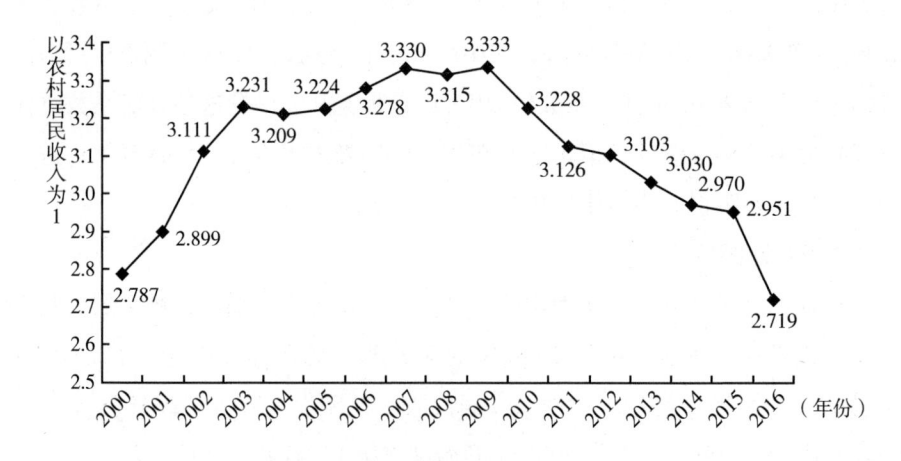

图3　2000~2016年城乡居民收入比

资料来源：《中国统计年鉴-2017》。

3. 地区差距不断缩小

改革开放以来，东部沿海地区率先发展，为中国经济社会40年来的快速发展奠定了基础、积累了经验。随着西部大开发、中部崛起、东北振兴等区域发展战略的实施，中国改革开放的全局性发展得到落实。人才、资金、技术等要素在中央政府的区域倾斜政策下，逐渐向中西部地区、东北地区流动，有效平衡着地区间的差异。而十八大以来"一带一路"倡议及京津冀协同发展、长江经济带发展两大区域战略的实施，进一步增强了中国区域发展的协调性，使各地区依托自身区位、资源优势，相互协作，整体推动了各地区的经济社会发展，从而使地区收入差距不断缩小。2012~2016年，西部地区居民人均可支配收入年均增速为10.3%，比中部地区高0.4个百分点，比东部地区高0.9个百分点，比东北地区高1.8个百分点。2012~2016年，东部地区与西部地区居民人均收入之比值（西部地区居民收入=1）、中部地区与西部地区居民人均收入之比值、东北地区与西部地区居民人均收入之比值分别由1.73、1.11、1.29缩小到1.67、1.09、1.21。

二 居民消费水平持续提高，生活质量明显改善

（一）消费水平持续提高，服务消费快速增长

1. 消费水平持续提高

2016年全国居民人均消费支出17111元，比2012年增长33.1%，年均名义增长7.4%。其中，城镇居民人均消费支出23079元，比2012年增长26.2%，年均名义增长6.0%；农村居民人均消费支出10130元，比2012年增长43.4%，年均名义增长9.4%。农村居民人均消费支出增速快于城镇居民。

2017年前三季度，全国居民人均消费支出13162元，比2016年同期名义增长7.5%。其中，城镇居民人均消费支出17846元，同比名义增长6.2%；农村居民人均消费支出7623元，同比名义增长8.6%。近年来，在经济增速放缓背景下，内需已经成为中国经济增长的主要推动力。而崛起的中国电商平台也助力消费增长，2017年的天猫"双11"全天成交额达到1682亿元，交易覆盖全球225个国家和地区，成为全球狂欢节。

2.恩格尔系数持续下降

2016年全国居民人均食品烟酒支出5151元，比2012年增长21.2%，年均增长4.9%。食品烟酒支出占消费支出的比重（恩格尔系数）从2012年的33.0%下降至2016年的30.1%，下降2.9个百分点（见图4）。其中，城镇居民人均食品烟酒支出6762元，比2012年增长17.6%，年均增长4.1%；城镇居民恩格尔系数从2012年的31.4%下降至2016年的29.3%，下降2.1个百分点（见图4）。农村居民人均食品烟酒支出3266元，比2012年增长23.3%，年均增长5.4%；农村居民恩格尔系数从2012年的37.5%下降至2016年的32.2%，下降5.3个百分点。居民恩格尔系数的下降，标志着居民生活水平的进一步提高。

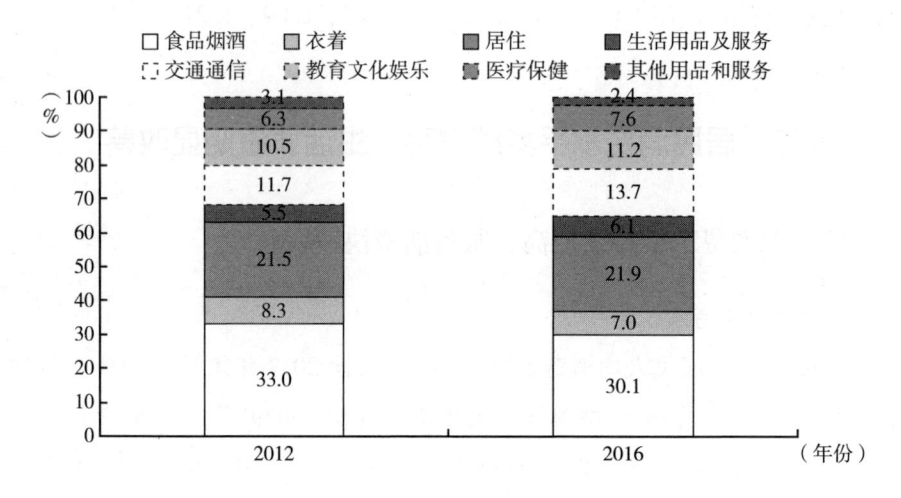

图4 2012年及2016年居民消费结构

3.服务消费保持快速增长

2016年全国居民人均交通通信支出2338元，比2012年增长55.7%，年均增长11.7%，快于全国居民人均消费支出年均增速4.3个百分点，占人均消费支出的比重为13.7%，比2012年上升了2.0个百分点。2016年全国居民人均教育文化娱乐支出1915元，比2012年增长41.7%，年均增长9.1%，快于全国居民人均消费支出年均增速1.7个百分点，占人均消费支出的比重为11.2%，比2012年上升了0.7个百分点。2016年全国居民人均医疗保健支出1307元，比2012年增长60.6%，年均增长12.6%，快于全国居民人均消费支出年均增速5.2个百分点，占人均消费支出的比重为7.6%，比2012年上升了1.3个百分点。服务消费的快速增长，既得益于生活服务的便利化、专业化、舒适化，也得益于信息技术的全面融入。在人们的生活需求由物质生活改善转向美好生活向往的背景下，服务消费将迎来更为广阔的发展空间，以提高生活品质为核心的休闲娱乐、医疗护理等服务消费需求将呈现快速增长态势。

（二）消费质量不断提升，升级换代步伐加快

1. 消费更趋营养型高品质

2016年城镇居民的人均食用植物油消费10.6公斤，比2012年增加1.4公斤，增长15.2%；人均牛羊肉消费4.3公斤，比2012年增加0.6公斤，增长16.2%；人均鲜奶消费16.5公斤，比2012年增加2.6公斤，增长18.7%。与2012年相比，农村居民食品消费质量全面改善，肉、蛋、奶、水产品等较高质量的食品消费数量显著增加。2016年农村居民人均猪肉消费18.7公斤，比2012年增加4.3公斤，增长29.9%；人均蛋及其制品消费8.5公斤，增加2.6公斤，增长44.1%；人均奶及其制品消费6.6公斤，增加1.3公斤，增长24.5%；人均水产品消费7.5公斤，增加2.1公斤，增长38.9%。

2. 消费不断升级换代

城乡居民主要耐用消费品拥有量不断增多，农村居民升级换代趋势更为明显。2016年农村居民平均每百户汽车拥有量为17辆，比2012年增加11辆，增长183.3%，在农村居民耐用消费品拥有量中增长速度最快；2016年农村居民平均每百户空调拥有量为48台，比2012年增加22台，增长84.6%；热水器拥有量为60台，比2012年增加19台，增长46.3%；电冰箱拥有量为90台，比2012年增加22台，增长32.4%；计算机拥有量为28台，比2012年增加6.6台，增长30.8%；洗衣机拥有量为84台，比2012

年增加17台，增长25.4%；移动电话拥有量为241部，比2012年增加43部，增长21.7%。

（三）生活环境明显改善，公共服务再上台阶

1. 居住面积不断增大、质量不断提高

2016年全国居民人均住房建筑面积为40.8平方米，城镇居民人均住房建筑面积为36.6平方米，农村居民人均住房建筑面积为45.8平方米。其中，城镇、农村居民人均住房建筑面积分别比2012年增长了11.1%和23.3%，年均分别增长2.7%和5.4%。2016年农村居民居住在钢筋混凝土或砖混材料结构住房的户数占比为64.4%，比2013年提高8.8个百分点。

2. 生活环境持续改善

城镇地区通公路、通电、通电话、通有线电视已接近全覆盖，农村地区"四通"覆盖面不断扩大。2016年农村地区有99.7%的户所在自然村已通公路，比2013年提高1.4个百分点；有99.7%的户所在自然村已通电，比2013年提高0.5个百分点；有99.7%的户所在自然村已通电话，比2013年提高1.1个百分点；有97.1%的户所在自然村已通有线电视，比2013年提高7.9个百分点。

2016年城镇地区有94.2%的户所在社区饮用水经过集中净化处理，农村地区有53.6%的户所在自然村饮用水经过集中净化处理，分别比2013年提高2.9个和8.0个百分点。2016年城镇地区有97.7%的户所在社区垃圾能够做到集中处理，比2013年提高1.8个百分点；2016年农村地区有66.9%的户所在自然村垃圾能够做到集中处理，比2013年提高18.2个百分点。

3. 医疗文化教育服务水平提高

从医疗条件看，2016年城镇地区有83.6%的户所在社区有卫生站，农村地区有87.4%的户所在自然村有卫生站，分别比2013年提高3.9个和5.8个百分点。城镇地区教育资源较丰富，农村地区教育条件有所改善。2016年城镇地区有97.8%的户所在社区可以便利地上幼儿园或学前班，比2013年提高1.1个百分点；有98.1%的户所在社区可以便利地上小学，比

2013年提高1.3个百分点。2016年农村地区有81.8%的户所在自然村可以便利地上幼儿园或学前班，比2013年提高6.1个百分点；有84.6%的户所在自然村可以便利地上小学，比2013年提高3.8个百分点。

三 2018年促进城乡居民增加收入和消费的建议

2017年，在以习近平同志为核心的党中央坚强领导下，各地区各部门深入贯彻落实新发展理念，坚持稳中求进工作总基调，以供给侧结构性改革为主线，适度扩大总需求，深化改革创新，振兴实体经济，防范化解风险，强化预期引导，国民经济运行总体平稳，预估全年经济增长速度为6.9%。2018年中国经济继续保持稳中向好态势，经济增长率将达6.5%左右。为促进中国城乡居民收入和消费的持续增长，建议如下。

（一）积极促进就业，提高城乡居民收入水平

就业是提高城乡居民生活水平的有效途径。各级政府要加强就业指导，广开就业门路，多渠道拓展新的就业领域，免费组织有针对性的技能培训，根据城乡居民群体的特点，制定行之有效的就业政策，推行灵活多样的就业方式，鼓励弹性就业、灵活就业，为农村家庭提供更多的就业机会；政府实施的公共工程优先考虑吸纳农村居民就业，引导和帮助其树立正确的择业观，鼓励他们积极参加各种形式的劳动技能培训、提高就业谋生的技能、增强市场竞争的能力、变被动就业为主动就业。

（二）加大政策扶持力度，鼓励居民双创增收

从2017年前三季度看，居民家庭经营服务业发展较快，是扩大经营性收入的主要动力。积极落实全面推进"大众创业、万众创新"若干政策措施，加大政策宣传力度，加强扶持政策，引导居民创业活动，建立政策措施监督机制，积极为居民创业活动服务，鼓励居民"大众创业、万众创新"，促进经济的发展，增加居民经营收入。

（三）引导投资理财，增加居民财产收益

财产净收入是可支配收入的重要组成部分。应加强对居民的投资理财宣传教育，提升居民风险意识和理财水平。加快城镇居民财产向资本转化，增加红利、租金、利息、储蓄性保险收益等财产性收入，加大金融知识宣传和投资者风险教育力度，增强居民投资理财和风险防范能力，进一步增加城镇居民财产性收入，逐步提高财产净收入比重。深化农村集体产权制度改革，加快农村承包地、林地、宅基地、农房等确权登记颁证，实行农村土地所有权、承包权、经营权分置并行。

（四）借力精准扶贫政策，完善社会保障体系

从现在到2020年，是全面建成小康社会决胜期，实施精准扶贫、精准脱贫是当前最大的民生工程，把扶贫对象识别清楚、贫困原因分析清楚、扶贫措施落实到位，以问题为导向做好建档立卡工作，弄清贫困人口数量，明白贫困程度、致贫原因，才能做好精准扶贫，以此为契机健全包含社会失业、养老、医疗、工伤、生育等内容的社会保障体系，扩大社会保障范围，特别是将农村人口纳入国家财政支持的社会保障范围。充分动员社会各方面的积极性，建立社会救助、民间捐赠、慈善事业、志愿行动等各种形式的第三次分配的制度和机制。通过社会保障有效地实施再分配，使人民群众都能分享经济社会发展成果。

（五）增加创新服务供给，激发居民消费潜能

近几年居民生活性服务消费持续升温，境外消费增加、购买力外流现象的产生，均从一定程度上反映出国内优质、便捷、个性化的商品及服务供给未能适应和有效满足居民消费结构升级的新需要。从衣食住行到身心健康、从出生到终老各个阶段各个环节的生活性服务均存在巨大的消费空间与潜力。面对居民饮食、医疗、教育文娱等服务消费较快增长的实际，建议增加创新服务供给，加强服务业品牌建设，鼓励养老、健康、家政等服务领域消费，释放居民消费潜力。

（六）加强政策规范引导，营造良好消费环境

切实为居民提供健康、安全、更高层次的商品及服务，普及健康消费、绿色消费、安全消费的理念，营造良好的消费市场环境，需要完善健全商品服务质量管理体系，加大财税、金融、价格等方面的政策引导支持力度，加快推进基础设施建设，尤其是在扶持农村消费市场发展与扩大等方面多加努力。建议持续加强政策引导扶持，有效保障居民放心消费，使网购、餐饮、休闲等便民服务惠及更多家庭，营造一种居民愿意花、有地方花、方便花、放心花的消费环境。

参考文献

中华人民共和国国家统计局编《中国统计年鉴-2017》，中国统计出版社，2017。

国家统计局住户调查办公室编《中国住户调查年鉴-2017》，中国统计出版社，2017。

国家统计局中国经济景气监测中心编《中国经济景气月报》，2017年第10期。

李培林、陈光金、张翼主编《2017年中国社会形势分析与预测》，社会科学文献出版社，2015。

中华人民共和国国家统计局编《中国发展报告-2017》，中国统计出版社，2017。

B.3
2017年中国就业形势与高校毕业生就业质量报告

莫荣 陈云 汪昕宇*

摘　要： 2017年，中国就业形势保持总体稳定，城镇新增就业同比增加、失业率保持较低水平、市场供求动态平衡、企业用工和群体就业基本稳定。2018年就业形势将保持总体稳定、稳中有进的格局，但仍需要关注劳动力市场供求减弱、局部失业风险仍存和部分群体就业难等突出问题。党的十九大提出"实现更高质量和更充分就业"的要求，本文用数据分析了高校毕业生就业现状，并针对提高就业质量提出了政策建议。

关键词： 就业形势　高校毕业生　就业质量

一　2017年就业形势总体稳定、持续向好

近年来，中国经济继续在新常态的大逻辑下运行，经济增长速度缓中趋稳、稳中向好，2016年GDP增速为6.7%；经初步核算，2017年前三季度

---

* 莫荣，人力资源和社会保障部中国劳动和社会保障科学研究院副院长、研究员、博导，中国就业问题专家，主要研究就业创业、人力资源管理、职业培训、国际劳动保障和大数据等问题；陈云，人力资源和社会保障部中国劳动和社会保障科学研究院就业创业研究室副主任，主要研究就业创业等问题；汪昕宇，北京联合大学人力资源管理研究所所长、教授，主要研究高校毕业生、农民工的就业问题。

国内生产总值 593288 亿元，按可比价格计算，同比增长 6.9%，增速与上半年持平，比 2016 年同期上升 0.2 个百分点。经济运行保持在合理区间。经济结构继续优化，服务业主导特征更加明显。2016 年第三产业增加值占国内生产总值的比重为 51.6%，比 2015 年提高 1.4 个百分点。2017 年前三季度，第一产业增加值 41229 亿元，同比增长 3.7%；第二产业增加值 238109 亿元，同比增长 6.3%；第三产业增加值 313951 亿元，同比增长 7.8%。服务业对经济增长的贡献率达到了 58.8%，比 2016 年同期提高了 0.3 个百分点。

新兴产业在快速成长。2017 年前三季度战略性新兴产业同比增长 11.3%，增速快于规模以上工业 4.6 个百分点。在服务业当中，信息传输、软件和信息技术服务业，租赁和商务服务业指数增长速度分别达到了 29.4% 和 11.4%。[①] 新业态和新商业模式也在蓬勃发展，数字经济、平台经济、共享经济广泛渗透，新的服务不断涌现。创新创业对发展的支撑作用增强，"大众创业、万众创新"扎实推进，2016 年全国新登记企业 553 万户，平均每天新登记企业 1.5 万户。2017 年 1~7 月份，全国新登记企业 345.4 万户，日均新登记企业 1.6 万户。新一批双创示范基地批复成立，各类众创空间和央企双创平台近 5000 家，创新创业带动就业效应更加显著。在此宏观经济背景下，当前就业形势呈现总体稳定、稳中有进的基本态势；尤为可喜的是，2017 年以来，在宏观经济回暖带动下，就业形势向好的发展势头和积极因素在进一步集聚释放，各项就业指标均呈现进一步改善态势，成为经济社会发展中的一大亮点。

（一）就业规模持续扩大，城镇新增就业人数持续增长

2012~2016 年，城镇新增就业人数年均超过 1300 万人，五年累计达到 6524 万人。全国就业人员总量年均增长 225 万人，2016 年末达到 7.76 亿

---

① 宏观经济数据根据国家统计局统计公报和新闻发布会资料整理，资料来源于国家统计局官网。

人。2017年，城镇新增就业温暖开局，一季度实现新增就业334万人，二季度新增就业人数为401万人（见图1），为2004年以来的单季最高，1~9月累计实现新增就业1097万人，同比增加30万人，[①] 创历史同期最高。

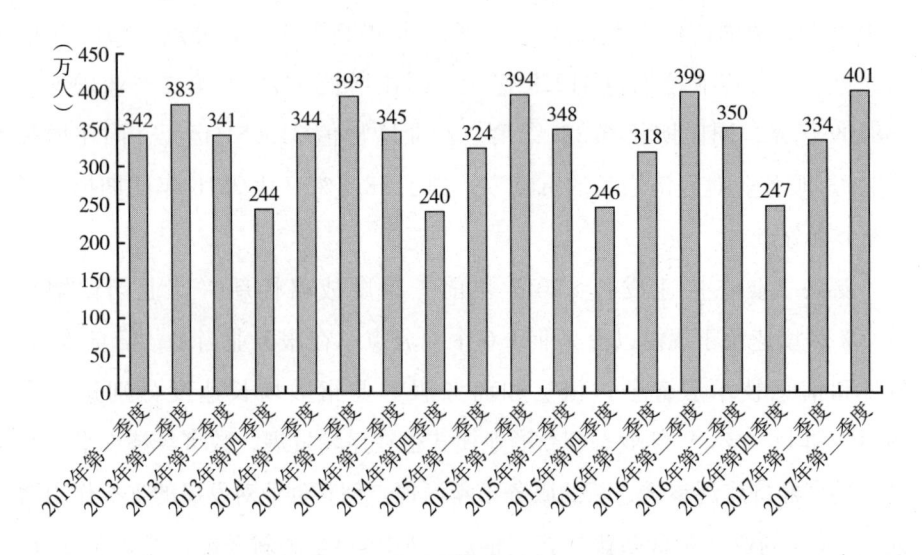

图1 各季度城镇新增就业人数

（二）失业率保持在较低水平

两项失业率均降至多年来的新低，在世界主要经济体中也处于低位。2012年以来，全国城镇登记失业率始终维持在4.1%以下，以较低水平平稳运行。2016年第四季度末全国城镇登记失业率为4.02%，2017年前三个季度城镇登记失业率则均保持在4.0%以下，第二季度登记失业率重返"3"时代，第三季度末保持为3.95%，同比下降0.09个百分点，为2008年金融危机以来的最低点（见图2）。统计局数据显示，城镇调查失业率也先扬后抑，在波动中总体呈现下行趋势，2017年前9个月，31个大城市调查失业率均低于2016年同期，9月份为4.83%，同比下降0.14个百分点，创2012

[①] 本文城镇新增就业、城镇登记失业率、人力资源市场供求等数据来源于人力资源和社会保障部。

年以来新低。全国城镇调查失业率也维持在较低水平，2017年9月份全国城镇调查失业率也比2016年同期低0.12个百分点。[①]

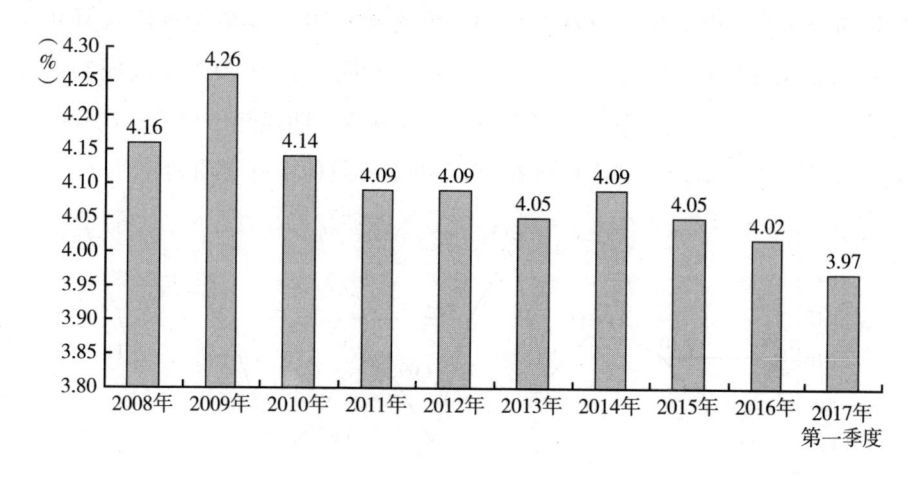

图2 城镇登记失业率情况

（三）人力资源市场供求关系相对改善，活跃度持续上升

人力资源和社会保障部指出，100个城市公共就业服务机构的市场供求数据显示，人力资源市场活跃度持续上升。2016年，人力资源市场呈现招聘岗位数和求职人数在上半年持续"双降"，求人倍率走低，但在三季度出现回升，四季度走高至1.13，为近5年的第二高位。2017年，在经济企稳回升带动下，企业用工形势趋于好转。100个城市人力资源市场供求分析显示，市场招聘人数和求职人数连续三个季度同比增长，呈"双增"态势，一改近年来的"双降"走势，市场求人倍率在1.1以上的较高水平运行，2017年第三季度达到1.16，比上季度和2016年同期分别上升0.05和0.06，为2001年建立该项统计制度以来最高值（见图3）。与此同时，调查监测数据显示，企业现有用工趋稳。人力资源和社会保障部对全国5万家企业的监测显示，2017年，2~4月企业岗位连续增长，尽管5月略有波动，但6月

---

① 调查失业率来源于国家统计局新闻发布会材料，见国家统计局官网。

份又重回增长区间，2017年前9个月中有7个月岗位数量处于增长状态，表明企业用工结束近年持续流失状态，重返增长通道。国家统计局发布的PMI指数表明，企业用工呈现企稳的良好态势，2017年前两季度各月从业人员指数保持在49.0以上，均高于2016年同期（见图4）。这表明制造业用工虽然仍处于缩减状态，但用工缩减幅度缩小，明显趋于稳定。同样，非制造业从业人员指数也基本保持在49.0以上，总体上好于前两年。

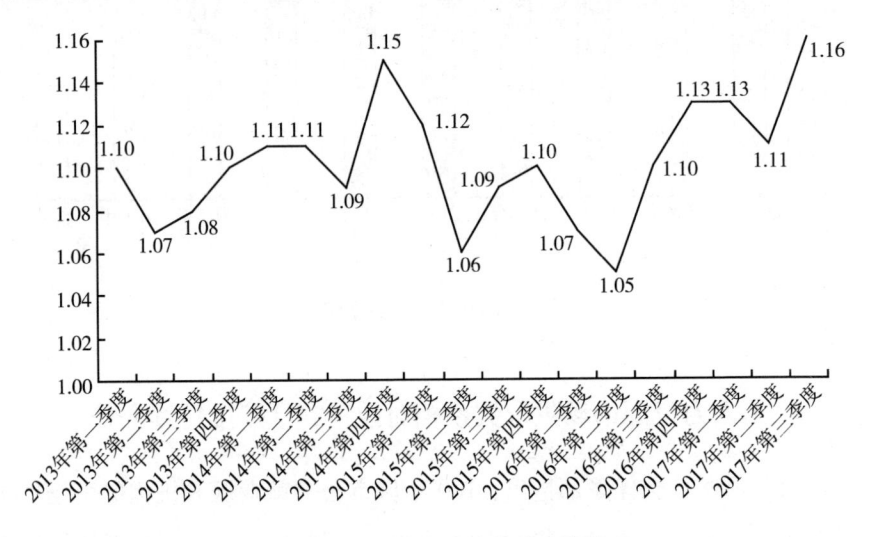

图3 人力资源市场求人倍率变化情况

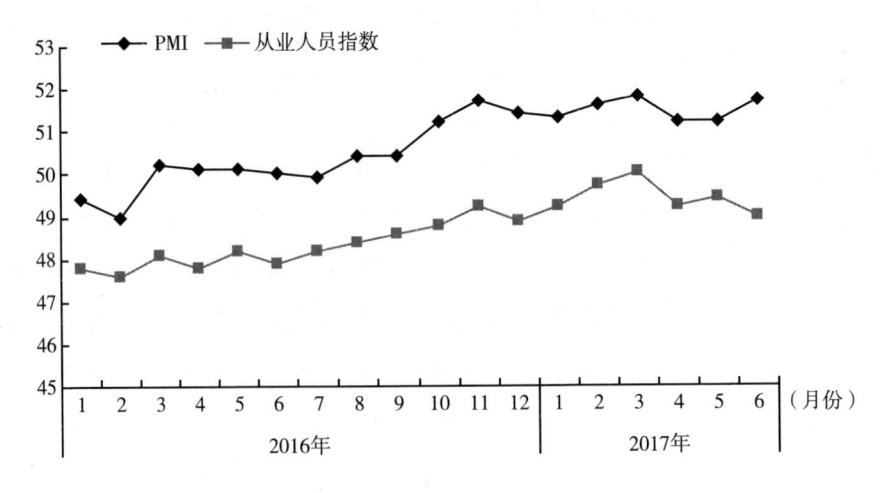

图4 制造业PMI与从业人员指数变化情况

（四）重点群体就业稳定，重点地区就业局势有所改善

一是高校毕业生就业承压企稳。近年来，受高等教育持续扩招影响，高校毕业生人数连创新高，2017年应届高校毕业生达到795万人的历史高位，比2016年增加30万人（见图5）。在各方共同努力下，高校毕业生就业总体上承压持稳。高校毕业生年底总体就业率均保持在90%以上，就业和创业人数连年实现"双增长"。据教育部统计，截至2017年7月1日，2017届高校毕业生离校签约率同比上升0.7个百分点，签约率出现近年来少有的同比增长。截至9月1日，2017届高校毕业生初次就业率也同比增加0.5个百分点。二是农民工就业保持平稳。农村劳动力转移就业规模继续扩大，而失业率稳定在较低水平。农民工总量从2012年的2.63亿人增加到2016年的2.82亿人。监测数据显示，目前农村劳动力外出人数仍有所增长，2017年三季度末，外出务工农村劳动力总量为17969万人，比2016年同期增加320万人，增长1.8%。据统计局调查，全国城镇外来农业户籍人口调查失业率延续走低态势，且低于全国总体水平。人力资源和社会保障部一线观察项目调查表明，农民工在招聘、薪酬、工作稳定性、就业预期等方面均基本保持平稳，没有出现显著变化和波动。这都表明农民工就业总体稳定。三是去产能职工安置基本顺利。以钢铁、煤炭行业去产能为重点的职工安置工作

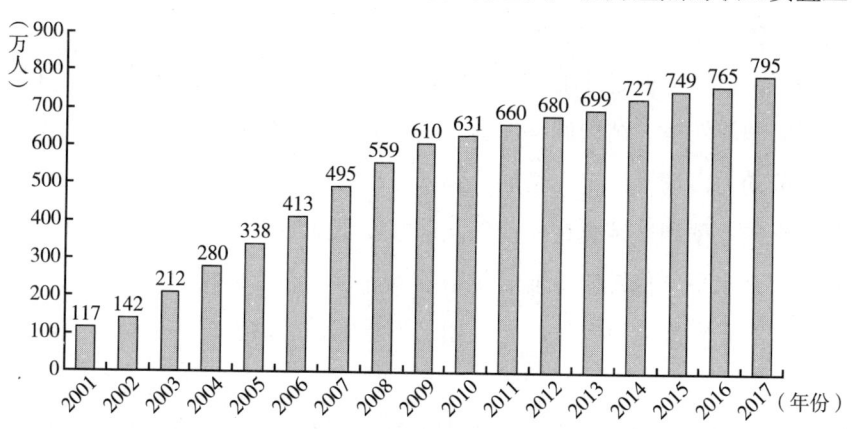

图5　应届高校毕业生人数

任务繁重，经多方努力，去产能职工安置工作进展基本顺利。四是失业人员再就业和就业困难人员就业援助力度加大，就业形势有所好转。2012～2016年失业人员再就业累计达到2790万人，就业困难人员就业881万人。自2013年以来，失业人员和就业困难人员就业出现更加困难的现象，就业人数同比略有下滑。但2017年扭转了这一局面，就业形势有所改善，1～9月，城镇失业人员再就业427万人，同比增加1万人；就业困难人员实现就业133万人，同比增加8万人。在重点群体就业稳定的同时，一些重点地区的就业形势也有所好转。近两年东北地区就业形势趋紧，失业率连攀新高。2017年前三季度，东北地区经济发展也出现了企稳向好的态势，工业增长1.6%，实现由负转正。随着东北振兴、困难地区就业援助工作的持续开展，东北地区失业率逐渐回落，与全国失业水平的差距收窄。同时，城镇新增就业人数由减转增，2017年上半年同比增长4.8%，增速居四大区域之首。

（五）2018年就业稳中向好，仍需关注面临的风险

总体来看，随着经济增长企稳回升、就业优先战略和积极就业政策的实施，中国2018年就业形势将保持稳中向好的态势。但同时也要看到，目前经济运行中仍存在不少突出矛盾和问题，如产能过剩和需求结构升级矛盾突出、经济增长内生动力不足、部分地区困难增多等，这些将对就业形势产生影响，一些难点问题不容忽视。

第一，市场不稳定性增加，劳动者失业风险仍可能加大。当前中国经济处于新旧动能转换、结构调整加剧、技术进步加速的转型阵痛期，经济不确定性和劳动力市场不稳定性增加，部分劳动者失业风险加大。数据显示，近两年调查失业率和城镇登记失业率波动幅度更加明显，部分地区调查失业率保持在较高水平，传统制造业、住宿餐饮等行业岗位持续较大幅度流失，而新兴业态和平台经营可持续性差、用工不稳定，劳动者的失业风险可能会有所加大。

第二，中小微企业稳岗压力加大。当前在经济稳中向好的总体趋势下，受固定资产投资增速放缓、原材料价格上涨等因素影响，中小企业生产经营困难局面没有得到根本改变，稳岗压力或进一步加大。社会固定资产总体增速连续5个月放缓，其中民间固定资产投资增速持续回落，第二产业增速持续低迷，部分基础设施建设和制造项目进度受阻甚至停摆，对一线生产岗位产生较大影响。同时，钢铁、煤炭、有色、化工等工业原材料价格持续上涨，中下游中小企业成本负担增加，利润空间受到挤压，进一步影响企业用工意愿和能力，稳岗扩员难度增加。此外还需关注，随着绿色发展理念深入实践、环保督察工作落到实处，一些环保投入历史欠账多的中小企业，在环保硬约束下，短时间内整改无望，面临集中关停，部分劳动者或遭受失业阵痛。

第三，资源型地区就业高位承压，部分地区失业水平可能抬升。在就业形势总体平稳的同时，东北三省、河北、山西、内蒙古等老工业基地和资源型地区仍面临较大就业压力。一些资源枯竭型城市和独立工矿区，能源资源型产业集中度高，传统重工业和采矿业比重大，去产能任务重，安全、环保欠账多，国企改革遗留问题复杂，新旧动能转换不畅。由于产业单一，就业门路十分狭窄，加上地方财政困难，资金缺口大，下岗职工技能、观念与市场不匹配，就业空间狭窄，区域性失业风险不容忽视。

第四，高校毕业生就业持续高压。高校毕业生就业总体形势虽保持稳定，但毕业生人数连年增加，2018年应届毕业生可能超过800万人，就业压力仍处于高位，毕业生"就业难"仍是当年的热点问题。部分长期失业的高校毕业生，其就业更趋困难。除部分毕业生就业难以外，找到合适工作或"好工作"也难，毕业生中灵活就业、"慢就业"和"不就业"的比例不断增大。因此，虽然高校毕业生就业总体稳定，但仍有部分毕业生及家长感觉不满意。

第五，部分劳动者就业质量不高。以低端产业为主体的经济结构形成的就业岗位与劳动者的预期错位，尤其是与以80后、90后为主体的新生代劳动者的求职预期存在较大落差。目前劳动力市场结构中，有一定比例的就业人员是脆弱群体，他们的就业不稳定、收入偏低、就业权益得不到基本保障，小部分劳动者甚至被欠薪，部分中小企业职工社会保险参保率较低，缴费基数小，断保（中断社会保险缴费）现象有所增加，导致社会保障权益受损。同时，就业稳定性和职业发展性不足。以农民工和城市"漂族"为代表的劳动者在城乡之间、不同地区和城市之间、不同行业和企业之间频繁流动和跳槽，长期处于灵活就业状态，就业稳定性不足，缺乏职业发展空间，降低了就业质量，增加了就业的不安全感。

二 高校毕业生就业形势趋好，就业质量有待提升

党的十九大报告对就业工作做出了全面部署，提出了就业工作的奋斗目标，要求"实现更高质量和更充分就业"，不仅重视就业数量即充分就业目标的实现，也要保证就业质量。为准确描述高校毕业生就业质量和数量的变化，我们构建了就业指数这一指标体系，主要利用麦可思公司对高校毕业生连续5~6年的系统调查数据，对2011~2015届本科和专科毕业生就业状况进行分析。就业指数包括就业实现与就业质量两个维度，其中就业实现主要以就业率指标来体现，用于反映毕业生在毕业半年后就业"量"的状况；就业质量则用工资比率（反映相对工资水平）、就业满意度和就业稳定性三个指标来体现，用于反映毕业生就业"质"的状况，并通过对上述四个指标的加权平均，计算出毕业生的就业指数，来反映毕业生就业的总体水平。同时，借助其他相关统计指标，如就业率、雇用就业率、灵活就业率、自主创业率、升学率等指标来辅助说明毕业生的就业状态与变动趋势。[1]

（一）毕业生就业指数[2]呈波动上升态势，就业形势总体平稳

2011~2015届毕业生就业指数总体呈现小幅上升态势，从2011届的

---

[1] 本研究系北京化工大学人力资源管理研究中心智库研究项目成果，也属于该中心参与国家社科基金重大项目"产业转型升级下的高校毕业生就业研究"（批准号：14ZDA068）的研究内容，课题负责人为莫荣研究员。研究过程中还得到麦可思公司提供的大量数据支撑，课题组表示衷心感谢！

[2] 本报告计算的就业指数取值，范围为0~100，测算值在80以上为良好。

76.64 提高到 2015 届的 79.19，提高了 2.55，趋向良好的水平，其中略有波动，2014 届毕业生的就业指数最高，为 79.83，2015 届略有下降，但仍高于其他几届毕业生的水平，表明在当前经济进入中高速增长新常态的形势下，毕业生总体就业形势平稳（见图 6）。

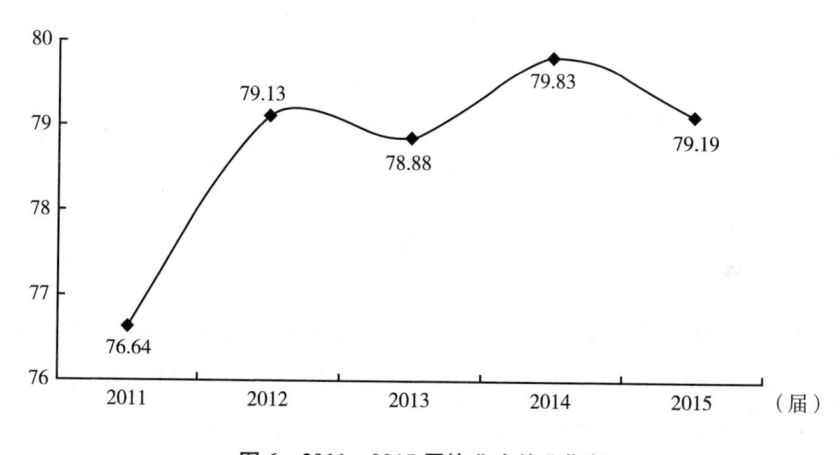

图 6　2011～2015 届毕业生就业指数

（二）从就业数量看，高就业率是就业指数稳定向好的关键，但也蕴含一定风险

目前毕业生实际就业率[①]逐年上升且保持在相对较高的水平，其中自主创业率和升学率的支撑作用明显。

第一，毕业生实际就业率总体呈现逐年上升态势，均在 90% 以上。2011～2015 届毕业生实际就业率呈明显上升趋势，从 2011 届的 90.2% 提高到 2015 届的 91.7%，提高了 1.5 个百分点，且均保持在 90% 以上的高位[②]。其中，2014 届毕业生的实际就业率最高，为 92.1%，2015 届毕业生的略有下降，但仍高于其他几届毕业生的水平（见图 7）。

---

① 实际就业率＝已就业毕业生人数（不含已升学人数）/计划就业的毕业生人数×100%。实际就业率是本报告设计的统计指标，用于显示已实现就业的毕业生在计划就业毕业生中所占的比重，其计算式中的分子和分母数值均不包含已升学的毕业生人数。

② 本文为麦可思公司的调查数据，与政府公布的就业率有 3 个百分点左右的差别。

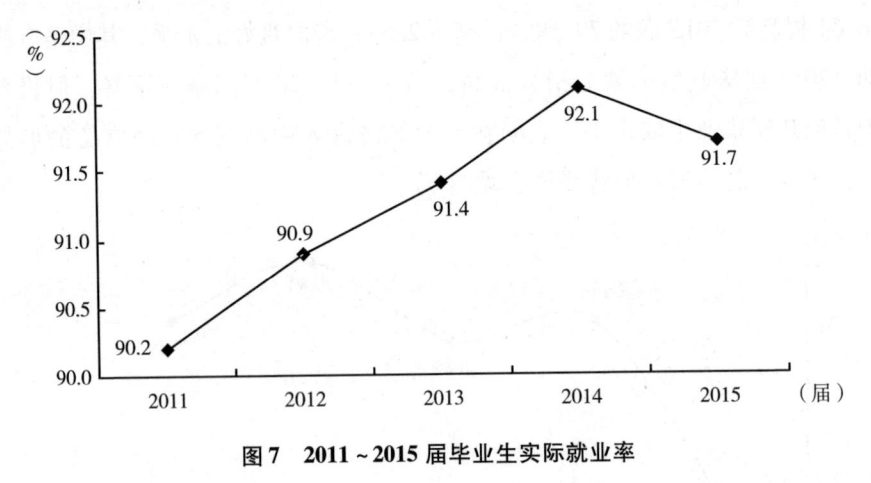

图7　2011~2015届毕业生实际就业率

第二，快速上升的自主创业率对毕业生就业率的增长起到了积极的促进作用。毕业生的自主创业率从2010届的1.6%，提高到2015届的3.3%，上升1.7个百分点（见图8）。其中，2014届毕业生的自主创业率增幅最大，2015届毕业生基本保持了相近的水平，这体现出高校毕业生对自主创业的积极响应，不仅在一定程度上缓解了毕业生的就业压力，而且还为活跃市场经济和劳动力市场提供了动力。

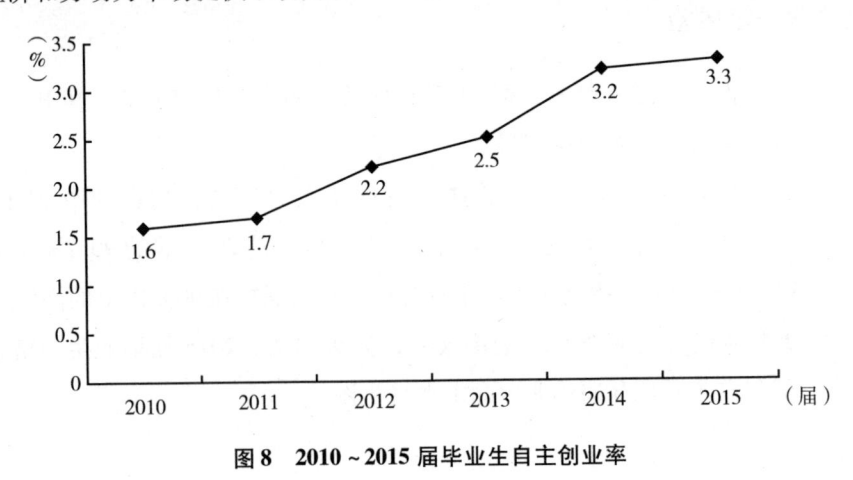

图8　2010~2015届毕业生自主创业率

但需要注意的是，毕业生刚毕业，无论在知识、技能，还是在经验方面都还有很多不足，其创业层次、创业存活率、创业效率都会受到较大影响。

根据麦可思对毕业生创业存活率的调查，本科毕业生自主创业存活率[①]为48.6%，专科毕业生为47.5%。因此，在毕业生的创业数量快速增加的同时，更应关注毕业生的创业质量，以提高创业的整体效率。

第三，毕业生连年增长的升学率对缓解就业压力有较明显的支撑作用。2011~2015届毕业生的升学率从7.0%上升到10.1%，提高了3.1个百分点，呈现快速上升趋势（见图9）。以2015届为例，2015届相比2014届毕业生增加了22.22万人，按照麦可思调查测算的升学率推算，全体毕业生中约有68.84万人升学，从而减少了需就业的毕业生人数。由此可见，高升学率对降低毕业生就业压力发挥了积极作用。

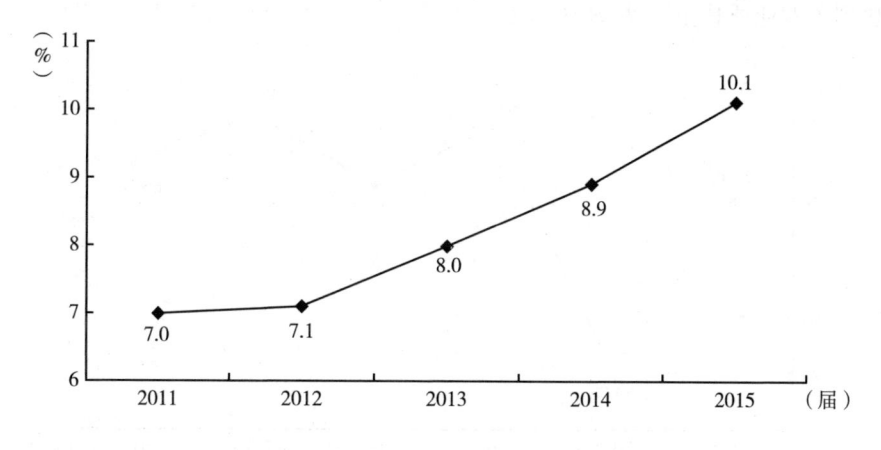

图9　2011~2015届毕业生升学率

但我们也要看到，高就业率背后也蕴含一定风险，高校毕业生就业压力依然较大。一是毕业生雇用就业率呈现小幅下降趋势，会在一定程度上影响毕业生的就业稳定性和就业质量。二是未就业毕业生中，继续找工作的毕业生比例在下降，呈现毕业生"慢就业"特点，同时不就业也无其他计划的毕业生比例在上升。

---

① 毕业生创业存活率指毕业后自主创业人员在毕业3年后跟踪调查时仍处于创业状态的人数所占比例。

（三）高校毕业生就业质量总体有所上升，但水平仍然不高

1. 毕业生就业质量指数[①]虽有轻微上升，总体水平比较平稳，但2015届略有下降，是就业压力依然较大的直接反映

通过对毕业生的工资比率、就业满意度和就业稳定率三个指标进行加权平均，得到毕业生的就业质量指数。从2010~2015届毕业生的就业质量指数看，除2011届的就业质量指数较低以外，其他几届毕业生的就业质量指数均处在66%~68%之间，总体有轻微上升，就业质量总体水平比较平稳，2015届毕业生的就业质量指数略有下降，当前毕业生较大的就业压力也反映到了就业质量上（见图10）。

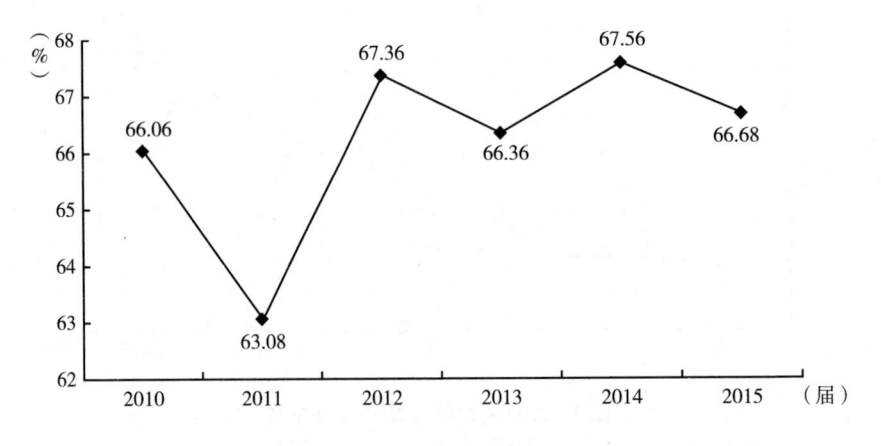

图10　2010~2015届毕业生就业质量指数

2. 高校毕业生的就业满意度[②]呈现阶段性上升特点

2010~2015届毕业生就业满意度从47%上升到62%，提高了15个百分点。毕业生就业满意度的变化分为三个阶段，2010、2011届毕业生的就业满意度相同，均为47%，即毕业生对工作表示满意的人数占已就业毕业生总数

---

① 就业质量指数的取值范围在0~100%之间，取值80%以上为良好。
② 就业满意度是指已就业的毕业生中，对就业状态表示满意的毕业生占比，其取值在0~100%之间。

的47%；2012、2013届毕业生的就业满意度接近，分别为55%和56%，较2010、2011届毕业生分别增长了8个、9个百分点；2014、2015届毕业生的就业满意度比较接近，分别为61%和62%，较2012、2013届毕业生增加了6~7个百分点（见图11）。

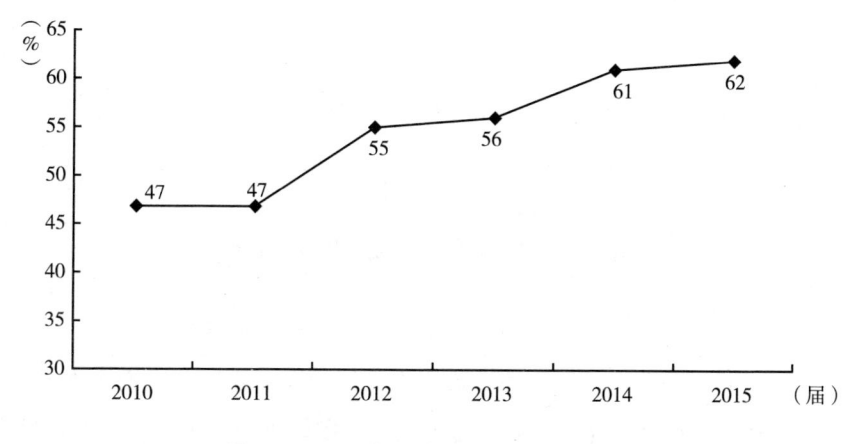

图11 2010~2015届毕业生就业满意度

麦可思调查了2013、2014届毕业生就业满意度不高的原因，其中收入低是最主要的原因，其他如发展空间不够、工作氛围不好、工作环境条件不好、加班太多、工作能力不够造成压力大、工作不被领导认可等也影响毕业生的就业满意度。

3. 毕业生的就业稳定率变化不大

毕业生就业稳定率[①]除2011届毕业生较低以外，其余几届毕业生的就业稳定率基本维持在66%~67%，即毕业生在毕业半年内没有转换过工作的人数占已就业毕业生总数的66%~67%，稳定率不高（见图12）。

根据麦可思的调查，2015届毕业生半年内离职的人群中有98%发生过主动离职，主动离职原因中排在前三位的是"个人发展空间不够""薪资福利偏低""想改变职业和行业"。

---

① 就业稳定率是本报告用来衡量毕业生就业稳定性的，是指已就业的毕业生中，在就业半年内没有更换过工作的毕业生占比，其取值在0~100%之间。

053

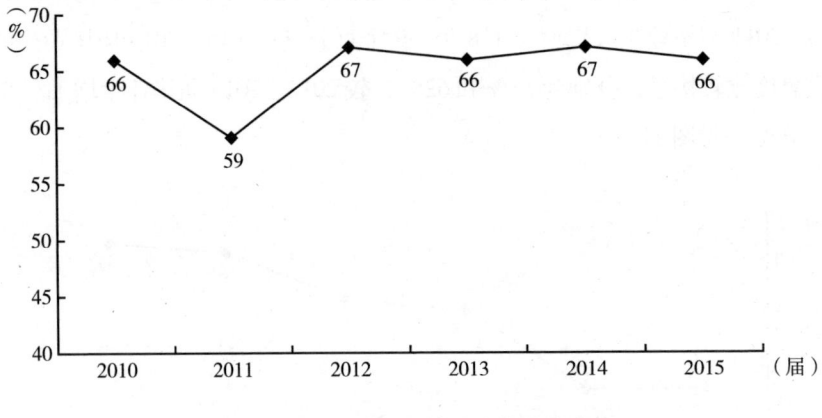

图12 2010～2015届毕业生就业稳定率

另外，在毕业生的就业去向选择中，受雇全职就业作为最传统的就业方式，仍然占据主导地位，但占比在逐年下降。受雇半职、自主创业等灵活就业的比例在逐年增长，毕业生灵活就业率从2010届的2.7%上升到2015届的5.0%，增加了2.3个百分点。其中，专科毕业生的灵活就业率远高于本科毕业生。以2015届毕业生为例，专科毕业生的灵活就业率为6.2%，本科毕业生为3.7%（见图13）。这种毕业生就业去向多样化的趋势，有利于缓解就业压力、改善就业结构，但同时也增加了毕业生就业的不稳定性。

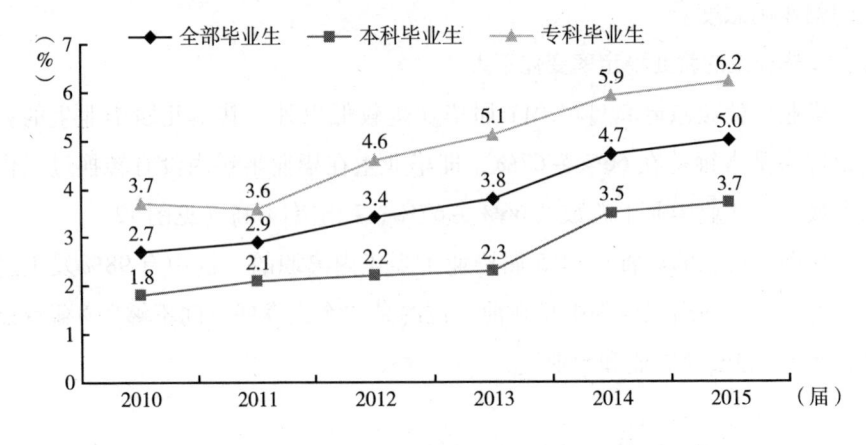

图13 2010～2015届毕业生灵活就业率及本专科比较

4. 毕业生相对工资水平①快速降低，是引发就业质量下降风险的主要推手

根据麦可思调查的高校毕业生毕业半年后的工资水平，2011~2015届毕业生毕业半年后的名义工资都有明显增加，从2011届毕业生的2766元增加到2015届的3726元，但同比涨幅在波动中呈下降趋势，2012届毕业生的工资涨幅为10.2%，2015届毕业生的工资涨幅下降到了6.9%。城镇在岗职工月平均工资不仅绝对水平高于毕业半年后毕业生的工资收入，且涨幅也高于毕业生，2015届毕业生的工资涨幅比城镇在岗职工低3.4个百分点。

导致毕业生相对工资水平持续下降的原因主要来自三个方面：一是高校毕业生人数的快速增加是毕业生相对工资下降的最直接原因。国家统计局1992~2009年的城镇住户调查数据显示，自2002年起，25岁以下大学毕业生的工资收入占当年城镇在岗职工平均工资的比重开始呈现明显的下降趋势。2002年是中国1999年大学扩招以来迎来第一批扩招大学生毕业的年份，自此，高校毕业生人数呈现逐年快速上升的趋势。高校毕业生人数的增加，丰富了劳动力市场中的毕业生人才资源，但同时也使大学毕业生的供求关系发生改变，毕业生在劳动力市场中的相对优势在减弱。近年来，毕业生人数更是屡创新高，在经济增速下行压力依然存在的情况下，虽然毕业生的就业率相对稳定，却是以毕业生相对报酬的下降为代价的，从而降低了毕业生的就业质量。二是中国经济结构调整、产业结构转型升级，使得劳动力市场对人才的需求结构发生改变，而高校人才培养未能与市场需求相适应，存在人才供需上的不匹配，导致大学生就业难与用人单位招聘难并存。毕业生所具备的知识、能力、素质与市场需求的脱节，降低了用人单位对毕业生的预期和评价，并最终体现在相对工资报酬上。三是大学毕业生在扩招后大量涌入劳动力市场，高等学历的作用有所减弱，用人单位难以通过大学文凭

---

① 相对工资水平是用毕业生的平均月收入与城镇在岗职工平均月收入相比得到的，本报告用工资比率这一指标来体现。工资比率＝毕业生毕业半年后的平均月收入／毕业生毕业当年我国城镇在岗职工月平均工资。

对劳动者的能力进行有效鉴别，倾向于以低薪聘用来降低"误判"的损失。①

三 政策建议

高校毕业生就业形势虽然总体平稳，但在高校毕业生总量持续增长的情况下，受经济下行的影响，企业用工需求在减少，这种供需总量矛盾使得毕业生的就业压力不断加大。面对这种压力，各级政府及相关部门依然要高度重视高校毕业生就业工作。

（一）开展高校毕业生就业质量监测工作

在高校毕业生就业率总体平稳的情况下，要重视毕业生的就业质量问题，防止毕业生就业质量进一步下滑，这就需要建立一个较为统一的高校毕业生就业质量评价体系。该体系应遵守系统性、有效性、稳定性、动态性、可操作和可量化相结合的原则，选择具有代表性的典型指标，既能客观反映毕业生就业质量的真实情况，又要简便易行，还要能进行横向和纵向的比较。

同时，建立关于高校毕业生就业状况调查的官方统计制度，采集较为准确、全面的毕业生就业数据，一方面可以更加准确地把握毕业生的就业现状与动态，并以所构建的评价体系为基础对高校毕业生的就业质量进行实时监测；另一方面还可以关注毕业生中的重点群体（如就业困难群体、丧失就业信心者等）和就业中的重点问题（如毕业生就业状态、失业原因等），为制定和实施有针对性的政策提供科学、客观、真实的基础依据。

（二）建立高校毕业生工资水平指导机制

工资水平主要由劳动力市场中人才的供求关系进行调节是市场机制发挥

---

① 姚先国、方昕、钱雪亚：《高校扩招对大学毕业生工资的干预效应》，《人口与经济》2014年第1期。

作用的应有表现，高校毕业生初始就业的工资水平也应遵循这一原则，本研究所显示的毕业生相对工资水平的下降也受到了来自市场供求关系变化的影响。但同时我们也应该看到，中国劳动力受教育程度以中等教育为主，平均受教育年限2014年为9.28年[①]，还处于相对较低的水平，高校毕业生数量从全国范围看并没有达到供大于求的地步，所以毕业生相对工资水平的快速下降是不正常的。高校毕业生资源分配不均，过度向经济发达及较发达地区、优势行业和职业集中，导致毕业生就业局部竞争激烈，也加剧了竞争的无序性，降低了毕业生在劳动力市场的相对优势地位，在市场与人为力量的共同作用下，毕业生的相对工资水平降低了，以致社会上流传着"大学生不如农民工""上大学无用"等消极论调。有鉴于此，需要在以市场调节为主的情况下，建立高校毕业生工资水平指导机制，定期发布毕业生工资指导价格，为毕业生、用人单位、社会大众提供较为权威的指导，以保障毕业生在初始就业时能够获得公平的工资收益，并保持合理的工资增长水平，对毕业生的高等教育投资给予合理的回报，避免社会上悲观、消极观念的进一步蔓延。

（三）为高校毕业生提供更加丰富有效和灵活多样的创业服务

毕业生的灵活就业率近年来有明显的上升，尤其是自主创业的比例增长幅度较大，灵活多样的就业形式对于缓解就业压力是有积极作用的，但这也是对毕业生就业市场压力较大的一种反应。目前专科毕业生的自主创业率高于本科毕业生，高职高专院校及非211本科院校毕业生的自主创业率高于211本科院校的毕业生。虽然学历层次、毕业院校等级并不能完全说明学生自主创业的质量和效率，但还是能够在一定程度上体现毕业生的整体素质。为此，我们在鼓励大学生创业的同时，也应重视大学生的创业培育，加强学生的创业教育与培训，并为毕业生自主创业提供更多的政策支持、更便利更

[①] 数据来自教育部官方网站，http://www.moe.edu.cn/jyb_xwfb/s5147/201512/t20151207_223334.html。

适宜的服务，以便提高高校毕业生自主创业的存活率。

第一，提高大学生对创业政策的知晓度。相关统计调查结果显示，大学生对政府提供的创业政策的知晓度不高，这使得很多大学生不能获得应有的支持。因此，应加大创业政策与服务的宣传力度，开展政策宣传进校园等活动，积极向大学生介绍创业扶持条件和服务内容等，提供相关部门的联系方式和联系人，以便做好后期的服务、帮助和指导工作。

第二，加强对大学生创业服务需求的调查。通过调查，了解大学生在创业过程中遇到的主要困难、创业难点，以及大学生需要的创业帮扶等。只有真正了解大学生的创业服务需求，才能提供有针对性的服务，提高服务的效率。

第三，进一步丰富大学生创业服务的内容与形式。创业服务应是全过程、全方位的，包括创业前的指导与项目遴选、创业中的帮扶、创业后的跟踪评估与反馈等。许多大学生的创业实践表明，大学生创业比较欠缺的是经验和经费，如何给予创业项目有效的指导和充分的资金支持，是政府相关部门在服务内容上应该重点考虑的。在创业服务形式上，有必要充分利用互联网和移动媒体设备的功能，为大学生提供便捷、高质量的服务。

第四，建立创业意识教育、创业能力培训、创业实践活动有机结合的创业指导体系，积极推进地方、高校、教师、学生协同共建创业服务体系及创业项目研发、推介、孵化与产业化紧密链接的创业信息市场体系；推动完善落实大学生创业政策体系，筹集创业基金，助推创业发展，实现以创业带动就业的倍增效应。

（四）加强人才需求的统计与预测工作，提高人才培养与市场需求之间的吻合度

高校毕业生就业最主要的矛盾是供需之间的结构性失衡，具体表现为毕业生的能力素质、观念意愿等与劳动力市场需求之间的错位。调整高校人才培养方式、提高人才培养质量、提高人才培养与市场需求之间的吻合度已不是新话题，但面对新的经济形势，当前产业转型升级以及产业结构持续优化

对人才的要求也改变了,要将高等教育与劳动力市场需求有效对接,需考虑加强以下几方面工作。

第一,加强产业、行业以及职业发展趋势预测,合理测算劳动力市场对高校毕业生的需求数量,为高等院校人才培养结构、专业设置的调整等提供科学依据,这需要有专门机构利用相关部门的统计数据来承担这项工作。

第二,根据人才需求特点和趋势,鼓励不同层次和特点的院校确定不同的培养定位和目标,改变高等院校建设雷同的局面。目前,不同学历层次、不同院校类型毕业生的就业各有特点,但其中也存在不少交叉和冲突,这就需要加强高等院校的特色建设,以满足市场多样化的人才需求。

第三,加强创新创业教育与培训,提升高校毕业生的创新能力和创业实力。目前,中国的创新创业教育还处于起步阶段,相比国外高校的大学生,国内大学生普遍缺乏创新意识和创新能力,这对于促进青年的创新、创业是非常不利的。因此,一方面,各高等院校应成立专门机构,积极与企业合作,引入社会优质创新创业资源,共同开展大学生的创新创业教育;另一方面,政府相关部门可以通过下属机构或者采用政府购买服务的方式,为高校毕业生提供优质的创新创业培训。

(五)营造公平公正的就业环境,加大毕业生向人才缺乏地区转移就业的政策支持力度

第一,激烈的市场竞争不可避免会带来不正当竞争、不合理用工、不公平就业等问题,从而侵害毕业生的就业权益。因此,需要动员全社会的力量,通过多种宣传手段,引导全社会形成正确的舆论导向和就业理念,尤其要引导用人单位树立公平公正的招聘观念;应加强市场监管,规范用人单位的招聘与用工行为,减少就业中针对学校、性别、户籍、民族、年龄等方面的歧视问题;加强对毕业生相关法律法规的培训,鼓励他们在就业中维护自己的正当权益。

第二,就业资源分布不均衡是导致毕业生流向相对集中的重要原因。为了引导毕业生向人才缺乏地区流动,需要一方面加强对毕业生的就业宣传与

舆论引导，鼓励毕业生到中小城市、中西部地区、基层单位就业，引导他们正确看待到民营企业就业的问题，树立正确的就业观念；另一方面加大毕业生向人才缺乏地区转移就业的政策支持力度，具体可以在就业补贴、劳动保障等方面给予更大程度的政策倾斜，减少毕业生在不同地区、行业、职业就业所得的实际收益在心理上的落差，促进毕业生资源的合理配置。

（六）完善相关法律体系，为高校毕业生灵活就业保驾护航

第一，完善高校毕业生灵活就业的相关法律法规。从根本上保护就业者和企业的利益，促进灵活就业服务体系的完善和发展。

第二，完善高校毕业生灵活就业相关的配套设施。搭建高校毕业生灵活就业信息服务平台。促进信息与资源的沟通与共享，促进高校灵活就业群体配套服务体系的建设和发展。同时，建立高校毕业生灵活就业监督体系和评价机制。

第三，完善高校毕业生灵活就业的相关权益保障制度。目前中国社会保障正处于不断发展和完善阶段，同时高校毕业生灵活就业群体就业形式的多样性和就业时间、就业地点的灵活性等特点，使得这部分毕业生在权益保障方面更容易受到侵害，亟须完善社会保障体系，保护灵活就业毕业生的合法权益。

参考文献

麦可思研究院编著《2014年中国大学生就业报告》、《2015年中国本科生就业报告》、《2016年中国大学生就业报告》，社会科学文献出版社，2014、2015、2016。

莫荣：《就业政策4.0：让创业变引擎》，时事报告·大学生版"形势与政策"专题讲稿，2016~2017学年度上学期。

莫荣：《新常态下就业为啥好于预期》，时事报告·大学生版"形势与政策"专题讲稿，2015~2016学年度下学期。

莫荣：《大学生就业是问题更是责任》，《中国人力资源社会保障》2015年第4期。

莫荣、周宵、孟续铎：《就业趋势分析：产业转型与就业》，《中国劳动》2014年第1期。

莫荣：《创业带动就业》，《经济日报》2014年6月17日。

莫荣、汪昕宇：《对大学生就业问题的分析与思考》，时事报告·大学生版"形势与政策"专题讲稿，2014~2015学年度上学期。

莫荣、周宵：《我国产业转移升级促进高质量就业：以成都为例》，载吴江主编《中国人力资源发展报告（2013）》，社会科学文献出版社，2013。

何亦名：《教育扩张下教育收益率变化的实证分析》，《中国人口科学》2009年第4期。

袁晖光、谢作诗：《高校扩招后大学生就业和相对工资调整检验研究》，《教育研究》2012年第3期。

姚先国、方昕、钱雪亚：《高校扩招对大学毕业生工资的干预效应》，《人口与经济》2014年第1期。

邢春冰、李实：《"扩招"大跃进、教育机会与大学毕业生就业》，《经济学（季刊）》2014年第3期。

岳昌君、周丽萍：《经济新常态与高校毕业生就业特点——基于2015年全国高校毕业生抽样调查数据的实证分析》，《北京大学教育评论》2016年第2期。

汪昕宇：《岗位需求视角下大学生就业能力的结构及水平测度——基于北京地区的调研》，《中国人力资源开发》2014年第9期。

B.4
2017年中国社会保障事业改革发展报告

吕学静 王永梅[*]

摘 要： 我国社会保障事业开始从实验性走向成熟型，发展形势总体平稳，基金收支基本平衡；社会救助事业进一步精准化，精准扶贫和精准脱贫事业深度推进；社会福利和慈善事业发展更加成熟，老年人和残疾人福利事业日趋完善，慈善事业发展大格局逐步形成，志愿服务进入法制化时代。党的十九大报告关于"加强社会保障体系建设"的重要部署，为我国未来社会保障事业的发展指明了方向，中国的社会保障事业开始步入新时代。

关键词： 社会保障 基金投资运营 社会救助 社会慈善

2017年，我国社会保障事业开始从实验性走向成熟型，发展形势总体平稳，基金收支基本平衡；社会救助事业进一步精准化，精准扶贫和精准脱贫事业深度推进；社会福利和慈善事业发展更加成熟，老年人和残疾人福利事业日趋完善，慈善事业发展大格局逐步形成，志愿服务进入法制化时代。中国共产党第十九次全国代表大会胜利召开，在"加强社会保障体系建设"中提出"按照兜底线、织密网、建机制的要求，全面建成覆盖全民、城乡统

---

[*] 吕学静，首都经济贸易大学劳动经济学院教授；王永梅，首都经济贸易大学劳动经济学院讲师、博士后。

筹、权责清晰、保障适度、可持续的多层次社会保障体系"，为我国未来社会保障事业的发展指明了方向，中国的社会保障事业开始步入新时代。

一 社会保险事业平稳发展

（一）覆盖面进一步扩大

据人力资源和社会保障部的统计数据，截至2017年9月底，全国基本养老保险、基本医疗保险、失业保险、工伤保险、生育保险的参保人数分别为9.05亿、11.29亿、1.86亿、2.24亿和1.90亿人，分别比2016年底增加1723万、3.85亿、511万、511万和549万人。其中基本医疗保险参保人数增长了约51%，出现了大幅提高。新农合参保率接近99%，基本实现了应保尽保。[①] 同时，我国长期护理保险制度自2016年6月试点以来，运行平稳，成效初步显现，截至2017年9月底参保人数已经超过了3800万。[②]

（二）基金收支基本平衡

2017年1~8月，五项社会保险基金合计总收入4.12万亿元，同比增长27.78%。其中基本养老、基本医疗、失业、工伤、生育基金分别收入27864亿、11710亿、655亿、530亿和401亿元，同比增长23.80%、43.82%、-15.03%、13.48%和23.95%。1~8月，五项社会保险基金总支出3.47万亿元，同比增长28.9%。其中，基本养老、基本医疗、失业、工伤、生育基金分别支出24733亿、8527亿、512亿、411亿和505亿元，分别同比增长28.31%、32.10%、-1.05%、8.32%和79.01%。全国社保基金首次出现当期收入略少于当期支出的情况，失业保险基金收入增长率低

[①] 《人社部举行2017年第三季度新闻发布会》，http：//www.mohrss.gov.cn/SYrlzyhshbzb/dongtaixinwen/fbh/lxxwfbh/201711/t20171101_280424.html。
[②] 《人社部：长期护理保险参保人数超过3800万人 成效初步显现》，http：//www.sohu.com/a/201599767_118392。

于支出增长率。生育保险基金支出出现大幅增长，这与2016年1月1日我国开始实施的"二孩"政策有密切关系。

（三）待遇水平继续提高

养老金水平继续上调。至2017年9月底，全国城乡居民养老金领取人数达到15077万人，比2016年增加277万人，高于参保人数的增长率。养老金水平继续上调5.5%，同时14个省份提高了城乡居民基础养老金的标准。其中企业退休人员养老金将按人均月增277元的标准上调，为历年来幅度最大，调整后的月人均养老金水平将从目前的2773元提高到3050元，首次突破3000元大关。[1]

医保补助标准有所提升。2017年4月，人力资源和社会保障部发布了《关于做好2017年城镇居民基本医疗保险工作的通知》，规定将城镇居民医保人均补助标准在2016年的基础上提高30元，平均每人每年达到450元；中央财政对西部、中部地区分别按照80%和60%的比例进行补助，对东部各省分别按一定的比例进行补助。

失业保险金标准提高。2017年9月，人力资源和社会保障部、财政部联合发布《关于调整失业保险金标准的指导意见》，提出要坚持以"保生活"和"促就业"相统一的思想调整失业保险金标准，分步实施，循序渐进，逐步将失业保险金标准提高到最低工资标准的90%。例如，内蒙古自治区调整后的失业保险金标准较上年增长7.3%，并规定从2017年8月1日起按照调整后的标准发放[2]；山东省从11月起将原来三档失业保险金标准各增加80元，分别调整到每人每月1080元、1030元、980元，平均达到1030元，增长幅度达8.4%[3]。

---

[1] 《2017企业退休人员养老金标准上调！人均月增277元！》，http://www.sohu.com/a/133237550_132269。

[2] 《内蒙古自治区提高失业保险金标准》，http://www.mohrss.gov.cn/SYrlzyhshbzb/shehuibaozhang/gzdt/201709/t20170921_277800.html。

[3] 《11月起，山东调整失业保险金标准 失业人员每人每月多领80元》，http://news.qlwb.com.cn/2017/1018/1091944.shtml。

（四）基金投资运营取得新进展

养老保险投资运行正式启动。一直以来，养老金的保值增值问题都是政府和学界关注的焦点问题，同时也是"老有所养"一块难啃的硬骨头。2016年，人力资源和社会保障部为落实国务院印发的《基本养老保险基金投资管理办法》，成立了工作小组，制定了相关工作方案，积极推动地方养老基金投资运营。截至2017年9月，北京、上海、河南、湖北、广西、云南、陕西、安徽等9个省（区、市）政府与社保基金理事会签署了委托投资合同，合同总金额4300亿元，其中的1800亿元资金已经到账并开始投资。①

职业年金基金管理有新进展。为规范职业年金基金归集账户的设立和管理，保障职业年金基金财产安全，2017年8月人力资源和社会保障部办公厅和财政部办公厅联合印发了《职业年金基金归集账户管理暂行办法》（简称"办法"），明确了职业年金基金归集财产托管账户（简称归集账户）的专用存款账户性质，并指明了归集账户的主要职责是暂存单位和个人缴费收入、转移收入、利息收入以及其他收入，划转归集账户财产，并规定了归集账户设立需要的条件，以及各级社保经办机构、托管银行等应当履行的职责。该办法的颁布为我国职业年金的投资运营管理奠定了重要基础。

（五）长期护理保险试点稳步推进

我国人口老龄化伴随着高龄化和失能化。2015年80岁及以上高龄人口规模为0.26亿人②，预计到2050年将突破1亿人，约占老年人口总量的1/4；失能和半失能人口也将从2015年的约4000万③上升至2050年的约9759万④，老年长期照护压力与日俱增。2016年人力资源和社会保障部印发《关于开展长期护理保险制度试点的指导意见》，提出在河北承德、吉林长

---

① 人力资源和社会保障部2017年第三季度新闻发布会，2017年11月1日。
② 根据国家统计局2015年1%全国人口抽样调查数据计算。
③ 吴玉韶、王莉莉：《中国养老机构发展研究报告》，华龄出版社，2015。
④ 总报告起草组：《国家应对人口老龄化战略研究总报告》，《老龄科学研究》2015年第3期。

春、黑龙江齐齐哈尔等15座城市开展长期护理保险试点，目前已有14个城市印发文件并启动实施。作为重点联系省份，山东和吉林不仅在试点城市扎实推进长期护理保险工作，同时其省级人民政府也印发了针对全省的实施意见。

截止到2017年10月，全国长期护理保险的参保人数已经超过3800万人，制度运行总体平稳，成效初步显现。一是减轻了失能老人及其家庭的经济和事务性负担，对符合规定的长期护理费用，支付水平总体在70%左右。二是制度综合社会功能得到发挥，试点在拉动就业创业，促进养老、照护服务产业的发展，支持家政服务业的发展等方面发挥了积极作用。[1] 从试点目前情况看，社会反响也是很好的，受到群众的普遍欢迎，社会各界高度赞扬。

（六）失业保险费率降低，功能进一步拓展

降低失业保险费率是供给侧结构性改革"三去一降一补"五大任务中"降低成本"的具体举措。据不完全统计，两年多来社会保险费合计已减收超过1230亿元，占年度降低企业税负的10%左右，其中失业保险费减收900亿元，效果显著。[2] 继2015年人社部和财政部连续发文降低或调整失业保险、工伤保险、生育保险、失业保险费率以来，2017年2月人力资源和社会保障部与财政部又印发《关于阶段性降低失业保险费率有关问题的通知》，决定从2017年1月1日起失业保险总费率为1.5%的省（自治区、直辖市），可以将总费率降至1%。

失业保险功能进一步拓展。2015年国务院下发的《关于进一步做好新形势下就业创业工作的意见》中将失业保险基金支持企业稳岗政策实施范围由三类企业扩大到所有符合条件的企业，至今已向近64万户企业发放稳岗补贴424亿元，惠及职工7926万人，取得了积极成效，但仍存在区域进

---

[1] 人力资源和社会保障部2017年第三季度新闻发布会，2017年11月1日。
[2] 郑秉文：《我国社会保障改革成就卓著》，《人民日报》2017年10月24日。

展不平衡、经办服务不到位、政策效应发挥不足等问题。在此背景下，人力资源和社会保障部 2017 年 9 月印发了《关于实施失业保险援企稳岗"护航行动"的通知》，决定从 2018 年至 2020 年在全国实施失业保险援企稳岗"护航行动"①，这是经济发展新常态下失业保险助力企业脱困发展、稳定就业岗位的一项重要举措，是失业保险援企稳岗的服务品牌。

（七）生育保险和职工基本医疗保险合并开始试点

为了强化基金共济能力、提升管理综合效能、降低管理运行成本，《国民经济和社会发展"十三五"规划》中做出了"将生育保险和基本医疗保险合并实施"的规划。2017 年 1 月，国务院办公厅印发了《生育保险和职工基本医疗保险合并实施试点方案》，计划在全国 12 个城市开展两项保险合并实施试点。试点方案提出要"遵循保留险种、保障待遇、统一管理、降低成本"的原则，推进两个险种合并。试点内容为"四统一、一不变"，即统一参保登记、统一基金征缴和管理、统一医疗服务管理、统一经办和信息服务以及职工生育期间生育保险待遇不变。随后，人力资源和社会保障部、财政部、国家卫生计生委等三部门办公厅又专门出台通知，确保在 2017 年 6 月正式启动两项保险合并试点工作，试点期限为一年左右。

两险合并后成效初显。昆明市用人单位将按 9.9% 的费率统一缴纳城镇职工基本医疗保险费，职工个人不需缴纳生育保险费，医疗保险费职工个人缴费比例仍为 2%，生育保险的参保人数由 86 万增长至 105 万人左右。② 邯郸市两险合并后，原来不享受生育保险待遇的灵活就业人员也被直接纳入生育保险保障范围，实现了生育待遇全覆盖，顺产定额补贴由 3000 元提高至 4000 元。③

---

① 《人社部解读〈关于实施失业保险援企稳岗"护航行动"的通知〉》，中国煤炭网。
② http：//rsj. km. gov. cn/c/2017 – 06 – 28/1897469. shtml.
③ http：//www. handannews. com. cn/news/handan/c/2017 – 10/13/content_ 345645. htm.

二 社会救助事业进一步精准化

社会救助制度是指国家和社会通过立法，在公民不能维持最低限度的生活水平时，由国家和社会按照法定的标准向其提供满足最低生活需求的资金和实物救助的一种社会保障制度。近年来，以"精准扶贫"、最低生活保障、医疗救助等为代表的一系列社会救助措施对于社会的稳定与和谐起到了极其重要的作用。

2017年前三季度社会救助总支出为1704.6亿元，同比上涨11.47%（见图1）。其中，城市最低生活保障支出为463.4亿元，农村最低生活保障支出为765.2亿元；医疗救助总支出（含民政部门认定、有关方面实施医疗救助）为206.3亿元；临时救助支出为46.4亿元；自然灾害生活救助支出为51.2亿元。①

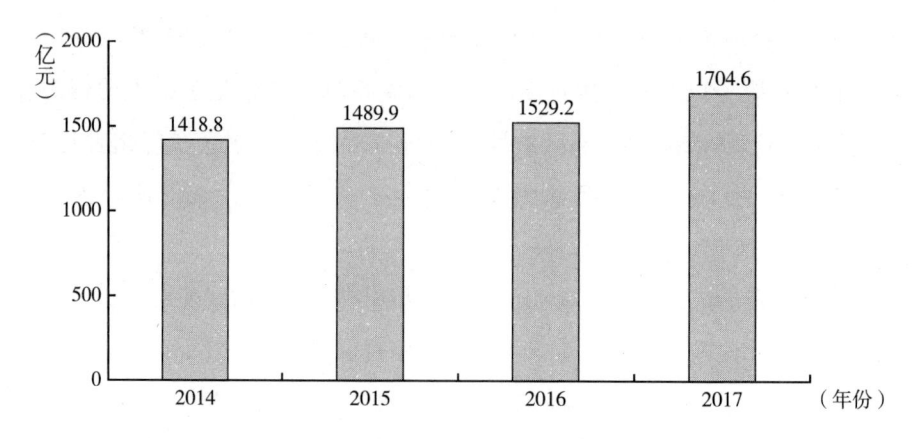

图1 2014年以来社会救助总支出数据（前三季度）

资料来源：民政部历年三季度社会服务统计数据。

---

① 民政部：2017年3月全国社会服务统计数据，2017年11月2日。

（一）最低生活保障

最低生活保障是社会救助制度的主要形式。2016年10月，国务院办公厅《关于进一步加强城市居民最低生活保障工作的通知》，对新形势下我国最低生活保障制度的任务、方式方法以及体制机制等进行了阐释；同年，国务院办公厅转发了民政部、国务院扶贫办等部门《关于做好农村最低生活保障制度与扶贫开发政策有效衔接指导意见的通知》，将最低生活保障制度与"精准扶贫"举措相连，这对于新时期打赢脱贫攻坚战具有重要的指导意义。

图2显示了五年以来我国城乡最低生活保障金的支出和领取最低生活保障金人数的变动情况。自2013年以来，我国城镇最低生活保障金支出变动不大，甚至呈现下降趋势；而农村最低生活保障金支出呈不断上涨趋势，大约按照每年9.46%的速度上涨，2017年前三季度的农村最低生活保障金支出额达到750.6亿元，这与我国近年来加大了对农村的扶贫力度有直接关系。同时，不论是在城市还是在农村领取最低生活保障金的人数都呈现下降趋势，特别是农村领取低保金人数大幅下降，这与国家近年来一系列"精准扶贫"举措有直接关系，即目标聚焦于那些真正需要最低生活保障的群体。

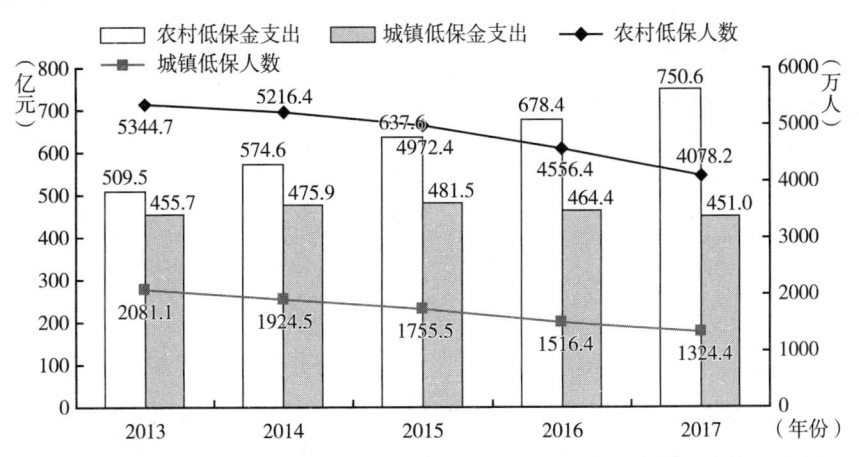

图2　近五年来中国城乡最低生活保障金支出与领取人数变动情况（前三季度）

资料来源：民政部历年三季度社会服务统计数据。

不难发现，在农村最低生活保障金支出增多的同时，领取保障金的人数却在减少，因此人均领取最低生活保障金的额度就呈现不断上涨的趋势。如图3所示，农村人均最低生活保障金大约按照年均14.65%增长，城市人均最低生活保障金大约按照年均8.36%增长。最低生活保障金对于精准改善贫困人口的生活状态起到了越来越重要的作用。

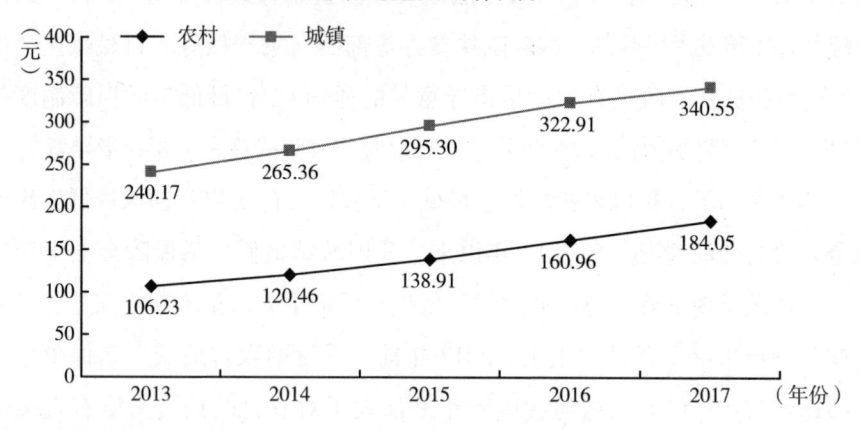

图3 近五年来中国城乡人均最低生活保障金情况（前三季度）

资料来源：根据图2计算得出。

（二）特困人员救助

保障城乡特困人员基本生活是完善社会救助体系、编密织牢民生安全网的重要举措。国务院于2016年2月出台了《关于进一步健全特困人员救助供养制度的意见》，提出特困人员供养制度要坚持托底供养、坚持属地管理、坚持城乡统筹、坚持适度保障、坚持社会参与的基本原则，城乡老年人、残疾人以及未满16周岁的未成年人中的某些人如果同时具备"无劳动能力、无生活来源、无法定赡养抚养扶养义务人或者其法定义务人无履行义务能力"条件的，均可以纳入特困人员救助供养范围。随后的2016年10月，民政部出台了《特困人员认定办法》，进一步明确了特困人员的认定标准、程序、评估方法以及终止供养的条件等。

据民政部2016年和2017年前三季度各省社会服务统计数据，2017年前三季度农村特困人员救助供养总支出为190.6亿元,比2016年同期增长约14%;农村特困人员救助供养人数为474.3万人,比2016年同期下降了5.86%。这就说明特困人员人均领取特困救助金数额增长了,体现了我国特困人员救助的精准化程度不断提高。

党的十九大闭幕之后,民政部召开了部分省份农村特困人员供养服务机构社会化改革座谈会①,研究探讨新形势下加强农村供养服务机构建设的思路举措。坚持做到四个"确保":确保机构服务特困人员的宗旨不变,确保特困人员合法权益得到有效保障,确保供养服务机构所有权不变,确保机构保障能力和服务质量稳步提升,充分显示了国家对于特困人员的关注,及在全面建设小康社会进程中"一个都不能少"的决心。

(三)医疗救助

医疗救助是指国家和社会针对那些因为贫困而没有经济能力进行治病的公民实施专门的帮助和支持。2015年,国务院办公厅转发民政部等部门《关于进一步完善医疗救助制度全面开展重特大疾病医疗救助工作意见的通知》,按照托住底线、统筹衔接、公开公正、高效便捷的原则开展医疗救助,并且自2016年起建立起统一的城乡医疗救助制度。图4显示了五年来我国医疗救助经费支出以及人数情况。其中直接医疗救助支出呈逐年上涨趋势,由2013年前三季度的110.2亿元增加到2017年前三季度的150.3亿元;同期,资助参加基本医疗保险支出由22.2亿元增加到34.4亿元。图4中还可看出我国医疗救助对象及救助形式的变化趋势,资助参加基本医疗保险的人数不断下降,直接医疗救助的人次数则大幅上升,两者之间由相差1.6倍到趋于相同。这也充分体现了我国社会保障已经开始由资金支持向服务保障转变的思路,符合以经济保障为主的社会保障体系升级为以服务保障为主的现代社会服务体系的现代社会福利制度发展规律。②需要说明的是,2017年的统计数据对直接

---

① http://www.mca.gov.cn/article/zwgk/mzyw/201711/20171100006618.shtml。
② 杜鹏、王永梅:《全面小康社会与长期照护:问题与对策》,《中国民政》2016年第17期;刘继同:《中国现代社会服务体系构建论纲》,《社会建设》2016年第1期。

医疗救助对象进行了划分，区分了重点救助对象、重特大基本医疗救助对象等，其中重点救助对象占直接医疗救助的26%，重特大基本医疗救助对象占直接医疗救助的2.1%，进一步凸显了医疗救助的精准性。

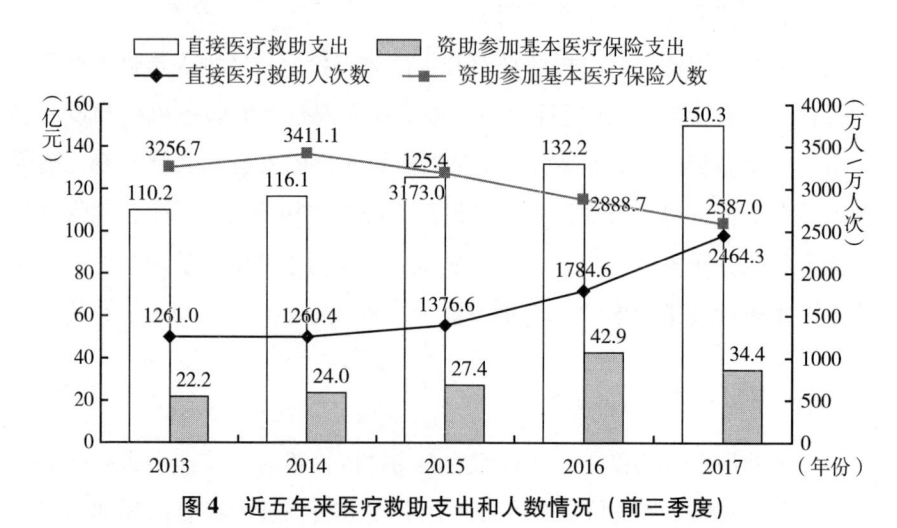

图4 近五年来医疗救助支出和人数情况（前三季度）

资料来源：民政部历年三季度社会服务统计数据。

（四）其他救助

1. 灾害救助

我国现行的灾害救助工作主要是依据1997年颁布的《中华人民共和国减灾规则》执行。五年来我国救灾支出基本在每年50亿~70亿元的范围中波动，2017年前三季度的救灾支出为51.2亿元，比2016年同期降低约1/5（见图5）。其支出情况基本取决于年度的各类灾情。

2. 临时救助

临时救助制度指国家对遭遇突发事件、意外伤害、重大疾病或由其他特殊原因导致基本生活陷入困境，其他社会救助制度暂时无法覆盖或救助之后基本生活暂时仍有严重困难的家庭或个人给予的应急性、过渡性救助。[1]

---

[1] 王德高：《社会保障学》，武汉大学出版社，2010。

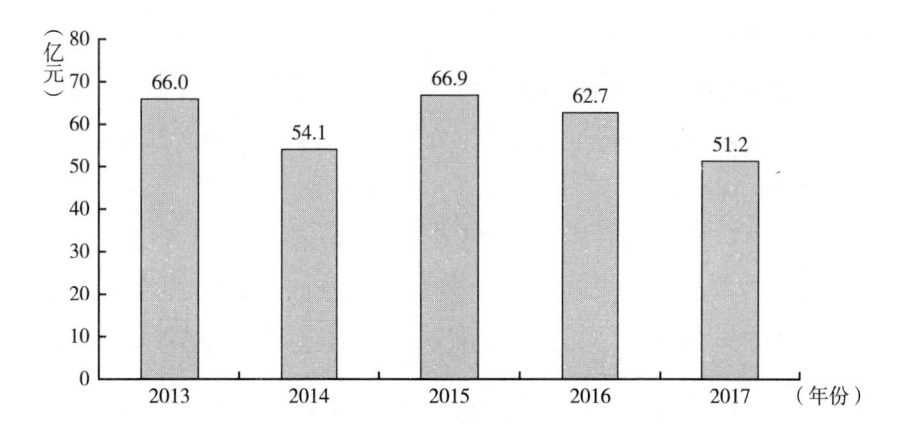

图5 近五年来救灾支出基本情况（前三季度）

资料来源：民政部历年三季度社会服务统计数据。

最近五年来我国临时救助支出除2013年支出额较大，高达189.5亿元外，其余年度的支出在30亿~74亿元之间（见图6）。2017年的临时救助支出相比于2016年出现了"陡升"趋势，这与该年统计数据中增加了"其他临时救助支出"46.5亿元有关。因为2017年以前临时救助的对象只是低保对象，随着低保制度不断完善、"精准扶贫"举措不断推进，更多的临时救助可能转变为制度并未考虑到的其他情况，这也充分体现了临时救助制度的灵活性。

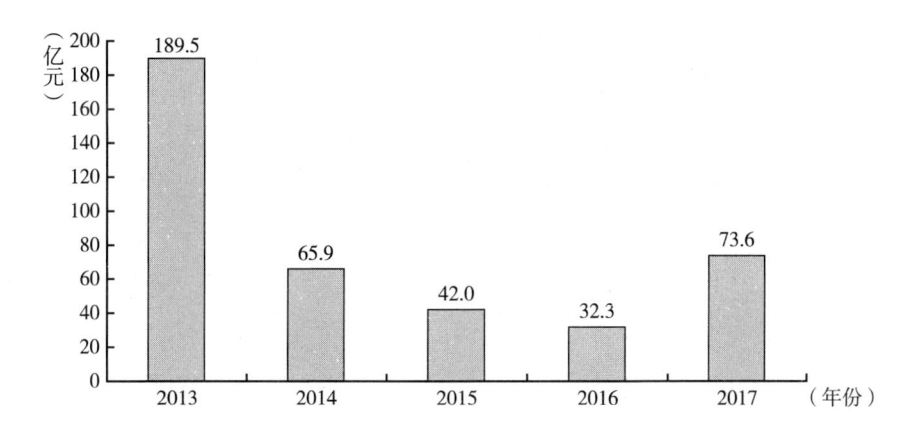

图6 近五年来我国临时救助支出情况（前三季度）

资料来源：民政部历年三季度社会服务统计数据。

3. 优抚安置

优抚安置是指国家对从事特殊工作者及其家属，如军人及其亲属予以优待、抚恤、安置的一项社会保障制度。2017年，民政部、财政部发布了《关于调整部分优抚对象等人员抚恤和生活补助标准的通知》，进一步提高优抚对象的待遇水平。近五年来，我国抚恤事业费支出持续增长，由2013年的305.4亿元增至2017年的451亿元，优抚对象人数略有所下降，由2013年的951.7万人降至2017年的860.3万人，人均优抚安置费用呈上涨趋势（见图7）。

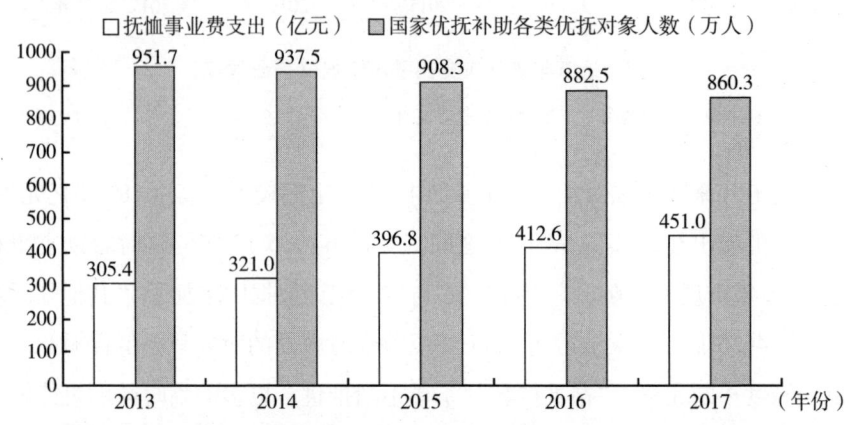

图7 近五年来我国抚恤事业费支出和优抚对象人数情况（前三季度）

资料来源：民政部历年三季度社会服务统计数据。

4. 就业救助

2014年发布的《社会救助暂行办法》中规定"国家对最低生活保障家庭中有劳动能力并处于失业状态的成员，通过贷款贴息、社会保险补贴、岗位补贴、培训补贴、费用减免、公益性岗位安置等办法，给予就业救助"。截至2017年10月底，我国553万建档立卡贫困人口实现就业，就业扶贫成效显著，但是已就业的500多万贫困劳动力中，单位就业占比不足10%，灵活就业和其他形式就业占比达80%以上，就业稳定性差，人力资源和社会保障部相关领导指出，在深度贫困地区可给予就业扶贫特殊政策。[1]

---

[1] http://news.xinhuanet.com/2017-11/09/c_1121931986.htm.

5. 教育救助

2014年的《社会救助暂行办法》中提出"国家对在义务教育阶段就学的最低生活保障家庭成员、特困供养人员，给予教育救助"。2017年，国务院办公厅在《关于进一步加强控辍保学提高义务教育巩固水平的通知》中进一步关注了教育扶贫问题，提出要聚焦贫困地区和贫困人口，把建档立卡等家庭经济困难学生作为脱贫攻坚重点对象，特别是把残疾儿童、残疾人子女、服刑人员未成年子女、留守儿童、直过民族地区适龄儿童作为重中之重，坚持优先帮扶、精准扶贫。教育救助也成为阻断贫困代际传递的核心举措之一。

三 社会福利与慈善事业更加成熟

社会福利是指对生活能力较弱的儿童、老人、残疾人、慢性精神病人等提供社会照顾和社会服务的事业。自党的十八大以来，我国社会福利事业大力发展，由图8可见自2013年以来，我国社会福利支出迅猛增加。2017年前三季度，我国社会福利总支出达到171.9亿元，同比2016年增长约51%。

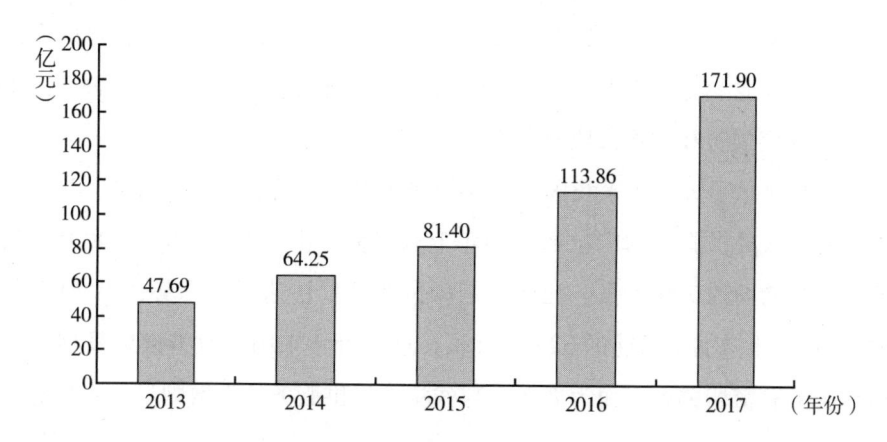

图8 近五年来我国社会福利支出情况（前三季度）

资料来源：民政部历年三季度社会服务统计数据。

（一）老年人和残疾人福利事业愈发成熟

随着人口老龄化的不断加剧，我国对于老年人福利事业的发展愈发重视。2016年的《国民经济和社会发展"十三五"规划》中提出要建立"居家为基础，社区为依托，机构为补充"的社会养老服务体系；2016年12月国务院办公厅发布了《关于全面放开养老服务市场 提升养老服务质量的若干意见》，将我国养老服务事业发展推向了新的平台。

当前我国残疾人数量为8500万，其中持证残疾人数近3000万，直接影响近2.7亿的家庭人口。[①] 2008年政府在《残疾人权益保障法》中提到"国家鼓励和扶持社会力量举办残疾人供养、托养机构"，在2012年《关于加快发展残疾人托养服务的意见》和2017年颁布的《"十三五"推进基本公共服务均等化规划》中进一步关注残疾人的托养服务和康复服务。

2017年，我国针对老年人和残疾人出台了诸多政策文件，进一步关注老年人和残疾人事业的发展。例如2017年4月，民政部和财政部联合启动第一批中央财政支持开展居家和社区养老服务改革试点的工作；10月继2013年启动第一批公办养老机构改革试点以来，民政部等再次启动第二批公办养老机构改革试点，进一步推进养老服务发展。2017年2月，为了预防残疾的发生、减轻残疾程度，帮助残疾人恢复或者补偿功能，促进残疾人平等、充分地参与社会生活，发展残疾预防和残疾人康复事业，相关部门出台了《残疾预防和残疾人康复条例》。

图9显示了近五年来我国老年人和残疾人事业发展的基本情况。为老年人与残疾人提供服务的床位数呈逐年上升趋势，由2013年的433.8万张快速增至目前的约700万张；社区养老床位数则呈快速增长态势，由2013年的约30万张增加至目前的325.3万张，这与近年来国家政策鼓励发展社区养老服务有密切关系；而为老年人与残疾人提供服务的人数则呈下降趋势。

---

① http://finance.people.com.cn/n/2015/0128/c1004-26461253.html.

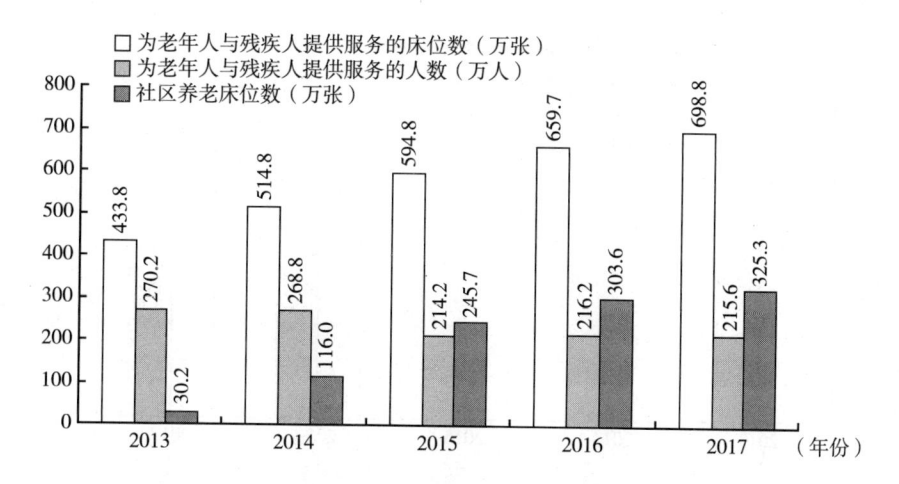

图9 近五年来我国老年人与残疾人事业发展情况（前三季度）

资料来源：民政部历年三季度社会收养统计数据。

（二）儿童福利事业发展平稳

2016年，国务院颁布了《关于加强困境儿童保障工作的意见》，提出应按照家庭尽责、政府主导、社会参与、分类保障的原则，保障困境儿童的基本生活、基本医疗，强化教育保障、落实监护责任，并加强残疾儿童福利服务。2016年国务院还颁布了《关于加强农村留守儿童关爱保护工作的意见》，希望达到"家庭、政府、学校尽职尽责，社会力量积极参与的农村留守儿童关爱保护工作体系全面建立，强制报告、应急处置、评估帮扶、监护干预等农村留守儿童救助保护机制有效运行，侵害农村留守儿童权益的事件得到有效遏制"的目的。2017年，民政部发布了《关于在农村留守儿童关爱保护中发挥社会工作专业人才作用的指导意见》，为新兴力量——社会工作专业人才参与留守儿童心理社会服务、促进农村留守儿童全面健康成长奠定重要基础。

据民政部门统计，近五年来为儿童提供收养救助服务的床位数每年大约在7.9万至10.1万张之间，为儿童提供收养救助服务的人数每年在5万至6万人之间（见图10）。

社会蓝皮书

```
为儿童提供收养救助服务的床位数（万张）
为儿童提供收养救助服务的人数（万人）
```

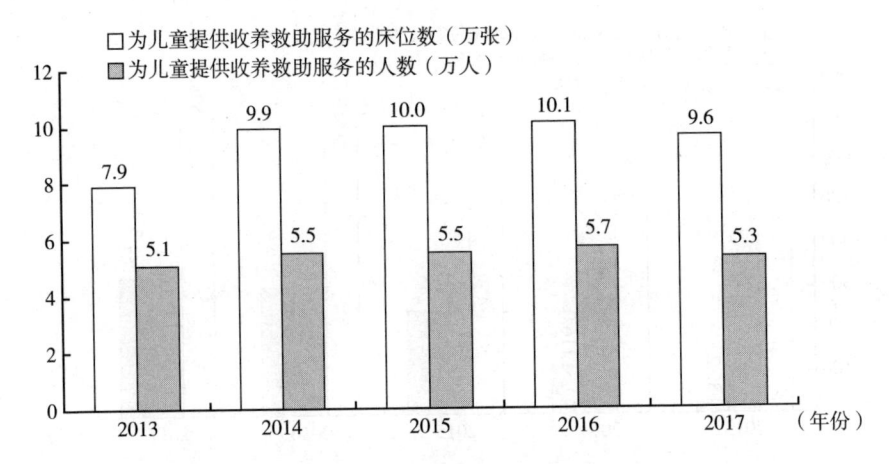

图中数据：
- 2013：7.9，5.1
- 2014：9.9，5.5
- 2015：10.0，5.5
- 2016：10.1，5.7
- 2017：9.6，5.3

图10　近五年来为儿童提供收养救助的基本情况（前三季度）

资料来源：民政部历年三季度社会收养统计数据。

（三）智障和残疾人福利事业发展良好

2016年国务院印发的《"十三五"加快残疾人小康进程规划纲要》中明确指出，对精神障碍患者通过基本医疗保险支付医疗费用后仍有困难，或者不能通过基本医疗保险支付医疗费用的，应当优先给予医疗救助；对生活无着的流浪、乞讨残疾人给予及时救助，健全流浪、乞讨残疾人返乡保障制度，对因无法查明身份信息而长期滞留的流浪、乞讨残疾人给予妥善照料安置。

图11是近五年来我国民政部门统计的为智障与精神病人服务的基本情况，可以看出我国为智障与精神病人提供服务的床位数呈逐年增加趋势，2017年相比于2016年增加25.7%；为智障与精神病人提供服务的人数也逐年增加，2017年相较于2016年增加18.9%。

（四）慈善事业发展大格局逐步形成

慈善是中华民族的传统美德，慈善事业是中国特色社会主义事业和社会保障体系的重要组成部分。自党的十八大以来，以"政府推动、民间运作、社会参与、各方协作"为特征的中国特色慈善事业的大格局正在逐步形成，

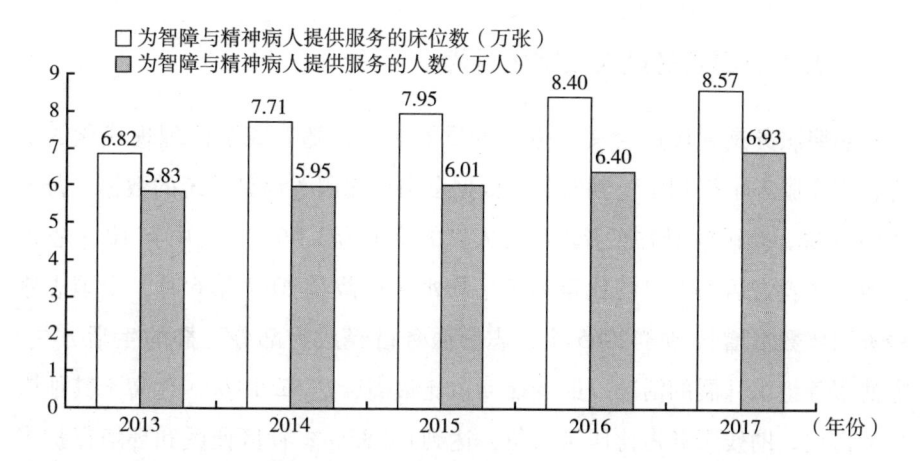

图11　近五年来为智障与精神病人服务的基本情况（前三季度）

资料来源：民政部历年三季度社会收养统计数据。

特别是2016年《慈善法》颁布以来，我国慈善事业的发展更是进入了快速发展期。

一是慈善组织蓬勃发展。近年来，慈善组织社会贡献度不断提高，正在成为决胜全面建成小康社会的积极力量。截至2017年10月，全国社会组织总数达到75.6万个，其中被认定和登记为慈善组织的2429个，发给公开募捐资格证书的606个。二是慈善活动形式多样。慈善公益事业发展迅速，已经从传统的救灾救援、扶贫助残、尊老爱幼逐渐向教育、科技、文化、卫生、环保、体育等各个领域扩展，慈善组织开展的慈善活动形式越来越多样、领域越来越广泛。三是网络募捐成为慈善新模式。据不完全统计，《慈善法》施行1年来，通过网络实施的捐赠超过10亿人次，捐赠金额超过20亿元，一些慈善组织来自互联网的捐赠已经占到捐赠总收入的80%以上，以企业为捐赠主体的旧有格局正在发生改变。四是慈善信息公开强化。截至2017年10月，全国1676个慈善项目、1219个公开募捐方案全部在平台予以公开，让慈善事业更公开透明、更具社会公信力、更能够激发社会公众的参与热情。[①]

---

① 《中国特色的慈善事业大格局逐步形成》，《慈善公益报》2017年10月18日。

（五）志愿服务进入法制化时代

志愿服务是现代社会文明进步的重要标志，随着我国治理现代化的推进，志愿服务也得到了蓬勃发展。根据全国志愿服务信息系统的数据，截至2016年底，全国注册志愿者占居民人口的比重为2.56%，其中有10个省份注册志愿者占居民人口的比重高于平均水平；截至2017年6月，全国志愿服务团体数量增长到342065个，志愿服务已经成为部分人群的生活方式。志愿服务组织开展的活动以助老活动占比最高，达82.19%，远高于其他服务的占比；助残服务占比居第二位，达到68.85%；社区便民和环境保护志愿服务也是志愿服务组织开展活动较多的领域。[1]

为了保障志愿者、志愿服务组织、志愿服务对象的合法权益，鼓励和规范志愿服务，发展志愿服务事业，培育和践行社会主义核心价值观，促进社会文明进步，2017年8月国家正式颁布《志愿服务条例》，标志着我国志愿服务事业站在了新的起点上，进入了新的发展阶段。

四 2018年社会保障事业发展展望

十九大报告指出中国特色社会主义进入新时代，我国社会主要矛盾已经转化为人民日益增长的美好生活需要和不平衡不充分的发展之间的矛盾，标志着我国由生存权社会转入发展权社会，以人民为中心的发展思想和不断促进人的全面发展、全体人民共同富裕必将成为进一步深化改革的出发点与归宿，我国社会保障事业开始从实验性走向成熟型。

2018年，社会保险基金面临的形势仍不容乐观。即使待遇水平不再提高，仅仅调整基本养老金水平及其他待遇水平的翘尾因素，就给基金支付构成不小的压力。部分职工养老保险基金和医疗保险基金出现当期收支缺口的省份可能会增加，好在越来越多的养老金已经开始投资运营，或许会缓解这

---

[1] 中国志愿服务联合会：《中国志愿服务发展报告（2017）》，社会科学文献出版社，2017。

一失衡的压力。由"全面二孩"生育政策调整而带来的生育保险基金支出大幅上涨仍然会延续,给生育保险基金带来不小的压力,各级财政需加大力度调整支出结构,以适应这一变化。

2018年,养老金的全国统筹将成为热点。党的十九大报告明确提出要"尽快实现养老保险全国统筹",这是针对我国区域发展不平衡以及老龄化程度差异较大而出台的长远举措。2018年将会迈出第一步,先实行基本养老金中央调剂制度,以在不同地区之间均衡养老保险的负担。但是,目前养老金全国统筹的方案并未出台,有结余的省份积极性也不高,如何实施还需要进一步研究。

2018年,幼有所育和弱有所扶将成为政策和实务的焦点。十九大报告将我国民生任务由"五有"扩展为"七有",即"幼有所育、学有所教、劳有所得、病有所医、老有所养、住有所居、弱有所扶",新增的"幼有所育"和"弱有所扶"必将成为社会福利和社会救助关注的焦点,2018年有关部门也将会为此出台相关的政策和措施。

参考文献

中共十九大报告,2017年10月。

《人社部举行2017年第三季度新闻发布会》,人力资源和社会保障部官网,2017年11月1日。

民政部:2017年3月全国社会服务统计数据,民政部官网,2017年11月2日。

《人社部:长期护理保险参保人数超过3800万人 成效初步显现》,http://www.sohu.com/a/201599767_118392。

杜鹏、王永梅:《全面小康社会与长期照护:问题与对策》,《中国民政》2016年第17期。

刘继同:《中国现代社会服务体系构建论纲》,《社会建设》2016年第1期。

《中国特色的慈善事业大格局逐步形成》,《慈善公益报》2017年10月18日。

中国志愿服务联合会:《中国志愿服务发展报告(2017)》,社会科学文献出版社,2017。

王德高:《社会保障学》,武汉大学出版社,2010。

B.5
2017年中国教育改革和发展报告

李涛 张文婷 房琛*

摘 要： 2017年是中国特色社会主义建设进入新时期的关键一年，继续坚持教育优先发展战略，加快教育现代化进程尤为重要。2017年，中国教育总体发展水平已进入世界中上行列，各级各类教育质量稳步提升，教育经费投入持续增长，教育体制机制改革进一步深化，主要涉及教育放管服改革、管办评分离改革、考试招生制度改革、民办教育办学改革、人才培养机制改革等多个方面。2017年，中国在构建大中小学思政教育体系、"双一流"高校遴选和建设、县域义务教育均衡发展、"一带一路"教育行动等方面展开了重点建设工作，在促进教育民生服务方面，开展了教育精准扶贫、教师队伍建设、教育产业发展、关注弱势群体等核心工作。此外，校园欺凌与暴力、租购同权与子女入学、防范大学生误入传销等是2017年中国最引人关注的教育公共舆论话题。

关键词： 教育发展 教育改革 教育公平

---

* 李涛，教育部人文社会科学重点研究基地东北师范大学中国农村教育发展研究院特聘教授，中国社会科学院社会学研究所博士后；张文婷，东北师范大学中国农村教育发展研究院硕士；房琛，东北师范大学中国农村教育发展研究院硕士。东北师范大学教育学部硕士研究生戴思、杨倩颖、张宗倩也参与了本报告撰写中的资料整理、文献分析和统稿工作。

党的十八大以来中国教育事业得到全面发展，中西部和农村教育明显加强，新时期要向举办更加公平而有质量的教育方向努力，将继续坚持优先发展教育事业、建设教育强国，以加快教育现代化进程、办好人民满意的教育。2017年是实施"十三五"规划的重要一年，基本实现教育现代化进入全面攻坚阶段，1月份，国务院印发《国家教育事业发展"十三五"规划》（以下简称《教育"十三五"规划》），以全面提高教育质量为主题，以教育的结构性改革为主线，提出了优化教育资源配置结构、优化教育体系结构、优化人才培养结构的要求。①

一 教育总体发展水平已进入世界中上行列

截至2016年底，全国共有51.2万所学校、2.65亿在校学生，拥有世界最大规模的教育体系。各阶段教育不断深化改革和发展，坚持教育优先发展战略，国家财政性教育经费占国内生产总值的比例连续五年保持在4%以上，2016年首次超过3万亿元。第三方评估表明，中国教育总体发展水平已进入世界中上行列。②

（一）各级各类教育发展形势向好

幼有所育，学前教育实现跨越式发展。全国幼儿园总数达到24万所，比2012年增长32.6%，其中城市公办幼儿园1.74万所，农村公办幼儿园6.82万所，分别比"十二五"初期增长82.3%和76.8%。全国在园幼儿4413.9万人，比2012年增长19.8%，学前三年毛入园率达到77.4%，五年提高12.9个百分点，提前完成了《国家中长期教育改革和发展规划纲要（2010－2020年）》（以下简称《规划纲要》）70%的基本普及目标，也超过了中高收入国家73.7%的平均水平3.7个百分点。小学新生中接受过学前

---

① 《中国教育的时代选择》，《中国教育报》2017年10月17日，第1版。
② 《这5年，我国教育事业全面发展》，《中国教育报》2017年10月23日，第7版。

教育的比例达98.4%，这意味着几乎所有小学新生都接受过一定时间的学前教育。① 针对农村学前教育薄弱的问题，2011~2016年，中央财政总计投入专项资金1000多亿元，用于中西部农村地区改扩建幼儿园，扶持企事业单位、集体办幼儿园和普惠性民办园，让更多农村地区幼儿有园可入。

九年义务教育全面普及。全国共有小学17.76万所，在校生9913万人，小学学龄儿童净入学率达99.92%，巩固率达93.4%，离2020年95%的目标更近了一步。全国共有初中学校5.21万所，在校生4329.37万人，初中阶段毛入学率104%，初中毕业生升学率93.7%。义务教育在全面普及的基础上，更加注重教育质量的提升和教育资源的平衡，努力打造更加均衡、普惠的义务教育，九年义务教育普及水平已经超过世界高收入国家平均水平。

特殊教育事业进步良多。全国共有特殊教育学校2080所，比上年增加27所，在校生49.17万人，比上年增加4.95万人。普通小学、初中随班就读和附设特教班招收的学生有5.18万人，在校生27.08万人，分别占特殊教育招生总数和在校生总数的56.60%和55.07%。特殊教育学校数量和招生人数稳步增加，让更多的特殊儿童有机会入学接受教育，随班就读或附设班等形式也在争取让特殊儿童获得更好的学习体验。

普及高中教育进一步推进。全国共有普通高中1.34万所，在校生2366.65万人，中等职业教育学校共有1.09万所，在校生1599.01万人，高中阶段教育的毛入学率达到87.5%，高于中高收入国家平均水平5个百分点，距离普及高中教育仅一步之遥。中等职业教育在校生人数占高中阶段教育在校生总人数的40.28%，普通高中教育和中等职业教育的结构更加均衡。

高等教育距普及化水平更近一步。全国共有普通高等学校和成人高等学校2880所，各类高等教育在学总规模达3699万人，其中普通高校中本科院校1237所，高职（专科）院校1359所，高等教育毛入学率达到42.7%，接近高等教育普及化水平。②

---

① 《教育部介绍从数据看党的十八大以来我国教育改革发展有关情况》，中华人民共和国教育部政府门户网站，2017年9月28日。
② 《2016年全国教育事业发展统计公报》，中华人民共和国教育部门户网站。

（二）国家财政性教育经费占比连续五年超过4%

2017年5月，教育部发布2016年教育经费统计快报，显示教育经费总投入为38888.39亿元，较上年增长7.64%；国家财政性教育经费为31396.25亿元，首次超过3万亿元，较上年增长7.44%；国家财政性教育经费占GDP的比重为4.22%，连续第五年超过4%；全国公共财政教育经费占公共财政支出较上一年也有所增长，这些都意味着中国向教育强国又迈进一步。各阶段教育经费均有所增长，其中全国学前教育经费总投入为2802亿元，比上年增长15.48%；全国义务教育经费总投入为17603亿元，比上年增长9.76%。在生均教育经费支出上，幼儿园涨幅最高，比上年增长15.97%；普通高等学校生均费用最高，为30457元。[①]

二 全面深化体制机制改革，激发教育发展活力

全面深化改革是教育事业不断向前发展的重要途径，其中教育体制机制方面的改革是工作的重点。2017年，根据《规划纲要》《教育"十三五"规划》等的阶段性发展目标，结合当前中国教育事业发展的特点和要求，在简政放权、招生考试、对外开放等方面进行了改革。

（一）推进教育放管服改革

2017年3月，教育部、国家发改委、财政部、中央编办、人力资源和社会保障部五个部门联合印发了《关于深化高等教育领域简政放权、放管结合、优化服务改革的若干意见》（以下简称《意见》）。《意见》的出台是完善中国特色现代大学制度的重要一步，主要目的是针对地方和高校放权减负，让高校在必要的监测机制下拥有更多的办学自主权，激发其创新活力，

[①] 《教育部 国家统计局 财政部关于2016年全国教育经费执行情况统计公告》，中华人民共和国国家统计局。

为高校的教学质量提升、人才培养与引进、优势特色学科发展等提供更多空间。《意见》就学科专业设置、高校编制及岗位管理制度、高校进人用人环境等方面做出相关规定。

此外，还在薪酬分配上提出继续健全符合中国特色现代大学特点的分配制度、完善经费使用管理制度等新要求。要注意的是，在放权的同时对上述授权项目的督查监管是有关教育行政部门的重要工作，各地各部门要进一步转变职能和管理方式，创新监管方式和手段，对于经评估不符合标准或存在问题的学位点和专业，或是出现其他管理方面问题的，撤销其资格或要求限期整改。

（二）深入推进教育管办评分离改革

深入推进教育管办评分离改革是2017年的重要工作之一。2017年，国家教育督导机构改革基本完成，地方31个省（自治区、直辖市）成立了人民政府教育督导委员会及办公室，形成了地方教育督导机构改革的基本框架，随后《督学管理暂行办法》出台，建立了督学管理制度。管办评分离有助于形成教育治理新格局，是深化教育体制改革的重要步骤，它让监管、办学、评价等形成更加专业化、服务性强的高效结构，明确了各个主体的责任。当然，我们也要清醒地认识到，由于长期以来受计划经济体制思维惯性影响，以及社会转型期制度机制还不尽完善等，政府在转变职能、管理方式方面还有很多的问题，需要稳步推进改革。

（三）推进考试招生制度改革

2017年被称为"新高考元年"，自《国务院关于深化考试招生制度改革的实施意见》出台以来，各地就开始研究新的招生考试办法，浙江省和上海市作为首批高考改革试点较为平稳地完成了当年的录取工作，成为全国高考改革的风向标，接下来北京、天津、山东、海南这四个省市于9月份也启动了新高考改革。新一期的高考改革能够借鉴浙、沪两地的经验，同时帮助完善其招考制度，也可为全国招考改革推广工作积累经验。

此次高考改革的重要出发点和目标是扩大学生的选择权，具体内容包括实行3+3科目组合、文理不分科、外语科目一年多次考、取消高考奖励性质加分、逐渐取消高考录取批次等。

在总结新高考录取工作中，发现存在一些新的问题。在实际教学中，还不能将每种开课组合尽数提供给学生选择，加之考试科目选择权扩大等使学生在上课学习形式上须采用走班制，这对教学管理、师资数量、场地数量等方面提出了高要求。选考的方式虽然避免了高考"一锤定音"的弊端，但过早地将升学压力施加到刚入学的学生身上、将"战线"拉长。以浙江为例，多数学校在高一时就让学生进行8门选考课程的学习，以求在高考时更专注少数科目。此外，由于选考科目按百分比记等级，很多学生因为不想与高手比拼而不选择难度较大的物理学科，更愿凭考分选好的大学而不是好的专业，这会对高校的基础自然科学人才培养不利。

（四）推进民办教育办学体制改革

办学体制改革中民办教育最引人注目。2017年9月开始实行《中华人民共和国民办教育促进法》的修改决定，从法律层面破解民办教育发展面临的法人属性、产权归属、扶持政策、平等地位等方面的突出矛盾和关键问题，进一步鼓励社会力量兴办教育，促进民办教育健康发展。这对于全面促进教育事业发展、深化教育领域综合改革、构建公办民办教育共同发展的办学格局具有重要意义。在促进民办教育发展方面，政策的扶持肯定了营利性民办教育存在的合法性，鼓励更多社会人士与组织参与到兴办民办教育的队伍中来；而学前、高中、高等、非学历教育等不同类别的民办教育有助于满足人们对教育日益多样化的选择需求。值得注意的是，为体现国家意志，义务教育阶段不得举办营利性民办学校；在民办教育的监督方面则是建立民办学校信息公示和信用档案制度，充分发挥社会监督的作用。

（五）深化人才培养模式改革

"中国制造2025"是中国从制造大国迈入制造强国行列的重要一步，在这个过程中，高校创新创业教育和创新人才培养模式改革是重要内容。为贯彻落实《国务院办公厅关于深化高等学校创新创业教育改革的实施意见》，到 2017 年，已举办三届"互联网+"大学生创新创业大赛，吸引了 2000 多所高校、数百万学生参与，创新创业教育专职教师逾 2.6 万名，创新创业兼职导师超过 7.6 万名，建设创新创业教育实践平台近 1.4 万个，安排创新创业教育专项资金约 70.4 亿元，资助学生创新创业项目超过 26 万个。① 全国创新创业教育改革呈现多点突破、纵深发展的良好态势。

在高校建设上，引导部分普通本科高院向应用型高校转变，落实《关于引导部分地方普通本科高校向应用型转变的指导意见》，让高校与区域经济发展合作，共同围绕"一带一路"、京津冀协同发展、长江经济带建设、区域特色优势产业转型升级等重大倡议/战略开展人才培养、科技服务等。建立行业企业合作发展平台，提高人才培养过程中对实践能力的要求，学校、地方、企业等共同参与合作办学和治理。加强"双师双能型"教师队伍建设，对于聘任行业专才、精英人士采取灵活的措施，为吸引企业优秀专业技术人才、管理人才等到高校任职提供绿色通道，这就在专业技术型人才培养过程中为学生提供了优秀范例，开拓学生的视野。在职业教育人才培养中，产教融合、校企合作模式是近年国家大力提倡的，设置专业时以市场需求为导向，遴选合适的企业深度合作，将学习内容与工作内容良好结合，实行现代学徒制等。

三 重点建设，统筹教育发展进行时

2017 年 2 月，国家发改委、教育部、人社部联合印发《教育现代化推进工程实施方案》，明确了义务教育学校建设、世界一流大学和一流学科建设等五大建设任务，这些建设目标同《规划纲要》《教育"十三五"规划》中的各项发展目标均是 2017 年度教育领域的改革与建设重点。

---

① 《高等教育新变化"三高、三新、两加强"》，中国网，2017 年 9 月 28 日。

(一)立德树人,构建大中小学思政教育体系

党的十八届三中全会明确提出,把"立德树人"作为教育的根本任务,随后教育部发布了《关于全面深化课程改革落实立德树人根本任务的意见》。2017年1月,国务院印发《教育"十三五"规划》,其中提到要把全面落实立德树人作为根本任务,把思想政治工作贯穿教育教学全过程,不仅注重高校思想政治教育工作,也注重各级各类学校加强和改进包括思政教育在内的大德育工作。国务院7月份公布成立国家教材委员会的决定,以指导和统筹全国教材工作,贯彻党和国家关于教材工作的重大方针政策,研究审议教材建设规划和年度工作计划,研究解决教材建设中的重大问题,指导、组织、协调各地区各部门教材有关工作,审查国家课程设置和课程标准制定,审查意识形态属性较强的国家规划教材。[1]

构建大中小学整体德育体系要以德育目标、德育内容、德育途径、德育方法、德育管理、德育评价等要素系统为纬,以小学德育、初中德育、高中德育(中职德育)、大学德育(高职德育)等层次系统为经,进行横向贯通、纵向衔接,分层递进上升,从而整体构建有中国特色的、代表先进文化前进方向的、适应全面素质教育要求的学校德育体系。[2] 教育部党组将2017年定为"高校思政课教学质量年",推动加强党对高校的领导,完善党的领导管理体制,加强教师思想政治工作和大学生思想政治教育,落实立德树人根本任务,着力提高高校思政课质量和水平,各地也积极行动,结合实际加强思政课建设,不断提高思政课教学的亲和力与针对性。

(二)"双一流"建设高校和建设学科名单出炉

统筹推进建设世界一流大学和一流学科,是推动实现中国从高等教育大国到高等教育强国的历史性跨越,这也是中国实现教育现代化的重要一步。

---

[1] 《国务院办公厅关于成立国家教材委员会的通知》,中华人民共和国中央人民政府门户网站。
[2] 《构建大中小学整体德育体系》,《光明日报》2017年3月16日,第14版。

2017年1月，教育部、财政部、国家发展改革委联合印发《统筹推进世界一流大学和一流学科建设实施办法（暂行）》（以下简称《实施办法》），对"双一流"的遴选做了具体规定。9月份，"双一流"建设高校和建设学科名单出炉。"双一流"以学科为资助主体，每5年调整一次名单，此次入选一流大学建设高校42所，一流学科建设高校95所，其中一流大学建设高校分为A类36所和B类6所。[①]"双一流"建设高校名单是以"985工程""211工程"院校为逻辑起点和继承基础的，同时又不拘泥于之前的重点高校范围，既考虑到国家高等教育战略布局，又考虑到特色学科建设发展对高校、对国家的贡献潜力发掘以及学科自身又好又快跻身世界一流的发展目标。从"双一流"建设伊始，高校的自我定位和发展愿景将更加明晰，5年一调整的政策也让众多高校更有信心，已有的"双一流"高校与学科并非已然成为世界一流，而是重在"建设"，其成效有待未来检验。

（三）开展县域义务教育优质均衡发展督导评估

中国全面普及了九年义务教育，义务教育工作已然向均衡、普惠、高质量的纵深挑战行进，义务教育将从基本均衡走向优质均衡。为巩固义务教育基本均衡发展成果，引导各地将义务教育均衡发展向着更高水平推进，2017年4月，教育部发布《县域义务教育优质均衡发展督导评估办法》（以下简称《办法》），开展义务教育优质均衡发展县（市、区）督导评估认定工作，标志着义务教育进入"优质"发展阶段。《办法》主要就督导评估的目的、依据、对象、原则、基本条件、内容与标准、程序、结果使用等做出了规定。这套优质均衡督导评估办法具有指标内容更新更全、标准要求更高更严、方法更加科学有效、更加关注教育质量、更加注重社会认可、更加强化结果使用等新要求、新特点。截至2016年底，全国已有1824个县（市、区）通过义务教育基本均衡发展督导评估国家认定，有62.4%的县级行政单位实现义务教育基本均衡发展目标；2017年，有500个左右的县（市、

[①] 《"双一流"建设高校及建设学科名单公布》，新华网。

区）接受国家督导评估认定，合计总数将达到2300个左右，占全国总数的近80%。[1]

（四）推进共建"一带一路"教育行动

《国家中长期教育改革和规划纲要（2010－2020年）》中提出要继续扩大和提高中国对外教育开放水平，提升国际影响力。教育部2016年8月印发了《推进共建"一带一路"教育行动》（以下简称《教育行动》），该文件力争推动教育发展和经贸合作并驾齐驱，成为车之两轮、鸟之两翼，发挥教育"软力量"四两拨千斤的作用，实现推进"一带一路"建设事半功倍。

《教育行动》实施以来，基本实现主要节点省份全覆盖，实施中国政府奖学金等引领性项目，"一带一路"沿线国家奖学金学生达61%，截至2016年底，"一带一路"沿线国家在华留学生达20多万人；2016年中国共有7.5万人赴"一带一路"沿线国家留学，比2012年增长了38.6%。近年来，教育部与"一带一路"沿线国家和地区积极加强教育沟通，截至2017年5月，先后与46个国家和地区签订了学历学位互认协议，其中"一带一路"国家达24个，经审批的各类中外合作办学共有2539个，其中本科以上层次1248个，高职高专层次928个，一批示范性高水平的中外合作办学项目已落地，这既为中国高校提供了一个国际交流的平台，也为"一带一路"国家培养了国际化人才。[2]

四 促进公平，让教育服务民生

从2017年春季学期起，不论是城市学生，还是农村学生，不论是公办学校学生，还是民办学校学生，只要是义务教育阶段的学生，再也不用缴纳学杂费、教科书费，对家庭困难的寄宿生还补助生活费。此外，在促进教育

---

[1] 《中国教育的民生情怀》，《中国教育报》2017年10月15日，第1版。
[2] 《一带一路，教育在行动（教育眼）》，《人民日报》2017年5月11日，第18版。

供给侧改革、扶持农村教育事业、调整人才培养结构、进一步完善考试招生制度、促进教育产业发展等方面也均见成效,教育向着公平优质的方向发展,教育事业也更好地为民生服务。

(一)教育精准扶贫,学生身后的家庭希望

精准扶贫是全面建成小康社会的重要举措,不仅注重精准扶贫、精准脱贫,也注重扶贫与扶志、扶智相结合,视教育为民生之基,通过教育培养贫困地区各级各类人才,以教育扶贫来阻断贫困代际传递。近几年,教育部充分发挥部门、行业优势,结合不同贫困地区教育发展滞后、素质型贫困突出的实际,因地制宜地采取了一系列政策措施,对口革命老区、滇西片区、民族地区、边疆地区等,教育脱贫方面取得显著成效。

在控辍保学方面,2017年7月,国务院办公厅出台《关于进一步加强控辍保学提高义务教育巩固水平的通知》,指导各地不断完善工作机制,针对学生辍学原因,因地制宜地采取一系列有针对性的工作措施,避免学生因学习困难、因贫、因远而失学辍学,全面落实政府及社会各方控辍保学责任。[①] 其中,对部分地区的自愿性失学现象予以关注,除了要提高上学吸引力和义务教育巩固率,还要求宣传教育对人生发展规划的长远重要性。

为贫困地区学生加餐。自2011年底至2017年6月,中央财政已累计安排资金1591亿元用于实施农村义务教育学生营养改善计划,除单独开展学生供餐项目的京、津、鲁地区之外,全国共有29个省份1590个县实施了营养改善计划,覆盖学校13.4万所,受益学生总数达到3600多万人,学生体质改善明显。

构建职业教育扶贫制度体系。脱贫攻坚的实践充分证明,职业教育扶贫是见效最快、成效最显著的扶贫方式,公办中等职业教育已对所有农村学生、涉农专业学生和家庭经济困难学生免除学费,补助每生每年2000元的国家助学金;高等职业教育建立了"奖助贷勤工助学"多元资助体系,奖

[①] 《让家门口的好学校多起来(人民眼·义务教育均衡发展)》,人民网,2017年9月29日。

学金、助学金分别覆盖30%、25%的学生。同时，国务院扶贫办还对建档立卡贫困学生按照每生每年3000元左右的标准给予资助。① 中国已逐步实现建档立卡贫困学生职业教育资助全覆盖，基本构建了较为完善的职教扶贫制度体系。

（二）加强教师队伍建设

自十八大以来的五年里，全面深化教师队伍改革的主体框架基本确立，教师配置情况得到较大改善，教师队伍得到优化，教师素质得到提高。统计显示，截至2016年，全国各级各类学校共有专任教师1578万人，比2012年增加了116万人。小学生师比由17.71∶1降低到17.12∶1，初中生师比由13.59∶1降低到12.41∶1，普通高中生师比由15.47∶1降低到13.65∶1。中青年教师成为主体，高学历教师比例增加。小学、初中、普通高中及普通高校专任教师的学历合格率分别达到99.94%、99.76%、97.91%、98.78%。②

乡村教师队伍建设是工作的重点和难点，收入低、待遇差、发展空间小、乡村教师难招难留等问题是乡村师资建设最大的障碍。2015年，党中央和国务院出台的《乡村教师支持计划（2015–2020年）》，让数百万乡村教师得到更多福利待遇，从而改善了上述情况。具体的政策内容主要有实施乡村教师生活补助政策、强化乡村教师培养补充、改革实施国培计划、统一城乡教职工编制标准、建立乡村教师荣誉制度等，既让乡村教师能够安心从教，也使很多农村学生回流。

支持高校大力引进海外人才。十八大以来，在科教领域实施了"高等学校学科创新引智计划"（"111计划"）、"引进海外高层次科教专家重点支持计划"和"高端外国专家项目"等。到2017年2月，共建设"111计划"引智基地136个，已建成覆盖80所中央高校的359个引智基地。各高

---

① 《我国已基本构建起较为完善的职教扶贫制度体系》，新华网，2017年10月9日。
② 《打造中华民族"梦之队"的筑梦人——党的十八大以来全面加强教师队伍建设综述》，新华社，2017年9月9日。

校引智基地不断完善政策、健全机制、拓宽海外引才引智渠道，大力建设人才团队。每年通过外专项目来华工作的外国专家达5万余人次，人才集聚效应日益显现。引进的大量人才对于提升科教领域高端人才培养质量、科学研究创新能力和水平而言是宝贵的智库，是源源不断的创新资源。

（三）教育产业发展上新台阶

随着生活水平的提高，人们对教育质量的要求日益提高，教育需求种类也呈现多样化的发展趋势。近年来，教育产业在市场经济中作为后起之秀发展态势迅猛，无论是从整体行业规模还是从市场活跃度来看，中国教育产业均处于扩张阶段，预计产业总体规模在2020年将是2015年的约2倍，即从1.6万亿元增长至2020年的3万亿元左右，年均复合增长率将高达12.7%。[1] 此外，加上教育政策的支持、信息技术的提高、管理理念的革新等诸多助力，教育产业发展趁此"东风"将日益壮大。

新修订的《民办教育促进法》对民办教育的营利性与非营利性进行了清晰界定，进一步肯定了营利性民办教育应有的法律权利和经济利益，这有利于吸引大批教育投资者进入教育产业行列。教育与市场经济的融合带动了教育产业的扩张，投资、并购与上市这"三驾马车"不断推动整个教育行业高速发展。受相关政策的影响，2015年成为教育行业的爆发年，此后的两年里依旧保持高速发展态势，2016年有340起教育投资事件，投资金额达180亿元，而2014年为21.2亿元。[2] 从教育行业资产证券化来看，2017年的新版《民办教育促进法》使非学历体系的培训机构深度受益，因此教育行业资产证券化会不断加速。总之，在政策利好、市场稳定和服务需求扩大的环境下，教育产业正向更精细化、个性化、信息化、服务性的方向发展，未来教育产业的"蛋糕"会继续做大。

---

[1] 《中国教育产业规模有望五年内翻番》，《上海金融报》2016年5月31日，第A15版。
[2] 《教育行业研究系列之2016年度教育产业投资并购回顾及展望》，数据来自佰川（北京）控股。

（四）关注边缘化群体受教育权利

2017年7月，《第二期特殊教育提升计划（2017~2020年）》印发，正式启动第二期特殊教育提升计划：到2020年残疾儿童少年义务教育入学率要达到95%以上；非义务教育阶段特殊教育规模继续扩大；各级各类特殊教育普及水平全面提高。[①] 对于每个特殊儿童都进行登记，实行"一人一案"的精准施策方式，每个区（县）都要统计特殊儿童信息并建立台账，有针对性地帮扶每个儿童，尽可能帮助学龄儿童接受义务教育。同时也要加快发展学前、高中和高等特殊教育，提高残疾人受教育水平。目前，残疾儿童入学方式比较有限，特殊学校数量远远不够，普通学校接收随班就读儿童数量也较少，和发达国家相比，中国融合教育比例还比较低。各地要进一步提高随班就读比例，不仅是接收特殊儿童入校数量要提升，而且在特殊教育师资、资源教室、无障碍设施等方面的配套建设也需跟上。

近年来，留守儿童问题频发，社会对其关注度持续上升。民政部、中央综治办、教育部等多个部门联合发布通知，部署从2016年11月至2017年底在全国开展农村留守儿童"合力监护、相伴成长"关爱保护专项行动。各级教育部门还辅以返校复学和户口登记等工作，共帮助万余名失学辍学农村留守儿童返校复学，各级公安部门为近13000名无户籍农村留守儿童办理了户口登记。

五　教育公共舆论扫描

教育问题关乎千家万户，以信息技术为支撑的日新月异的媒介总能迅速传递相关教育新闻，短时间内便让信息发酵成为全社会共同关注的舆情。教育舆论一般集中在教育政策、教育项目变化时期，极易将矛头对准破坏社会

[①] 《〈第二期特殊教育提升计划（2017~2020年）〉启动实施》，中华人民共和国教育部门户网站。

安定秩序、违背教育规律的典型事件，以社会群体发声为表达方式，通过案例表达大众对教育权益的忧思。因此，教育舆情凸显教育矛盾，对教育舆情的关注、反思与采取行动等也促进了教育生态环境的改善。

（一）整顿校园欺凌、校园暴力

近年来，索要财物、殴打同学、言语侮辱、幼师虐童等各类涉及校园欺凌甚至校园暴力的案例屡屡登上新闻，这是教育之痛、社会之痛，总能快速引起社会的广泛关注，然而类似的事件至今仍然屡禁不止。2017年4月国务院办公厅颁布了《关于加强中小学幼儿园安全风险防控体系建设的意见》，要求各级部门配合对中小学及幼儿园的校园安全问题进行排查和整治。对于校园欺凌行为，教育部和高法、高检、公安部等单位进行了综合治理，相关情况已有好转，但问题并没有根除，今后要继续完善校园安全防范机制，外部环境对校园的排查、督导也要跟上，根据学生阶段成长特点、结合校园欺凌事件的特点整合治理经验，借鉴其他国家和地区的有效做法。对于校园暴力，首先明确这是犯罪行为、是违法的，一旦构成校园暴力，将移交司法部门依据《刑法》等严惩不贷，以回应广大师生和家长的校园安全之忧。

（二）租购同权与子女入学

2017年，北京、南京连同先期的广州、佛山、武汉、济南等地陆续出台关于住房租赁管理改革的规定，住房租购同权时代到来。实行租购同权，回应了习近平总书记提出的"房是用来住的不是用来炒的"，既对房屋租赁市场进行了完善，也意味着符合条件的进城务工人员即使是租房，其子女也可以和买房的业主子女一样安排就近入学。这除了保障了广大租房者合法权利外，也保障了随迁子女在城市中接受公立学校教育的权利，减少了因为入学障碍不得不留守在家乡的儿童数量。在过去十余年内，房地产市场中"学区房"屡屡炒出天价，其根源在于产权房上附加的子女受教育权利，但租购同权的实施将在某种程度上缓解学区房天价现象。

当然，我们也要认识到，学区房问题还不能经由这一个政策发生根本性扭转，租购同权也不能完全确保教育入学公平，只有教育资源的持续增加，才是解决根源性问题的关键所在。

（三）防范大学生误入传销

2017年暑假接连几起大学生误入传销致死案件引发轩然大波，牵动无数毕业生和家长的心弦。传销组织利用网络的隐蔽性对求职的大学生抛出看似诱人的"橄榄枝"，大学生涉世未深且缺乏社会经验，易成为传销组织的狩猎目标，现如今不断加大的就业压力更容易使大学生在求职时缺乏理性判断而误陷泥潭。

2017年8月，工商总局、教育部、公安部和人社部发布了关于开展以"招聘、介绍工作"为名从事传销活动专项整治工作的通知，四部门决定开展为期三个月的传销活动专项整治行动，集中打击捣毁传销窝点。[①] 想要彻底避免传销组织对大学生的荼毒，一方面要加强对大学生求职创业的指导，帮助大学生做好职业生涯规划，提高其明辨是非的能力，对职位环境信息提高警觉；另一方面则需依靠社会治理，传销是数十年来的社会顽疾，须在立法、行政、司法等各个方面予以重拳出击整治。

六　教育事业发展的未来展望

党的十九大提出，中国特色社会主义建设进入了新时代，这是中国社会发展的最新历史方位。在新时代，中国社会的主要矛盾已经转化为人民日益增长的美好生活需要和不平衡不充分发展之间的矛盾，办人民满意的教育、为人民提供世界一流优质的教育，是美好生活的一部分，是未来教育事业的发展期望。

到2020年，在教育信息化体系的支撑下，基本建成与现代化教育发展

---

① 《工商总局 教育部 公安部 人力资源社会保障部关于开展以"招聘、介绍工作"为名从事传销活动专项整治工作的通知》，中华人民共和国国家工商行政管理总局门户网站，2017年8月14日。

目标相适应的"人人皆学、处处能学、时时可学"的与国家教育现代化发展目标相适应的教育信息化体系。①进一步促进教育公平，缩小不同群体、不同地域的教育差距，让人们有机会接受各级各类优质教育服务。同时，提升人力资本水平，将其作为供给侧结构性改革中"补短板"的重要工作，为建设创新型国家奋斗。根据教育现代化2035年新目标，教育工作者要聚焦到十九大提出的社会主义核心价值观教育落实、"分两个阶段走"教育现代化、立德树人、普及高中教育、双一流建设、学习型社会建设等主题上来，转变研究方式，进一步推进中国特色国家教育智库建设计划。

2017年初，联合国有关部门在北京召开了2030年教育研讨会，旨在推进落实联合国《2030年可持续发展议程》及联合国教科文组织《2030年教育行动框架》。《2030年教育行动框架》起草委员会主席丹克特·维德勒提到中国未来在保障边缘化群体的受教育权利与质量方面需要进一步做工作，②为残障人士、边远地区和流动子女人口等边缘化群体提供去边缘化的教育，让教育公平惠及弱势群体——这是中国教育事业一直致力的工作——未来仍是努力的重要方向。中国已取得的教育成就是举世瞩目的，中国教育发展经验对其他国家尤其是发展中国家的教育事业有很好的借鉴意义。

参考文献

《中国教育的时代选择》，《中国教育报》2017年10月17日，第1版。
《构建大中小学整体德育体系》，《光明日报》2017年3月16日，第14版。
《打造中华民族"梦之队"的筑梦人——党的十八大以来全面加强教师队伍建设综述》，新华社，2017年9月9日。
《中国教育产业规模有望五年内翻番》，《上海金融报》2016年5月31日，第A15版。

---

① 《〈教育信息化"十三五"规划〉发布》，《中国教育报》2016年6月24日。
② 《专访〈2030年教育行动框架〉起草委员会主席丹克特·维德勒：迈向教育2030之全球合作与中国参与》，《世界教育信息杂志》2016年第1期。

B.6
2017年医疗卫生事业发展报告

房莉杰*

摘 要： 本报告首先回顾了2016~2017年度我国医疗卫生改革的数据和政策进展情况。通过回顾发现，新医改仍在2016年确立的系统性推进的道路上前进，因为进入系统性推进的时间较短，所以数据上看不出大的变化。这个时期，地方上有些值得期待的创新性举措，但是效果如何仍有待观察。可以预见，2017年的数据仍不会有大的变化，而未来能否在系统性改革上取得突破，主要取决于医疗保险能否起到"三医联动"中的基础性作用。此外，本报告还分析了健康领域主要的三个民生短板：因病致贫、流动人口的健康问题以及民众的健康素养问题。这三个问题尽管有相应的政策应对，然而这些应对措施都不尽如人意，因此这三个问题是需要在"十三五"时期得到着重强调的，并要改革现有的政策思路。

关键词： 三医联动 因病致贫 流动人口健康风险 健康素养

党的十九大提出，必须多谋民生之利、多解民生之忧，在发展中补齐民生短板、促进社会公平正义。在幼有所育、学有所教、劳有所得、病有所医、老有所养、住有所居、弱有所扶上不断取得新进展。要实施健康中国战略。

针对目前医疗卫生领域存在的短板问题，结合十九大精神，在"十三

---

* 房莉杰，中国社会科学院社会学研究所副研究员。

五"期间，最核心要解决的问题是选择一条适合中国的医改路径，除此之外，从中央和卫计委的相关文件中还可以看出另外三个着重强调的"短板问题"。因此，本报告改变了以往只关注医改进展的传统风格，而将视野扩展到上述两类问题。

一 2016~2017年新医改的进展

（一）2016~2017年医疗卫生资源和服务情况[①]

在2016年《社会蓝皮书》的"医疗卫生事业发展报告"中呈现的2015年度的数据显示，个人卫生费用的上涨幅度低于城乡居民人均纯收入的涨幅，个人卫生费用占卫生总费用的比例降到了30%以下，"看病贵"问题有所缓解；但是，基层医疗机构服务量的上涨幅度仍然低于医院的涨幅，大医院依旧人满为患、一床难求。从2016~2017年的数据看，这一趋势依然没有明显改观。

从服务情况看，如表1的2017年上半年的情况所示，首先，从医院和基层医疗机构的对比情况看，医院的服务量涨幅仍然高于基层医疗机构，尤其是基层医疗机构门诊服务未增长，说明并未趋近"首诊在基层"的目标；其次，按医院等级来看，三级医院的服务涨幅明显高于一、二级医院，门诊服务尤其如此，也就是说大医院虹吸病人的情况依然存在，而二级医院的服务量涨幅最小，说明专科和康复医院的服务上涨有限，但是这跟我国老龄化的服务需求是相悖的，应该予以重视；最后，从基层医疗机构的内部情况看，农村机构的门诊服务下降，而城市机构的住院服务下降，这暗示农村居民的就医可及性有可能在下降。

从卫生总费用情况看，如图1所示，2016年个人卫生支出占卫生总费用的比例略有下降，从2015年的29.2%下降到2016年的28.9%；2015~2016年，个人卫生支出的涨幅为10.5%，而根据《中华人民共和国2016年

[①] 本文数据如无特殊说明，均来自历年《中国卫生统计年鉴》以及《2017中国卫生和计划生育统计提要》。

2017年医疗卫生事业发展报告

表1　2017年上半年全国医疗卫生机构医疗服务量

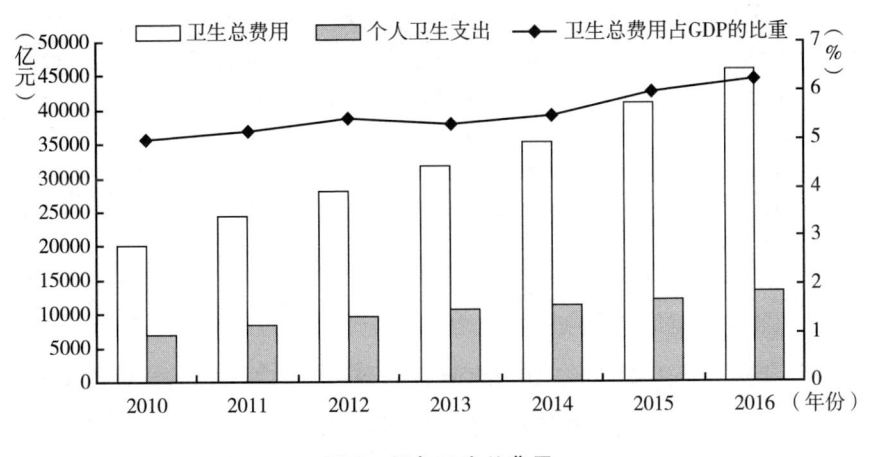

类别	诊疗人次数(万人次) 2016年1~6月	诊疗人次数(万人次) 2017年1~6月	诊疗人次增长(%)	出院人数(万人) 2016年1~6月	出院人数(万人) 2017年1~6月	出院人数增长(%)
医疗机构合计	384569.5	391698.5	1.9	10878.5	11474.1	5.5
医院	156870.4	163468.0	4.2	8379.4	8932.7	6.6
按医院等级分						
三级医院	76306.6	80991.8	6.1	3565.3	3915.9	9.8
二级医院	60313.2	61787.3	2.4	3755.6	3878.9	3.3
一级医院	10052.3	10452.9	4.0	473.4	517.2	9.2
未定级医院	10198.3	10236.0	0.4	584.7	620.7	6.2
基层医疗机构	213877.6	213786.5	0.0	2019.1	2032.8	0.7
社区卫生服务中心	32925.9	34215.9	3.9	170.2	157.8	-7.3
乡镇卫生院	50993.2	50371.5	-1.2	1830.4	1848.5	1.0
诊所(医务室)	29600	30520.0	3.1	-	-	-
村卫生室	94990	92590.0	-2.5	-	-	-
其他机构	13821.5	14444.0	4.5	480.0	508.7	6.0

资料来源：《2017年1~6月全国医疗服务情况》，国家卫计委信息公开网站，http://www.nhfpc.gov.cn/mohwsbwstjxxzx/s7967/201708/d3e339644e394863ac6511bea41c7456.shtml。

图1　历年卫生总费用

国民经济和社会发展统计公报》的数据，2016年城乡居民人均纯收入的涨幅为8.4%，略低于个人卫生支出的涨幅。因此，卫生费用仍需要更为有效的控制。

从医疗机构的费用情况看，公立医院的药品费用占比持续下降，下降幅度与往年差异不大（见表2）；而基层医疗机构的药费占比没有太大变化，这一趋势跟过去三年的情况也是比较一致的（见表3）。

表2　历年公立医院服务费用情况

年份	次均门诊费用 费用额（元）	次均门诊费用 药费占比（%）	人均住院费用 费用额（元）	人均住院费用 药费占比（%）
2010	167.3	48.5	6415.9	43.4
2011	180.2	51.5	6909.9	42.2
2012	193.4	51.3	7325.1	41.3
2013	207.9	50.2	7860.2	39.7
2014	221.6	49.3	8290.5	38.4
2015	235.2	48.3	8833.0	36.9
2016	246.5	46.7	9229.7	34.6

表3　历年基层医疗机构服务费用情况

年份	社区卫生服务中心 次均门诊费（元）	社区卫生服务中心 药费占比（%）	社区卫生服务中心 人均住院费（元）	社区卫生服务中心 药费占比（%）	乡镇卫生院 次均门诊费（元）	乡镇卫生院 药费占比（%）	乡镇卫生院 人均住院费（元）	乡镇卫生院 药费占比（%）
2010	82.8	70.9	2357.6	49.3	47.5	60.4	1004.6	52.9
2011	81.5	67.4	2315.1	45.8	47.5	53.3	1051.3	46.8
2012	84.6	69.1	2417.9	46.5	49.2	54.8	1140.7	48.2
2013	86.5	68.7	2482.7	45.5	52.7	54.5	1267.0	46.8
2014	92.3	68.7	2635.2	44.1	56.9	54.3	1382.9	45.8
2015	97.7	68.9	2760.6	43.1	60.1	54.2	1487.4	45.4
2016	107.2	69.6	2872.4	41.8	63.0	54.8	1616.8	44.0

从历年药品费用情况看，2015年药品费用占卫生总费用的比重比2014年略有下降（见表4）。再从药品费用的构成情况看，尽管医疗机构的药品费用占卫生总费用的比重有所下降，但是药品零售店的费用有明显上升，这跟卫生机构以"医药分开"为方向的改革相关，表明医生开药的动力下降，患者有更多的选择；不过也有可能存在医疗机构药品减少，满足不了需求的情况。

但是值得注意的是，跟其他数据相比，关于药品费用的统计数据存在一定的滞后性，其他数据反映的是2016年的改革情况，而最新的药品费用数据只到2015年，并不反映最新医改进展。尤其是从2016年开始的公立医院"腾空间、调结构、保衔接"的改革路径，其效果如何，并没有药品费用的数据予以证明。

表4 历年药品费用情况

类别 \ 年份	2010	2011	2012	2013	2014	2015
药品总费用（亿元）	8835.9	9826.2	11860.5	13307.7	13925.0	16166.3
人均药品费用（元）	658.9	729.3	875.9	978.0	1018.0	1176.1
药品费用占卫生总费用（%）	41.6	38.4	40.4	39.8	37.8	37.7

（二）2017年中央层面的改革进展

2016年底，中共中央办公厅、国务院办公厅转发《国务院深化医药卫生体制改革领导小组关于进一步推广深化医药卫生体制改革经验的若干意见》。该文件可以被认为继2009年新医改启动以来，中共中央、国务院第二次重量级的表态，因此也意味着新医改翻开了新的篇章。其核心内容是强调医疗、医保、医药"三医"联动工作机制，亦即系统性的改革和联动。

在上述文件的整体规划下，2017年，国务院办公厅先后下发了四个文件，以推动四项重点工作的开展。这四个文件分别是：《关于进一步改革完善药品生产流通使用政策的若干意见》、《关于推进医疗联合体建设和发展的指导意见》、《关于建立现代医院管理制度的指导意见》以及《关于进一步深化基本医疗保险支付方式改革的指导意见》。

在完善药品生产流通使用方面，作为"腾空间、调结构、保衔接"和"三医联动"的基础性环节，这部分改革是在2017年最先强调的。国务院办公厅的文件再次强调了"两票制"改革，要求公立医院试点城市全部实施两票制，争取到2018年在全国推开；同时强调，"严格控制医药费用不合理增长"，重申了"将医药费用控制情况与公立医院财政补助、评先评优、绩效工资核定、院长评聘等挂钩"；要求"强化医保规范行为和控制费用的作用……坚持医疗、医保、医药联动，统筹推进取消药品加成、调整医疗服务价格、鼓励到零售药店购药等改革"。

在医联体建设方面，工作目标是，到"2017年，基本搭建医联体制度框架，全面启动多种形式的医联体建设试点……到2020年，在总结试点经验的基础上，全面推进医联体建设，形成较为完善的医联体政策体系"。在以往的相关文件中，主要关注医联体在提高基层能力建设方面的作用，而2017年国务院办公厅的文件则更多强调制度层面的落实，其中不乏对原有问题的回应和修正。比如要求"进一步发挥医保经济杠杆作用"、"完善人员保障和激励机制"以及"建立与医联体相适应的绩效考核机制"。

在公立医院改革方面，2017年公立医院改革全面推开。根据文件要求：所有地市出台城市公立医院综合改革实施方案；全面推开公立医院综合改革，所有公立医院全部取消药品加成（中药饮片除外）；公立医院医疗费用平均增长幅度控制在10%以内；前4批试点城市公立医院药占比（不含中药饮片）总体下降到30%左右；前4批试点城市公立医院百元医疗收入（不含药品收入）中消耗的卫生材料降到20元以下；前4批试点城市实行按病种收付费的病种不少于100个；县级公立医院医疗服务收入（不含药品、耗材、检查、化验收入）占业务收入的比重提升。

在医保支付方式改革方面，主要讨论医保如何发挥其调节医疗机构行为、引导医疗服务资源合理配置的杠杆作用。之前的改革在很大程度上以行政命令推动，但是在2017年国务院办公厅的文件中，认识到医保可以"激发医疗机构规范行为、控制成本、合理收治和转诊患者的内生动力"。文件中针对不同医疗服务特点，要求实行多元复合式医保支付方式，以有效规范不同医疗机构的诊疗行为。同时也在医疗服务资源配置中发挥工具作用："结合分级诊疗模式和家庭医生签约服务制度建设，引导参保人员优先到基层首诊……将符合规定的家庭医生签约服务费纳入医保支付范围。"

（三）2017年地方层面的创新性实践

除中央层面的改革进展外，地方上也有诸多创新实践。如笔者在2016

年的医改报告中所述，从中央的文件中可以看到各项改革目标被指标化，体现了强力推动医改的决心。这些行政化指标是地方医改的外部压力，而解决医改过程中出现的问题、持续性推动医改则是地方政府的内在动力，在这种双重作用下，可以看到地方医改有许多颇具创新性的举措。跟中央层面的改革逻辑类似，这些创新实践既是对原有改革中出现的问题的修正，也在整体上探索如何系统性推进。

由于基层医疗机构过于行政化的薪酬和人事管理，其医务人员的服务动力不足是新医改以来一直存在的问题，从历年数据可以看出，基层医疗机构的服务量增长速度低于医院。在"首诊在基层"的指标压力和缓解大医院"看病难"的内在动力下，很多地区都开始探索基层医疗机构的绩效改革。比如成都武侯区改革基层人事管理制度，不再以事业单位编制去管理人员，社区卫生机构落实独立法人地位，目前事业单位编制的社区医务人员只占18.08%，而社会聘用人员占81.92%，这样就建立了"能进能出"的灵活的用人制度。与此同时，改革绩效工资制度，岗位绩效工资占总收入的60%，根据医务人员的服务数量、服务质量、服务满意度等建立综合绩效评价指标。目前，不同机构之间的收入水平差距超过20%，这种分配制度可以有效调动基层医务人员的积极性。

医联体的探索也是重点之一。如笔者在2015年《社会蓝皮书》中所言，当时南方某市对医联体的各种尝试颇具代表性，彼时其他地区还没有实质性的创新案例。但是在过去的两年，尤其是依托医保，出现了一些值得关注的案例。其中比较典型的是深圳罗湖和安徽天长的案例。这两个案例的共同性在于，在区域内将不同级别的医疗机构打包建立医疗集团，按照服务区域的人口数由医保总额预付，医保金的结余可以用于绩效奖励。而罗湖与天长的不同在于，罗湖采取的是将整个区的所有医疗机构打包成一个医疗集团的方式，而天长采取的是以县医院、县中医院、一个民营医院分别牵头组建三个医疗集团的方式，三个医疗集团可以互相竞争。依托医保金，可以激发医疗集团的经营者有效节约资源，这样自上而下的转诊、更多利用成本更低的基层医疗机构，以及控制大处方和过度医疗就有了内在动力。目前这两个地区试点时间并不长，还没有足够的数据来评估其结果。尽管从逻辑上看是可圈可点的创新经验，但在推广上仍存在问题与风险。比如，罗湖区域内只有一个医疗集团，这种医疗服务的垄断会否形成跟医保部门相抗衡的力量？而天长尽管有三个医疗集团，可以形成竞争，但是对于中国绝大部分中西部地区来说，县域内的医疗机构是否足够形成两个及以上的医疗集团？

但是除了创新性案例之外，在行政目标的压力下，部分地区的行为也可能出现异化。比如，笔者在调查中发现，2017年要求试点地区公立医院的药占比要降到30%以下，但是有些地区的药品单价都没有实质性下降，因此公立医院只能通过少开药的方式降低药占比。这一方面当然可以使过度用药的问题有所缓解，但是另一方面也会出现让病人拿处方去药店买药的情况。所以可以预期，在2017年的药品数据上，尽管医疗机构的药品支出会下降，但是药店的药品支出，尤其是其占比，会有明显增加。

（四）小结

2016年的数据主要反映的是2016年的改革实施情况。如上一个年度的报告中笔者提到的，2016年新医改的重点内容是"分级诊疗"和"公立医院综合改革"。其中"分级诊疗"是2015年政策的延续和强化，旨在将更多患者吸引到基层就诊；而"公立医院改革"是在2015年的药物制度改革之后的强化，其目标是实现"腾笼换鸟"。再与过去几年的更长时段相比较，上述两项重点改革内容，在2016年都更明确和具体，各个实施路径、量化的目标以及严格的考核规定都凸显了对改革的强力推动。然而尽管如此，从2016年数据情况看，基层医疗机构的服务情况并没有明显改善，而尽管公立医院的药占比有所降低，但是降幅有限。

从2017年的文件来看，其主要是延续2016年的工作思路，继续推进更加系统化的改革。药品制度改革、医联体建设、公立医院改革、医保支付制度改革是2017年的四个重点，而这四项改革又是彼此密切相关的，从每个文件中都可以看出其跟其他改革的关联。这些都意味着，新医改在系统性改革的路径上进一步推进。

2016年是系统性改革推进的第一年，从数据上看变化不大，在2017年虽有进一步细化和推进，但是两项基础性改革的效果仍不甚理想：一是药品制度改革，尽管2017年有对"两票制"的强调，但是除了福建等少数地区之外，药品单价的下降并不明显；二是基层医疗机构改革，2017年的创新经验主要出现在地方层面，如上文提到的基层医疗机构的绩效改革和医疗集团建设，尽管这些改革在方向上值得肯定，但是并没有达到全面总结和推广的程度。因此可以预见，2017年的数据不会有太大变化。

总之，新医改仍在不断试错中前进，在接下来的系统性推进中，能否取得实质性进展，很大程度上取决于"三医联动"中的"医保"能否起到规范医疗机构行为和控制药品价格的基础性作用。

二 医疗卫生领域的其他"短板"及政策应对

新医改针对的是整体的"看病贵""看病难"问题，同时应对人口结构变化带来的疾病谱的变化。但是一方面，虽然整体上看，中国的"看病贵"问题有所缓解，但是因病致贫仍是致贫首因；另一方面，新医改忽视了人口流动的因素，未能考虑流动人口的独特健康风险，以及这些健康风险的外部性。因此，因病致贫人口和流动人口是健康问题的"人口短板"；除此之外，全民的健康素养水平问题，也日益成为向"健康中国"目标迈进的障碍。上述三个问题都有相应的政策予以应对，能看出来中央层面有对"健康短板"的应对，然而这些应对措施都不尽如人意，因此这三个问题需要在"十三五"时期得到着重强调，并改革现有的政策思路。

（一）因病致贫问题

尽管我国的社会保障制度不断完善，保障水平也不断提高，但是从现实情况看，罹患大病的医疗费用支出仍是导致因病致贫返贫的主要原因。国务院扶贫办数据显示，2014年底，全国贫困人口为7071万人，其中患大病重病的240万人，患长期慢性病的960万人。2015年中国贫困人口为5575万人,全国因病致贫、因病返贫贫困户为838.5万人,占建档立卡贫困户总数的44.1%。在江西、四川、湖北等省份,因病致贫、因残致贫比例接近或超过60%,成为致贫首因。①

针对贫病的恶性循环问题,已有的对应政策包括大病保险、医疗救助、临时救助等。在这些政策基础上,国家卫计委、国务院扶贫办、民政部联合启动了"健康扶贫"工程,在2016年发布《关于实施健康扶贫工程的指导意见》。在应对因病致贫问题上,针对贫困人口,主要是提高保障水平和制度衔接,对患大病和慢性病的农村贫困人口进行分类救治,实行县域内农村贫困人口住院先诊疗后付费;针对贫困地区,应对措施是加强贫困地区医疗卫生服务体系建设,实施全国三级医院与连片特困地区县和国家扶贫开发工作重点县县级医院一对一帮扶,统筹推进贫困地区医药卫生体制改革,加大贫困地区慢性病、传染病、地方病防控力度,加强贫困地区妇幼健康工作,以及深入开展贫困地区爱国卫生运动。

在这一文件指导下,2017年出台了《关于做好贫困人口慢病家庭医生签约服务工作的通知》《关于进一步加强医疗救助与城乡居民大病保险有效衔接的通知》《农村贫困住院患者县域内先诊疗后付费工作方案》《农村贫困人口大病专项救治工作方案》等文件。这些文件的内容都是对《关于实施健康扶贫工程的指导意见》的细化。

尽管上述文件对于贫困人口和贫困地区居民的就医可及性有一定作用,但是还有一些贫困恶性循环问题仍然没有得到应对。这包括:一是医疗保险内容设计上,目前"大病保险"的保障前提是"政策范围内",在这个前提下,经过大病保险报销的费用只占实际医疗支出的40%~50%;二是医疗保险报销程序上,尽管在县域内可以先诊治后结算,但是跨医保统筹地区就医结算仍需要患者垫付,而严重复杂的疾病又往往超出很多县级医院的诊治能力,因此经常造成贫困患者家庭举债看病;三是健康扶贫的对象一般只是

---

① 《国家卫生计生委健康扶贫地方典型经验专题新闻发布会》,http://www.china.com.cn/zhibo/2017-05/17/content_ 40817541.htm。

贫困人口，但是由于农村人口普遍都是经济脆弱人群，因此大病支出也会让一般家庭陷入贫困；四是家庭成员患重病，随之而来的赴城市医院求医的路费、求医期间的生活费，以及家庭其他劳动力因照顾病人而产生的误工费等，往往也超出城市低收入家庭和农村一般收入家庭的承受能力，这也是造成"因病致贫"的重要原因。

在上述四个问题中，针对第二个问题，目前的医保省域统筹和跨省结算已经在推进，这个问题已有所缓解。但是另外三个问题，并没有进一步的政策予以应对。针对这三个因病致贫问题，可以考虑从社会保障和社会支持网络两个方面给予经济脆弱群体更多支持。一是继续深化医保报销制度改革，可以考虑建立全国性的医疗救助周转基金，垫付贫困人口大病支出；二是统筹资金做好健康扶贫工作，考虑将健康扶贫关口前移，将一般收入的农民也纳入健康扶贫体系，避免在患病家庭陷入贫困后才能接受事后救济；三是要建立以社区为基础的社会支持网络，尤其在农村要鼓励以政府扶持和互助合作的形式解决社区大病患者的医疗护理问题。

（二）流动人口健康问题

我国的卫生服务筹资责任大多由地方政府承担，因而卫生服务资源规划也多以户籍人口为对象，流动人口不能跟户籍人口一样平等获得医疗保障、公共卫生服务等。针对流动人口的健康问题，在中央提出的"公共服务均等化"目标的指导下，早在2014年，国家卫计委等五部委就出台了《关于做好流动人口基本公共卫生计生服务的指导意见》，要求"稳步实现城镇基本公共服务常住人口全覆盖"，"到2020年基本建立起流动人口基本公共卫生计生服务均等化运行机制"。2016年又随之出台了《流动人口健康教育和促进行动计划（2016~2020年）》，作为上一个文件的延续，提出要加强对新生代农民工（1980年以后出生）、流动妇女、流动儿童三类重点人群的针对性的健康教育。2017年出台了《"十三五"全国流动人口卫生计生服务管理规划》，仍旧强调流动人口基本公共卫生的覆盖率。

从上述政策执行效果看，由于其并未被地方政府充分重视，因此政策推进非常有限。但是更重要的问题不在于上述政策的推进，而在于基本公共卫生服务的内容设计主要针对的是老年人、孕产妇、儿童、重症精神病患者四类重点人群，主要为他们提供健康管理，它并不适用于应对绝大多数流动人口的疾病风险。目前我国的流动人口主要由从事体力劳动的"农民工"组成，这类人群主要面临两个方面的健康风险。

一是职业病风险。其中由粉尘污染造成的尘肺病是危害最大的职业病。目前可以看到的最新的官方数据是中国疾病预防控制中心发布的《2014年全国职业病报告情况》，该报告显示，2014年新报告尘肺病例2.7万例，占全部报告职业病的近90%。此外，还有慢性职业中毒（主要是苯中毒）和职业性肿瘤。这三类职业病占了全部职业病的95%，而且据相关领域的研究者和社会组织估计，真实的数据远远大于上述"报告病例"[1]。三者的共同特征是，都是慢性职业病，患者既失去劳动能力，又面临长期且沉重的疾病负担，三类疾病都很难治愈，且很难认定雇主责任。

二是跟生活习惯相关的传染病，尤其是性传染病风险。在农民工群体中普遍存在"临时夫妻"或者多个性伴侣的情况，因此感染性病的概率较高，且农民工在流动的过程中会将性病带回农村或带到其他地方，可能造成性传染病的大肆传播。从《2017中国卫生和计划生育统计年鉴》的数据看，梅毒和淋病都是2016年发病率排名前五位的传染病；而从历年发展趋势看，甲、乙类传染病中，跟环境卫生相关的传染病都呈大幅下降趋势，但是跟生活习惯相关的传染病，如病毒性肝炎并没有明显下降；而淋病、梅毒、艾滋病的发病率则明显上升。这意味着性传染病正在上升为主要的传染病，这类疾病风险的上升显然跟人口流动关系密切。

整体来看，流动人口，尤其是农民工，是相对弱势的人群。一方面，目前的整个卫生体系规划都缺乏人口流动的视角；另一方面，在农民工职业病问题上，仍是强调职业病的企业主责任，将其当作劳工问题，而非社会问题来解决。这种做法导致职业病患者维权困难，往往无法得到应有的赔偿，也

---

[1] 网上普遍流传的尘肺病患者的数量是600万。

就无从获得价格昂贵的医疗救治。以尘肺病为例，目前为患病农民工提供救治的主要是公益组织。但这种救治力量微弱，稳定性差，且均为事后救济。农民工作为主要劳动力，一旦罹患尘肺病，就终身丧失了劳动力，整个家庭都会陷入贫困。

事实上，农民工职业病早已超越单个企业，而成为普遍存在的社会问题。但对这个群体的数量及治疗、生存状况的调查还十分有限。而在性传染病等其他流动人口健康问题上，目前还缺乏详尽全面的调查评估。

针对流动人口的健康风险问题，必须由劳工视角改为社会视角，以常住人口（而非户籍人口）为基础规划医疗卫生资源。通过医疗保障、公共卫生项目、劳工保护等，多管齐下，缓解流动人口的健康问题。比如，除了完善重大职业病的医疗保障之外，可以考虑将上述尘肺病、苯中毒、职业性肿瘤纳入重大公共卫生项目进行干预；同时将流动人口作为基本公共卫生服务的重点干预对象，进行生殖健康管理；再辅以对农民工工作环境的监督，以及改善农民工的居住环境，以预防重大传染病的爆发。

（三）健康素养问题

2016年中共中央、国务院印发了《健康中国2030规划纲要》，要求从"大健康"的角度进行全面规划，提出了"共建共享，全民健康"的战略主题。构建"健康中国"，除了从供给侧改革医疗卫生体系之外，还需要从需求侧提高民众的健康素养。健康素养是指个人获取和理解健康信息，并运用这些信息维护和促进自身健康的能力。我国城乡居民随着生活水平的日益提高，对自身的健康问题也越来越关注。然而，目前的问题恰是：广大群众对健康的主观关注度提高，与自身健康素养水平的客观低下之间，形成了较大冲突。

一方面，健康素养不足导致疾病预防意识淡薄，会直接增加疾病风险，影响居民的健康水平；另一方面，健康素养不足，将导致患者更容易受到虚假宣传的影响。目前社会上充斥着部分民营医疗机构和保健品企业对其服务和产品的过度和虚假的宣传。这些宣传被百度搜索引擎放大，成为患者获取医疗知识的主要渠道。这种情况不仅可能严重损害患者的经济利益，加剧患者的焦虑，且可能使很多患者延误治疗时机，或者选择错误的治疗方式，损害患者的身体健康，甚至危及生命。2016年的魏则西事件即这类事件的典型。此外，健康素养的不足会进一步导致患者对医生和医学的不恰当预期，这是医患关系日益恶化的重要影响因素。

构建"健康中国"必须提高民众的健康素养。但是目前关于提高健康素养的相关政策多是从健康教育的角度出发的，而健康教育由于缺乏有效手段，又往往流于形式。因此需要从其他方面查找原因并予以应对。

首先，从家庭医生的角度讲，作为"健康守门人"，家庭医生团队的作用有：一是对其签约家庭进行健康教育和健康咨询，帮助他们树立正确的健康观；二是帮助签约家庭解决一些基本、常见的健康问题；三是通过家庭医生完成疾病类别的初拣，并逐级向上转诊，形成有序高效的就医秩序。因此，可以说家庭医生团队是提高居民健康素养的核心能力建设者。但是正如笔者在近几年的报告中一再强调的，竞争性的家庭医生制度远没有建立，家庭医生并没有发挥"健康守门人"的作用，他们在健康教育中所起的作用非常有限。

其次，行业监管混乱，缺乏权威、有效的信息发布渠道。欧美国家的患者除了从正式的医疗系统获得健康知识外，也借力于各种社会团体。这些社会团体包括：患者互助支持组织、医生行业协会以及各种慈善机构和基金会等。独立的医生行业协会和患者自组织在传播正确的健康知识方面可以发挥重要作用：一方面，医生行业协会可以成为最权威的健康知识发布者；另一方面，在专业引导下建立的患者组织也是学习正确健康知识的载体。此外，这两类组织还是行业内部监督和外部监督的重要载体，可以大大提高对医疗行业的监管效率，弥补政府监管的不足。

参考文献

朱铭来：《因病致贫人群精准保障的分析与思考》，《中国劳动保障报》2016年9月27日。

B.7
2017年中国社会治安形势发展报告[*]

周延东 宫志刚[**]

摘　要： 随着立体化社会治安防控体系得到不断完善和发展，我国社会治安总体形势保持着良好的状态。2017年，我国恐怖案件数量保持低水平，但暴恐风险隐患依然严重；人身安全呈现持续良好态势，但财产安全出现"案数下降，金额上升"新特征，走私犯罪也呈现连年上升趋势；随着社会治安防控体系和多元化纠纷解决机制的不断完善，治安案件和民间纠纷明显减少，呈现双重"倒U形"。涉众类经济犯罪、虚拟货币违法犯罪、传销犯罪以及后单位社区安全隐患问题成为新时期社会治安防控的四大"新困境"，建议从打击涉众型经济犯罪、严控虚拟货币投资管理、防治传销犯罪以及提升后单位社区安全防范能力等方面促进社会治安秩序良性有序运行。

关键词： 社会治安　防控体系　社会秩序

2017年，习近平总书记在十九大报告中明确指出：全面深化改革总目标是完善和发展中国特色社会主义制度、推进国家治理体系和治理能力现代

---

[*] 本文为基金项目：国家社会科学基金青年项目"后单位社区安全危机及其治理创新研究"（项目编号：16CSH011）、北京市社会科学基金青年项目"北京'村改居'社区安全多元共治机制研究"（项目编号：15SHC038）成果。

[**] 周延东，中国人民公安大学治安学院讲师、硕导，首都社会安全研究基地研究员；宫志刚，中国人民公安大学治安学院院长、教授、博导。

化。要打造共建共治共享的社会治理格局。加强社会治理制度建设，完善党委领导、政府负责、社会协同、公众参与、法治保障的社会治理体制，提高社会治理社会化、法治化、智能化、专业化水平。加快社会治安防控体系建设，依法打击和惩治黄赌毒黑拐骗等违法犯罪活动，保护人民人身权、财产权、人格权。[①] 近年来，我国立体化社会治安防控体系的不断创新和完善，有效提升了人民群众的安全感、满意度和获得感，促进我国整体社会治安状况更加和谐有序。然而，中国特色社会主义进入新时代，我国社会主要矛盾已经转化为人民日益增长的美好生活需要和不平衡不充分的发展之间的矛盾，社会矛盾的变化给我国社会治安形势带来了新的困境和挑战。

一 2017年社会治安总体状况与趋势

（一）人身安全持续良好，财产安全呈现"案数下降，金额上升"新特征

国家统计局公布的数据显示，2010~2016年，公安机关立案的涉及人身安全的杀人、伤害和抢劫等几大主要类型刑事案件的数量呈持续下降趋势（见图1）。对比2016年与2010年的数据可知，杀人刑事案件由13410起下降到8634起，下降35.62%；伤害刑事案件由174990起下降到123818起，下降29.24%；抢劫刑事案件由237258起下降到61428起，下降74.11%。人身安全是基础性安全，相关数据的持续下降表明，我国社会治安防控体系不断加强和完善，为维护社会大众人身安全做出了卓越贡献，并取得了巨大成就。

近些年来，诈骗案件数量呈现逐年迅猛上升态势，在2016年，我国诈骗案件数量出现"新拐点"，呈现案件立案数量的首次下降，由2015年的1049841起下降到2016年的979956起，下降幅度为6.66%。公安部门相关数据统计显示，2017年持续了2016年的下降趋势。需要提示的是，在诈骗

---

① http://www.china.com.cn/cppcc/2017-10/18/content_41752399.htm.

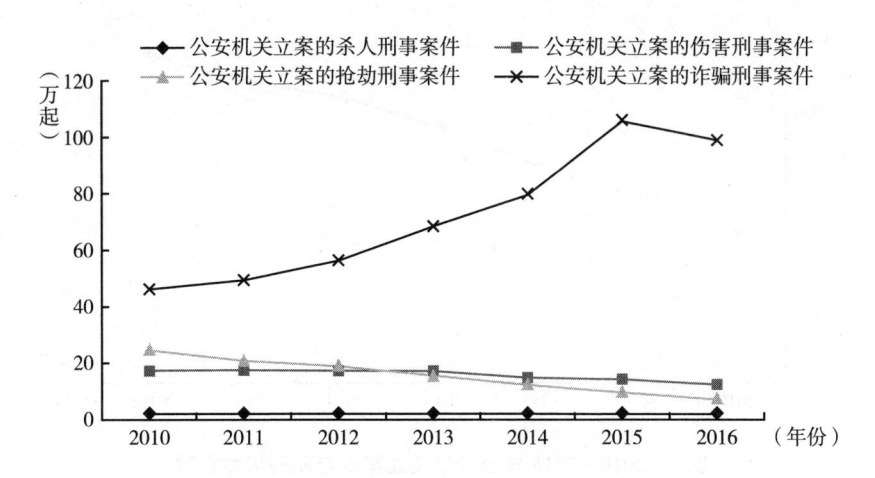

图1　2010~2016年公安机关立案的伤害、杀人、抢劫和诈骗案件数量

资料来源：国家统计局年度数据，http://data.stats.gov.cn/easyquery.htm?cn=C01。

案件立案数不断下降的过程中，涉案金额不断上升，特别是大案要案的平均金额过亿元。换言之，呈现诈骗案件"案数下降，金额上升"和"小骗下降，大骗上升"的新特点。2017年2月，陕西潼关立案侦查的"假黄金骗贷案"，涉案金额达到百亿元，给社会大众的财产安全带来了巨大损害。

此外，有一种犯罪类型需要引起政府和社会大众的注意，我国"走私犯罪"的数量呈现连年上升的趋势。对比2010年和2016年的数据可知，走私犯罪案件总数由1105起增加到2407起（见图2），增加了117.8%。虽然走私犯罪案件与其他类型刑事案件相比基数较小，但是涉案金额巨大。2017年1~9月，全国海关共立案侦办走私犯罪案件2601起，已经超过2016年全年的走私犯罪发案总数。其中，立案侦办涉税走私犯罪案件1340起，包括侦办农产品走私犯罪案件398起，案值64.8亿元；立案侦办成品油走私犯罪案件185起，案值57.4亿元；立案侦办电子产品走私犯罪案件125起，案值21.2亿元。[①] 如果这些走私物品流入市场和社会，将严重威胁社会稳定和市场秩序。

---

① 《2017年前9月海关侦办走私犯罪案件2601起》，《人民日报》2017年11月6日。

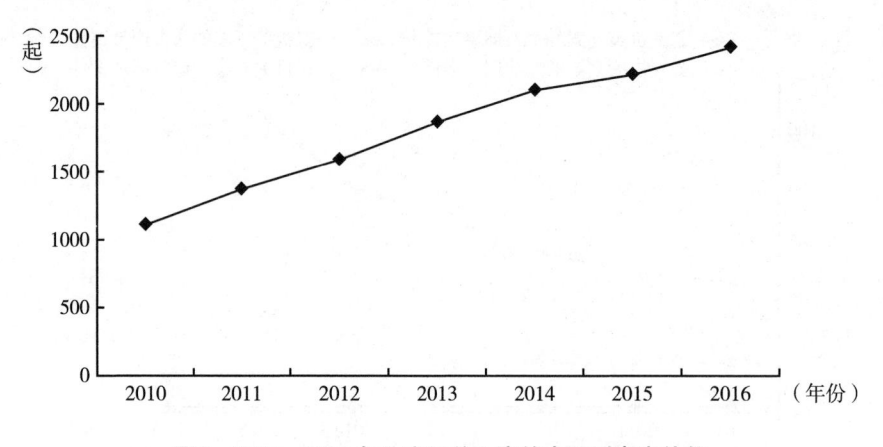

图2　2010～2016年公安机关立案的走私刑事案件数

资料来源：国家统计局年度数据，http：//data.stats.gov.cn/easyquery.htm？cn=C01。

课题组通过梳理分析认为，近年来我国走私犯罪案件呈现如下新特点：第一，地域集中化，走私犯罪受地理环境及经济发展影响，多发生在沿海地区。例如我国东部沿海地区，具有港口贸易规模较大、来往船只较多、经济比较发达的区域特点，如广东、福建、上海等地区。第二，组织化，走私犯罪多为结构严密、分工明确的组织作案，成员之间密切协作、各司其职。如2017年杭州海关破获一起案值4亿元的成品油走私大案，一举抓获犯罪嫌疑人20余名，以温州籍许某为首的走私犯罪团伙在"将货船改造成油船"、"从公海购买成品油"以及"卸货和销售"等环节中相互配合，有机协调，呈现组织化特征。第三，隐蔽性，快速发展的网络信息技术也逐渐被应用到走私犯罪领域，以致犯罪手段不断推陈出新，表现为极强的隐蔽性。如近年来飞速发展的互联网海外代购行业领域中，很大一部分是非法代购，存在着偷逃关税、逃避海关监管的走私犯罪活动，海关部门不容易监察到其不合法的证据来对其进行检查和惩罚，同时代购商品多以网络渠道进行交易，进一步呈现了隐蔽化的特征。

（二）治安案件和民间纠纷调解呈现双重"倒U形"

2017年9月19日，习近平在全国社会治安综合治理表彰大会上对社会治理做出新的指示并提出更高的要求，他提出：加强和创新社会治理，更好解决我国社会出现的各种问题，确保社会既充满活力又和谐有序。他还强调：创新是社会治安综合治理一个永恒的主题。国家统计局关于公安机关受理治安案件的数据表明，我国公安机关受理治安案件数量自2012年达到峰值后，连年保持下降趋势，2016年与2015年相比，减少了277929起，降幅为2.36%（见图3）。这是十八大提出"立体化社会治安防控体系"后取得的显著成果。近些年来，加快、创新立体化社会治安防控体系建设对于改善我国社会治安总体形势发挥了重要作用，逐步实现了社会治理的现代化，为国家长治久安和人民安居乐业提供了基础保障。

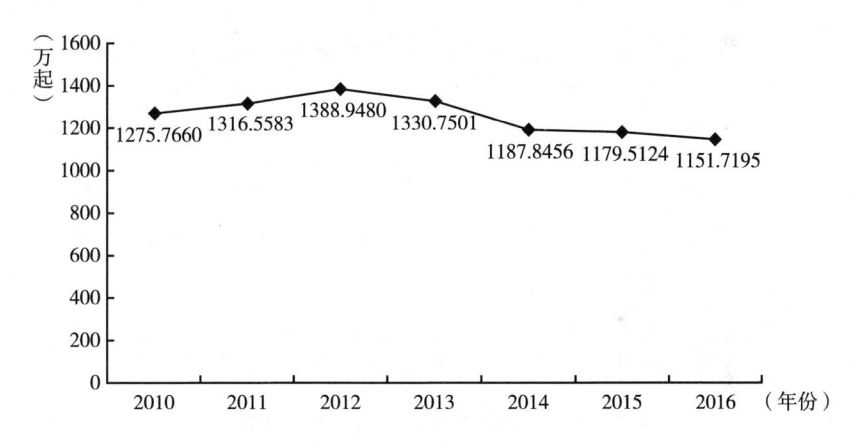

图3 2010~2016年公安机关受理治安案件数量

资料来源：国家统计局年度数据，http://data.stats.gov.cn/easyquery.htm? cn = C01。

国家统计局的数据显示，2010~2016年我国民间纠纷调解案件数总体也呈现"倒U形"特征（见图4），与治安发案数量一同呈现双重"倒U形"。民间纠纷调解案件数于2013年达到峰值，为9439439件。2013年后总体呈下降趋势，2016年同2015年相比下降31.2万件，降幅达3.34%。其中，近些年一直保持上升趋势的房屋、宅基地纠纷案件和邻里纠纷案件数在2016年都有所下降（见图5），分别下降29000件和84000件，同比下降4.44%和3.54%。出现这种变化的原因主要有：首先，全面深化多元化纠纷解决机制改革在人民群众中产生深远影响，人民群众对多元化解决纠纷渠道的认同度不断提升。除司法调解之外，尚未在调解案件数据中体现的人民调解、行政调解等多元化纠纷解决机制发挥了突出的作用。具体来看，行业调解、律师调解、商事仲裁、劳动仲裁、行政裁决等多种纠纷解决方式蓬勃发展，拓展了矛盾纠纷化解的路径和渠道。[①] 其次，国家近年来陆续出台了一些惠民政策，如取消办理公积金贷款费用、人事档案管理费用、房屋转让手续费等，以及鼓励租售并举等一系列行之有效的政策法规，对民间纠纷调解案件总数的下降起到了重要作用。

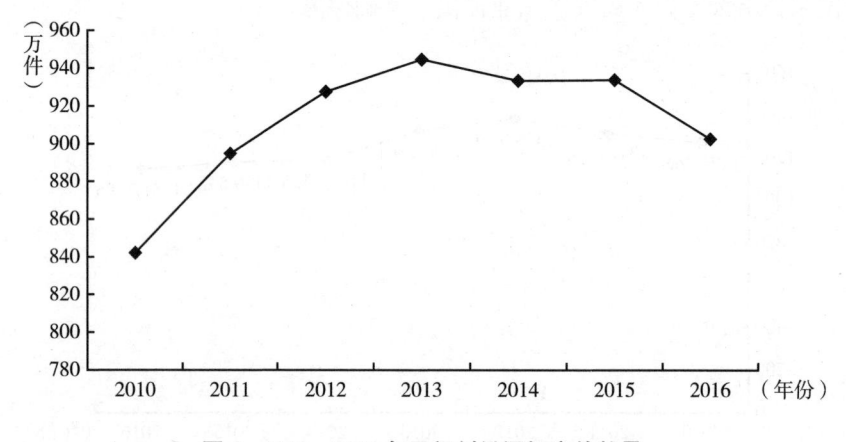

图4　2010~2016年民间纠纷调解案件数量

资料来源：国家统计局年度数据，http://data.stats.gov.cn/easyquery.htm?cn=C01。

（三）恐怖案件数量保持较低水平，但暴恐风险依然较大

自2016年1月1日《中华人民共和国反恐怖主义法》施行以来，该法案在维护国家安全、公共安全和人民生命财产安全以及恐怖案件的预防工作等方面发挥了重要的作用。通过整理和分析我国当前用户最多的四大门户网站（新浪、网易、搜狐和腾讯）公布的数据和新闻报道得出，近六年来我

---

① 龙飞：《"多元化纠纷解决机制"正铺开宏伟画卷》，《人民法院报》2017年10月17日。

图5　2010～2016年调解房屋、宅基地和邻里纠纷数量

资料来源：国家统计局年度数据，http：//data.stats.gov.cn/easyquery.htm? cn = C01。

国境内发生的典型恐怖袭击事件的数量表现出"倒V"形特征（见图6）。自2015年以来，党和政府对暴力恐怖犯罪分子主动出击，迅速控制住了恐怖袭击的势头，大量暴恐极端团伙被处置在预谋阶段和行动之前，为人民群众的生命财产安全提供了保障。近三年（2015、2016、2017年）保持在每年1件的低水平状态①。由此可见，当前我国反恐总体形势较为稳定，但也必须意识到暴恐风险隐患仍然十分严重。随着我国立体化社会治安防控体系不断健全完善，各种防控主体力量能够有机形成合力，主动防控，使我国恐怖袭击事件保持在低水平状态。

在我国反恐局势相对稳定的情况下，反观国际反恐形势，仍然不容乐观。2017年世界各地已爆发多起恐怖袭击事件，恐怖主义阴霾笼罩着全球。如果将2016年称为"国际恐怖年"，那么2017年则是"更不安定的一年"，发生了土耳其伊斯坦布尔袭击事件、伦敦议会大厦恐怖袭击事件、圣彼得堡

---

① 需要指出的是，《2017年中国社会形势分析与预测》蓝皮书于2016年12月21日在北京发布，专题报告《2016年中国社会治安形势分析报告》指出，在此之前，2016年我国尚未发生恐怖袭击事件。但在2016年12月28日，新疆墨玉县县委大院遭遇恐怖袭击，造成1死3伤，给国家和人民的生命财产安全造成了严重危害，所以，在此要对2016年的恐怖袭击案件数量做出修正。

社会蓝皮书

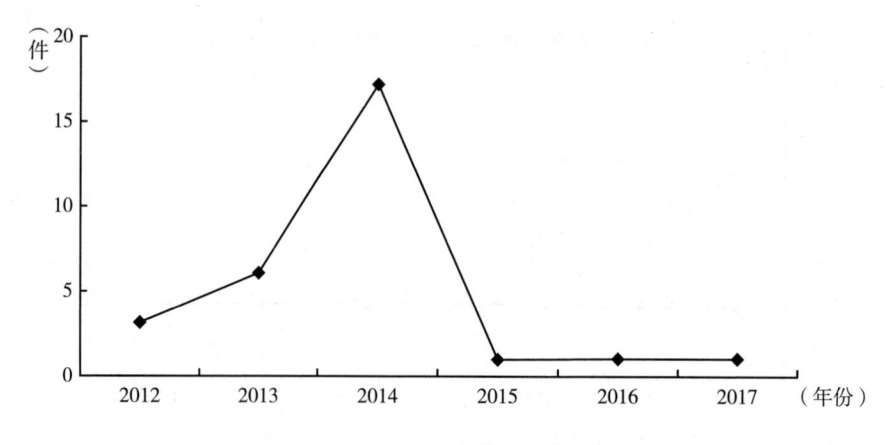

图6 2012～2017年我国典型恐怖袭击案件数量

资料来源：根据我国四大门户网站（新浪、网易、搜狐和腾讯）新闻报道整理而成。

地铁恐怖袭击事件以及斯德哥尔摩卡车恐怖袭击事件等暴恐案件（见表1），造成了大量人员伤亡和巨额经济损失，这些事件反映出恐怖袭击"范围不断扩大"、"方式不断增多"和"手段不断更新"的新特点与新动向，国际恐怖主义深度蔓延对我国国家安全也形成了严重威胁。

本课题组在《2016年中国社会治安形势分析报告》中对2012～2016年国内外暴恐事件的案发场所进行梳理和分析认为：虽然恐怖袭击案发场所主要为政府、公安局、派出所、街道、火车站、市场以及恐怖分子住所等（见图7），但是其他发案频率较低、防控力量较为薄弱的场所也在一定程度上开始显示出遭受恐怖袭击的可能性，课题组据此做出了尝试性的假设和预测——恐怖分子将会把袭击地点从防控力量较强的公共区域转向防控力量较为薄弱的半公共区域或私人区域。[1] 然而，不幸的是，这一预测在2017年的恐怖袭击案件中得到了验证。于2017年2月14日发生在新疆皮山县某社区的暴徒砍杀群众事件是恐怖袭击事件发案场所出现转变趋势的标志性事件，造成了5死10伤的严重后果。在党的十九大报告中，习近平总书记提出

---

[1] 周延东、宫志刚：《2016年中国社会治安形势分析报告》，载李培林、陈光金、张翼主编《2017年中国社会形势分析与预测》，社会科学文献出版社，2016。

表1 2017年国际典型恐怖袭击事件一览

年份	恐怖袭击案件	案发场所
2017年	1.1 土耳其伊斯坦布尔袭击事件	夜店(娱乐场所)
	3.22 伦敦议会大厦恐怖袭击事件	政府
	4.3 圣彼得堡地铁恐怖袭击事件	地铁
	4.7 斯德哥尔摩卡车恐怖袭击事件	街道
	4.9 埃及圣乔治教堂和圣马可教堂恐怖袭击事件	教堂
	4.20 巴黎香榭丽舍大街恐怖袭击事件	商业街道
	5.22 曼彻斯特体育场恐怖袭击事件	体育场
	5.31 阿富汗喀布尔使馆区爆炸恐怖袭击事件(汽车炸弹)	使馆区
	6.5 墨尔本恐怖袭击事件	公寓
	6.7 德黑兰暴恐袭击案(伊朗议会和霍梅尼陵墓)	政府,宗教人士墓地
	6.18 伦敦芬斯伯里公园恐怖袭击	公园
	7.14 耶路撒冷圣殿山恐怖袭击事件	宗教场所
	8.13 瓦加杜古恐怖袭击事件	餐厅
	8.17 巴塞罗那加泰罗尼亚广场恐怖袭击	广场
	8.18 巴塞罗那货车袭击事件	公路
	9.18 巴基斯坦查曼地区暴恐事件	国家边界
	9.18 尼日利亚孔杜加恐怖袭击案	援助分配点
	9.21 印度克什米尔恐怖袭击案	公路(政要车队)
	9.21 加拿大埃德蒙顿恐怖袭击事件	公路
	10.1 美国拉斯维加斯恐怖袭击案	广场
	10.18 阿富汗东部恐怖袭击案	政府
	10.22 埃及西部恐怖袭击案	沙漠地区
	10.31 美国纽约曼哈顿恐怖袭击案	公路
	11.5 美国德克萨斯教堂恐怖袭击事件	教堂

"加快社会治安防控体系建设",这就需要在未来社会治安防控工作中,对高危场所(如政府、公安局、派出所、街道、火车站、市场以及恐怖分子住所等)继续加大打击防控力度的基础上,进一步加强对防控力量较为薄弱的半公共区域或私人区域的防控体系建设,开展和落实有针对性的预防和

部署，进一步减少暴恐风险隐患。此外，对于在国外恐怖活动频发而国内尚未发生过恐怖活动的场所（使馆区、足球场以及地铁站）政府和社会大众仍要注意，相关政府部门和社会组织也应该加快在这些领域的社会治安防控体系建设。总而言之，目前恐怖主义问题依然不容乐观，呈现"暴恐活动军事化、成员构成社会化、组织发展国际化"等特征。袭击方式主要有"独狼式""家族式""多点式""群体性聚集与暗杀袭击相结合"等多种形式，暴恐活动的诡秘性、随机性、暴烈性、破坏性更加突出。所以，我国反恐工作依然面临着新的严峻挑战。

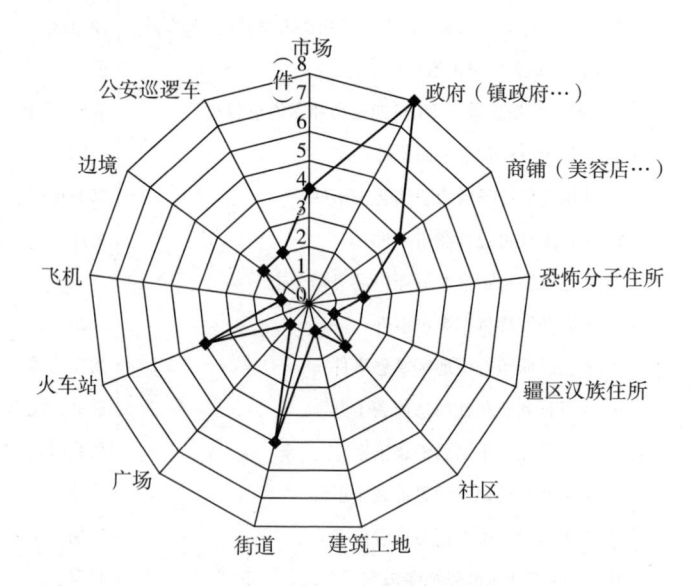

图7 2012～2017年我国典型恐怖袭击事件案发场所发案频数

资料来源：根据我国四大门户网站（新浪、网易、搜狐和腾讯）新闻报道整理而成。

此外，课题组通过梳理分析建议，对频繁发生恐怖袭击的"重点城市"和"重点区域"要进行有针对性的研判和分析，重视案情的后续跟踪与调查，挖掘出恐怖袭击案件幕后的煽动人员乃至核心组织人员，不仅可以防止恐怖事件在某地区反复出现，也可以对其他地区蠢蠢欲动的恐怖组织起到震慑和打击的作用。要把恐怖袭击事件解决在萌芽状态，争取治安防控工作的主动权。

二 新时期治安的四大"新困境"

随着我国互联网金融的快速发展，人民群众的投资方式变得更加多元、灵活和便捷，但这也导致了诸多新的风险和困境，如"涉众类经济案件引发社会稳定问题突出""虚拟货币违法犯罪风险增加"等。此外，在经济社会发展相对落后的地区或城市区域，尚未构建起立体化的社会治安防控体系，更难以满足"人民对美好生活向往"的需求，如传销引发的"谋财害命"呈现新困境、城市后单位社区安全存在风险等问题都对社会治安形势形成了严重隐患。

（一）涉众类经济案件引发社会稳定问题突出

互联网金融的快速发展为我国经济社会发展注入了新的活力，但也产生了新的金融风险。近年来，利用互联网金融平台进行的涉众型经济犯罪呈现高发态势，涉众型经济案件一般具有"涉及地域广"、"涉案人员众多"和"涉案金额大"的特点。一旦犯罪行为暴露后，极容易引发群体性事件，对社会治安整体稳定产生重大影响。公安部2017年相关数据分析显示，非法集资犯罪案件数量同比呈现下降趋势，延续2016年以来的良好态势，但是案件侦破数量仍然巨大，大案要案时有发生。同时，公安机关前期侦办的非法集资案件大多进入了集中审理和执行阶段，社会大众对于利益损失的诉求极易引发社会矛盾。与非法集资案件相反，网络传销案件呈现上升的趋势，出现了"五行币""善心汇"等特大网络传销案件，甚至出现了涉案人员围堵地方党委政府和大规模进京聚集等恶性事件。

（二）虚拟货币违法犯罪风险增加

随着互联网金融的发展，利用虚拟货币进行投资成为一种流行的投资方式，受到了投资者的追捧，被视为投资的"新大陆"。然而虚拟货币投资过程中的交易和服务均在互联网上完成，这增加了投资人对投资对象的识别难度。同时虚拟货币的投资主体在投资过程中不受时间和地点限制的特征，无形中增加了互联网金融监管主体对交易过程的监管难度，极易对投资者的合法权益造成损害。

虚拟货币犯罪多以金融创新为噱头，以静态收益（炒币升值）和动态收益（发展下线获利）为诱饵，引诱群众参与。2016年，各地共立案159起，涉及60余个币种，参与人数约数百万。[①] 2017年，以"比特币"为代表的虚拟货币引起了社会的广泛关注，比特币以"暗网"为支付的工具，但是"暗网"中充斥着各种类别的违法犯罪活动。这些违法犯罪活动包括洗钱、金融诈骗等传统金融犯罪活动，也包括一些以虚拟货币为工具的新型犯罪，国外甚至发生了利用虚拟货币为恐怖主义提供资金的犯罪活动。

（三）传销引发的"谋财害命"带来新困境

传销活动自20世纪90年代以来长期存在，是一种严重破坏社会主义市场经济秩序和危害人身财产安全的犯罪。它具有"涉案人员多"、"涉案地域广"、"侦查难度大"和"隐蔽性强"等特点。公安部公布的数据显示，2010年以来全国共破获非法传销类案件3万余起，涉案人员达数万人。然而现在的传销案件呈现新的发展特点，以往传销是"经济案件"，容易"家破"，很难"人亡"，但是近年来由传销导致的"谋财害命"时有发生，严重影响社会的安全稳定，如2017年发生的"李文星案"引起了社会的广泛关注。为此公安部加大了打击力度，2017年1~9月全国公安机关共立案侦查各类传销案件5983起，同比上升了118.5%，涉案金额高达300亿元。[②]

（四）后单位社区安全隐患突出

后单位社区是指在社会转型和经济转轨的时代背景下，原单位因破产改制而不再承担社区管理服务职能后所逐渐形成的兼具"传统单位"和"现

---

① 《2016公安侦查"虚拟货币"类传销150余起涉及60余个币种》，环球网，2016年12月28日。
② 《今年以来公安立侦传销案5983起》，人民网，2017年9月30日。

代社区"特性的社区类型。"传统单位治理机制的瓦解和分裂"、"可依附治理资源的弱化和消逝"以及"迈向社区自治能力的'适应性障碍'"使后单位社区安全状况面临严峻困境,甚至威胁整个社会的安全稳定。

首先,我国后单位社区面临着社区环境混乱、社区权威下降、现代化防控保障经费缺位等诸多问题。第一,后单位社区中普遍存在着环境卫生差、私搭乱建等情况;第二,原有单位社区的大量责任转让给派出所、民政等政府部门,导致社区居民对居委会的依赖性降低,进而促使居委会在社区的权威逐步下降;第三,后单位社区管理责任不清、资金落实不到位等导致现代化防控体系严重缺失。这些问题都对老旧小区的治安问题提出了严重的挑战。

其次,后单位社区安全治理工作还存在诸多问题。习近平总书记在中国共产党的十九大报告中将社区治理提高到了一个新的高度。指出"要加强社区治理体系建设,推动社区治理重心向基层下移,发挥社会组织的作用,实现政府治理和社区调解、居民自治良性互动"①。虽然我国近年来在社区警务实践活动中取得了显著的成绩,但是仍然面临着诸多的问题。第一,"局部改、全局不改"的工作模式降低了社区警务工作扎入基层的水平。"推动社会治理重心向基层下移"是新时代社会治理工作的基本要求。然而,当前依然存在因上级业务主管部门共享机制较弱而对派出所工作进行"多头指挥"的问题,重复性工作繁重,布置工作的断裂与分割严重浪费了警力,弱化了后单位社区警务工作效果。第二,后单位社区安全治理主体不清、权责关系模糊问题突出。社区民警、保安、流管员和治安志愿者等出于主管部门不同和财政保障来源差异等原因尚未形成以某一主体为"引领"和"支点"的社区安全治理体系,合力效果不明显。第三,社区警务与后单位社区居民日常生活的分离降低了社区安全治理水平。社区警务工作为"人民美好生活"提供服务的能力普遍不足,导致居民对于社区警务工作认同度较低,弱化了社区警务与群众的联系效果。

---

① 《实录:习近平总书记在党的十九大的报告》,新华网,2017年10月18日。

三 未来与展望

新时期我国的社会主要矛盾已经发生重要变化。新社会矛盾转向对于社会治安治理来讲既是机遇又是挑战。原有的一些治安问题在这个过程中会逐步减少,但是不平衡、不充分发展可能会带来一系列新的治安问题。对此,建议从如下几个着力点推动社会治安防控工作。

(一)打击涉众型经济犯罪,维护社会稳定有序

涉众型经济犯罪由于具有"涉及地域广"、"涉案人员众多"和"涉案金额大"的特点,对我国的社会主义市场经济秩序和社会稳定造成严重影响,需要根据我国的实际情况建立起完善的涉众型经济犯罪防治体系,维护社会稳定。

第一,建立涉众型经济犯罪的预警体系。要建立政府、司法机关、金融主管部门共同参与的涉众型经济犯罪预警机制。在预警机制下各部门要加强对我国金融市场的改革和发展状态的关注,及时发现在投融资领域的涉众型经济犯罪风险,并进行科学的评估。根据评估结果对相关风险做出预案,从而掌握应对涉众型经济犯罪的主动权。第二,完善金融市场监管体系。当前,我国民间投资发展迅速,这些民间投资以互联网为平台,经常游离于传统监管之外,导致金融监管时常出现制度的漏洞,主要表现为风险信息披露不充分、交易价格不透明。有鉴于此,要由中国人民银行牵头会同其他金融监管部门完善金融市场的监管体系,摆脱各自为政的局面,打出"组合拳",有效挤压涉众型经济犯罪的空间。[①] 第三,健全投资融资的法律框架体系。为了充分发挥法律在金融投资领域的护航作用,要进一步梳理和完善民间投资的法律法规。特别是要从法律法规上对互联网金融的范围、营业规则、监管主体做出明确规定。积极发布和制定民间投资的法律指引,保障金融秩序。第四,做好维稳处置工作。当涉众型经济案件发生之后,公安机关

---

① 邓建鹏:《互联网金融专项整治》,《中国金融》2016年第16期。

要对涉众型经济犯罪进行稳定评估，重点调查该涉众型经济案件涉及的地域和利益群体。充分掌握有关情况后做好处置预案，预案要考虑到可能发生的各种情况，使预案能够具备可操作性，合理合法解决问题。

（二）严控虚拟货币投资管理

虚拟货币在全球范围内飞速发展，已经获得越来越多国家的认可，并吸引了大量投资人。近年来在我国充斥着大量虚拟货币类违法犯罪，这已成为一个新的犯罪增长点，给我国的金融系统安全造成了严峻的挑战。这就需要我们掌握虚拟货币的发展现状，加强对虚拟货币犯罪的监管。

第一，加强相关立法工作。从总体上看，我国互联网金融比发达国家起步晚，各种法律制度尚不完善，而虚拟货币投资作为互联网金融的重要部分，在我国同样面临着监管制度不完善的问题。为此我们要吸收欧美国家在虚拟货币监管上的成熟经验，各主管部门在监管过程中要充分了解我国在虚拟货币投资中面临的各种风险和挑战，通过法律法规严控虚拟货币的违法投资运营行为。第二，加强对虚拟货币操作的监管。虚拟货币的迅猛发展要求监管部门尽快调整监管规则和监管指标，引导虚拟货币投资在行政许可、市场准入、运行规范等法律规制内良性发展，这样可以防范或控制虚拟货币投资中的风险，做到防患于未然。同时，传统的"机构型监管"已经难以适应虚拟货币金融的快速发展，为此金融监管部门应将"机构型监管"调整为"业务类型监管"。第三，开展国际合作，做好金融反恐。以比特币为代表的虚拟货币已经逐步发展为一种"国际货币"，犯罪行为人很容易通过互联网在不同国家针对同一种虚拟货币实施犯罪，近两年国际上还发生了利用虚拟货币为恐怖主义活动融资的严重恐怖主义犯罪。这说明对虚拟货币犯罪仅靠一个国家单方面力量很难实施有效打击，这就需要加强与其他国家司法机关、金融主管部门以及国际刑警组织等职能部门的合作，共同打击跨国虚拟货币犯罪。[①]

[①] 李靖、李淼焱：《虚拟货币的现实发展实证研究——基于比特币用户的调研报告》，《河南社会科学》2017年第4期。

（三）防治"传销"犯罪

传销犯罪近两年来有愈演愈恶劣的趋势，不但破坏社会经济秩序，还严重威胁人民群众的生命财产安全，2017年7月更是发生了震惊全国的李文星案。针对传销犯罪的原因和特点提出如下建议。

首先，构建针对传销犯罪的科学刑罚体系。科学的刑罚体系对打击和预防违法犯罪具有重要作用，我国现阶段刑法对传销犯罪的刑罚为：组织领导传销者处五年以下有期徒刑或拘役，并处罚金，情节严重者处五年以上有期徒刑并处罚金。这种刑罚体系在刑罚幅度和刑罚种类上已经不能满足于新形势下打击新型传销犯罪的需要，为此建议进一步加强关于传销犯罪的刑罚体系建设。① 其次，强化行政执法与刑事司法衔接。在传销犯罪领域行政执法与刑事司法衔接机制的完善，能打破传销犯罪信息不对称困局，对打击传销犯罪活动具有强有力的支撑作用。公安机关与工商等行政管理部门在打击传销犯罪方面应密切合作，充分发挥工商行政管理部门对传销犯罪活动的线索收集能力和公安机关在案件侦破方面的优势。通过整合双方执法资源，搭建信息共享平台，规范传销犯罪活动线索移送工作，建立主管部门和领导的定期会议制度，形成打击传销犯罪的合力。② 最后，形成全民"防传"的社会氛围。传销犯罪活动一直隐藏于人民群众的日常生活中。人民群众是传销活动的受害者也是直接接触者，更是公安机关打击传销犯罪的信息源。为此，各级党委政府在打击传销犯罪时要充分发动群众，调动群众参与打击传销犯罪的热情，进而在全社会形成全民"防传"的氛围，使传销活动丧失违法犯罪的空间。

（四）提升后单位社区安全防范能力

针对后单位社区面临的安全风险和困境，要在剖析社区空间的实际构成、治理结构和实践运作的基础上，推进治理能力更新和治理机制创新，维

---

① 陈叙言：《互联网众筹的刑事法律风险研究》，《学习与探索》2017年第9期。
② 陈兴良：《组织、领导传销活动罪：性质与界限》，《政法论坛》2016年第2期。

护后单位社区安全稳定。

首先,要改善后单位社区的空间环境,建构整洁有序的社区。整洁有序的社区不但可以增加居民的幸福感、减少安全隐患,而且可以对违法犯罪分子起到震慑作用。具体表现为:一是要在小区周边设立明显的标识,使社区成为安全共同体;二是要保持社区的干净卫生,不乱丢乱画,及时修理损坏的公共设施;三是要构建完备的现代化安全防控网,形成电子监控、门禁、社区巡逻三位一体的安全防控体系。[1] 其次,建立公安机关各业务部门"整合会商"机制。各业务部门在面向基层派出所的工作布置中,对于同类型的任务要求要"打包布置",打破"业务壁垒"和"信息烟囱",避免重复性工作,提高基层警务效能,确保后单位社区民警有精力、有时间扎实推进社区警务工作。再次,形成以社区民警为引领的"差序共治"格局。要"实现政府治理和社会调节、居民自治良性互动"的社会治理新局面,需要摆脱"都管、都管不好"的工作困境,建议建立社区民警对保安、流管员和治安志愿者的业务指导和考核奖惩机制,充分发挥社区警务在后单位社区安全治理中的引领作用,形成"责任主体明确、多元协调参与"的社区安全治理体系。[2] 同时,要赋予社区精英与积极分子(如退休干部、律师和教师等)荣誉身份(如平安卫士、调解专员等),提升其参与后单位社区安全治理的荣誉感。最后,提升社区警务为居民提供美好生活服务的能力。将"为人民美好生活提供服务"融入社区警务工作之中,在社区警务室中设置用以办公商讨、化解问题和交流信息的空间场所,提供微波炉、热水机等简易服务设施,开展警察职业体验系列活动、家居安全检测活动等,增强社区警务对于居民的吸引力,促进警民互动沟通,以掌握更多社区安全风险信息源,提升后单位社区安全控制能力,为建设国际一流的和谐宜居之都筑实安全屏障。

---

[1] 周延东:《形象、权力与关系:"村改居"社区安全治理的新框架》,《社会建设》2017年第4期。

[2] 周延东、曹蘑蘑:《从居住共同体走向新生活共同体——社区安全治理的反思》,《湘潭大学学报》(哲学社会科学版)2015年第6期。

调 查 篇

Reports on Social Survey

B.8
新时代中国社会发展质量调查报告

崔岩*

摘　要： 随着我国经济的快速发展，民生领域的改革取得了举世瞩目的成就，社会保障水平也得到了大幅提升。社会公众中基本形成了积极、正向的社会共识，社会主义核心价值观深入人心。社会包容水平不断提升，社会公众对当前社会的公平公正程度表示高度认同，各种制度性和非制度性导致的社会歧视藩篱正逐渐消除。社会公众对政府部门的工作满意水平有了大幅提升。

关键词： 社会质量　社会经济保障　社会凝聚　社会包容　社会赋权

---

* 崔岩，中国社会科学院社会学研究所助理研究员。

习近平总书记在十九大报告中指出，当前我国社会主要矛盾从对物质的需求转向对美好生活的需求，体现出我国社会在改革开放以来取得的巨大进步。社会主要矛盾的变化是我国经济社会发展的阶段性特征的体现，改革的未来蓝图从以经济建设为中心转向经济社会全面发展，标志着我国正向着高质量社会的远景稳步前进。就社会发展质量这一论题，学界有着广泛的讨论。在20世纪90年代后期，欧盟学者提出"社会质量"理论，通过建立社会质量测量指标体系，利用统计资料衡量各个国家的社会质量状况，并进行国际比较。近年来，随着国内学界对"社会质量"研究的深入，学界在社会发展研究领域也对发展质量问题越来越关注，对发展的界定也从单一经济增长向社会全面发展转变。

为了测量当前我国社会发展质量，中国社会科学院社会学研究所以"社会质量"为研究主题，于2017年6~11月，开展了"中国社会状况综合调查"（CSS2017）。此项全国抽样调查覆盖了全国31个省区市的150多个县（市、区）、600多个村（居）委会。在本次调查中，对社会发展质量的评价，分别从社会经济保障、社会凝聚水平、社会包容性发展、社会赋权水平四个方面展开。

一 当前我国社会经济保障情况

（一）我国城乡居民收入稳步提升，收入差距有所缩小

全面建成小康社会，基本实现社会主义现代化，提升人民群众"获得感"的重要评价标准之一是城乡居民的收入水平。从调查结果看，我国城乡居民收入逐年稳步提升，尤其是中低收入家庭收入增长较为明显。具体来说，2016年城乡居民家庭人均年收入的均值为16825.0元。从近十年的数据来看，城乡居民家庭人均年收入逐年平稳增长。与十年前，即2007年的数据相比，城乡居民家庭人均年收入均值名义增长了204.5%。其中，以城乡居民家庭人均年收入五等分分组，低收入家庭（最低20%

收入家庭）在2016年家庭人均年收入的均值为1964.0元，较之2007年的收入均值增长138.7%。中低收入家庭在2016年家庭人均年收入的均值为5995.9元，较之2007年的收入均值增长120.3%（见表1）。同时，数据也显示，虽然低收入家庭和高收入家庭之间仍然存在一定的差距，但是，最高收入组和最低收入组的差距逐渐缩小，例如十年前（2007年）最高收入组和最低收入组的均值比为29.72，五年前（2012年）最高收入组和最低收入组的均值比为27.21，这一比例在2016年进一步降低为24.35。党的十九大报告指出，要扩大中等收入群体规模，增加低收入者收入，调节过高收入，取缔非法收入。只有逐步实现全体人民共同富裕，进一步缩小贫富差距，才能提高社会公平公正程度，维护社会长治久安，全面提升社会发展质量。

表1 受访居民家庭人均年收入分组

类别	2007年家庭人均年收入（元）	2010年家庭人均年收入（元）	2012年家庭人均年收入（元）	2014年家庭人均年收入（元）	2016年家庭人均年收入（元）
低收入家庭	822.7871	1345.9	1587.7	1921.5	1964.0
中低收入家庭	2721.625	5138.3	5739.5	5884.3	5995.9
中等收入家庭	4876.682	8961.7	10172.2	10330.3	10790.2
中高收入家庭	8395.642	15030.8	16514.7	17141.5	18226.6
高收入家庭	24454.21	45320.7	43197.5	43485.9	47830.5
总计	8226.067	14629	15558.2	15981.1	16825.0

（二）城乡居民的居住状况有进一步的改善

随着中国经济社会的飞速发展，城镇化水平不断提升，城乡居民的住房条件得到了显著的改善。从2017年的数据来看，当前受访居民家庭住房自有率为95.50%，较2015年的数据上升了0.1个百分点（2015年为95.40%）；其中城镇居民家庭住房自有率为92.06%，较2015年的调查上升了0.9个百分点（2015年为91.2%）。20.8%的家庭拥有两套以上住房，较2015年的调查增加了1.1个百分点（2015年为19.7%）。2017年受访居民家庭人均建筑面积为47.67平方米，居民对第一套房产的自我估值平均为37.84万元/户，而2015年居民对第一套房产的自我估值平均为31.4万元/户。2017年城镇居民房产的自我估值平均为57.36万元/户，而2015年城镇居民房产的自我估值平均为46.7万元/户；2017年农村居民的房产自我估值平均为24.89万元/户，而2015年农村居民的房产自我估值平均为20.7万元/户。

随着国家对房地产市场的持续调控和保障性住房建设的稳步推进，稳定房地产市场、抑制房价过快上涨的长效机制逐步建立，房地产市场正逐步进入稳健发展阶段，住房领域的保障机制逐渐完善，广大人民群众对住房的多层次需求正逐步得到满足。

（三）覆盖城乡居民的社会保障体系基本建立，社会保障水平有待进一步提升

党的十八大以来，社会保障体制得到了进一步的完善，覆盖城乡居民的社会保障体系基本建立。从统计数据来看，2017年前三季度，社保覆盖范围持续扩大，待遇水平稳步提高。截至9月底，全国基本养老、基本医疗、失业、工伤、生育保险参保人数分别为9.05亿人、11.29亿人、1.86亿人、2.24亿人、1.90亿人。①

从公众对社会保障的态度来看，有73.9%的受访者表示提供社会保障是政府的基本责任，这不应当由普通百姓负担；63.2%的人表示现在的社会保障水平比较低，起不到保障的作用；另有46.8%的受访者对现在政府提供的社会保障不满意，对相关政府部门的工作有一定负面评价（见表2）。

---

① 《1~9月全国城镇新增就业1097万人》，http：//www.gov.cn/shuju/2017-11/02/content_5236287.htm。

表2　受访者对社会保障的态度

单位：%

类别	非常不同意	不太同意	比较同意	非常同意	不好说
提供社会保障是政府的基本责任，不应当由普通百姓负担	5.1	19.0	36.3	37.6	2.0
现在的社会保障水平太低，起不到保障的作用	6.5	27.9	37.8	25.4	2.3
现在政府提供的社会保障太差了，所以我对政府工作有一定负面评价	13.7	36.8	30.5	16.3	2.7

要提升社会发展质量，一方面应当全面实施全民参保计划，进一步完善基本保险制度；另一方面应当逐步建立与经济发展水平相适应、与人民群众需求相匹配的社会保障体系，让社会保障切实起到兜底性的保障作用。

（四）就业形势总体稳定，但就业质量有待提升

2017年我国就业形势基本稳定。据国家统计局公布的数据，2017年1~9月，全国城镇新增就业1097万人，同比增加30万人，基本完成全年1100万人的目标任务。2017年以来，全国城镇登记失业率一直保持在4%以内，三季度末为3.95%。[1]

从调查数据来看，在询问未来6个月失业的可能性时，2013年有21.2%的非农就业人员表示完全有可能和有可能，2015年有23.3%的非农就业人员表示完全有可能和有可能，而在2017年的调查中，有26.0%的非农就业人员表示完全有可能和有可能，较前几年有明显上升。同时，39.50%的受访者表示，在过去一年生活方面较为突出的问题是家人无业、失业或工作不稳定。同时，从2017年数据还可以看出，24.54%的受访者认为就业失业问题是我国主要社会问题。

---

[1] 《1~9月全国城镇新增就业1097万人》，http://www.gov.cn/shuju/2017-11/02/content_5236287.htm。

另外，从劳动合同签订情况来看，有33.7%的受访者签订了固定期限劳动合同，10.9%的受访者签订了无固定期限劳动合同，有43.7%的受访者表示没有和雇主签订劳动合同。由此可见，没有签订合同的比例偏高。

从就业公平感来看，数据整体表明当前我国社会就业公平情况较好，但是也有部分受访者对就业公平有负面评价。例如，有15.2%的受访者认为工资分配非常不公平和不太公平，有12.3%的受访者认为工作量分配非常不公平和不太公平，另有约11%的受访者认为在雇用和解雇员工时存在不公平现象（见表3）。

表3 受访者的就业公平感

单位：%

类别	非常不公平	不太公平	一般	比较公平	非常公平	不好说
当前单位/公司在雇用员工时是否公平	3.6	7.5	25.3	40.1	18.7	4.8
当前单位/公司在解雇员工时是否公平	3.9	7.3	20.4	38.2	18.9	11.2
当前单位/公司在分配员工的工作岗位时是否公平	3.2	6.7	22.8	44.1	17.4	5.8
当前单位/公司在分配员工工作量时是否公平	4.0	8.3	23.3	42.5	16.9	5.0
当前单位/公司在分配员工工资时是否公平	4.9	10.3	22.3	39.6	17.9	5.0
当前单位/公司员工的升职和降职是否公平	3.7	6.4	22.7	36.0	14.7	16.5

同时，应当注意的是，"提高就业质量"是十九大报告提出的新目标，这一目标反映出，在我国当前经济转型升级的背景下，不仅仅应当保证就业形势稳定，更应当提高就业质量，切实通过促进就业满足人民日益增长的美好生活需要，通过积极的就业政策，保障和改善民生，维护社会稳定和可持续发展。

二 当前我国社会凝聚水平

社会是否具有较强的凝聚力是评价社会发展质量的重要指标之一。其中，社会公众在价值观领域是否能够形成正向的价值共识，是社会是否具有凝聚力的重要标准之一。在十九大报告中，习近平总书记强调，要培育和践行社会主义核心价值观，把社会主义核心价值观融入社会发展各方面。[①] 因此，社会核心价值体系的建立，不仅仅是社会主义精神文明建设和思想道德建设的组成部分，更是国家治理体系的重要组成部分。构建具有强大感召力的核心价值体系，关系到国家治理能力的提升。

（一）社会公众对道德法治建设有较高评价，对社会主义核心价值观有高度认同

本次调查对当前我国社会凝聚力、社会公众价值观认同等几个方面进行了测量。首先，从2017年数据可以看出，60.7%的受访者认为我国社会当前道德水平普遍比较高和很高；而在2015年的调查中，56.7%的受访者认为当时社会公众道德水平比较高和很高，两相比较，2017年上升了4个百分点。由此可见，近年来，随着文化建设的不断推进，社会主旋律不断加强，社会公众的道德水平有了较为显著的提升。与此同时，2017年的数据中，有70.58%的受访者认为我国社会公众的遵纪守法水平比较高和很高，比2015年（63.7%）上升了近7个百分点。十八大以来，全面推进依法治国取得了显著成果，社会公众的法治意识不断提升。随着法律法规的逐渐完善和司法公正的提升，法治社会的建设取得了跨越式的发展。

调查对当前社会公众的国家认同和爱国热情进行了测量。数据表明，当前社会公众中，89.1%的受访者对国家取得的成就感到自豪。由此可见，社会公众对国家建设取得的成绩给予了高度的评价，对在中国特色社会主义新

---

① http://news.xinhuanet.com/politics/2017-10/18/c_1121820800.htm.

时代实现民族伟大复兴的光明前景有着高度的信心。同时，对中国道路、中国智慧和中国方案充满了自信。社会公众对党和国家的信心是近年来民生改善和社会福祉提升的反馈，是对中国社会进入有质量增长新时代的期盼，更是顺利实现"两个一百年"奋斗目标、实现中华民族伟大复兴中国梦的坚实社会基础和民意基础。

在社会公众中树立正确的价值观，弘扬社会主旋律，是提升社会凝聚力的重要路径，是提高社会发展质量的内在要求。调查对当前社会公众的社会利益优先、诚实守信与社会规范优先进行了测量。数据表明，62.5%的受访者更倾向于认同社会利益优先的价值观，仅有37.5%的受访者表示个人利益比社会利益更为重要。而在2015年的调查中，有40.8%的受访者认为个人利益比社会利益更为重要，两相比较，2017年下降了约3个百分点。对于诚实守信与社会规范优先的价值观，有72.5%的受访者表示认同；在2015年的调查中这一比例为67.4%，两相比较，2017年上升了5.1个百分点。社会的发展从根本意义上说，是人的全面发展；社会凝聚力提升的路径指向的是社会公众正向价值观的提升。随着社会主义核心价值体系的不断完善，核心价值观在社会公众中逐渐形成高度共识，成为每个社会成员的道德评判标准和个人行动准则。这也说明社会风气的改善和社会凝聚力的提高取得了显著的成效。

（二）随着诚信社会的建设，当前社会公众的人际信任和对政府、法院、医院、银行等机构具有较高的信任度

建立诚信社会，提高社会公众的信任水平，是提升整体社会发展质量的重要维度之一。本次调查从受访者的人际信任和对各类组织机构的信任两个方面，对当前我国社会的信任程度进行了测量和分析。

首先，就社会人际信任来看，当前社会公众的人际信任水平较高。具体来看，对由亲友、邻居、同事等构成的熟人圈，80%~90%的受访者表示出信任的态度。对专业技术人员，例如教师和医生，大部分受访者表示很信任和比较信任。其中84.8%的受访者表示信任教师，80.4%的受访者表示信

任医生。对党政干部、执法司法人员,均有60%以上的受访者表示信任,其中,对警察表示信任的比例高达75.2%。但是数据也表明,社会公众对公司企业老板和网店店主的信任程度一般,其中,53.3%的受访者表示信任公司企业老板,仅有38.4%的受访者表示信任网店店主。最后,数据还表明,当前我国社会对陌生人的信任水平较低,其中有62.5%的受访者表示完全不信任陌生人,28.5%的受访者表示不太信任陌生人,合计超过了90%(见表4)。

表4 受访者的人际信任水平

单位:%

类别	1 完全不信任	2 不太信任	3 比较信任	4 非常信任	8 不好说
对亲人信任程度	0.8	2.4	22.7	73.7	0.4
对朋友信任程度	1.5	13.4	56.8	26.5	1.8
对邻居信任程度	2.2	15.9	59.1	21.0	1.8
对同事信任程度	1.6	13.7	63.5	18.6	2.6
对警察信任程度	5.2	17.0	46.2	29.0	2.6
对法官信任程度	5.6	17.2	46.6	26.0	4.5
对党政干部信任程度	9.0	24.4	44.8	18.5	3.4
对公司企业老板信任程度	8.1	33.1	43.2	10.1	5.5
对网店店主信任程度	13.3	42.9	33.5	4.8	5.3
对教师信任程度	2.9	10.9	53.6	31.2	1.4
对医生信任程度	3.4	15.0	54.5	25.9	1.3
对陌生人信任程度	62.5	28.5	6.5	1.1	1.4

其次,从当前社会公众对组织机构的信任情况来看,人民群众对各级政府部门表现出了较高的信任程度。其中,90.8%的受访者表示信任中央政府,73.1%的受访者表示信任区县政府,66.7%的受访者表示信任乡镇政府。由此可见,随着国家治理能力的不断提升,各级政府部门稳步推进治理体系建设和治理能力现代化,逐步实现了国家、市场、社会的有机融合。平衡经济发展和社会发展、理顺政府与社会的关系、把握政府在国家治理中的定位、提升政府部门服务意识和服务能力等方面的工作,有了显著的改善,

取得了人民群众的高度认同。

但是同时也可以看出,社会公众对基层政府部门的信任水平显著低于对中央政府的信任。在全面深化改革过程中,基层政府是各项改革政策落实"最后一公里"的执行者,是实现基层治理现代化的核心。虽然近年来乡镇政府部门的服务水平有了显著的提升,但还是有部分基层政府缺乏服务意识、服务能力不强、服务效率不高。只有切实加强基层政府的服务能力、健全服务机制,才能真正落实中央各项保障和改善民生的举措,才能实现社会治理的创新和现代化,维护社会和谐稳定,提升社会公众对基层政府部门的信任水平。

就当前社会公众对其他机构的信任来看,79.8%的受访者对医院表示信任,76.3%的受访者对法院表示信任,70%的受访者对工、青、妇等群团组织和工作单位表示信任,66.8%的受访者对新闻媒体表示信任,63.8%的受访者对慈善机构表示信任,仅有47.3%的受访者对互联网表示信任。从社会公众对金融机构的信任来看,88%的受访者对银行表示信任,57.2%的受访者对保险公司表示信任(见表5)。

表5 受访者对组织机构的信任水平

单位:%

类别	1 完全不信任	2 不太信任	3 比较信任	4 非常信任	8 不好说
对中央政府信任程度	1.9	5.8	34.0	56.8	1.6
对区县政府信任程度	5.0	19.1	44.1	29.0	2.7
对乡镇政府信任程度	8.7	21.9	42.6	24.1	2.8
对工、青、妇等群团组织信任程度	5.0	17.2	50.2	19.8	7.8
对工作单位/组织/公司信任程度	3.5	16.5	53.6	16.4	10.1
对慈善机构信任程度	6.8	23.7	46.2	17.6	5.7
对新闻媒体信任程度	4.4	24.9	49.1	17.7	3.8
对互联网信任程度	8.2	36.2	39.5	7.8	8.4
对银行信任程度	1.6	8.5	55.2	32.8	1.9
对保险公司信任程度	9.6	28.5	42.2	15.0	4.8
对医院信任程度	3.4	15.4	55.1	24.7	1.4
对法院信任程度	4.5	14.4	50.9	25.4	4.8

较高的社会信任水平是推进社会建设、文化道德建设的重要前提,只有进一步推进社会公众对社会主义核心价值观的主动认知和自发内化,才能创造诚信、友善的社会氛围,提升社会发展的质量。

三 当前我国社会包容情况

高质量发展的社会必然是具有较高包容性的社会,应当通过建立社会成员之间、社会团体之间的互信机制,通过改革具有歧视性的社会制度,最大限度地消除社会排斥,通过增强社会公众现代性、提升社会宽容程度,减少社会成员之间的隔阂。只有这样,才能更好地统筹社会力量、平衡社会利益、调节社会关系、规范社会行为、降低社会内耗。在调查中,我们分别对当前社会歧视、社会宽容等几个方面进行了测量,进而评价当前我国社会的包容程度。

(一)当前社会公众宽容程度一般,对部分弱势群体表现出了一定的排斥感

评价社会发展质量的重要维度之一是是否实现了人的全面发展,而公民现代性的提升是社会成员全面发展的题中应有之义。公民现代性在社会包容领域的表现之一是对与自身有差异的群体,尤其是弱势群体,表现出宽容和接纳的态度。

从数据来看,当前我国社会公众对部分群体的宽容接纳程度一般,具体来说,85.1%的受访者表示不能接纳同性恋群体,69.9%的受访者表示不能接纳艾滋病群体,52.5%的受访者表示不能接纳婚前同居行为,46%的受访者表示不能接纳乞讨要饭者,40.6%的受访者表示不能接纳刑满释放群体,还有39.5%的受访者表示不能接纳有不同宗教信仰的群体(见表6)。

一个包容性发展的社会,必然是一个宽容、开放的社会。从数据可以看出,当前我国社会公众的宽容水平一般,对部分弱势群体表现出了较强的排斥感。要实现社会包容性发展,应当进一步提升公民的现代性,消除对社会弱势群体的心理隔阂,以更为开放的心态接纳与自身有一定差异的群体。

表6 受访者的社会接纳水平

单位：%

类别	1 非常不能接纳	2 不太能接纳	3 比较能接纳	4 非常能接纳
婚前同居者	28.0	24.5	39.0	8.5
同性恋	66.1	19.0	12.1	2.7
乞讨要饭者	17.9	28.1	45.6	8.4
刑满释放者	15.4	25.2	53.1	6.4
有不同宗教信仰者	19.7	19.8	48.5	12.0
艾滋病患者	47.4	22.5	26.2	4.0

（二）当前我国的社会歧视并不显著，为社会包容性发展提供了良好的基础

社会要实现包容性发展，就必须消除制度性和非制度性的社会歧视。社会歧视的存在，必然会影响社会公平正义的实现。而实现社会公平正义，是满足人民日益增长的美好生活需要的必要前提。从当前我国实际情况来看，各种制度性和非制度性的社会歧视并不显著。在接受调查的受访者中，仅有9%的受访者因为家庭背景及社会关系受到过歧视，6%的受访者因为年龄受到过歧视，5.8%的受访者因为受教育程度受到过歧视，4.4%的受访者因为个人职业受到过歧视。因为户籍而受到过别人歧视和不公正待遇的受访者仅占3%。同时，性别歧视、种族/民族歧视、宗教歧视等在当前我国社会中也并不显著，出于上述原因受到过别人的不公正待遇的受访者比例分别为2.4%、0.9%和0.3%（见表7）。较低的社会歧视水平为实现社会融合和社会包容性发展提供了良好的社会氛围和基础，既体现了近年来党和国家在户籍制度、教育制度改革等方面取得的卓越成效，也反映了社会公众对当前社会公正环境的肯定。

（三）社会公平正义问题得到了高度重视，社会公众的公平感逐步提升

最后，包容性发展的社会一定是具有较高公平程度的社会。近年来，党和国家的各项改革举措逐步落地，极大地推进了经济资源和社会资源配置的

表7 受访者对社会歧视水平的评价

单位：%

类别	0 没有	1 有
因年龄受到过不公正待遇	94.0	6.0
因性别受到过不公正待遇	97.6	2.4
因性格受到过不公正待遇	96.9	3.1
因种族/民族受到过不公正待遇	99.1	0.9
因相貌身体受到过不公正待遇	97.1	2.9
因户口受到过不公正待遇	97.0	3.0
因宗教受到过不公正待遇	99.7	0.3
因受教育程度受到过不公正待遇	94.2	5.8
因政治观点受到过不公正待遇	98.3	1.7
因职业受到过不公正待遇	95.6	4.4
因家庭背景及社会关系受到过不公正待遇	91.0	9.0

均等化，社会公平水平有着显著的提升。数据结果也表明，当前我国公众的整体社会公平感较强。在调查中，我们对于社会公平的各个维度进行了分析。数据表明，就社会整体公平程度来看，有70%的受访者认为当前社会总体来说很公平和比较公平。同时，对社会公平，我们具体分析了经济公平、政治公平、教育公平、社会保障公平等几个维度。就经济公平维度来看，有59.1%的受访者认为当前工作与就业机会很公平和比较公平，有50.3%的受访者认为当前财富及收入分配情况很公平和比较公平，有45.7%的受访者认为当前城乡之间的权利、待遇很公平和比较公平。就政治公平维度来看，有65.2%的受访者认为当前公民实际享有的政治权利情况很公平和比较公平，有66.8%的受访者认为当前司法与执法很公平和比较公平。就教育公平维度来看，有76.5%的受访者认为高考制度很公平和比较公平。就社会保障公平维度来看，有73.3%的受访者认为当前社会公共医疗总体来说很公平和比较公平，有66.8%的受访者认为当前社会养老等社会保障待遇总体来说很公平和比较公平（见表8）。

表8 受访者的社会公平感

单位：%

类别	1 非常不公平	2 不太公平	3 比较公平	4 非常公平	8 不好说
高考制度公平程度	6.5	13.6	49.4	27.1	3.4
公民实际享有的政治权利公平程度	8.2	23.7	49.7	15.5	2.9
司法与执法公平程度	6.3	22.4	50.7	16.1	4.4
公共医疗公平程度	5.4	19.5	57.6	15.7	1.9
工作与就业机会公平程度	7.2	29.1	49.3	9.8	4.6
财富及收入分配公平程度	14.0	32.6	41.7	8.6	3.1
养老等社会保障待遇公平程度	8.5	23.0	52.4	14.4	1.8
城乡之间的权利、待遇公平程度	16.3	35.6	38.7	7.0	2.4
总体上的社会公平程度	4.4	23.9	61.8	8.2	1.7

将2017年公众社会公平感的数据和2015年的数据进行对比发现，公众在各个领域的公平感都有显著的提升。具体来说，在2015年的数据中，有68%的受访者认为社会总体来说很公平和比较公平，这一比例在2017年上升了2个百分点。就各个具体领域来说，对工作与就业机会领域的公平程度认知显著上升，上升10个百分点。2017年对财富及收入分配和司法与执法领域的社会公平程度的认知也有显著上升，增加幅度达到9个百分点。同时，在养老等社会保障待遇和公民实际享有的政治权利领域，社会公众对公平程度的认知也有较大提升，增长幅度达到6个百分点（见图1）。可见，随着改革的全面深化，社会环境更加公平正义，改革发展成果更多、更公平地惠及全体人民，社会公众感受到社会公平水平明显提升，社会公正程度显著上升，为社会包容性发展提供了良好的社会氛围。

四 当前我国社会赋权水平

社会高质量的发展要求每个社会成员有充足的能动性参与到社会生活和政治生活中。同时，一个高质量的社会应当为每个社会成员提供丰富的社会资源和广泛的参与渠道，增强社会生活、政治生活的积极性。

社会蓝皮书

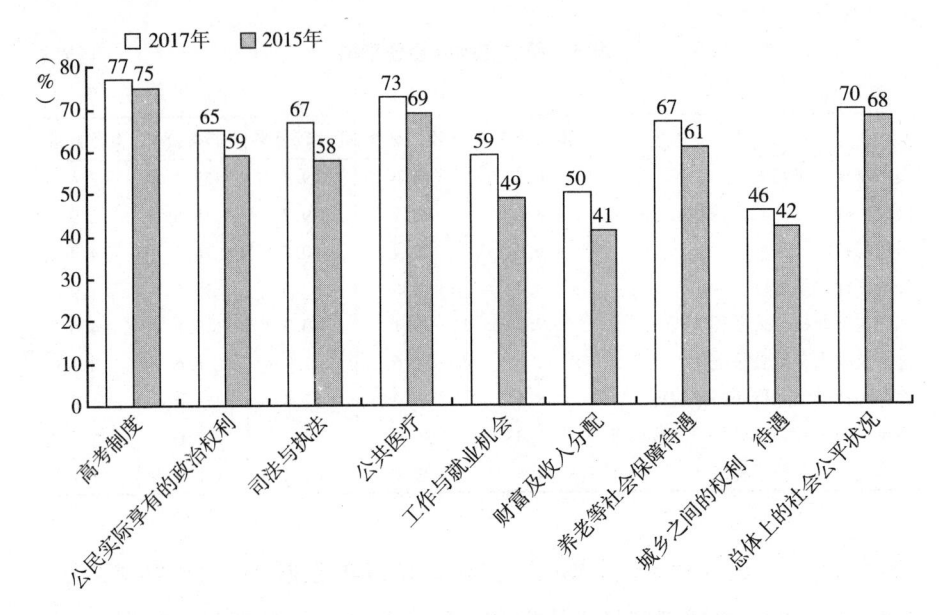

图1 2015年和2017年受访者的社会公平感比较

在调查中的社会赋权部分，我们主要测量了当前社会公众对政府部门的评价、社会公众的社会团体参与水平、社会活动参与水平、政治活动参与水平、公众的参与效能感等几个方面。

（一）社会公众对地方政府部门的工作持较高评价

在对地方政府部门总体工作的评价中，69.1%的受访者认为地方政府的工作做得很好和比较好。就政府部门各项具体工作来看，76.2%的受访者认为地方政府在打击犯罪、维护社会治安方面的工作做得很好和比较好，排在第一位；71.8%的受访者认为地方政府在提供医疗卫生服务方面的工作做得很好和比较好，排在第二位；68.8%的受访者认为地方政府在提供优质教育资源、保障教育公平方面的工作做得很好和比较好，排在第三位；67.4%的受访者认为地方政府在为群众提供社会保障方面的工作做得很好和比较好，排在第四位（见表9）。十八大以来，习近平总书记提出了增加广大人民群众"获得感"的目标，各级政府在工作中，切实落实各项关系到保障人民群众根本利益、提升人民群众生活水平的惠民政策,取得了显著的效果。尤其是通过深化改革,在治安、医疗、教育、社会保障等领域,让人民群众切实感受到了积极的变化,对地方政府部门工作的评估也有显著的提升。

表9 受访者对政府部门工作的评价

单位:%

地方政府工作评价	1 很好	2 比较好	3 不太好	4 很不好	8 不清楚	排序
提供医疗卫生服务	16.2	55.6	20.9	5.1	2.2	2
为群众提供社会保障	13.4	54.0	24.4	5.5	2.8	4
保护环境,治理污染	16.0	48.0	25.0	9.7	1.3	6
保障公民的政治权利	12.4	54.0	23.0	6.3	4.3	5
打击犯罪,维护社会治安	18.8	57.4	16.7	5.4	1.7	1
廉洁奉公,惩治腐败	13.2	42.8	25.8	11.3	6.9	11
依法办事,执法公平	13.2	49.6	24.8	7.6	4.7	7
发展经济,增加人们的收入	12.9	47.2	29.0	7.7	3.3	8
扩大就业,增加就业机会	11.9	45.3	29.8	7.8	5.2	10
政府信息公开,提高政府工作的透明度	12.6	43.7	27.6	9.6	6.5	9
有服务意识,能及时回应百姓的诉求	11.5	43.1	29.9	10.6	5.0	12
提供优质教育资源,保障教育公平	14.9	53.9	21.6	6.0	3.7	3
总的来说,地方政府的工作	11.4	57.7	23.8	5.6	1.5	

(二)社会公众实际的社会团体参与水平较低,社会团体参与意愿不足

数据表明,当前我国社会公众的社会团体参与较少。具体来看,3.8%的受访者表示参加了宗教团体,3.0%的受访者表示参加了宗亲会,5.1%的受访者表示参加了同乡会,21.3%的受访者表示参加了校友会、校友群等,5.5%的受访者表示参加了文体娱乐团体等联谊组织,5.0%的受访者表示参加了志愿者、业主委员会、环保组织等民间社团,4.6%的受访者表示参加了商会、农村合作组织、专业学会、行业协会等职业团体。

从社会团体参与意愿来看,当前我国社会公众参与社会团体的意愿普遍不高。具体来看,4.0%的受访者表示希望参加宗教团体,5.3%的受访者表

示希望参加宗亲会，10.4%的受访者表示希望参加同乡会，19.9%的受访者表示希望参加校友会、校友群等，11.7%的受访者表示希望参加文体娱乐团体等联谊组织，17.7%的受访者表示希望参加志愿者、业主委员会、环保组织等民间社团，12.2%的受访者表示希望参加商会、农村合作组织、专业学会、行业协会等职业团体（见表10）。

表10 受访者社会团体参与情况

单位：%

目前您参加了下列哪些团体	是	否	您今后打算参加下列哪些团体	是	否
宗教团体	3.8	96.2	宗教团体	4.0	96.0
宗亲会	3.0	97.0	宗亲会	5.3	94.7
同乡会	5.1	94.9	同乡会	10.4	89.6
校友会（校友群等）	21.3	78.7	校友会（校友群等）	19.9	80.1
联谊组织（如文体娱乐团体等）	5.5	94.5	联谊组织（如文体娱乐团体等）	11.7	88.3
民间社团（如志愿者、业主委员会、环保组织）	5.0	95.0	民间社团（如志愿者、业主委员会、环保组织）	17.7	82.3
职业团体（如商会、农村合作组织、专业学会、行业协会等）	4.6	95.4	职业团体（如商会、农村合作组织、专业学会、行业协会等）	12.2	87.8

社会团体是社会治理的重要组成部分，是社会发展质量评价的重要指标之一。但是，从数据来看，我国当前社团参与情况一般，这可以归结为多方面的原因。一方面，当前社会团体能力不足，社会资源调动能力较弱。这解释了社会公众社团参与意愿不足的主要原因。另一方面，参与意愿和实际参与情况之间的差异，也说明公众的参与渠道不充分。因此，只有进一步从政策上为社团发展提供资源和空间，才能有效提高社会公众的参与率和参与意愿，进一步提升社会自我管理、自我服务的内生性治理水平。

（三）当前社会公众的实际社会参与和政治参与较少，但是公众参与意愿较高

从当前社会参与情况来看，公众的社会参与较少。在过去的两年中，仅有7.9%参加过所在村居/单位的重大决策讨论，8.5%参加过政府、单位或

者学校组织的志愿者活动，14.3%参加过自发组织的社会公益活动，比如义务清理环境，为老年人、残疾人、病人提供义务帮助等活动。当然，就参与意愿来说，还是有相当一部分公众表示愿意参加到公益性的社会活动中，具体来说，55.9%的受访者表示愿意参加所在村居/单位的重大决策讨论，61.6%表示愿意参加政府、单位或者学校组织的志愿者活动，74.4%表示愿意参加自发组织的社会公益活动。

从当前社会公众的政治参与情况来看，33.1%的受访者表示曾经参加村（居）委会选举活动。同时，11.5%的受访者表示最近五年来参加过区县人大代表的选举。除了参加选举活动外，当前社会公众其他形式的政治参与活动则较不普遍，仅有7.1%的受访者曾经向政府部门反映意见，1.3%的受访者表示曾经参加线上/线下集体性维权行动。同时，从政治参与的意愿来看，大部分社会公众希望通过选举等制度化形式参与政治生活。具体来说，71.1%的受访者表示愿意参加村（居）委会选举活动，65.1%的受访者表示愿意参加区县人大代表的选举。除了参加选举活动外，45.4%的受访者表示愿意向政府部门反映意见（见表11）。

表11 受访者社会参与和政治参与情况

单位：%

参与情况	1 是	0 否	参与意愿	愿意参与	不愿意参与
与他人或网友讨论政治问题	12.5	87.5	您是否愿意与他人或网友讨论政治问题？	34.2	65.8
给报刊、电台、网络论坛等媒体反映社会问题	2.3	97.7	您是否愿意给报刊、电台、网络论坛等媒体反映社会问题？	34.9	65.1
向政府部门反映意见	7.1	92.9	您是否愿意向政府部门反映意见？	45.4	54.6
参加政府/单位/学校组织的志愿者活动	8.5	91.5	您是否愿意参加政府/单位/学校组织的志愿者活动？	61.6	38.4
参加村（居）委会选举	33.1	66.9	您是否愿意参加村（居）委会选举？	71.1	28.9
参加所在村居/单位的重大决策讨论	7.9	92.1	您是否愿意参加所在村居/单位的重大决策讨论？	55.9	44.1

续表

参与情况	1 是	0 否	参与意愿	愿意参与	不愿意参与
参加自发组织的社会公益活动,比如义务献血,义务清理环境,为老年人、残疾人、病人提供义务帮助	14.3	85.7	您是否愿意参加自发组织的社会公益活动?	74.4	25.6
参加宗教活动	4.2	95.8	您是否愿意参加宗教活动?	14.1	85.9
参加罢工/罢市/罢课/静坐/示威/游行等行动	0.3	99.7	您是否愿意参加罢工/罢市/罢课/静坐/示威/游行等行动?	5.0	95.0
参加线上/线下集体性维权行动	1.3	98.7	您是否愿意参加线上/线下集体性维权行动?	36.8	63.2
参加区县人大代表的选举	11.5	88.5	您是否愿意参加区县人大代表的选举	65.1	34.9

（四）部分社会公众政治参与的效能感不高，存在一定程度的政治冷漠心态，但是，大部分公众对当前各级政府部门的国家和社会治理能力表示高度认同和肯定

从政治参与效能感来看，数据表明，当前部分社会公众的参与效能感不高，有58.5%的受访者表示在村（居）委会选举中，选民的投票对最后的选举结果没有影响；51.8%表示村（居）委会根本不在乎普通居民的想法；53.3%表示参与政治活动没有用处，对政府部门不能产生什么根本的影响。同时，在部分社会公众中，存在着一定程度的政治冷漠情绪，有52.1%的受访者表示对政治不感兴趣，不愿意花时间和精力在这上面。但是同时，大部分公众对当前各级政府部门的国家和社会治理能力表示认同和肯定。具体来说，67.9%的受访者表示，老百姓应该听从政府的，下级应该听从上级的；56.2%的受访者表示，国家大事有政府来管，老百姓不必过多考虑（见表12）。这体现出社会公众对党和国家在治理能力上的信任和认可。

表12　受访者政治效能感

单位：%

效能感	1 很同意	2 比较同意	3 不大同意	4 很不同意	8 不清楚
在村(居)委会选举中,选民的投票对最后的选举结果没有影响	20.7	37.8	26.2	12.2	3.2
村(居)委会根本不在乎和我一样的普通村(居)民的想法	16.5	35.3	32.9	11.9	3.3
我有能力和知识对政治进行评论和参加政治活动	12.5	36.1	34.6	13.8	3.0
我对政治不感兴趣,不愿意花时间和精力在这上面	17.9	34.2	33.3	12.6	1.9
参与政治活动没有用处,对政府部门不能产生什么根本的影响	17.4	35.9	32.7	10.8	3.1
我的言论自由会受到来自政府部门的限制	10.1	27.8	39.2	19.8	3.0
老百姓应该听从政府的,下级应该听从上级的	28.7	39.2	22.7	8.1	1.2
国家大事有政府来管,老百姓不必过多考虑	24.0	32.2	29.8	12.7	1.2

五　巩固社会经济保障领域取得的成果，补齐民生领域短板，推动社会全面进步

从数据可以看出，随着我国经济快速发展，人民群众的物质生活水平得到了大幅提升，民生领域的改革取得了显著成就，社会保障水平也得到了大幅提升。十八大以来，社会保障覆盖率、保障能力都取得了跨越式的发展。社会保障推进速度之快、推进力度之大，得到了社会公众的认可。当然，从数据也可以看出，社会保障能力距离广大人民群众的需求还有一定的距离，需要进一步通过深化改革和制度创新，逐步建立与人民群众美好生活需要相匹配的社会保障体系。从社会凝聚层面来看，社会公众中基本形成了积极、正向的社会共识，社会主义核心价值观深入人心，社会公众的社会信任程度

显著提升。同时，当前我国社会包容水平尚可，社会公众对当前社会的公平公正程度表示高度认同，各种制度性和非制度性导致的社会歧视藩篱正逐渐消除，户籍歧视、地域歧视、教育歧视等，已经不再成为羁绊个人发展的因素。从社会赋权层面来看，一方面，社会公众对政府部门的工作满意度较高；另一方面，社会公众的社会参与、政治参与热情和现实参与渠道存在一定程度的不匹配，需要通过进一步加强社会建设、政治建设，深化政治体制改革，进一步完善制度化、体制化的社会参与、政治参与，满足人民群众对参政议政的需求，发挥人民群众在社会治理中的积极性。

参考文献

习近平：《决胜全面建成小康社会夺取新时代中国特色社会主义伟大胜利》，习近平同志在中国共产党第十九次全国代表大会上的报告，2017。

艾伦·沃克：《社会质量取向：连接亚洲与欧洲的桥梁》，张海东译，《江海学刊》2010年第4期。

艾伦·沃克：《社会质量研究比较的视角》，张海东主编《社会质量研究：理论、方法与经验》，社会科学文献出版社，2011。

李培林：《新的发展理念体系指引中国实现百年梦想》，李培林、陈光金、张翼主编《2016年中国社会形势分析与预测》，社会科学文献出版社，2015。

林卡：《社会质量与社会和谐理论》，彭华民主编《西方社会福利理论前沿：论国家、社会、体制与政策》，中国社会科学出版社，2009。

林卡：《社会质量理论：研究和谐社会的新视角》，《中国人民大学学报》2010年第2期。

张海东、〔韩〕李在烈：《20世纪90年代金融危机对韩国社会的影响》，《社会》2009年第1期。

张海东：《社会质量：社会发展研究的新视野》，《光明日报》2010年2月16日。

张海东：《社会质量：社会发展的核心问题》，《中国社会科学报》2010年3月30日。

张海东主编《社会质量研究：理论、方法与经验》，社会科学文献出版社，2011。

张海东、石海波、毕婧千：《社会质量研究及其新进展》，《社会学研究》2012年第3期。

B.9
中国共享经济发展与社会影响调查报告

——基于七城市居民抽样调查数据的分析

卢阳旭 何光喜 赵延东*

摘 要： 本文利用对我国城市公众开展的"公众参与共享经济状况调查"数据，分析了共享经济在我国的发展现状及其社会影响。结果显示，我国公众对共享经济的参与率和参与意愿都较高。共享经济的社会基础是社会信任，其发展受到社会信任水平的限制。虽然总体而言共享经济是一种能够给各社会阶层带来益处的"普惠型"经济模式，但它已经表现出明显的阶层差异。

关键词： 共享经济 公众 参与率 参与意愿 社会信任 阶层差异

近年来，共享经济（sharing economy，也有人译为分享经济）在全球蓬勃发展，交通、房屋租赁、知识服务、金融、生活服务以及生产制造等领域的共享经济都出现了爆炸式增长，平台企业如雨后春笋般大量涌现，共享领域迅速拓展，市场规模不断扩大。我国共享经济发展迅猛、后来居上，在共享经济深度渗透的多数领域都已开始形成与先行国家同台竞争、并跑引领的

---

* 卢阳旭，博士，副研究员，中国科学技术发展战略研究院，主要研究方向为组织社会学、科技政策；何光喜，硕士，副研究员，中国科学技术发展战略研究院，科技与社会发展研究所副所长，主要研究方向为科学社会学、科技政策；赵延东，博士，研究员，中国科学技术发展战略研究院，科技与社会发展研究所所长，主要研究方向为社会资本与社会网络、科技与社会风险、创新社会环境等。

局面。国家信息中心发布的数据显示，2016年我国共享经济市场规模将近3.5万亿元，服务提供者约为6000万，用户超过6亿。未来几年，共享经济年均增速将在40%左右，共享经济交易规模占GDP的比重将达到10%以上，到2025年超过20%。[1]

共享行为古已有之，"共享经济"这一概念也早在1978年即由美国德克萨斯州立大学和伊利诺伊大学的两名社会学教授在一篇关于"协同消费"的社会学论文中正式提出。[2] 但是受限于共享资源总量和供需匹配技术，历史上的共享一直局限于小群体、小区域范围内。直到近年，随着世界性的产能过剩和"丰裕社会"[3] 时代的到来，特别是互联网、大数据、云计算等信息技术和智能终端的迅速发展普及，共享经济才真正成为一种依靠创新提高资源配置效率，实现大众参与、大众创新和大众受益的新经济形态和社会现象。共享经济的倡导者认为共享经济代表了未来经济社会发展的新趋势。例如，里夫金在《零边际成本社会》一书中就认为通信、能源和物流这三项基础设施的共享将让很多商品和服务都可以被免费地生产和分享，进而根本改变现有的社会形态。[4]

一 问题与数据

（一）问题的提出

目前，学术界对共享经济的分析主要基于经济学视角，对其社会属性和社会影响的关注还比较少。本文认为经济系统和社会系统是两个需要动态匹配和相互调适的系统，新经济模式的出现和发展要有适宜的社会基础，而新

---

[1] 国家信息中心：《中国分享经济发展报告2017》，2017年2月。
[2] Felson. M. & J. Spaeth, Community Structure and Collaborative Consumption: A Routine Activity Approach, *American Behavioral Scientists*, 1978, 21 (4).
[3] 加尔布雷斯：《丰裕社会》，赵勇译，江苏人民出版社，2009。
[4] 里夫金：《零边际成本社会》，赛迪研究院专家组译，中信出版社，2014。

经济模式的深入发展又必然会影响人们的生产生活方式和社会结构。在实践层面，虽然共享经济发展时间并不长，但其给人们的衣食住行、就业、收入、消费等方面带来的影响已开始显现，并引发了广泛的讨论，值得进一步深入研究。

当前对共享经济的实证研究大多基于共享经济平台企业提供的"大数据"，这种数据一般"量"很大，但关于共享经济"产销者"——即社会公众的社会属性信息比较匮乏，限制了对问题的深入分析。本文基于一项针对公众的问卷调查数据，尝试回答以下问题：①公众对共享经济的态度和参与行为如何？具体包括，目前公众对共享经济是否知晓？不同领域共享经济的公众参与率如何？公众是否愿意在未来积极参与共享经济？②共享经济的社会基础是什么？③共享经济发展给社会结构带来了何种影响？共享经济的运转中是否已经出现社会阶层差异？

（二）共享经济的界定

目前无论是在学术界、产业界还是政策界都还没有一个共享经济的统一定义，加之共享经济的表现形态复杂、多样而且仍在快速变化，这给我们在研究中如何界定共享经济造成了一定的困难。基于对相关文献的梳理和对共享经济平台企业的实地调研，本文认为共享经济是一种利用现代信息技术整合和分享海量的分散化资源，通过知识资产和资源要素的快速流动与高效配置，实现互通有无、大众参与、协同消费的新经济。在实践过程中，对网络平台的依赖和对使用权的分享是共享经济最为突出的两个特征。基于此定义，在调查中我们将通过网络平台实现的分享都界定为共享经济。这是一个比较宽泛的共享经济定义，同时包括了目前共享经济中存在的"B2C"和"C2C"模式①，我们在出行、住宿和餐饮等活跃度高、两种模式并存格局

---

① B2C 指是由企业向消费者提供产品或服务，在经营模式上类似于传统的租赁模式，但将相关服务"搬"上了互联网平台，共享单车是这种模式的典型代表。而 C2C 是指平台企业只提供供求信息匹配服务，并不直接拥有特定的资产或者直接雇用服务提供人员，Uber、Airbnb 是这种模式的典型代表。一般认为，C2C 模式是狭义上的共享经济形式。

比较明显的领域对二者进行了区分。最后要指出的是，考虑到问卷的长度以及不同领域共享经济发展的现状，本次调查只将发展较早的出行、住宿、餐饮、生活服务和知识服务等领域作为研究重点，暂时没有涉及其他领域共享经济发展的情况。

（三）数据

本文的主要数据来自"公众参与共享经济状况调查"，由中国科学技术发展战略研究院于2017年9~10月组织实施。调查在北京、深圳、郑州、成都、兰州、泉州和荆州等7个城市开展，采用多阶段随机抽样方法，在各个城市下辖区县城区共抽取了4300名受访者（要求年满18岁，在样本城市城区范围内连续居住三个月以上），并对过去一年（2016年10月至2017年9月）使用过互联网的人进行了访问。调查采用入户面访的方式，最终完成有效问卷2061份，有效问卷回收率为47.9%。最后汇总统计时按各城市人口规模对数据进行了加权处理。需要指出的是，由于本次调查的总体为7个城市下辖区县城区常住居民中的互联网使用者，而非全国人口，因此，本文调查结果并不试图推论全国居民。

二 主要发现

限于篇幅，本文不打算对共享经济发展的社会基础和社会影响做全景式描述，而是择要报告几个主要发现。

（一）共享经济的公众知晓度整体较高

2008年以来，共享经济在全球快速发展，并正在全面渗透到各个领域，越来越成为人们日常生活当中不可或缺的一部分，各类媒体对它的报道、分析和讨论更是连篇累牍。调查结果显示，我国公众对共享经济这一新生事物并不陌生，被访者对多数领域的共享经济服务的知晓率都超过50%，其中网络"叫车"、网络"点餐"和网络"预订住宿"的知晓度分别高达

91.4%、86.9%和79.2%，位列前三。总体来看，那些出现时间较早、满足人们出行和吃饭等"高频"需求的共享经济服务的公众知晓率更高，而共享充电宝、预约知识服务以及共享睡袋等共享产品/服务或因需求更为"低频"，或因服务范围过于"小众"，或因出现时间较晚，其公众知晓度相对较低（见图1）。

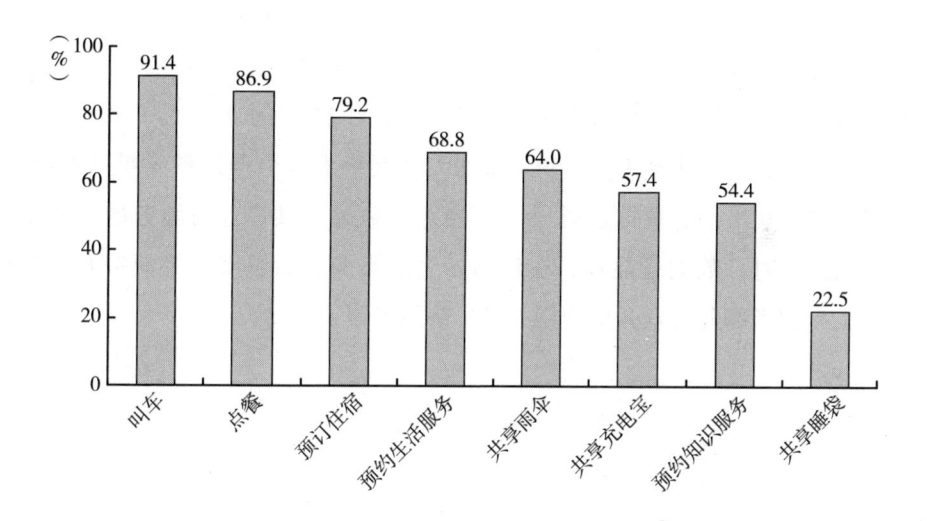

图1 公众对不同领域共享经济服务的知晓率

（二）共享经济助力解决"民生痛点"、推动消费升级

共享经济的快速发展得益于网络平台快速、高效的供需信息匹配。在供给侧，全球性的产能过剩以及量化宽松政策使得很多物品的价格更加便宜，共享经济行业的融资难度和融资成本也比较低。在经历了几十年的经济高速增长后，我国普通家庭拥有的汽车、房屋等闲置资产不断增加，知识、技能等人力资本的存量也越来越多。换句话说，在"丰裕社会"当中人们可用来共享的资源更加丰富，共享的成本越来越低。在需求侧，一方面，在快速城市化过程中城市地区"民生痛点"频现，包括"打车难""最后一公里难"等出行问题，以及城市社区便利店数量不足、商超覆盖不够等购物消费困难等，这一系列与人们日常生活息息相关的痛点问题长期以来都没有得

到很好的解决；另一方面，随着人们收入水平的提高和消费理念的变化，追求消费体验和服务质量的消费升级需求强烈。近年来，在信息技术的快速发展和广泛应用的助推下，供给侧"推力"和需求侧"拉力"终于形成了推动共享经济快速发展的合力。

本次调查结果显示，过去一年里，7个城市的公众中有88.9%的人享受过至少一种"广义"（既包括B2C也包括C2C）上的共享经济服务；71.5%的人享受过至少一种"狭义"（只包括C2C）上的共享经济服务。具体到各个领域来看，有68.9%的人使用过网络平台提供的叫（约）车服务，63.8%的人使用过共享单车，59.8%的人从网络平台上点过餐或叫过外卖。可以看出，在出行、餐饮这类民生"痛点"领域，共享经济服务的使用率比较高。同时，数据还显示，在住宿、生活服务、知识服务等消费升级领域，也有相当部分公众开始使用共享经济服务（见图2）。

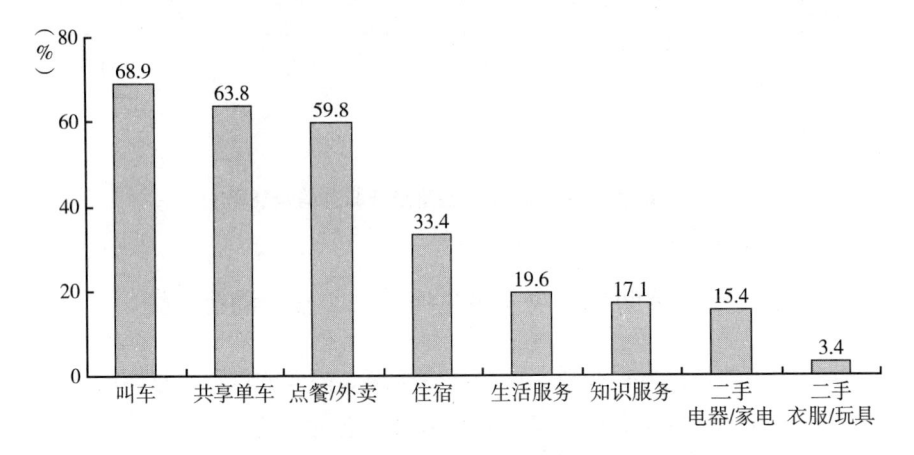

图2　公众中获得过共享经济服务的比例

注：出行、住宿、餐饮等领域的共享经济服务同时存在B2C和C2C两种模式，图中我们没有对二者进行区分，二者的比例结构见文中具体表述。

如前所述，在出行、住宿和餐饮等领域B2C和C2C模式并存格局比较明显，而且二者所能提供的服务也存在较大的差异。本次调查数据显示，在过去一年中，有55.4%的人通过网络平台预约过专车、顺风车或快车，有11.0%的人通过网络平台预订过别人家做的饭菜、点心等餐饮服务，有

12.8%的人预订过民宿、客栈等由当地居民提供的住宿服务（见表1）。可以看出，强调了解当地生活和文化、增强消费的社交属性的新型消费需求拉动了共享经济模式在住宿、餐饮等领域的快速发展。

表1 公众中获得过"广义"和"狭义"共享经济服务的比例

单位：%

类别	服务领域		
	叫车	点餐/外卖	住宿
广义共享经济	68.9	59.8	33.4
狭义共享经济	55.4	11.0	12.8

（三）公众参与共享经济的热情高涨

调查中，我们询问了那些使用过共享经济服务的人是否愿意继续使用，而对于那些没有听说过相关领域共享经济服务的人，则先由调查员以标准化的方式为其介绍什么是共享经济，然后询问被访者将来是否愿意使用相应的共享经济服务。数据显示，公众对未来参与共享经济的热情高涨，明确表示未来在专车/顺风车/快车、生活服务、知识服务、民宿、私厨领域内"愿意使用"共享经济者的比例分别为76.3%、54.2%、52.1%、48.7%和46.4%（见图3），另外还有大概10%~20%的人表示要"看情况"决定是否使用。可以看出，对于出行和生活服务等日常工作和生活中的"刚性需求"，人们更愿意使用和尝试共享经济服务，但对于民宿、私厨这类非刚性的，同时对社会信任要求更高的服务，人们表示愿意使用和尝试共享经济服务模式的比例相对要低一些。

（四）信任是共享经济发展的社会基础

文化因素和经济生活密不可分，一些研究认为社会信任在各国经济生活中扮演着重要角色。[①] 对信任的讨论可以从两个维度出发，一是理性选择的

---

① 福山：《信任》，彭志华译，海南出版社，2006。

□ 愿意　▨ 看情况　■ 不愿意

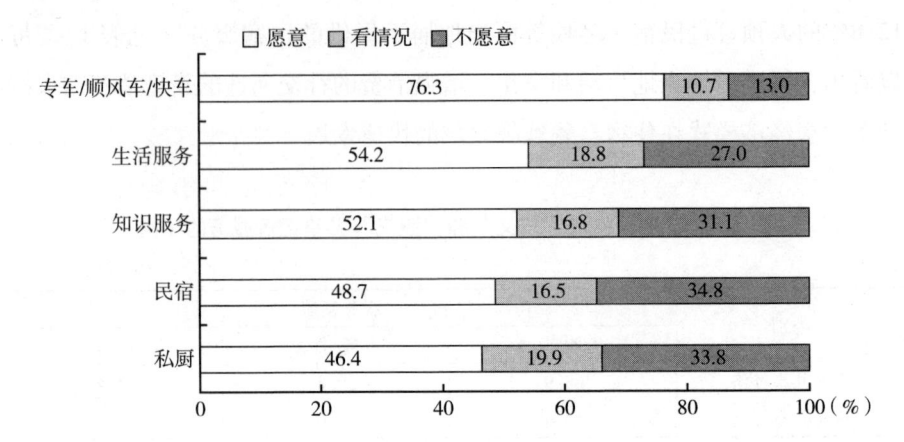

类别	愿意	看情况	不愿意
专车/顺风车/快车	76.3	10.7	13.0
生活服务	54.2	18.8	27.0
知识服务	52.1	16.8	31.1
民宿	48.7	16.5	34.8
私厨	46.4	19.9	33.8

图3　公众使用共享经济服务的意愿

解释与非理性的道德解释，① 二是一般信任与特殊信任的区分。② 不同于人们对亲戚、朋友和熟人的信任，一般信任强调对陌生人或社会一般他人的信任。从特殊信任到一般信任，是信任半径扩展、道德共同体的包容程度扩大的过程，表征了社会的开放、进步乃至文明程度。对于"我们信谁"这一问题有两个答案，一是依赖理性的对结果的判断，二是依赖几乎与生俱来的道德，但大量的研究都集中于讨论理性信任，鲜有关注道德与道德信任的。③

共享经济与社会信任之间的关系是人们在讨论共享经济发展时考虑的一个重要问题，其大致有两个研究方向：一是社会信任是否以及在何种程度上影响共享经济的发展；二是共享经济对于社会信任的影响，它是否能够增强社会信任。鉴于整体社会信任程度的改变是一个比较缓慢的过程，本文将重点关注前一个问题，即社会信任对人们的共享经济参与行为和参与意愿的影响。

按照尤斯拉纳的分类方法④，本文分别考察了"计算信任"和"道德信

---

① 尤斯拉纳：《信任的道德基础》，张敦敏译，社会科学文献出版社，2006。
② 周怡：《我们信任谁？关于信任模式与机制的社会科学探索》，社会科学文献出版社，2014。
③ 周怡：《我们信任谁？关于信任模式与机制的社会科学探索》，社会科学文献出版社，2014。
④ 尤斯拉纳：《信任的道德基础》，张敦敏译，社会科学文献出版社，2006。

任"与共享经济的关系。我们用人们对于网络平台上的"用户评价"的信任作为"计算信任"的代理变量,用人们对陌生人的信任作为"道德信任"的代理变量。通常认为,共享经济平台通过设置用户评价等机制,能够有效披露和聚合与产品和服务的质量、价格以及售后服务等相关的信息,降低买卖双方间的信息不对称程度,促进信任关系的建立。本次调查中,我们询问了那些最近一年在网上有过购物或其他消费行为的被访者,"您在网上购物、消费时,有没有查看过关于该产品或服务的相关评论(包括点评、晒单等)",并设置了"每次都看"、"大部分时候看"、"少部分时候看"和"基本不看"四个选项。分析发现,越相信网络评价系统的人越愿意使用共享经济服务,并且这一关系模式在各领域都高度一致(见图4)。从这个意义上说,我们认为那些更信任网络平台设置的信息披露和信用评价系统的人,在使用共享经济时会有更少的产品和服务安全性、信息安全等方面的顾虑,从而更愿意使用和尝试共享经济服务。

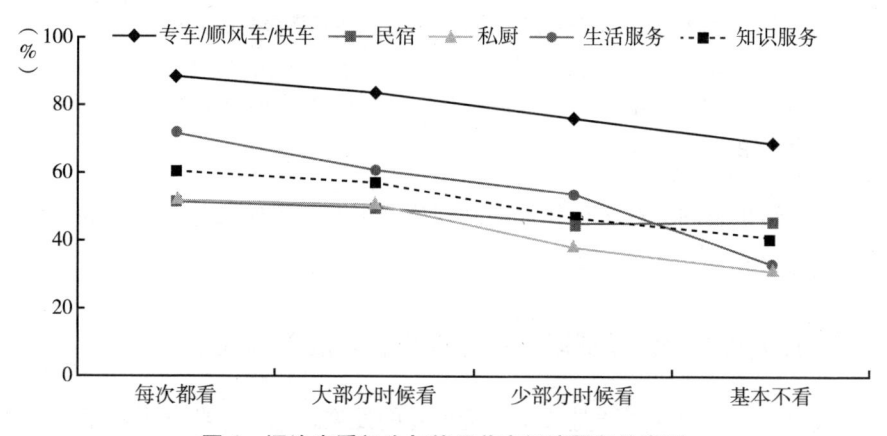

图4 评论查看行为与使用共享经济服务的意愿

如前所述,在B2C模式中,由于服务的提供者是企业,品牌、声誉和相对较为严格的监管使得消费者能够"计算出"要在多大程度上信任服务提供者,但在狭义的共享经济(即C2C模式的共享经济)中,平台只是提供信息匹配服务,而且民宿、私厨、家政等类型的服务通常发生在相对封闭、私密的空间,服务和价格的透明性、安全性都有更强的不确定性,因此也更依赖社会信任。分析显示,在过去一年,使用过"狭义"共享经济服务的人对于"外地人"和"商人/买卖人"的信任程度都要显著地高于没有使用过的人(见图5)。也就是说,那些"一般信任"程度高的人,更愿意使用和尝试共享经济服务。

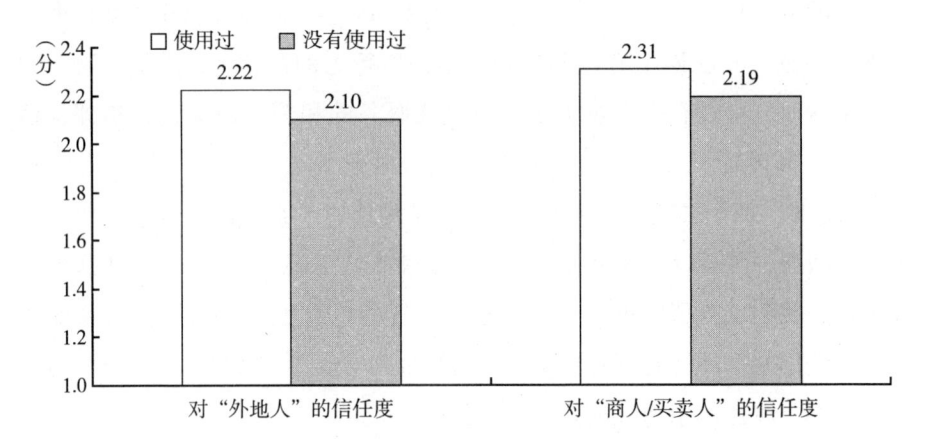

图5 社会信任程度与是否使用过共享经济服务的关系

注:我们给被访者对不同人的信任程度赋了分值,4表示"完全信任",3表示"比较信任",2表示"不太信任",1表示"根本不信任",图内为信任度平均分,差异经T检验达到0.001显著度。

以上结果表明,社会信任水平高的公众更有积极性参与共享经济,社会信任构成了共享经济发展重要的社会基础。

(五)共享经济发展既有普惠性也有阶层差异性

大众参与、大众受益是共享经济倡导的发展理念。一些学者甚至认为共享经济的发展有利于减少社会不平等,带来"天下大同"。[1] 本次调查数据显示,很多领域里共享经济的公众参与度普遍较高,这意味着共享经济的收益总体上能够为社会大众共同享有。

但我们同时也发现,不同领域的共享经济服务的消费者群体具有明显的

---

[1] 里夫金:《零边际成本社会》,赛迪研究院专家组译,中信出版社,2014。

社会阶层差异。从广义的共享经济服务使用情况来看，数据显示，在专业技术人员、职员和工人群体中，过去一年使用过共享单车者的比例相对更高，而管理者/干部和雇主/老板群体中使用共享单车者的比例较低；从使用网约（汽）车的情况看，管理者/干部和雇主/老板群体的使用比例较高，而在职员和工人群体中该比例较低；使用过住宿领域共享经济服务的人的比例，在专业技术人员群体中更高，在工人群体中最低；使用过餐饮领域共享经济服务的人的比例，在职员群体中更高，在专业技术人员和管理者/干部群体中比较低；使用过生活服务的人的比例，在专业技术人员群体中最高，在工人群体中最低；使用过知识服务的人的比例，在专业技术群体人员群体中最高，在工人群体中最低。从狭义的共享经济服务使用情况来看，管理者/干部使用专车/顺风车/快车的比例最高，职员使用民宿等私人提供的住宿服务的比例最高，管理者/干部使用"私厨服务"等私人提供的餐饮服务的比例最高（见表2）。

表2 不同职业群体使用共享经济服务的情况

单位：%

职业群体	汽车 广义	汽车 狭义	住宿 广义	住宿 狭义	餐饮 广义	餐饮 狭义	共享单车	生活服务	知识服务
雇主/老板	78.6	56.3	36.9	17.4	61.6	4.7	52.3	23.5	19.8
管理者/干部	80.0	65.3	32.4	16.5	46.7	21.7	61.5	22.4	16.9
专业技术人员	70.0	57.2	45.1	16.2	42.7	14.1	65.6	32.0	30.9
职员	59.1	51.7	42.1	19.7	79.1	13.3	72.1	21.5	22.0
工人	69.6	58.5	16.9	0.7	53.1	9.6	67.4	11.7	7.2

另外值得注意的三点是：①网约车市场是一个多层次市场，既有相对高端的专车市场，也有比较便宜的快车和顺风车，各社会阶层都能够选择适合自己需求和支付能力的网约车服务，这可能是网约车的使用比例在各阶层间差别比较小的主要原因。②在私厨和生活服务领域，雇主/老板群体的使用比例相对较低的原因可能是由于他们有更强的支付能力、对服务质量有更高的要求，更有可能专门雇用相关服务人员。③专业技术人员对生活服务和知识服务领域的共享经济参与率最高，显示出典型的"中产阶层"消费特征。

三 结论和建议

本文利用"公众参与共享经济状况调查"数据,描述了我国公众对共享经济的态度及参与行为的情况,并特别关注了共享经济的社会基础及社会影响。研究发现:①共享经济的公众参与率和参与意愿都较高,民生痛点和消费升级共同推动了共享经济的快速发展。②社会信任有助于提高公众参与共享经济的意愿。③虽然共享经济服务的使用具有一定的阶层差异,但总体而言它是一种能够给各社会阶层带来便利和收益的普惠型经济模式。

基于上述发现,我们认为应该大力促进共享经济的发展,同时也要进一步优化共享经济发展模式。建议如下。

第一,进一步优化政策环境,促进共享经济快速发展。以"互联网+""中国制造2025"等为依托,大力促进大众创新创业,建设共享平台,拓展共享经济发展领域。立足"互联网+"和共享经济的规律特点,按照"放管服"的改革要求,加快推进政府经济管理方式转变,探索各社会主体协商共治的新型治理机制,促进共享经济新模式、新产业和新业态的健康发展。

第二,在民生领域和消费升级领域同步发力,进一步提高共享经济服务的可及性,引导共享经济发挥促进社会公平、促进更平衡更充分发展的功能。将大众创新创业与促进共享经济发展结合起来,拓展共享经济领域,助力民生福祉的持续增进。通过发展共享经济,既激活人们无处施展的闲置技能和无法变现的闲置资源,帮助人们开辟新的收入来源,又以此推动教育、医疗、环境等民生痛点领域的供给侧结构性改革,提高产品和服务供给能力,解决发展不平衡、不充分问题,更好地满足人民对美好生活的需求。

第三,以促进共享经济发展为契机,大力推动社会信用体系转型。要充分认识到信息技术等新技术以及共享经济等新业态给社会信用体系转型带来的机遇和挑战,通过政府、企业、科学界和社会公众等各方之间的协商共治,推进社会信用体系转型。充分发挥大数据、云计算等新兴信息技术优势,在合理限制和管理数据收集及使用的同时,最大限度地获得系统化使用海量数据的好处,探索建立符合信息时代需求的新型社会诚信体系。

第四,加大对共享经济发展机制及其经济社会影响的研究力度。准确测算共享经济的经济社会影响,将有利于社会共识的形成以及相关政策的制定和调整,已成为各国政策制定者和研究者共同关注的话题。为此,相关部门要考虑进一步加大对相关研究的投入力度,重点支持若干研究机构和团队开展共享经济发展机制及其经济社会影响研究。近期可重点关注共享经济对经济增长、就业和创业、消费者剩余、获得感和幸福感的影响等问题。

B.10 当代大学生生活观念和社会态度调查报告

——基于全国 12 所高校大学生追踪调查数据的分析

刘保中[*]

摘　要： 伴随着快速的经济增长和剧烈的社会变革，人们的行为态度和价值观念正在经历深刻的嬗变。社会环境的变化给时下大学生生活观念、社会态度等重要的价值观念打下了深刻的烙印。当代大学生的主体是 90 后、95 后，他们思想活跃、个性鲜明、求知欲强，也正处于价值观念形成的关键时期。"中国大学生及毕业生就业、生活和价值观追踪调查"从 2013 年基线调查开始，持续关注当代中国大学生就业、生活及价值观的主要特点及其变化。本报告利用该调查数据，从就业观、消费观、网络参与、社会态度四个维度，分析了在校大学生生活观念和社会态度的特点和变化趋势，分析结果有利于进一步引导大学生树立正确的价值取向，促进大学生的健康成长。

关键词： 大学生　生活观念　社会态度

2017 年 4 月，中共中央、国务院印发了《中长期青年发展规划

---

[*] 刘保中，中国社会科学院社会学研究所助理研究员。

(2016~2025年)》，文件强调，促进青年更好成长、更快发展，是国家的基础性、战略性工程。大学生作为文化知识水平较高的青年群体，是推动社会发展的中坚力量。大学生价值观念蕴含着独特的内容，他们对自身生活以及社会环境的价值判断不仅影响着自身的未来发展，在很大程度上也代表着当代中国社会价值观变迁的趋势。伴随着快速的经济增长和剧烈的社会变革，人们的行为态度和价值观念正在经历深刻的嬗变。当代大学生的主体是90后、95后，他们思想活跃、个性鲜明、求知欲强，容易受到外界社会环境的影响。大学生正处于世界观、人生观、价值观形成的关键时期，准确判断和分析社会转型过程中大学生在生活观念和社会态度上呈现的新特点和新变化，对于进一步引导大学生树立正确的价值取向、促进大学生的健康成长具有非常重要的现实意义。

本报告使用的数据来自"中国大学生及毕业生就业、生活和价值观追踪调查"（以下简称"大学生调查"）。该项调查由中国社会科学院社会学研究所组织开展，是一项针对当代中国大学生的追踪研究，主要通过跟踪调查的方式考察大学生自身的转变过程，分析社会转型背景下大学生的发展变化，系统、深入了解当代中国大学生及毕业生的境遇、态度与行为。调查范围覆盖中国大陆不同地区不同层次的12所高校，每年约收集10000个有效调查样本。此项调查自2013年开始实施，此后每年开展一轮调查。如无特别指明，本报告使用的数据均来自2016年第四轮在校大学生调查，有效样本量为10765个，样本主要分布情况如下：男性占47.4%，女性占52.6%；80后占0.6%（几乎全部为研究生），90后占23.2%，主体为95后（占76.3%）。生源地（指考入大学当年的家庭居住地）为城市（包括县城、海外）的占49.9%，农村（包括乡镇）的占50.1%。除了2016年在校大学生调查数据之外，本报告部分内容还使用了2013年、2014年和2015年在校大学生调查数据。基于这些数据，本报告试图从就业观、消费观、网络参与和社会态度四个维度，呈现当代在校大学生在生活观念和社会态度上的主要特征和变化趋势。

一　就业观

（一）大学生求职普遍求稳，体制内工作和一线城市仍具有很大的吸引力，但就业选择呈现多元化，体现出"理性"和"务实"特点，就业信心充足，对就业前景比较乐观

图1显示了2016年在校大学生选择的理想工作单位类型，并与2013年"大学生调查"基线调查结果进行了比较。数据表明，2016年在大学生最想去的工作单位类型中，排名前两位的是国有事业单位和国有企业，选择国有事业单位的占到近三成（28.3%），选择国有企业的接近1/4（23.9%）。由此可见，相对稳定的体制内工作仍是大学生的首选。值得一提的是，调查结果显示想去党政机关工作的人还不足1/10，并未出现前些年对考公务员趋之若鹜的情形，"公务员热"的降温说明大学生求职正回归理性。此外，有接近1/5（18.5%）的人想去外资企业工作，还有13.5%的人选择了去私营企业。与2013年相比，大学生所期望的就业单位类型的分布结构总体上没有太大不同，一个较为明显的变化趋势是选择毕业后去私营企业就业的比例明显增长，从2013年的7.8%上升到2016年的13.5%。

由于当前就业形势严峻、工作流动性大、就业竞争激烈，当前大学生求职仍表现出普遍求稳的心态，倾向于选择比较稳定、"旱涝保收"的国有企事业单位。不过随着我国私营企业的发展壮大，选择去私营企业就职的大学生明显增多，大学生就业观念在发生改变。

在就业地点的选择上，2016年的调查数据显示，北上广深等一线城市仍然是大学生毕业后工作的首选地域，所占比例最高，为34.5%；其次是二线发达城市，有30.1%的大学生选择了该选项，上述两项选择比例占到了近2/3。此外，还有15.8%的大学生选择了二线中等城市。除了上述三项选择外，其他选项占比都比较低（见图2）。对比2016年和2013年两个年份的数据可以发现，大学生在就业地点的选择上总体上维持不变，大学生主

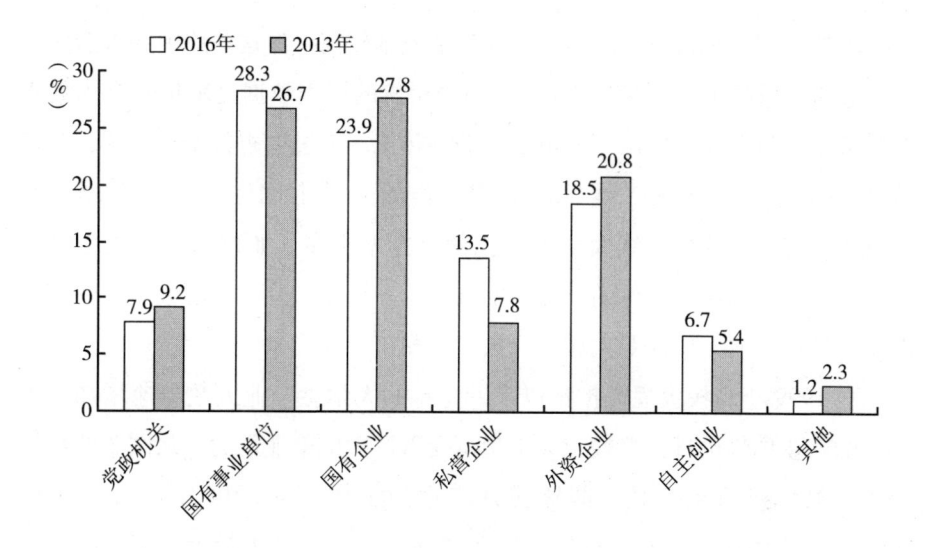

图1 大学生就业单位类型选择

要倾向于在经济较为发达的一、二线城市工作，而不希望去经济欠发达的二线城市、三四线城市以及小县城、乡镇、农村等地区工作。

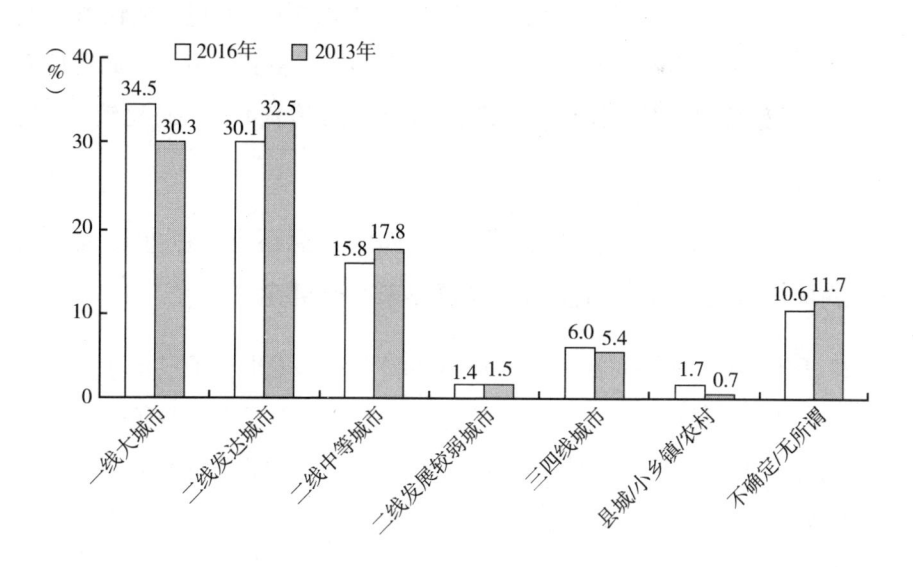

图2 大学生就业单位地点选择

虽然一线大城市竞争压力较大、生活成本较高,但这些原因并未造成大学生在就业选择上"逃离北上广",两个年份的调查数据显示仍然有为数不少的大学生对在北上广深等城市工作满怀热情。不过调查数据也表明,2013年和2016年选择想去二线发达城市工作的大学生比例分别为32.5%和30.1%,与当年选择一线大城市的比例已相差不多。如果算上二线中等城市,选择去二线城市工作的比例要明显高于一线城市。这说明大学生在求职时不只钟情于北上广深等大城市,去二线城市工作也是较多大学生的选择。

自1999年高校大规模扩招以来,每年的大学生毕业人数急速增加,大学生的就业形势也日益严峻,大学生承受着巨大的就业压力。从图3的数据分析结果可以看到,对于能够找到满意的工作,与2014年调查相比[1],2016年调查中选择"有一点信心"和"充满信心"的大学生比例均略有下降,选择"一般"的比例则有部分增加。这说明"大学生就业难"确实对大学生就业信心造成了一定的冲击。尽管如此,高校毕业生对于毕业后找到满意工作的信心程度依然比较高,2016年调查中有近1/4的人充满信心,选择"有一点信心"和"充满信心"的比例加起来接近六成,而回答"有一点没信心"和"几乎没信心"的人加起来占比还不到一成。由此可以看出在校大学生总体上对于找到满意的工作还是比较有信心的,持比较乐观的态度。

(二)大学生创业理想难敌现实,创业意愿不高,创业最大动机来自成功榜样的激励,高校创业教育体系亟待健全

2014年5月,人力资源和社会保障部联合多部委出台了《关于实施大学生创业引领计划的通知》,从国家层面为大学生创业提供政策支持。在"大众创业、万众创新"的时代背景下,大学生更被视作实施创新驱动发展战略和推进"大众创业、万众创新"的生力军,大学校园里各种形式的创业培训班、创业竞赛等不断涌现。但是调查显示,当前大学生的创业意愿依

---

[1] 2013年调查没有测量此指标,故选用2014年数据。

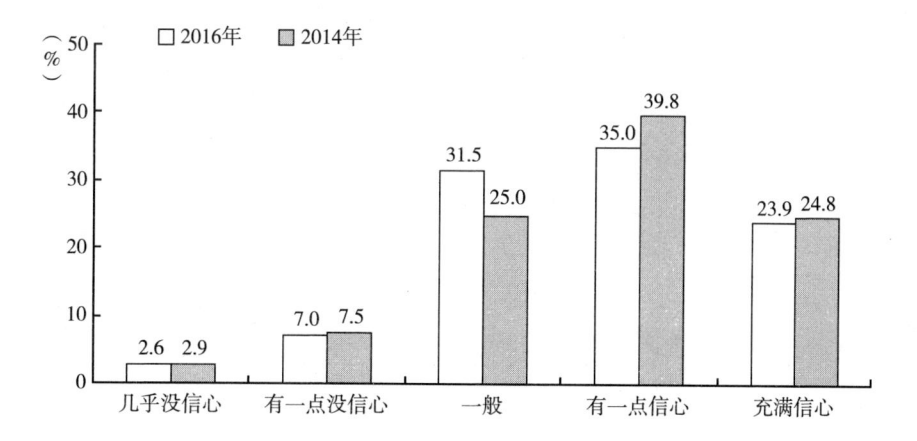

图3 大学生就业信心状况

然不高,在被调查的大学生中,虽然有超过七成(72.3%)的大学生表示可能会去创业,但是表示肯定会创业的大约只占7%(6.7%),更有约两成(21.0%)的大学生表示自己肯定不会去创业。

在选择创业的最主要动机上,排名第一的是"成功榜样的激励"(34.0%),其次是"获得更多的财富"(26.0%),来自亲友的影响超过了1/4,只有极少数的人(2.0%)表示是因为不好找工作,无奈之下才选择创业的(见图4)。由此可见,当代大学生创业行为是一种主动性的选择,他们的创业驱动力既有内在的个人需求,也有外部环境如家人潜移默化的影响和亲友的鼓励。

大学生创业最可能遇到哪些障碍?在被调查的大学生中,有意向创业的大学生中有84.2%的人认为创业最可能遇到的困难是缺少"相关领域的工作经验、资源和人脉"。排在第二位的创业障碍是缺少创业资金,但占比相对较低,约为12.4%。由于面临这些困难,在创业最佳时间的选择上,超过七成的大学生认为创业需要准备和积累。其中,33.7%的人选择在毕业后1~3年内创业,超过两成认为最好在毕业后3年以上,23.1%的人认为创业"准备好随时都可以"(见图5)。尽管赞成在读书期间创业的占比相对较低,但仍有超过两成的学生选择本科期间(10.1%)和研究生期间

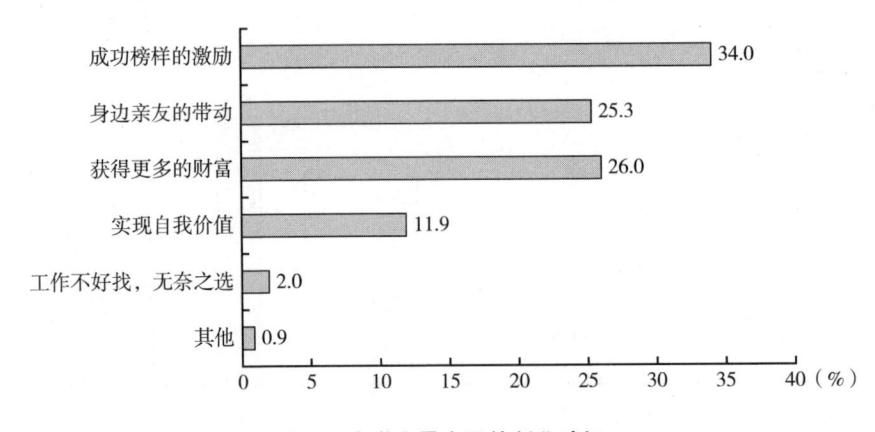

图4 大学生最主要的创业动机

- 成功榜样的激励 34.0
- 身边亲友的带动 25.3
- 获得更多的财富 26.0
- 实现自我价值 11.9
- 工作不好找，无奈之选 2.0
- 其他 0.9

（11.8%）创业。创业绝非易事，大学生创业需要做好多方面的准备，比如具备创业经验、人脉资源、启动资金等，这样才有可能提高创业成功的可能性。

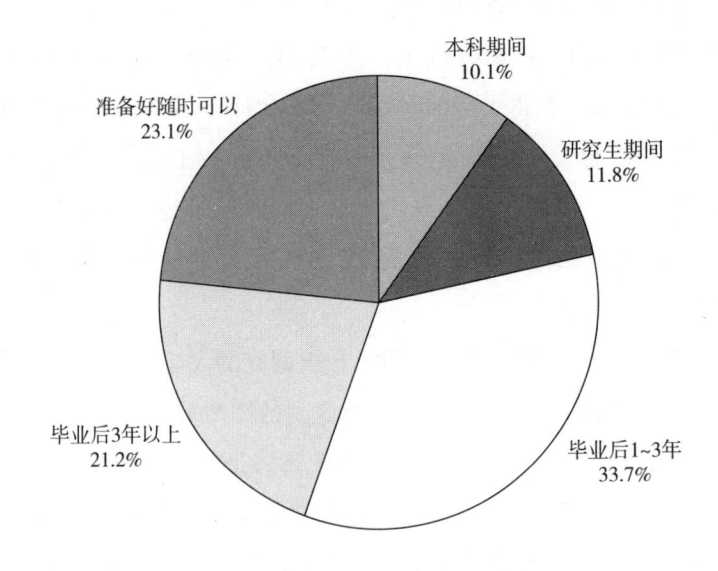

图5 大学生最佳创业时间的选择

- 本科期间 10.1%
- 研究生期间 11.8%
- 毕业后1~3年 33.7%
- 毕业后3年以上 21.2%
- 准备好随时可以 23.1%

在大学生群体中培养创新创业人才，需要从完善创新创业教育教学体系入手。接受实用、有针对性的创业培训，对于创业经验不足的大学生来说显得尤其重要。国家高度重视高校的创新创业教育，2014年开始实施的"大学生创业引领计划"明确提出推动高校普及创业教育，但是目前来看高校的创业教育体系还亟待完善。调查显示，有75.2%的在校大学生认为"创业咨询和创业培训"是最需要学校提供的创业教育服务，同时还有12.4%的大学生选择了学校应该"设立创新创业课程"，这说明大学生目前还比较缺乏有效的创业指导。

二 消费观

（一）理性消费特征明显，在合理消费的范围内追求消费品位，"AA"制在大学校园较为流行

90后、95后在大众认知中，被普遍认为是在"温室"里长大的一代，在物质消费上通常被贴上了花钱大手大脚、好攀比、爱面子等"负面标签"。但是"大学生调查"数据显示这些消极评价显然言过其实。虽然90后、95后大学生生活条件变得更加优越，但他们并不是盲目的消费者。以手机消费为例，在对大学生购买手机的动机进行分析之后发现，质量和功能实用（45.4%）、符合年轻人的品位（15.4%）和性价比比较适合我（14.8%）是大学生购买手机的三个最主要动机，选择"拿出来用比较有面子"的比例仅为3.2%，由于一时冲动购买手机的大学生占比还不足2%（见图6）。对手机产品实用价值、性价比的重视凸显了大学生理性消费的特征，而对设计理念的看重则体现出大学生对品位的追求。

再以聚餐消费为例。在聚餐地点的选择上，有81.8%的人同意"去一家环境好点的餐馆以适合大家聊天"，有81.5%的人也同意"去一家有特色的餐馆，玩得开心很重要"，有83.2%的人认同"去一家好吃的餐馆即美食很重要"，有92.6%的人同意"去一家性价比合适的餐馆，大家都不会有经济负担"。大学生对于聚餐地点的选择同样显示出他们对于合理消费和消费品质的追求。在聚餐的付款方式上，在与身边大多数人聚餐时，无论是80

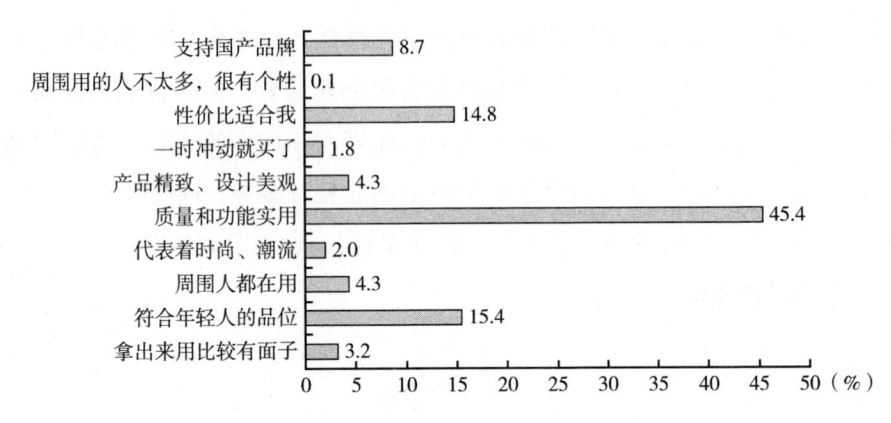

图6 大学生购买手机的动机

后、90后还是95后大学生，大部分人都愿意选择AA制。而随着年龄的减小，大学生倾向于AA制的比例越多。在95后大学生群体中，即使是与恋人吃饭，仍然有约三成的人会选择AA制，而亲密的好友一起吃饭，也有四成多的人会选择AA制（见表1）。

表1 80后、90后和95后大学生聚餐时选择AA制的比例

单位：%

类别	室友/同学	亲密的好友	男/女朋友	普通朋友	朋友的朋友	网友/陌生人
80后	66.0	25.9	15.1	48.2	61.8	69.2
90后	78.2	35.0	25.8	67.5	78.4	84.7
95后	83.6	43.2	32.2	74.6	83.7	87.7

（二）传统的住房观念在淡化，越年轻的大学生，越不愿意成为房奴

对于比较注重家庭观念的中国人来说，房子承载着特殊的意义，在某种程度上可以说是家的象征。调查显示，在"有自己的房子才有家的感觉"、"有自己的房子是结婚的必要条件"、"有自己的房子是养育孩子的必要条件"和"有自己的房子才感到是这个城市/社区的成员"等这些

传统的住房观念上，无论是 80 后、90 后，还是 95 后大学生，他们中的大部分人仍然表示认同，把房子视作安身立命的根基，但是相较于 80 后，90 后和 95 后大学生选择同意和比较同意以上观点的比例逐渐在降低。对于"有自己的房子才有家的感觉"的观点，80 后大学生选择非常同意和比较同意的比例高达 96.8%，90 后和 95 后则分别降到 88.2% 和 85.4%。

住房观念的变化很大程度上与当前的高房价有关系。近些年来，中国的房价持续增长，高房价成为很多人尤其是年轻人的"梦魇"。很多人为了买房而背负沉重的房贷，对于这一行为，六成多的 80 后大学生选择了支持，但是有一半多的 90 后大学生、约六成的 95 后大学生均表示不赞成。调查显示，相比于 80 后的"房奴"式生活方式，有 44.7% 的 90 后大学生和 45.9% 的 95 后大学生更愿意把钱花在享受生活上，而 80 后大学生认同此种生活方式的比例仅三成（见表2）。

表2　80后、90后和95后在住房和购房观念上的差异

单位：%

观念	80 后	90 后	95 后
有自己的房子才有家的感觉	96.8	88.2	85.4
有自己的房子是结婚的必要条件	80.0	68.1	63.4
有自己的房子是养育孩子的必要条件	83.6	83.3	81.2
有自己的房子才感到是这个城市/社区的成员	72.6	69.4	59.5
买房是资产保值增值的最佳手段	65.6	59.9	55.9
如果要用父母的钱，我宁愿不买房	60.7	62.7	65.9
我更追求自由自在的生活所以不想买房	22.6	28.8	26.3
为了买房，我愿意降低生活质量	41.9	37.5	35.1
如果要背上沉重的房贷，我宁愿不买房	37.1	56.7	59.1
与买房相比，我更愿意把钱花在享受生活上	30.7	44.7	45.9
与买房相比，我更愿意把钱花在创业或者更有成就感的事情上	52.5	61.9	65.7

三 网络参与

当今社会已经是一个网络社会。据中国互联网络信息中心统计，截至2016年12月，我国网民规模达7.31亿，网络普及率达到53.2%，超过全球平均水平3.1个百分点。大学生是网民的重要组成部分。"大学生调查"显示，大学生平均每天的上网时间超过了4.5小时。在网络参与逐渐成为大学生日常生活的一个重要组成部分的同时，互联网也在影响着大学生的行为模式和价值观念。本部分将从网络参与的内容和工具两个方面，考察大学生的网络参与状况。

（一）网络社交、获取新闻资讯、休闲娱乐是大学生网络活动的三个主要内容

通过对大学生各项网络活动频繁程度的统计发现，"通过网络（如微信/QQ/陌陌/人人网等）保持和朋友的联系或认识新的朋友"、"浏览新闻，了解社会动态，获得资讯"和"通过网络（如网络视频、网络音乐、网络游戏）来进行休闲娱乐"是大学生网络活动的主要内容，大学生通过互联网经常从事上述三项活动的频率分别达到了55.3%、44.9%和40.6%。

大学生是网络舆论的受众，也是网络舆论的传播者，但是调查显示，大部分大学生并不喜欢在网络上发表对社会公共事件的看法，仅有14.6%的大学生表示会经常通过网络来发表自己对时事或社会事件的看法，有超过两成的大学生表示从不做此类事情。由此看来，"网络水军""键盘侠"等在大学生中还只占少数。此外，仅有三成的大学生把互联网作为经常学习的工具（见表3）。

表3 大学生网络活动的频繁程度

单位：%

活动种类	从不	偶尔	有时	经常
浏览新闻，了解社会动态，获得资讯	4.7	26.5	23.9	44.9
通过网络（如微信/QQ/陌陌/人人网等）保持和朋友的联系或认识新的朋友	4.7	18.8	21.3	55.3

续表

活动种类	从不	偶尔	有时	经常
通过网络(如论坛、BBS、微博等)来发表自己对时事或社会事件的看法和评论	21.7	39.9	23.8	14.6
把网络当成一个日记本,记录自己的心情	31.3	39.3	19.2	10.3
通过网络(如网络视频、网络音乐、网络游戏)来进行休闲娱乐	4.4	23.2	31.8	40.6
通过网络(如百科网站、专业知识网站)开展专业或业务知识的学习	4.1	25.7	40.4	29.8
借助网络来方便日常生活,如网络购物、网络订票、求职、网络炒股等	7.8	24.7	32.9	34.6

(二)微信取代微博,成为大学生最常使用的社交软件

微博和微信是自媒体时代最常用的两类社交工具,尤其是近几年微信成为快速发展的新生力量。调查数据显示,27.8%的被调查者经常使用微博,从不使用的大约占到1/5,偶尔使用的用户占比最高(见图7)。

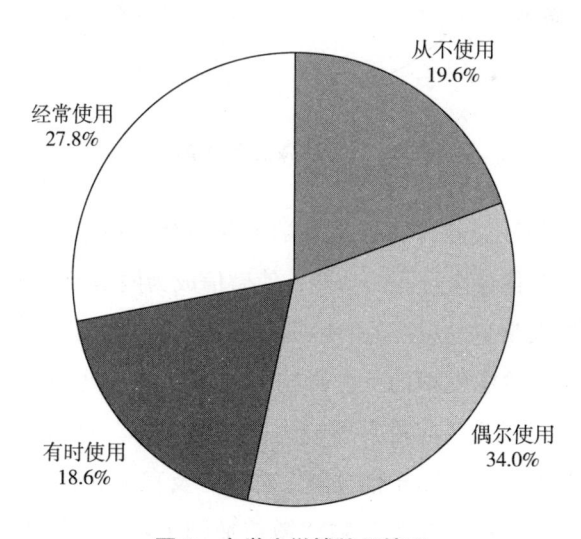

图7 大学生微博使用情况

相比之下,大学生在微博上的活跃度远不及微信。56.2%的被调查大学生表示会经常使用微信,从不使用微信的不足4%,偶尔使用的比例为

21.9%，有时候使用的比例为18.3%（见图8）。从微博和微信两组使用频率的数据可以看出，虽然微博产生时间更早，在大学生群体中更早得到使用，但是其目前的普及率和使用率已远不及微信。微信和微博是两类不同的社交软件，如果从强关系和弱关系的角度去阐释，大部分大学生更愿意使用能体现"强关系"的微信，而主要体现"弱关系"的微博则不再那么受青睐。

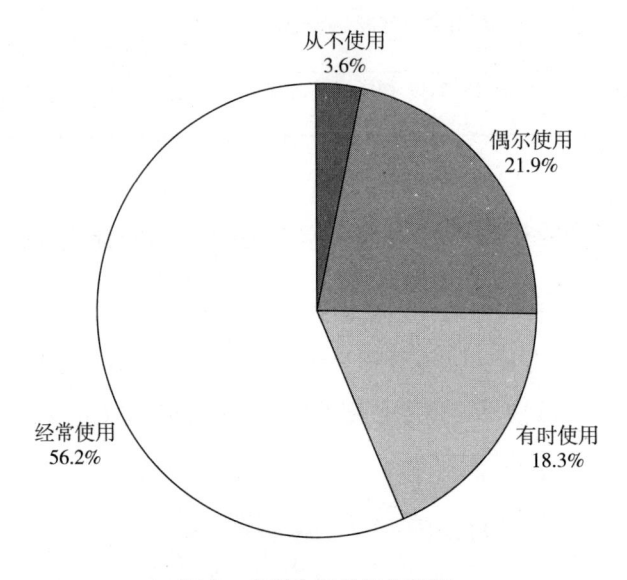

图8 大学生微信使用情况

　　微信不仅仅是社交软件，也是大学生获取社会信息的重要工具。微信群、朋友圈以及微信公众号等的功能，使微信成为网络舆论生成和扩散的重要公共平台，对大学生思想行为的影响不容忽视。调查发现，大部分大学生对于微信在网络舆论中发挥的巨大影响力表示肯定（见表4）。约七成的大学生认同"微信已成为目前最具影响力的传播媒体"的说法，也有超过六成的大学生认为微信"有助于推进舆论对政府及官员的监督"。而对于"微信已成为社会事件的舆论源头"和"微信加剧了不同网民群体之间、网民与政府之间对立情绪"等负面看法，大部分大学生并不赞同。但是有一半多的大学生赞同"微信上谣言滋生，大大降低了互联网信息的真实性"的观点。微信朋友圈的"熟人社会"属性，以及信息传播的机制，更容易使谣言盛行。不过从调查结果来看，大学生对于微信保持了理性审慎的态度，能够清楚看到微信带来的负面效应。当然对于网络舆论的引导，还需要政府相关部门加大互联网信息监管力度，营造良好的网络环境。

表4 大学生关于"微信"的看法

单位：%

看法	很同意	比较同意	不太同意	很不同意	不好说
微信已成为目前最具影响力的传播媒体	24.1	45.4	24.2	2.7	3.6
微信已成为社会事件的舆论源头	9.3	32.8	46.3	6.4	5.2
微信使人人都可能成为引导社会舆论的意见领袖	7.8	23.4	48.9	14.1	5.8
微信上谣言滋生，大大降低了互联网信息的真实性	16.2	41.8	30.6	5.0	6.4
微信加剧了不同网民群体之间、网民与政府之间对立情绪	8.5	24.1	46.9	12.2	8.4
微信的出现，有助于推进舆论对政府及官员的监督	14.6	51.5	21.4	3.5	9.0

（三）手机上网为大学生的日常生活提供了便利，但也造成了"手机依赖"

智能手机的流行大大促进了移动互联网的发展。对于大学生而言，手机除了是重要的通信工具之外，也逐渐成为主要的上网终端设备。手机上网不断嵌入大学生日常生活的方方面面，即时、快捷、便利的手机上网功能丰富了大学生的日常生活。调查发现，超过半数的大学生均认为使用手机对强化或者拓展社会交往网络有帮助。但手机上网也是一把"双刃剑"，大学生对手机的过度使用也会产生很多消极后果，"手机依赖症"是其中之一。在关于手机使用的描述上，大部分大学生都存在着程度较高的"手机依赖"。有八成多的大学生认为自己"出门忘带手机感到很不习惯"，有七成多的大学生会认为自己对于"手机无法接入互联网感到焦虑"，接近八成的大学生"日程安排、学习娱乐都离不开手机"。相较于2013年，大学生对手机的依赖程度呈现进一步加深的趋势，调查样本中"出门忘带手机感到很不习惯"的比例由2013年的80.7%上升到2016年的86.8%，"手机无法接入互联网感到焦虑"和"日程安排、学习娱乐都离不开手机"的比例则分别由2013年的58.8%和59.3%跃升到2016年的75.8%和78.3%（见表5）。

表5 大学生手机依赖情况

单位：%

依赖情况	2016年	2013年
出门忘带手机感到很不习惯	86.8	80.7
手机无法接入互联网（只能通话或短信）感到焦虑	75.8	58.8
通常每隔15分钟至少看一次手机	55.6	—
上课、开会也常常看手机	69.3	69.0
睡觉前躺床上时还在看手机	87.1	—
日程安排、学习娱乐都离不开手机	78.3	59.3
无法适应从智能手机换到普通手机	70.6	56.1
参加聚会时也经常独自看手机	64.2	45.0
尝试过没事的时候不看手机但很难	57.7	56.9

注："通常每隔15分钟至少看一次手机"和"睡觉前躺床上时还在看手机"两项描述在2013年调查中未询问。

四 社会态度

（一）大学生社会信任水平较高，但低于社会民众的平均信任水平；大学生政治信任程度较高，对地方政府的信任水平相对较低

信任是一种社会心态的反映。随着中国社会经济快速转型，传统的信任模式不断受到冲击，人与人之间的信任感不断降低，很多人认为中国出现了"信任危机"。但是从2014年世界价值观调查的数据看，64.4%的中国人认为社会上多数人可信，大大高于世界平均水平（25.4%）。2015年"中国大学生及毕业生就业、生活和价值观追踪调查"的数据显示，47.5%的大学生认为"社会上多数人都可以信任"。这一比例要低于中国民众的平均信任

水平，但要明显高于世界平均水平。

政治信任能够衡量民众对政府治理的认可程度，也能够反映民众心目中的政府形象。以往有关跨国比较的研究发现，中国民众的政治信任处于相对较高的水平。2015年"中国大学生及毕业生就业、生活和价值观追踪调查"的数据表明，大学生对政府机构的信任程度普遍比较高，而且政府机构的层级越高，大学生的信任程度也越高，其中对党组织、中央政府和军队的信任程度最高，分别达到了74.7%、78.6%和79.5%（见图9）。大学生对地方政府的信任水平最低，明显低于对高层政治组织的信任。

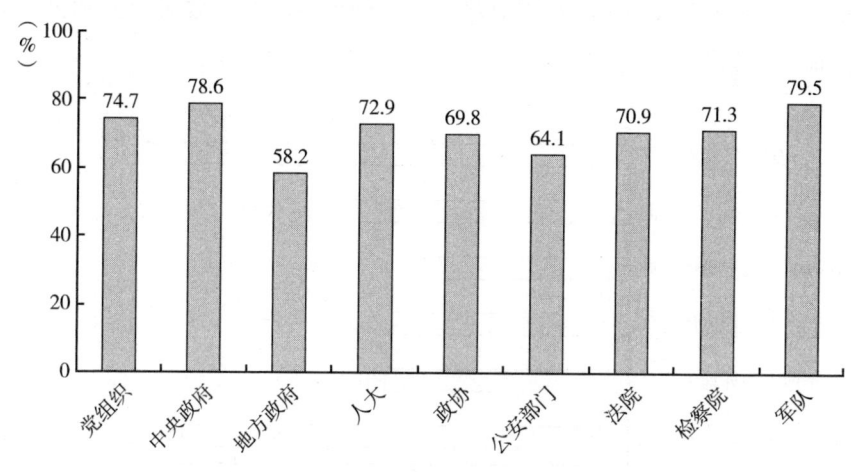

机构	信任程度（%）
党组织	74.7
中央政府	78.6
地方政府	58.2
人大	72.9
政协	69.8
公安部门	64.1
法院	70.9
检察院	71.3
军队	79.5

图9 大学生对于不同政府机构的信任程度（2015年）

（二）大学生对于社会冲突的感知较为敏锐，社会冲突意识明显

我国当前正处于快速的经济和社会转型过程之中，利益分化加剧，而由利益分化引发的不同群体间的社会矛盾和社会冲突也在加剧。大学生是如何感知这些社会矛盾和社会冲突的呢？2015年"中国大学生及毕业生就业、生活和价值观追踪调查"设置了六组不同群体之间的社会冲突，让大学生受访者对这些社会冲突的严重程度进行评判，回答一共包括"没有冲突"、"不太严重"、"不好说"、"比较严重"和"非常严重"五种评价。调查结果显示，大学生对于不同社会群体之间的利益冲突表现出不同的心理感受。

总体上看，"穷人与富人之间"、"官员与老百姓之间"和"老板与员工之间"的冲突是大学生反映较多的社会矛盾，而"不同种族/民族群体之间"、"不同宗教信仰群体之间"和"本地人与外地人之间"的冲突在大学生眼中相对没有那么严重。

大学生将贫富差距问题列为最突出的社会矛盾，约有62.7%的大学生认为"穷人与富人之间"的冲突"比较严重"和"非常严重"，这在某种程度上是对现阶段我国较为严重的贫富差距问题的反映。另外，约有56.7%的大学生认为"官员与老百姓之间"的冲突"比较严重"和"非常严重"，这说明在大学生心目中对政府官员的评价不高，政府形象和公信力亟待提升（见图10）。

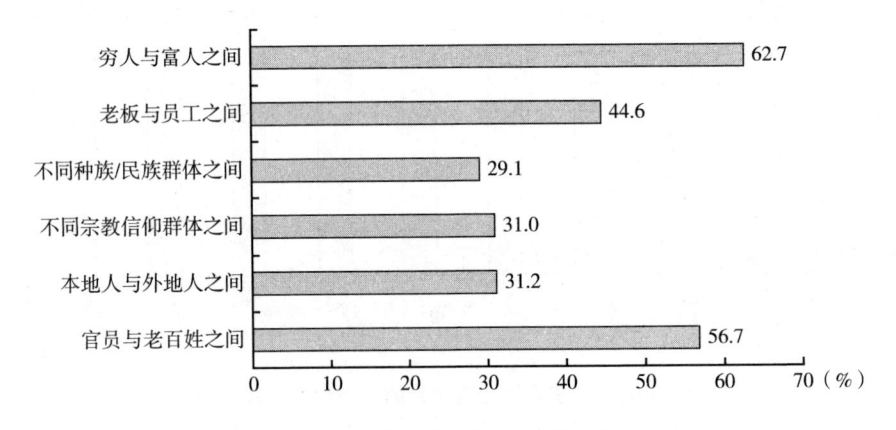

类别	百分比（%）
穷人与富人之间	62.7
老板与员工之间	44.6
不同种族/民族群体之间	29.1
不同宗教信仰群体之间	31.0
本地人与外地人之间	31.2
官员与老百姓之间	56.7

图10　大学生对于社会矛盾的感知

五　结语

随着社会的持续变革和发展，大学生价值观念也在不断变化的过程中，在不同的时期表现出不同的特点。处于社会转型期的中国，各方面的社会环境都在发生剧烈的变化，这些变化无疑给时下大学生生活观念、社会态度等重要的价值观念打下了深刻的烙印。认识和了解当前社会转型过程中大学生这些价值观念转变的一系列特征，对于更好地引导他们的发展具有非常重要的意义。本报告从就业观、消费观、网络参与和社会态度四个方面对大学生生活观念和社会态度的主要特征和变化趋势进行了分析和总结。

从就业观念上看，当前大学生表现出了与以往大学生相似的特点，比如对于体制内、一线城市的青睐，但是他们的就业选择也呈现多元化。在消费观念上，大学生同时体现了经济理性与追求品位、继承传统与认同时尚的特点，生活品质成为年轻一代大学生的"消费新主张"。互联网技术的快速发展和智能手机的广泛普及都在大学校园里产生着影响，网络空间逐渐成为大学生社会交往、获取资讯、休息娱乐的另外一个重要场域，而智能手机则推动了大学生与网络空间实现随时随地的互联。但是对新媒体的过度使用所产生的消极后果也不容忽视，比如频繁的网络活动正在减少大学生在学习上投入的时间和精力，手机的过度使用则进一步加深了大学生对手机的依赖程度。从社会态度来看，大学生既表现出了较高的社会信任和政治信任水平，同时对社会冲突的感知也比较敏锐，具有明显的社会冲突意识。可以说，大学生既对国家和社会表现出了程度较高的认同，也对现阶段社会矛盾具有清醒的认知。

大学生在生活观念和社会态度上表现出来的新特征和新变化，是转型时期多元力量形塑的结果。在他们身上所体现的，既有社会共同体的共享价值观，又有校园亚文化的元素，既有传统历史的积淀，又有当下新环境新思潮的影响，既有代际的传承，又有该年龄群体独特的价值与行为模式。

每一代青年都有自己的际遇。习近平总书记高度评价当代大学生："朝气蓬勃、好学上进、视野宽广、开放自信，是可爱、可信、可为的一代。"这一评价既是信任，也是期许。对社会转型过程中大学生价值观念新特点和新变化的分析，有利于进一步引导大学生树立正确的价值取向，促进大学生的健康成长。

参考文献

马得勇：《政治信任及其起源——对亚洲 8 个国家和地区的比较研究》，《经济社会体制比较》2007 年第 5 期。

阳倩倩：《微信传播的失范现象研究》，《新闻研究导刊》2016 年第 18 期。

中国互联网络信息中心：第 39 次《中国互联网络发展状况统计报告》，2017。

B.11
都市新白领生存状况调查报告

——基于2017年上海市调查

孙秀林　施润华*

摘　要： 新白领群体已经成为当代中国都市社会中一个非常重要的社会群体，关注这一群体，对于中国社会的未来发展具有重要的意义。本文利用2017年"上海都市社区调查"的抽样数据，详细分析了上海市新白领群体的社会状况，包括工作、社会生活以及社会态度等各个方面。

关键词： 上海　新白领　社会状况　都市调查

随着中国经济社会的快速发展，中等收入群体规模日益扩大，社会结构向橄榄形转变。① 都市新白领作为中等收入群体中的重要组成部分，在新阶段发挥的作用将会越来越明显，因此，关注都市新白领生活状况，对深入了解中国社会发展的现状和未来趋势都有深刻的现实意义和理论意义。上海是中国最具代表性的超大城市之一，正处于现代化国际大都市建设的冲刺期，也是典型的移民城市，大量白领移民汇集在这里，形成所谓的"新白领"。这些新白领不仅是上海特有的群体，而且是中国超大城市或者都市社会中典型性人群的代表，因此，研究都市新白领阶层的构成状况，从工作、生活、

---

* 孙秀林，博士，上海大学社会学院教授，研究方向为城市空间；施润华，硕士，上海市教育科学研究院，研究方向为社会发展评估。
① 李培林：《中产阶层成长和橄榄型社会》，《国际经济评论》2015年第1期。

社会态度等各个方面刻画和剖析上海新白领的社会状况，进而探讨针对高端移民群体的社会管理体制创新，为相关政策的制定提供参考，促进社会的和谐发展，有很强的创新性和必要性。

一 新白领的界定和调查数据简介

国外对白领的界定不一而足。白领（white collar）一词最早源自20世纪的美国。根据 *Coolins Essential English Dictionary* 词条的界定，"白领"指的是那些坐在办公室内从事非体力劳动工作的人。从源自西方社会的最初概念来看，白领的内涵是相对从事体力劳动工作的蓝领（blue collar）而言的。白领群体构成了现代社会中产阶级的主体，为了与传统的中间阶层相区别，白领群体有时亦被称为"新中间阶层"。虽然西方学者对白领的解释不一而足，但大部分学者都接受将白领作为"中间阶层"或者"新中产阶级"的说法。[1]

目前国内对白领这一概念也还没有做出确切的界定。[2] 中国的职业分层比西方社会的职业分层更为复杂。[3] 如李强认为，国际上通常将国家机关、党群组织、企事业单位负责人，各类专业技术人员，办事人员和职员，商业服务业人员归入白领阶层，将生产运输设备操作人员和农林牧渔水利生产人员归入蓝领阶层；但在中国，商业服务业发展滞后，不少商业服务业人员的社会地位不高，很难将他们归入西方意义上的白领阶层。[4] 就现有的研究来看，国内对新白领的界定大致可分为两种：一种是广义的界定，把白领的主

---

[1] 〔美〕C. 赖特·米尔斯：《白领：美国的中产阶级》，周晓虹译，南京大学出版社，2016。
[2] 李春玲：《中等收入群体与中间阶层的概念定义——社会学与经济学取向的比较》，《国家行政学院学报》2016年第6期。
[3] 张翼：《中国社会阶层结构变动趋势研究——基于全国性CGSS调查数据的分析》，《中国特色社会主义研究》2011年第3期。
[4] 李强：《中国离橄榄型社会还有多远——对于中产阶层发展的社会学分析》，《探索与争鸣》2016年第8期；李强、王昊：《我国中产阶层的规模、结构问题与发展对策》，《社会》2017年第3期。

要特征归结为"脑力劳动";另一种是狭义的界定,主要将白领界定为"三高"群体,即高学历、高收入及高职位群体。如杨雄将上海的"白领"界定为在"三高"中符合其中两项条件、从事管理或专业技术工作的人员。①

综合国内外学者的看法,在本文的分析中,将新白领界定为出生地不在上海、具有大专以上学历、在上海从事非体力劳动的社会阶层。

本文使用的数据来自上海大学"数据科学与都市研究中心"（Center for Data and Urban Sciences，CENDUS）于2017年完成的"上海都市社区调查"（Shanghai Urban Neighborhood Survey，SUNS）项目。

"上海都市社区调查"（SUNS）项目是一个包括社区、家庭、个人在内的多层次的追踪调查。社区层面的调查,包括社区空间与设施、社区人口构成、社区组织、社区资源、社区治理等方面;家庭层面的调查,主要包括家庭人口构成、家庭社会经济地位、家庭关系、家庭生活方式等方面;个人层面的调查,包括个人基本特征、工作与生活、健康、社会态度与评价、社区参与等。调查采用计算机调查辅助系统（CAPI）,从而保证社区、家庭、个人这三个层次的复杂设计的效果。

"上海都市社区调查"（SUNS）包括居村调查和住户调查两个子项目。①居村调查:在全市5700多个居（村）委会中,抽取10%的样本,全面调查社区之内的各种治理主体,包括居（村）委会、业委会、物业公司、社会组织以及社会工作者的情况。2015年完成538个村居的调查问卷,同时包括695份物业问卷、586份业委会问卷、362份社会组织问卷、531份社工问卷。②住户调查:在以上538个村居中,选取在全市具有代表性的180个村居,每个村居抽取30户,并调查户内所有同住的家庭成员。在上海市人口办和民政局的紧密配合下,900多名调查员奋战近80000个小时,克服城市住户调查中的种种困难,最终于2017年7月完成了包括5100多份家庭问卷、8600多份成人问卷（15岁以上）和1900份少儿问卷的住户调查（见图1）。这一调查,在国内外单个城市的调查研究中设计复杂、样本量最

---

① 杨雄:《上海"白领"青年职业生活调查》,《青年研究》1999年第6期。

185

大，为中国特有的城市社区创新性研究以及中国特色社会科学话语体系的发展提供了充分的基础资料。①

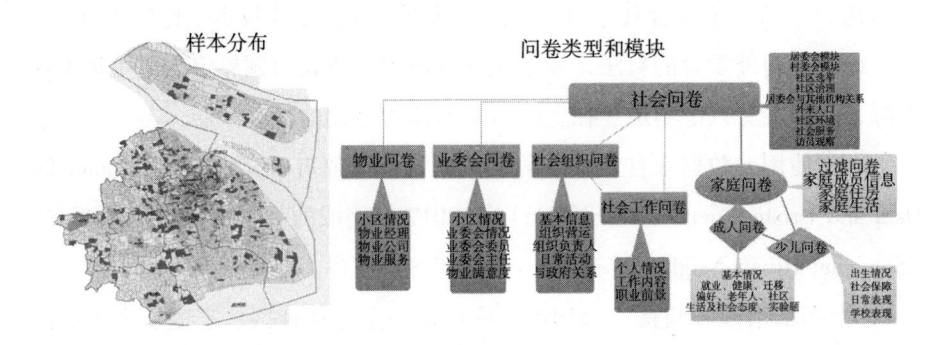

图1 "上海都市社区调查"（SUNS）的样本分布与题目设计

本文将新白领界定为出生地不在上海、具有大专以上学历、在上海从事非体力劳动的社会阶层。按照这一定义，在我们的数据库中，新白领有794人，下面的分析仅仅针对上海的这一群体而言。

二 上海新白领的工作情况

1. 长三角地区是上海新白领的主要来源地

在接受调查的受访者中，来自江苏的新白领占27.89%，来自安徽的占13.61%，来自江西的占到10.88%，来自浙江的占到8.84%。可以看到，上海新白领主要来自长三角地区（见图2）。

2. 新白领的工作主要集中在第三和第二产业

从新白领的行业分布来看，信息传输、软件和信息技术服务业的比例最高，达到17.83%；制造业紧随其后，比例占到16.14%；金融业以及批发和零售业的比例分别占到9.59%和6.88%；建筑业、卫生和社会工作行业的比

---

① 吴晓刚、孙秀林：《城市调查基础数据库助力社会治理》，《中国社会科学报》2017年11月8日，第006版。

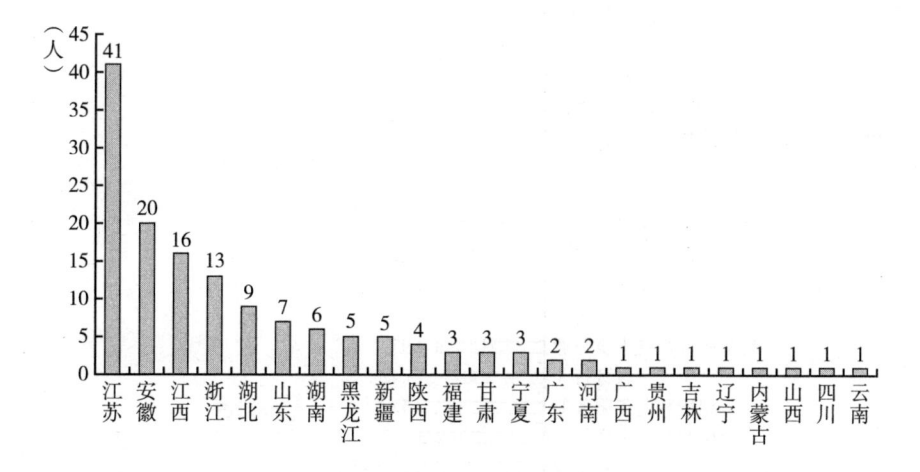

图2 新白领来源地分布

例也在6%左右。电力、热力、燃气及水生产和供应业（1.58%），水利、环境和公共设施管理业（0.68%），农林牧渔业（0.56%），采矿业（0.11%）和国际组织（0.11%）的新白领占比相对较低，均在2%以下（见图3）。

3. 新白领主要集中在非公有制领域

从单位性质看，在接受调查的受访者中，有42.44%的新白领目前工作的机构类别是民营企业，有20.49%的人在外资企业工作，个体工商户的比例达到8.73%，国有或国有控股企业的比例占到10.41%，国有事业单位占8.62%，党政群机关占1.9%。如果把党政群机关、国有事业单位和国有或国有控股企业作为公有制领域，民营企业、民办企事业单位、外资企业和个体工商户等则构成了非公有制领域。从分布情况可以看出，非公有制领域是上海新白领的主要工作领域，超过70%的新白领工作单位是非公有制经济（见图4）。

公有制领域对女性的吸引力更大。从性别来看，非公有制领域男性新白领较多，占到55.01%，女性为44.99%。在公有制领域的女性人数较多，占到52.94%，男性为47.06%（见图5）。

公有制领域对高学历人才的吸引力更大。和非公有制经济相比，公有制领域内新白领的学历层次更高（研究生学历占24.60%，本科学历占

187

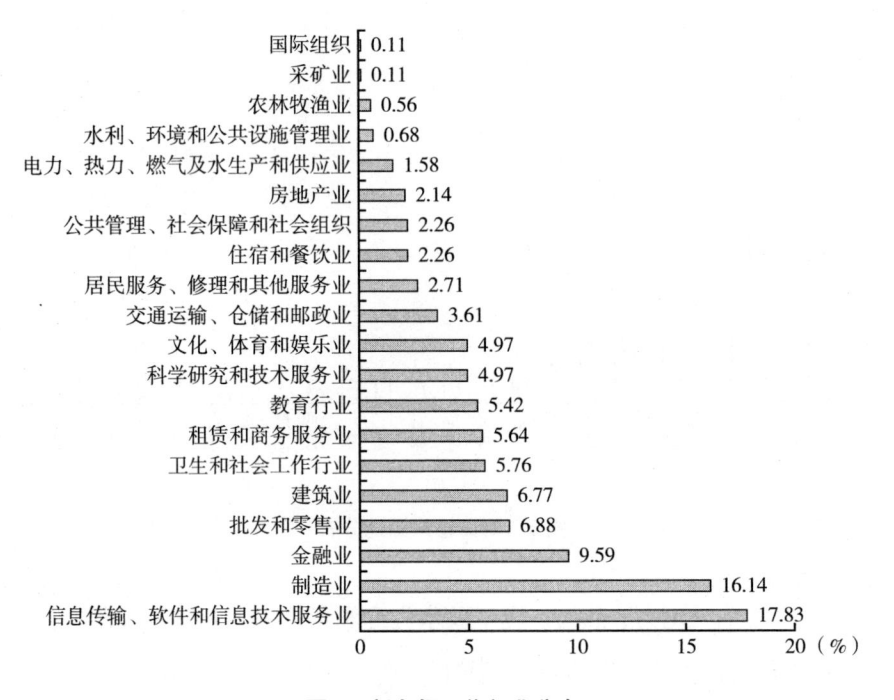

图3 新白领工作行业分布

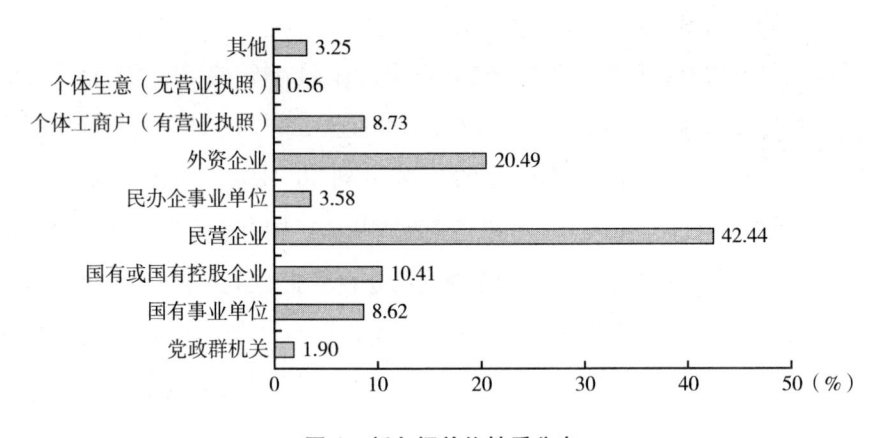

行业	百分比
国际组织	0.11
采矿业	0.11
农林牧渔业	0.56
水利、环境和公共设施管理业	0.68
电力、热力、燃气及水生产和供应业	1.58
房地产业	2.14
公共管理、社会保障和社会组织	2.26
住宿和餐饮业	2.26
居民服务、修理和其他服务业	2.71
交通运输、仓储和邮政业	3.61
文化、体育和娱乐业	4.97
科学研究和技术服务业	4.97
教育行业	5.42
租赁和商务服务业	5.64
卫生和社会工作行业	5.76
建筑业	6.77
批发和零售业	6.88
金融业	9.59
制造业	16.14
信息传输、软件和信息技术服务业	17.83

图4 新白领单位性质分布

单位性质	百分比
其他	3.25
个体生意（无营业执照）	0.56
个体工商户（有营业执照）	8.73
外资企业	20.49
民办企事业单位	3.58
民营企业	42.44
国有或国有控股企业	10.41
国有事业单位	8.62
党政群机关	1.90

56.68%，大专学历占18.72%）。非公有制经济的新白领中研究生学历占到16.22%，本科学历占49.37%，大专学历占34.41%（见图6）。总的来看，本科学历新白领构成了主体部分。

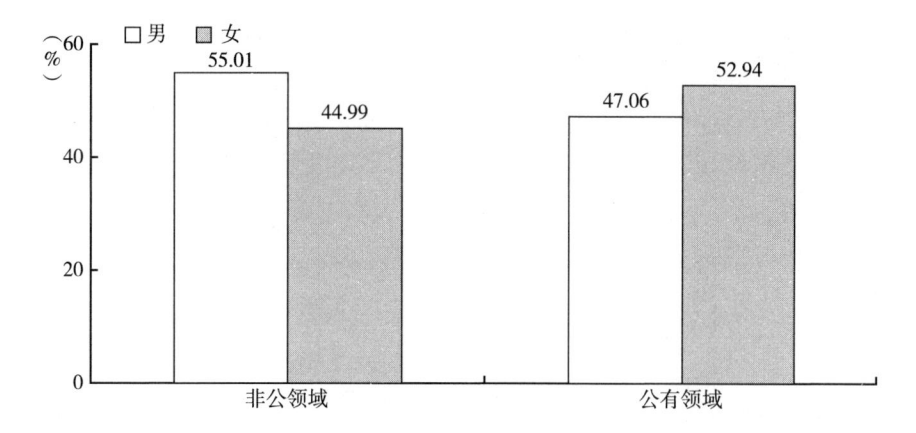

图5 新白领单位性质和性别分布

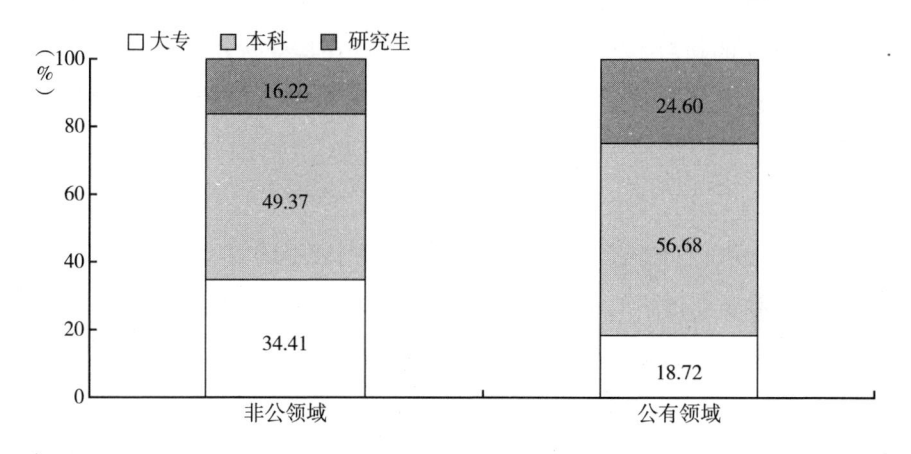

图6 新白领单位性质和受教育程度分布

非公有制领域对外地白领的吸纳能力更强,包容度更大。调查数据显示,在非公有制领域,仅有22.74%的新白领拥有上海户口,有77.26%的新白领是外地户口。而在公有制领域,上海户口的新白领占到了53.23%,外地户口的比例为46.77%(见图7)。

4. 不同类型新白领的工作时间和收入存在明显差异

调查数据显示,上海新白领每周实际工作时间为44.2小时,月平均工资为12573.8元。当问及受访者所在工作机构是否提供或资助职业技能培训

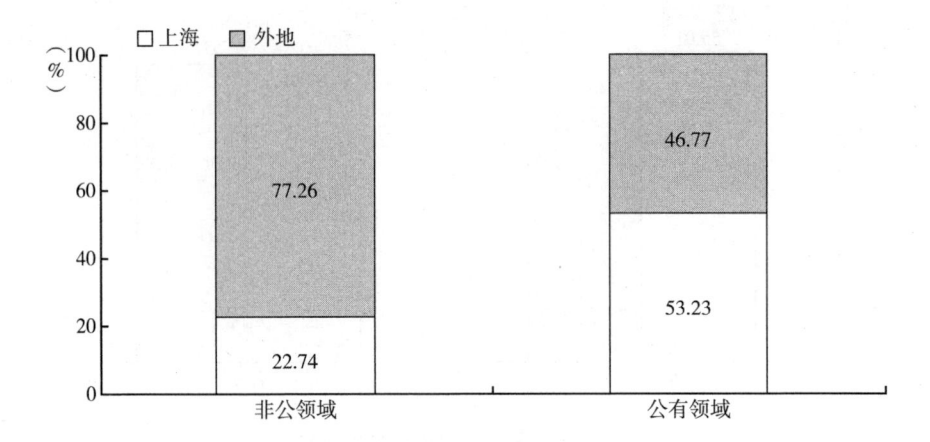

图7 新白领单位性质和户口分布

时，有32.9%的新白领表示没有接受过培训；在接受过相关技能培训的新白领中，接近一半（47%）的培训没有国家或行业认可的职业资格证书。从不同性别、单位性质、户口类型来看，新白领的工作时间和收入存在一定的差异性。

从实际工作时间来看，非公有制领域的新白领平均每周工作44.6小时，高于公有制领域新白领的42.7小时（见图8）。非公有制领域新白领的平均月收入也高于公有制领域的新白领，前者平均每月收入13432元，后者仅为9273元（见图9）。

外地户口的新白领每周工作时间为44.9小时，高于上海户口新白领的42.5小时（见图10）。但外地户口新白领的平均月收入为11628元，低于上海户口的14961元（见图11）。由此可见，对于外地户口的新白领来说，他们虽然付出更多的劳动，但收入情况并不乐观。

同时，数据也表明男性新白领的工资收入要远远高于女性。男性新白领每月收入15657.8元，而女性仅为8938.6元（见图12）。

5. 不同类型新白领的社会保障存在明显差异

数据显示，新白领的社会基本医疗保险参保率为93.95%，社会基本养老保险的参保率为92%，失业保险的参保率为84.77%，缴纳住房公积

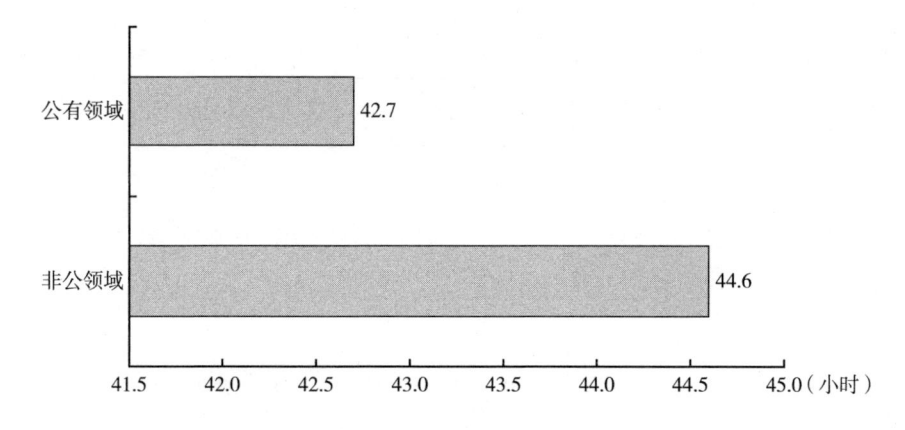

图8 不同单位性质新白领每周工作时间情况

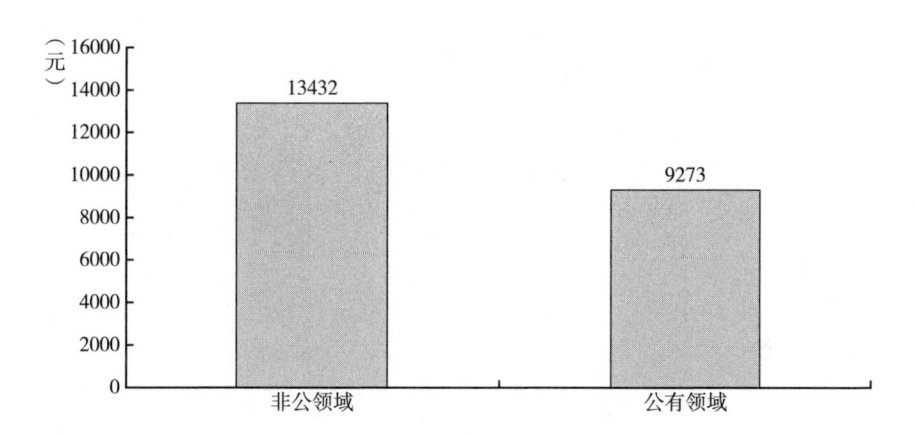

图9 不同单位性质新白领每月工资收入情况

金的比例为83.37%。从数据中我们可清楚地看到,在各项社会保险的参保率方面,公有制领域的新白领参保率要高于非公有制领域的新白领(见图13)。

总体来说,女性新白领社会保障状况比男性更好,但男性新白领更具保障深度。社会基本医疗保险、社会基本养老保险、失业保险、住房公积金的参保率,女性新白领比男性更高。但在单位补充医疗保险、单位补充养老保险和单位补充住房公积金方面,男性新白领比女性更占优势(见图14)。

社会蓝皮书

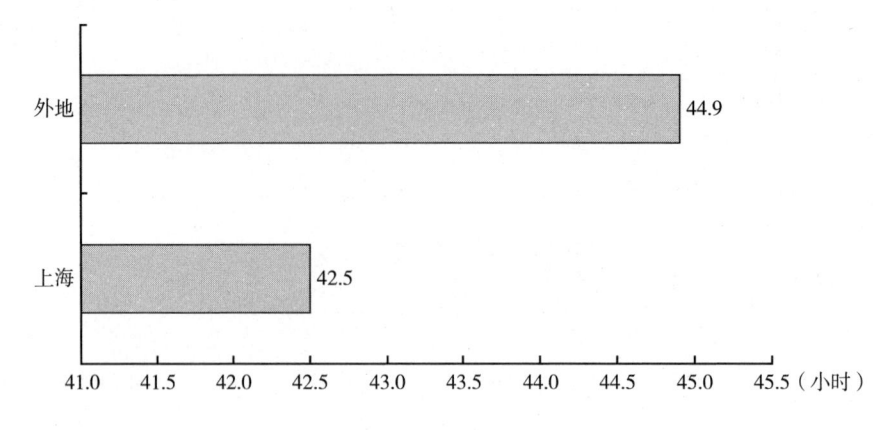

图10 不同户口新白领每周工作时间情况
- 外地：44.9
- 上海：42.5
（小时）

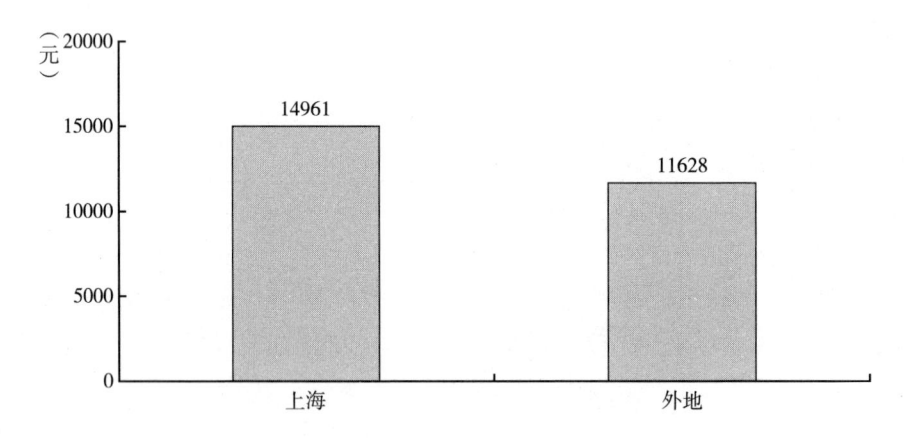

图11 不同户口类别新白领每月工资收入情况
- 上海：14961
- 外地：11628
（元）

本地户口的社会保障状况普遍要比外地户口好。上海户口新白领的社会基本医疗保险参保率为96.90%，高于外地户口的92.72%；上海户口新白领的社会基本养老保险参保率为96.89%，高于外地户口的90.13%；上海户口新白领的失业保险参保率为90.66%，高于外地户口的82.45%；上海户口新白领缴纳住房公积金的比例为92.61%，高于外地户口的79.52%。只有在单位补充住房公积金方面，外地户口新白领的缴纳比例（42.51%）略高于上海户口新白领（41.95%），见图15。

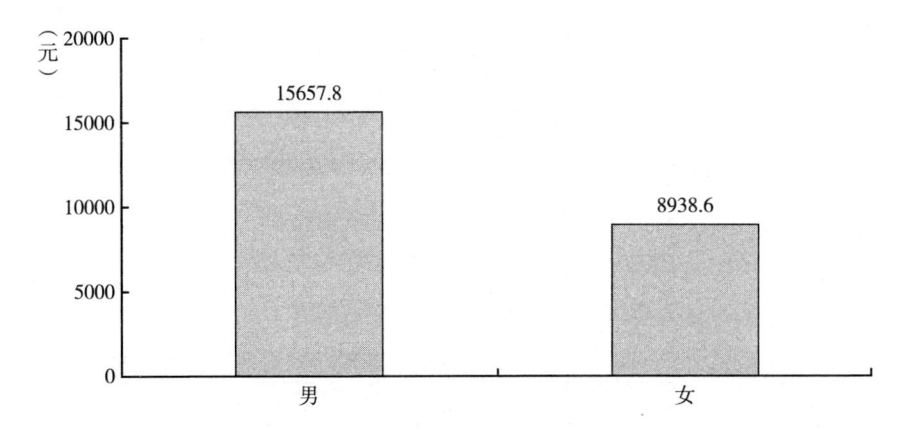

图12　不同性别新白领每月工资收入情况

（男：15657.8元；女：8938.6元）

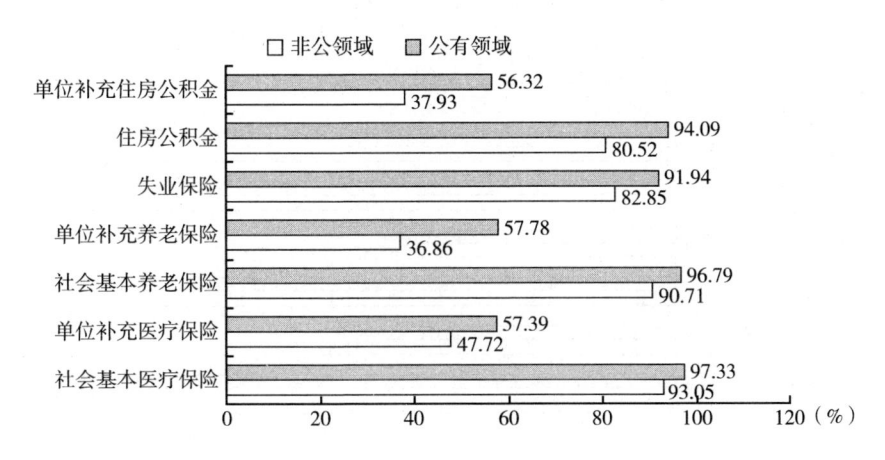

图13　不同单位性质新白领社会保障情况（非公领域／公有领域，%）

- 单位补充住房公积金：56.32 / 37.93
- 住房公积金：94.09 / 80.52
- 失业保险：91.94 / 82.85
- 单位补充养老保险：57.78 / 36.86
- 社会基本养老保险：96.79 / 90.71
- 单位补充医疗保险：57.39 / 47.72
- 社会基本医疗保险：97.33 / 93.05

三　上海新白领的社会生活

1. 新白领的居住

新白领流动较频繁，房屋产权拥有率较低，居住类型比较固定。上海新白领平均发生居住迁移2.6次，七成以上（71.2%）的上海新白领没有房屋产权。从居住类型来看，上海新白领主要居住在普通商品房（占到

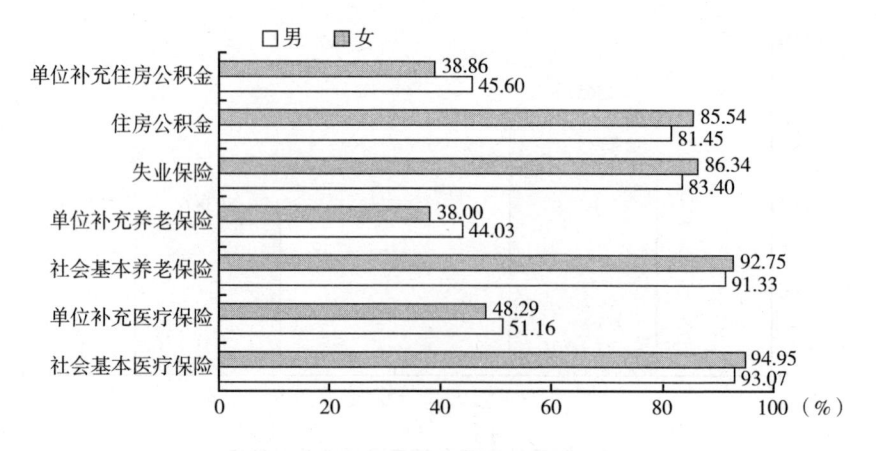

图14 不同性别新白领社会保障情况

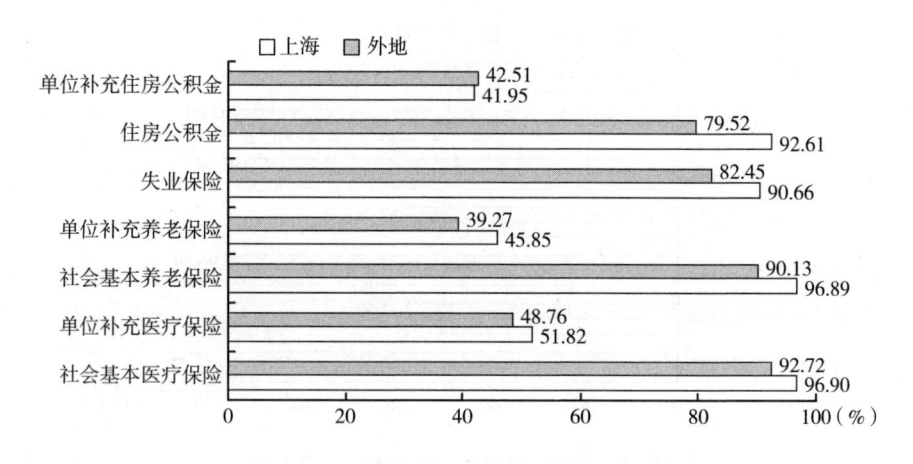

图15 不同户口新白领社会保障情况

45.30%），其次是居住在老工/公房（占到24.44%），居住在单位公寓/宿舍的比例排在第三（占到7.33%），见图16。

2. 新白领的通勤

居住在中心城区的新白领占到40.74%，居住在近郊的比例为42.08%，居住在远郊的新白领比例仅仅为17.19%（见图17）。

从通勤时间来看，居住在中心城区的新白领通勤时间最短，平均每天耗费41.6分钟；居住在远郊的新白领每天的通勤时间平均为45分钟；近郊的

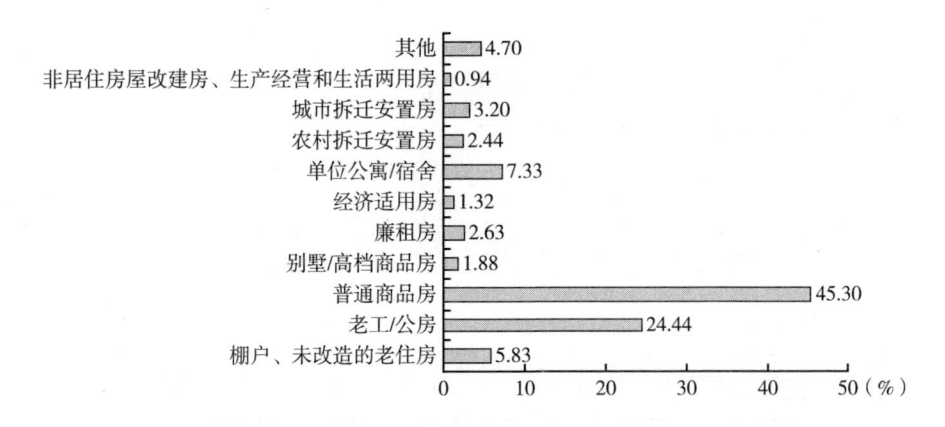

图16 新白领的房屋类型

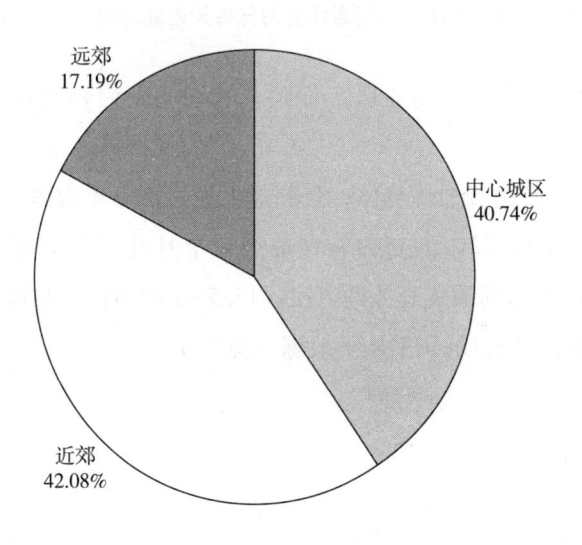

类型	百分比
其他	4.70
非居住房屋改建房、生产经营和生活两用房	0.94
城市拆迁安置房	3.20
农村拆迁安置房	2.44
单位公寓/宿舍	7.33
经济适用房	1.32
廉租房	2.63
别墅/高档商品房	1.88
普通商品房	45.30
老工/公房	24.44
棚户、未改造的老住房	5.83

图17 新白领的居住区域

- 远郊 17.19%
- 中心城区 40.74%
- 近郊 42.08%

新白领花费的通勤时间最久，达到49.5分钟（见图18）。

3. 新白领的健康

新白领生活方式更健康，更关注健康管理。超过八成的新白领没有吸烟喝酒的习惯，七成以上并未患常见疾病。接受调查的新白领中仅有18.3%表示有吸烟的习惯，17.1%表示有饮酒的习惯。调查结果同样显示，过去12个月内，有70.4%的新白领做过健康体检。同时超过三成

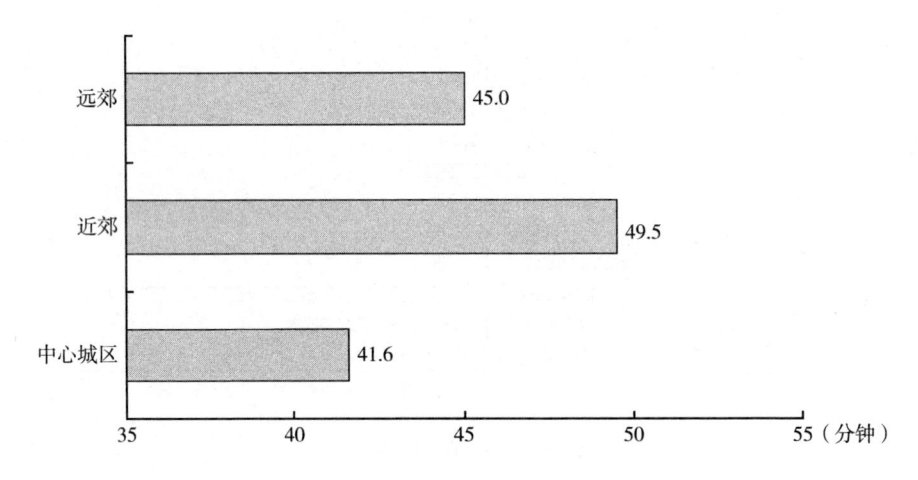

图18 不同居住空间与每天通勤时间

（31%）的新白领购买了商业医疗保险。这说明新白领比较注重自己的身体健康。

六成以上的新白领锻炼身体，且超过七成过去1年内做过健康体检。调查结果显示，有14.52%的新白领在最近三个月几乎每天都锻炼身体，有16.67%的新白领每周锻炼身体两三次，17.55%的新白领每周锻炼一次，仅有36.49%的新白领表示几乎从不锻炼（见图19）。

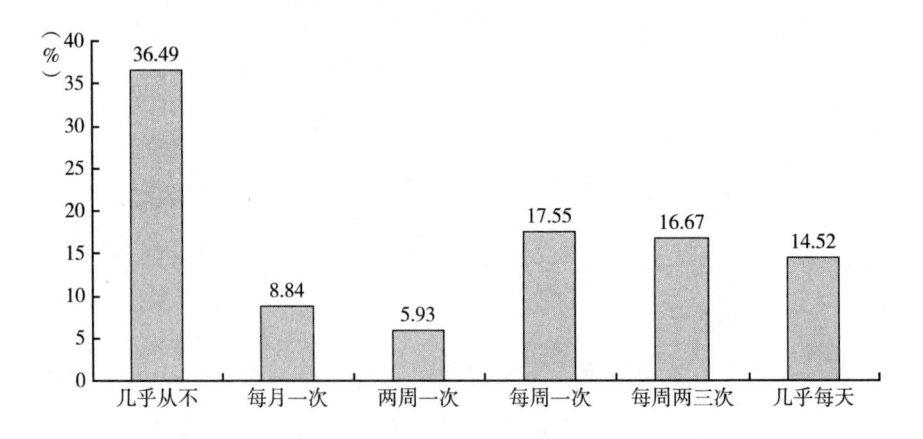

图19 最近三个月锻炼身体情况

多数新白领的睡眠和休息情况比较良好。过去一个月，新白领平均每晚睡眠时间在6.9小时左右，超过一半（54%）的受访者表示早晨醒来后觉得休息充分，只有18%表示很少或从来没有得到充分休息（见图20）。

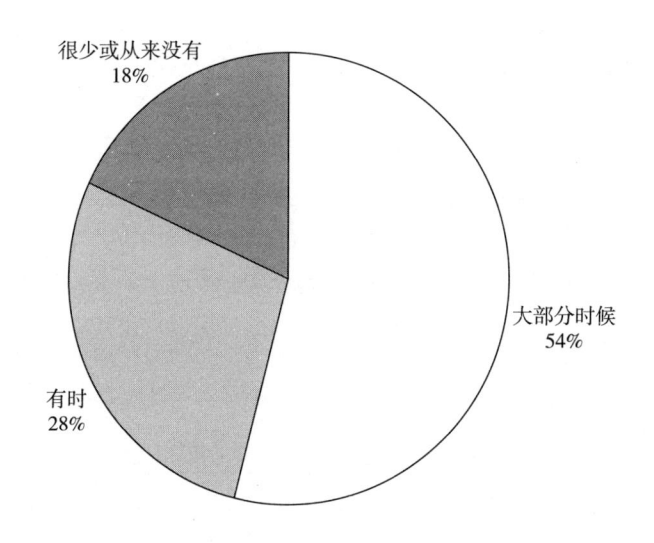

图20　早晨醒来后是否觉得休息充分

从疾病情况看，大部分（72.29%）新白领没有被诊断出患有常见疾病。在患病的新白领中，患有肠胃道疾病的比例最高，占到13.60%；其次是患有高血脂/高胆固醇的比例，达到6.17%；患有肺部疾病和高血压的比例分别为3.90%和3.78%（见图21）。

4. 新白领的社会交往

新白领社会交往较广，异质性较大。虽然大部分新白领少年时期没有在上海生活的经历，但新白领的社会交往较为充分。数据显示，86.2%的受访者表示在14岁之前没有在上海生活过半年以上。31%左右的受访者有过在上海的求学经历，平均上学时间为5.6年。在询问受访者的社会交往时，接近四成（38.46%）的受访者表示自己的朋友大多是外地人，还有3.53%的受访者表示自己的朋友全是外地人。约20%的受访者表示自己的朋友大多是本地人（见图22）。

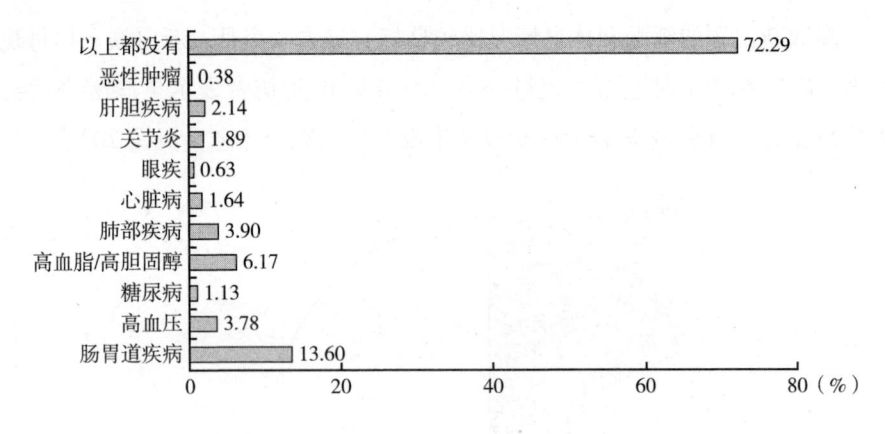

疾病	百分比
以上都没有	72.29
恶性肿瘤	0.38
肝胆疾病	2.14
关节炎	1.89
眼疾	0.63
心脏病	1.64
肺部疾病	3.90
高血脂/高胆固醇	6.17
糖尿病	1.13
高血压	3.78
肠胃道疾病	13.60

图 21　新白领的常见疾病

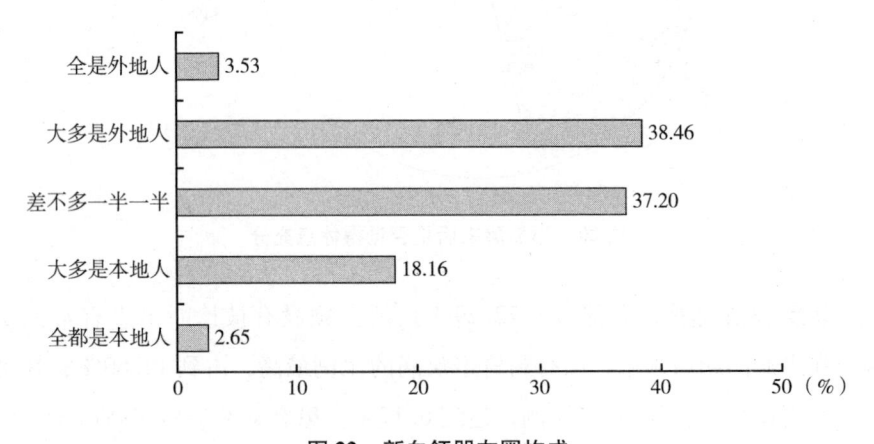

构成	百分比
全是外地人	3.53
大多是外地人	38.46
差不多一半一半	37.20
大多是本地人	18.16
全都是本地人	2.65

图 22　新白领朋友圈构成

超过一半（52.03%）的新白领的外地朋友大多不是老乡，还有20.25%的新白领的外地朋友中有接近一半的老乡（见图23）。上海新白领的社会网络和社会交往还是比较广泛、充分的。

四　上海新白领的社会态度

1. 新白领工作满意度较高，有三成有跳槽意愿

总体来看，约六成的新白领对工作比较满意（满意的占47.93%，很满

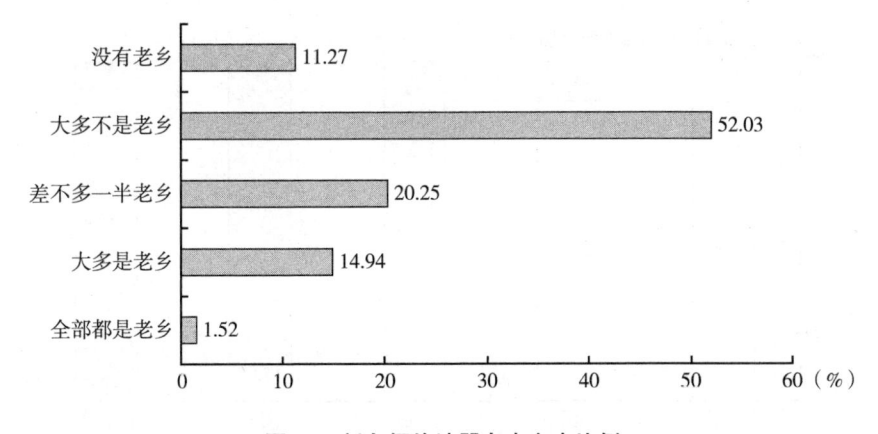

图 23 新白领外地朋友中老乡比例

意的占 12.74%）。表示对工作很不满意的新白领占到 0.45%，不满意的占到 1.90%，表示一般的占 36.98%（见图 24）。由此可见，上海新白领的工作满意度还是比较高的。

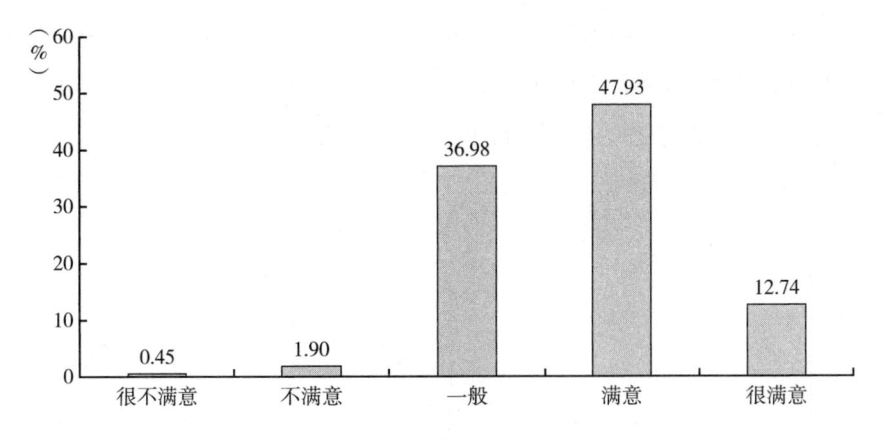

图 24 新白领的工作满意度

在接受访问的新白领中，有 30% 的受访者表示有跳槽的意愿，还有 70% 的新白领不准备跳槽。新白领对工作越不满意，越有跳槽的意愿。对工作很不满意和不满意的新白领中，想要跳槽的比例分别达到 75% 和 88.24%（见图 25）。

199

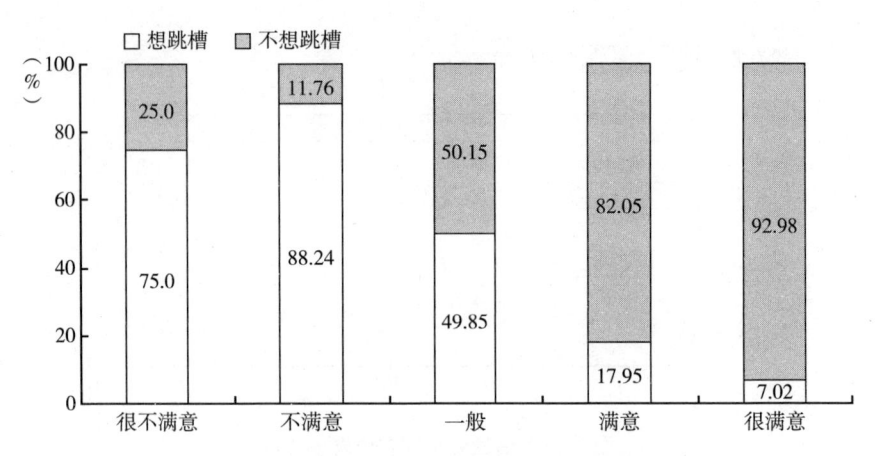

图25 新白领的工作满意度与跳槽意愿

2. 新白领居住条件较好，住房满意度较高

数据显示，新白领住所的人均建筑面积为24.4平方米，与上海社会科学院社会调查中心、社会学研究所的上海居民住房及物业状况调查得到的人均24.16平方米居住面积基本符合。① 当问及对住房的满意度时，仅有约10%的受访者表示不满意（非常不满意的占1.56%，不满意的占8.37%）。一半以上的新白领对于住房是满意的（非常满意的占7.48%，满意的占42.63%），见图26。

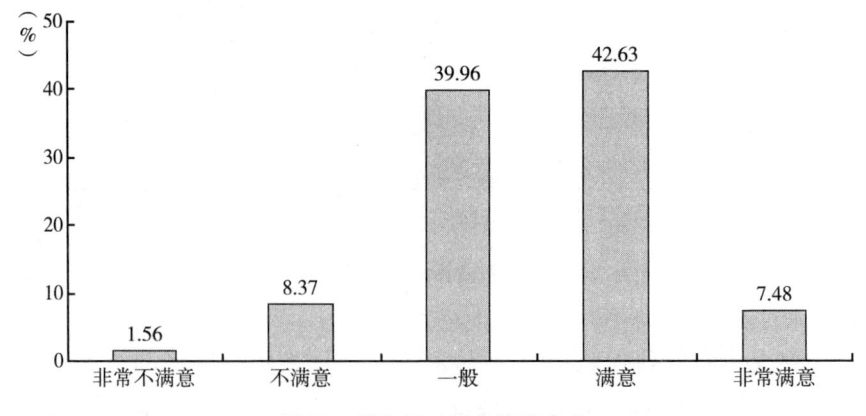

图26 新白领对住房的满意度

---

① 资料来源：http://news.163.com/15/0414/10/AN5G8I8700014AED.html。

3. 多数新白领不认为自己是弱势群体，仅有少数新白领认为收入不公平

接近六成（58.70%）的新白领不认为自己是弱势群体（认为"完全不是"的比例为16.50%，认为"不是"的比例为42.20%），只有12.79%的受访者认为自己"是"和"完全是"弱势群体（见图27）。

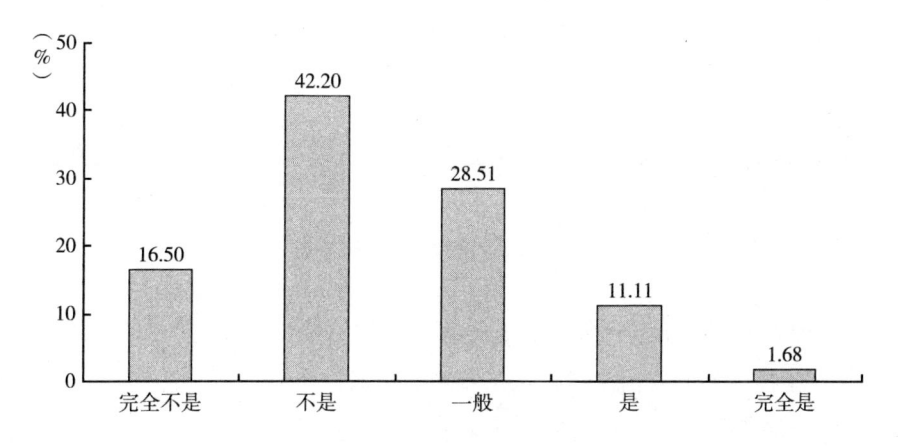

图27 认为自己是否弱势群体

33.63%的新白领认为自己目前的收入与教育背景和工作能力等相匹配，获得了相应的回报。其中30.32%的人认为比较公平，3.31%的人认为非常公平。仅有17.83%的受访者认为自己的收入不公平（见图28）。超过七成（71.8%）的新白领表示没有离开上海到其他地方工作或生活的打算。

4. 新白领的价值观和社会态度趋于多元

一半以上的新白领对门当户对的婚姻观表示赞同，其中表示完全同意的占到10.1%，表示比较同意的占到46.1%。有24.71%的新白领对此无所谓。接近20%的新白领不同意门当户对是婚姻幸福的必要前提。

超过六成的新白领赞同立法允许"安乐死"，其中非常赞同的占到16.3%，比较赞同的占到44%。有24.7%的新白领对此态度一般。表示不赞同的比例接近15%。

对待立法禁吃狗肉的态度，赞同（33.5%）、不赞成（32.1%）和一般（34.4%）的比例大致相当。

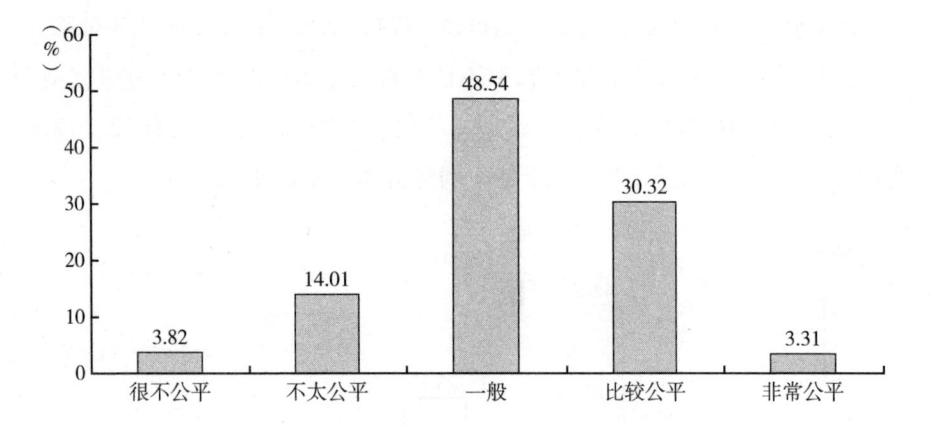

图28 认为目前收入是否公正

同时，53.2%的新白领在过去一年中发生过给机构或个人捐赠钱物的行为，还有15.2%的新白领做过义工或者志愿者。

5. 上海新白领社会融入良好，但自我认同感不高

从对待上海人的态度来说，仅有不到8%的新白领明确表示不喜欢上海人（很不喜欢占2.53%，不太喜欢占5.32%），明确表示喜欢之情的新白领超过30%（很喜欢占到9.25%，比较喜欢占到25.60%），见图29。

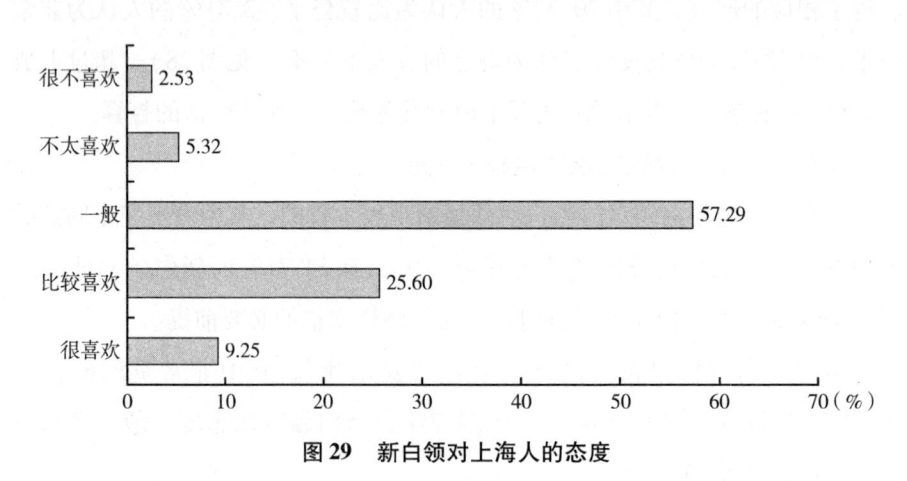

图29 新白领对上海人的态度

通过社会距离量表，我们发现，超过九成的受访新白领愿意和本地人一起工作（93.63%），愿意和本地人同住一个社区（96.44%），愿意和本地

人做邻居（92.98%）。当问及是否愿意让本地人来家做客时，有87.10%的受访者选择了愿意。还有89.45%的新白领愿意自己的子女亲属与本地人谈恋爱（见图30）。总体来看，上海新白领的社会融入状况较好，社会关系也较好。

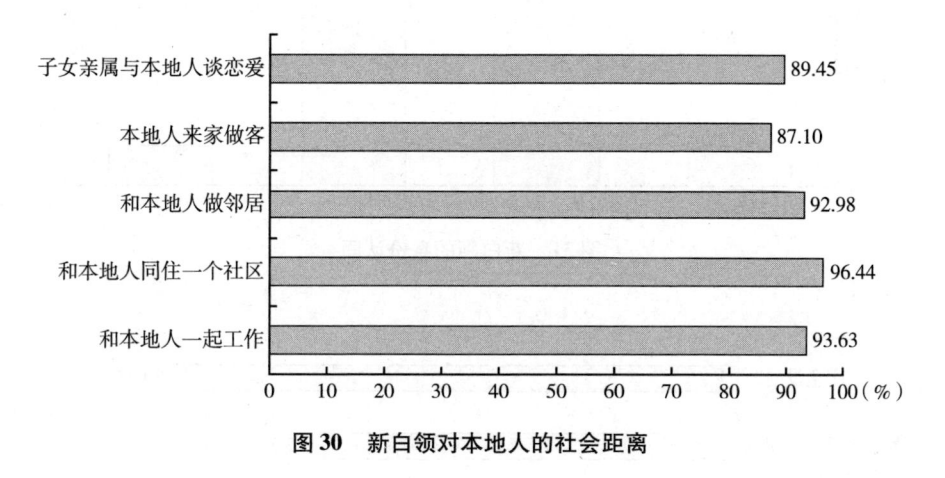

图30 新白领对本地人的社会距离

类别	百分比
子女亲属与本地人谈恋爱	89.45
本地人来家做客	87.10
和本地人做邻居	92.98
和本地人同住一个社区	96.44
和本地人一起工作	93.63

对于自我的身份认知，一半以上（55.54%）的新白领认为自己是外地人，接近三成（29.60%）的新白领认为自己是新上海人，只有7.81%的受访者认为自己是上海人（见图31）。可以看到，多数上海新白领并不认同自己是上海人。

6. 新白领对社区安全具有信心，邻里交往和互动程度比较高

通过调查发现，新白领对于社区发生的入室盗窃感知率仅有6.9%。当询问晚上十点以后敢不敢在小区附近单独步行外出时，85.8%的受访者表示没有任何安全顾虑。这说明新白领对于社区安全具有一定的信心。

同时调查也表明，62.5%的受访者与社区内的邻居有过交谈、聊天或相互拜访。一半左右（49.5%）的受访者知道隔壁邻居是做什么工作的。当问及假如外出是否可以委托邻居代收快递时，超过一半（54.23%）的受访者认为没有问题，其中完全没问题的占30.97%，多数情况下没问题的占23.26%（见图32）。

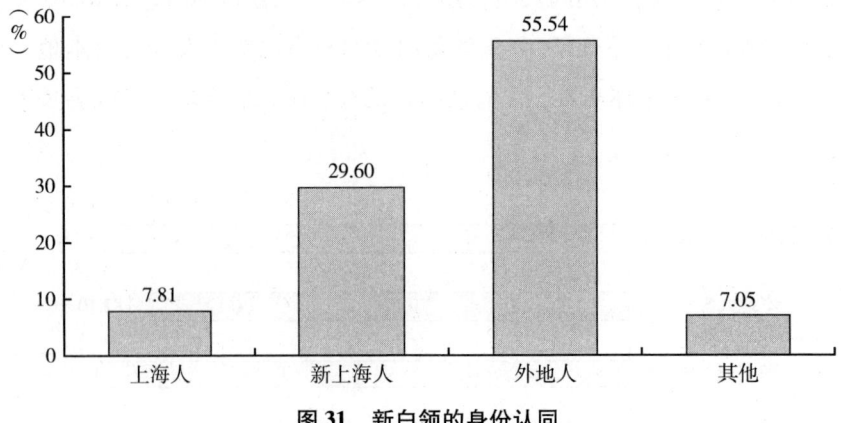

图31 新白领的身份认同

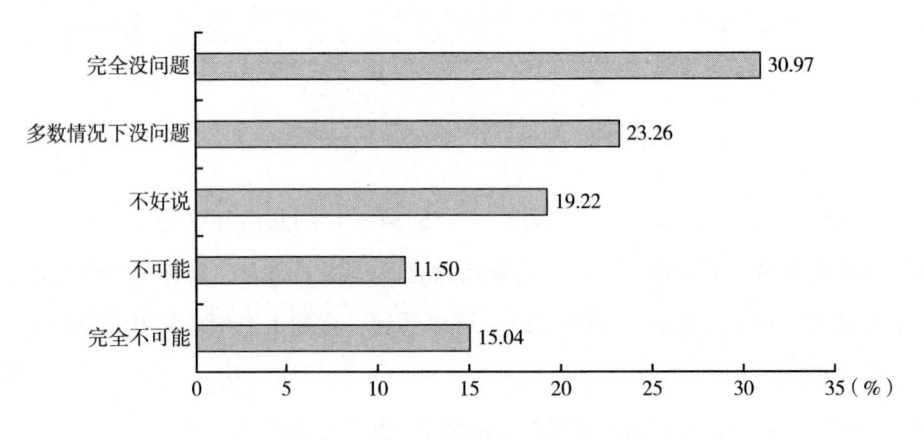

图32 是否可以委托邻居代收快递

7. 新白领社区参与比例较低，社区认同感较为一般

数据显示，新白领参加小区业主大会投票的比例仅为18.5%，参加关于小区公共事务的讨论会议的比例仅为7.9%，向居委会、业委会、物业等提供建议或意见的比例为17.7%（见图33）。总体来看，新白领的社区参与程度不高。同时，多达91.3%的新白领不认识自己社区的居委会主任，还有35.8%的新白领不知道社区居委会办公室的地址。

通过量表设计我们获得新白领对于社区的认同感，对每条陈述的观点从很不同意到非常同意（1~5分）进行判断，分值越高代表社区认同感越强。

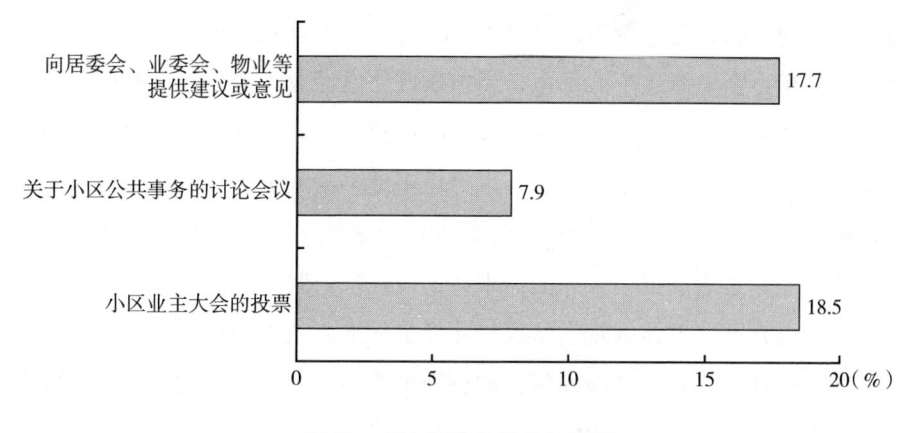

图33 新白领的社区参与情况

结果显示,上海新白领的社区认同感仅仅处于平均水平。"我可以信任住在这里的人"的认同感为3.3分,"住在这里的人们愿意相互帮忙"的认同感为3.5分,"我有资格与能力参与小区事务的决定"的认同感仅为2.7分,"我能较好地认识到小区存在的重大问题"的认同感为3.0分(见图34)。

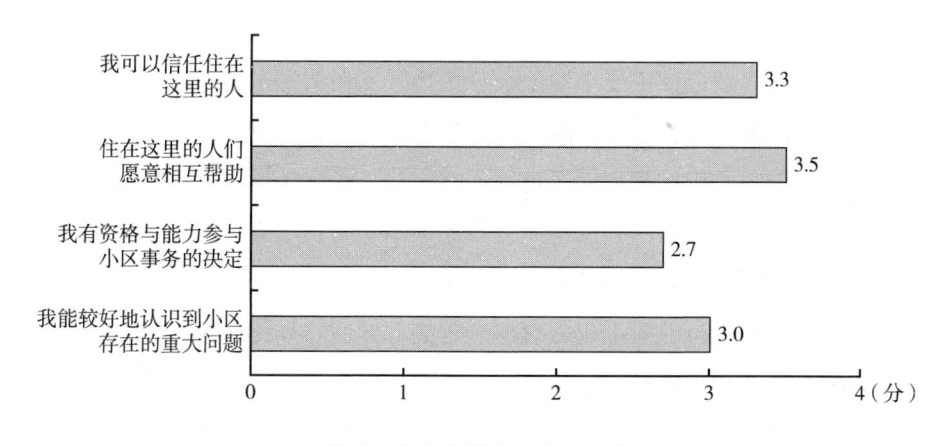

图34 新白领的社区认同程度

五 小结

伴随改革开放的深入发展,中国社会的人口流动日益频繁。同时,由于高等教育的扩张，越来越多受过高等教育的年轻人留在城市，在城市中寻找他们的梦想。在上海这个大都市，新白领群体已经成为这个城市不可或缺的一部分。近年来，随着一系列深化改革的措施在上海落地生根，上海正在成为中国新一轮改革开放的试验田，也将更多地参与到全球竞争中，成为全球城市格局中一个重要的"节点"。全球性的要素流动与配置使得上海对人才的需求，尤其是对高素质人才的需求，比以往任何时候都更加迫切。只有深入了解新白领这个群体的现实状况，才能更精准有效地为他们提供一个良好的工作生活环境，更好地激发他们的创新创造能力，为上海发展成为具有世界影响力的卓越城市贡献力量。

通过实证研究，我们看到，在优化经济结构、推进供给侧结构性改革的大背景下，上海新白领积极活跃在非公经济各行各业的战线上，上海新白领对于上海的满意度较高，在上海的社会交往比较频繁且社会融合程度较高，对于上海社会的信心也比较强。但同时我们也要看到，上海的人才国际化程度还很低，人才与经济社会发展的融合度还不够高，人才的聚集能力相对有限。

首先，上海新白领主要来源于长三角地区；在上海未来重点发展的金融服务、信息服务、科技服务、高端制造和人工智能等行业，上海新白领的数量、质量与分布结构匹配程度还远远不够；非公经济领域内高学历新白领的比例相对较低；上海新白领的空间分布还很不均匀，集聚程度相对有限。

其次，上海新白领工作状况、生活保障状况较好且满意度总体较高，但在性别、户口和单位性质上仍表现出一定的差异性。具体来说，男性新白领和女性相比在劳动力市场更具优势；本地户口的缺失使得新白领移民不同程度地遭受制度、经济和社会方面的不平等；市场和制度环境的差异也迫使新白领群体自我区隔。种种因素也直接或间接造成了新白领群体认同感和获得感的丧失。

再次，在上海新白领身上，我们看到了十分典型的中产阶级式生活方式和都市社会生活的显著特征。在一个高风险、高流动、高速度的大都市社会中，新白领群体既要面对包括住房压力在内的显性压力，同时也要不断调整和处理自我和外在环境之间的隐形压力,从而导致这个群体的价值观念和社会态度日趋分化。

最后,我们还发现新白领的社会交往和社会互动是比较充分的,社会融入程度也相对较高,但社区参与度和社区认同感相对较低。新白领应该是社区中最具有参与能力和潜在公共精神的群体,社会融合也应该最终体现在社区融入上。应激发新白领群体社区参与的积极性,提高他们对于社区的归属感。

参考文献

〔美〕C. 赖特·米尔斯:《白领:美国的中产阶级》,周晓虹译,南京大学出版社,2016。

李春玲:《中等收入群体与中间阶层的概念定义——社会学与经济学取向的比较》,《国家行政学院学报》2016年第6期。

李培林:《中产阶层成长和橄榄型社会》,《国际经济评论》2015年第1期。

李强:《中国离橄榄型社会还有多远——对于中产阶层发展的社会学分析》,《探索与争鸣》2016年第8期。

李强、王昊:《我国中产阶层的规模、结构问题与发展对策》,《社会》2017年第3期。

吴晓刚、孙秀林:《城市调查基础数据库助力社会治理》,《中国社会科学报》2017年11月8日。

杨雄:《上海"白领"青年职业生活调查》,《青年研究》1999年第6期。

张翼:《中国社会阶层结构变动趋势研究——基于全国性CGSS调查数据的分析》,《中国特色社会主义研究》2011年第3期。

B.12
中国老年人互联网生活调查报告

朱 迪 高文珺 朱妍桥*

摘　要： 越来越多的老年人接入互联网并构建了独特的互联网文化。本报告通过典型现象描述老年人的互联网生活，包括互联网相关硬件与功能使用、互联网支付、互联网与老年人的社会参与、鸡汤养生文偏好以及互联网受骗。数据来自八个城市的调查数据和多个互联网平台的大数据。研究显示，老年人的互联网使用能力和参与程度受到已有的社会经济地位影响；但是，老年人对互联网的态度、认知和理解也在其互联网生活中发挥着显著的作用，老年人对互联网的认同以及开放、自信和不断学习的态度有助于增强其互联网行动能力和抵御风险能力。政府、社区和家庭应当加强干预与合作，多方面提高老年人的网络素养，将互联网与新科技切实用来提升老年人的生活质量。

关键词： 互联网　老年人　行动能力　互联网愿景　网络安全素养

从世界范围来看，越来越多的老年人接入了互联网。美国皮尤研究中心的调查早在2012年就发现65岁以上的互联网使用者超过了53%。[①] 虽然老年人与年轻人相比在互联网接入方面（包括设备、基础设施、技能等）差

---

* 朱迪，中国社会科学院社会学研究所副研究员；高文珺，中国社会科学院社会学研究所助理研究员；朱妍桥，腾讯互联网与社会研究中心研究员。
① 资料来源：http://www.pewinternet.org/2012/06/06/older-adults-and-internet-use。

异逐渐缩小，但是在互联网应用方面依然相对弱势。另外，不可否认的是，老年人通过自己的生活经验和对生活的理解，构建了独特的互联网使用方式，比如中老年表情包、鸡汤养生文，形成了区别于年轻人的互联网文化。

本报告以 50 岁及以上人群为研究对象，试图通过典型现象分析来刻画老年人的互联网生活。本报告不仅关注老年人的互联网使用方式在人口特征和社会经济地位上的差异，也通过行动愿景（即对互联网的态度、认知和理解）和心理机制来理解老年人互联网生活中的诸种行动和选择。

数据来源包括调查数据和大数据。调查数据来自中国社会科学院国情调查与大数据研究中心和腾讯互联网与社会研究中心合作进行的八个城市问卷调查。大数据来源有两个：①TBI 腾讯浏览指数，依托 TBS 腾讯浏览服务，接入终端为智能手机，符合年龄界定的样本量为 35759363 个（数据收集时间为 2017 年 7 月 27 日至 10 月 27 日）；②喜马拉雅 FM 互联网音频用户数据，由喜马拉雅研究院提供，接入终端为包括智能手机、平板电脑在内的移动设备，有年龄数据且符合年龄界定的样本量为 20970 个（数据收集时间为 2017 年 9 月 26 日至 10 月 26 日）。本文选取老年人互联网生活中的典型现象进行分析，包括互联网相关硬件与功能使用、互联网支付、互联网与老年人的社会参与、鸡汤养生文偏好以及互联网受骗；此外，互联网行动愿景以及心理机制作为重要的解释机制，也将在报告中进行呈现。

一 互联网相关硬件和功能使用

（一）老年人对智能手机的速度和存储空间有要求

本报告的调查数据来自 2017 年在全国八个城市进行的抽样调查，调查对象为使用微信的 50 岁及以上人群，总共获得 800 个有效样本，样本基本情况如表 1 所示。

表1 调查人群基本人口特征

单位：%

人口特征	类别	人数百分比
性别	男	46.8
	女	53.3
年龄	50~60岁	62.3
	61~70岁	29.9
	71~80岁	7.9
受教育程度	未上过学（包括扫盲班）	0.6
	小学（包括私塾）	12.6
	初中	38.1
	高中/中专/职高	38.9
	大学专科	6.5
	本科及以上	3.3
婚姻状况	有配偶	92.0
	丧偶	5.3
	离婚	2.5
	从未结婚	0.3

智能手机是老年人接入互联网的重要硬件。受访者中，大多数老年人都将屏幕大视为手机最重要的性能，如表2所示，这可以理解为是与其视力状况相对应的性能需求。另外，存储空间大、性价比高和速度快也是超过1/3的老年人所看重的方面，其中性价比高体现了老年人精打细算的特点。同时，老年人对手机的需求已不局限于基本通信，对速度和存储空间都有了更高追求，这与其开始使用更多的互联网功能和智能手机功能有关，如上网浏览和存储照片、视频等。此外，1/4左右的老年人表示看重手机的音响效果和拍摄功能。

绝大多数（90.6%）老年人对自己的手机感到满意，只有9.4%的老年人不满意自己现在使用的手机，而不满意的理由中，屏幕小、运行速度慢、存储空间不够是选择人数最多的三个原因，再次印证了老年人智能手机使用行为的丰富性。

表2 老年人对智能手机的性能要求

单位：个，%

重要的手机性能	选择人数百分比	不满意手机的原因	选择人数百分比
屏幕大	65.80	屏幕小	46.70
存储空间大	37.40	运行速度慢	42.70
性价比高	37.00	存储空间不够	36.00
速度快	33.50	外观不好看	18.70
音响效果好	25.60	运行不稳定、死机	18.70
拍摄功能好	24.30	拍摄功能不好	17.30
外观时尚	14.30	音响效果不好	16.00
小巧便携	7.30	老旧机型	14.70
其他	0.90	体积笨重	8.00
样本量	800	样本量	75

（二）老年人的互联网体验更加全方位

调查询问了老年人日常上网时会用到的一些功能，包括信息获取、沟通交流、生活娱乐等方面。总体上，老年人对互联网的应用仍然集中于沟通交流和信息获取方面，但是数据也揭示，一些在人们印象中年轻人专属的便捷功能渐渐融入老年人生活当中，如看视频、手机支付、手机导航、打车软件、微信小程序等。

如表3所示，在知识获取方面，75.8%的老年人会上网看新闻资讯，超过半数（56.6%）的老年人可以自己搜索，还有一些老年人（45.9%）会关注浏览微信公众号的文章。而在微信交流方面，绝大多数（98.5%）老年人都会微信聊天，超过八成的老年人会在微信中发表情、点赞朋友圈、接收或发红包，近七成老年人会拍摄和转发小视频。

在生活应用方面，老年人应用网络的比例相对较低，四成老年人会在网上缴纳手机话费，约三成的老年人会网上购物、会手机导航，1/4左右的老年人会用打车软件或网上缴纳水、电、煤气等生活费用。而会使用网上挂号、订火车票机票、订宾馆这些便利服务的老年人所占比例都很低。但是也有超过半数的老人表示会用手机支付，这表明时下流行的移动互联网支付在老年人群体中也有一定的流行度。

在娱乐休闲方面，多数（59.3%）老年人会用手机看视频，但是用手机听音频的比例较低，不到两成。还有部分老年人会使用手机制作相册（25.0%）和微信表情包（20.0%）这些趣味性功能。相信会有越来越多的老年人可以全方位地享受互联网所带来的便捷生活和乐趣。

表3 老年人对互联网各方面功能的使用

单位：%

类别	互联网功能	会用人数比例
知识获取	微信或上网看新闻和资讯	75.8
	关注公众号/订阅号并浏览文章	45.9
	上网搜索信息、新闻	56.6
微信交流	微信聊天	98.5
	微信里发表情、图片	81.8
	微信里拍摄和转发小视频	68.9
	微信朋友圈点赞、评论	81.6
	微信接收或发红包	83.0
生活应用	网上缴手机话费	40.6
	网上缴水、电、煤气等生活费用	22.1
	网上购物	32.6
	网上挂号	12.1
	网上订火车票、机票	15.4
	网上订宾馆	11.6
	用手机软件（如滴滴、快车）打车	25.8
	手机导航	33.1
	手机支付	51.5
	微信小程序	22.0
娱乐休闲	使用全民K歌、唱吧等娱乐软件	16.4
	使用手机收听节目,如喜马拉雅FM、懒人读书等	19.0
	用手机看视频,如腾讯视频	59.3
	手机上制作相册	25.0
	制作微信表情包	20.0

(三)老年人点击最多的资讯：心灵鸡汤、幽默段子和时事新闻

根据 TBI 腾讯浏览指数，排名前 20 位的老年人浏览主题如表 4 所示。排名最靠前的是和慰藉心灵、调节情绪有关的心灵鸡汤和幽默段子，分别有 76.5% 和 72.0% 的老年用户浏览了这些主题；紧随其后的是时事新闻，67.0% 的老年用户浏览了这些主题；再次是以养生保健为主要内容的健康主题及以情感和性爱为主要内容的两性主题，分别有 66.9% 和 60.7% 的老年用户浏览了这些主题。

表 4　排名前 20 位的老年人浏览主题分析（N = 3576 万）

单位：%

序号	浏览主题	百分比	序号	浏览主题	百分比
1	心灵鸡汤	76.5	11	人文	45.7
2	幽默段子	72.0	12	美食	43.6
3	时事新闻	67.0	13	教育	41.2
4	健康	66.9	14	星座命理	39.8
5	两性	60.7	15	故事体文章	36.8
6	社会	56.5	16	房产	34.7
7	旅游	55.1	17	历史	34.2
8	娱乐	49.9	18	商业职场	32.9
9	军事	49.8	19	财经	32.0
10	科技	46.4	20	猎奇	30.7

可以说，上述主题也对应了老年人的普遍需求，包括情感需求（慰藉、愉悦）、认知需求（获取资讯）和生理需求（健康、性爱）。除此之外，排名较为靠前的主题还体现了老年人多元化的兴趣爱好，比如旅游、军事、科技、人文、美食，以及老年人对投资、理财、置业的关注，比如房产、财经。

(四)老年人最爱心理咨询相关的音频节目

随着移动端音频 App 的流行，人们使用手机不仅可以听广播和音乐，还可以听小说、讲座以及养生、情感、财经甚至党课等各方面的节目。根据

喜马拉雅FM的大数据，其50岁及以上的老年用户为20970人，占总用户的0.38%，其中男性56.4%、女性41.2%（性别保密用户占2.4%）。可见，移动音频在老年人群体中的普及程度还比较低。

这些率先使用音频平台的老年人，都喜欢收听什么样的专辑？又会主动搜索哪些内容？表5列出了排名前20位的相关结果。老年人最喜欢收听的专辑类型中，有声书占比遥遥领先，可以看出老年人对音频平台的运用主要集中于"听"书。音乐和人文专辑的点击量也比较靠前，这反映出老年人主要的兴趣爱好。而教育培训和儿童也有一定的点击量，这一方面可能是老年人为满足自身学习知识所需，另一方面很多老年人可能还要承担照顾孙辈的责任，因而关注教育方面的内容，儿童方面的内容可能是为孙辈收听。

表5 老年人收听的专辑类型和搜索主题排名（N=20970）

单位：次，%

序号	专辑类型	百分比	搜索内容	搜索量
1	有声书	32.3194	依恋三部曲	1708
2	教育培训	9.0966	艾宝良	605
3	音乐	8.8037	红楼梦白话	373
4	人文	8.7509	史记	336
5	其他	6.1868	大明王朝_97	327
6	儿童	5.1521	红楼梦	280
7	情感生活	4.4030	艾莫系统创富大学	278
8	健康养生	3.7908	盗墓笔记	257
9	历史	3.6588	秦腔	222
10	相声评书	3.3347	三国演义	210
11	外语	3.0730	植物大战僵尸	201
12	商业财经	2.6889	梁凯恩	193
13	戏曲	1.7550	河南坠子	186
14	娱乐	1.5293	新概念	175
15	旅游	1.0563	八字	173
16	时尚生活	0.8883	徐淑芬心理咨询师	168
17	广播剧	0.8259	周建龙	166
18	头条	0.8067	金庸	160
19	电台	0.4706	金刚经	159
20	IT科技	0.4129	百家讲坛	157

老年人搜索最多的内容是依恋三部曲，这是一个和心理咨询有关的音频节目，一定程度反映出老年人需要理解和关怀的心理需求。排在其后的搜索内容主要为小说名或作家名，以及戏曲类的内容，与老年人的兴趣相对应。

二 互联网支付

无论是线上还是线下消费，互联网支付、手机移动支付在日常生活中越来越普遍，大至商场、超市，小至早点铺、菜摊，都可以采用手机支付来购买商品或服务。在这种大环境下，老年人对于互联网支付的使用和态度又是如何？

（一）半数老年人使用手机支付

此次调查中，46.3%的老年人表示从未用过手机支付，36.4%的老年人表示偶尔用，17.4%的老年人表示经常用。老年人是否使用手机支付与是否绑定银行卡有很大关系，如图1所示。绑定银行卡的老年人中，高达92.4%的人都用手机支付，其中41.5%的人经常使用，50.9%的人偶尔使用。而未绑定银行卡的老年人中，则只有28.5%的人使用手机支付，其中仅有1.7%的人经常使用，26.8%的人偶尔使用。该研究发现绑定银行卡能够促进老年人使用手机支付，当然也可以理解为，乐于用手机支付的老年人大多对相关账号进行了银行卡绑定。

以常用的支付平台微信和支付宝为例，39.5%的老年人在微信或支付宝账号绑定了银行卡（借记卡或信用卡），具体而言，32.1%的人绑定了借记卡，4.6%的人绑定了信用卡，2.8%的人同时绑定了借记卡和信用卡。对于绑定了银行卡的这部分老年人，91.8%绑定的都是自己的银行卡，6.6%绑定了子女的银行卡，1.6%的人绑定的是配偶的银行卡。

从表6来看，超过半数（55.7%）的老年人绑定的银行卡额度在5000元以下，主要集中在501~1000元和1001~5000元这两个区间。绑定额度在1万元以上的人数（7.9%）较少。

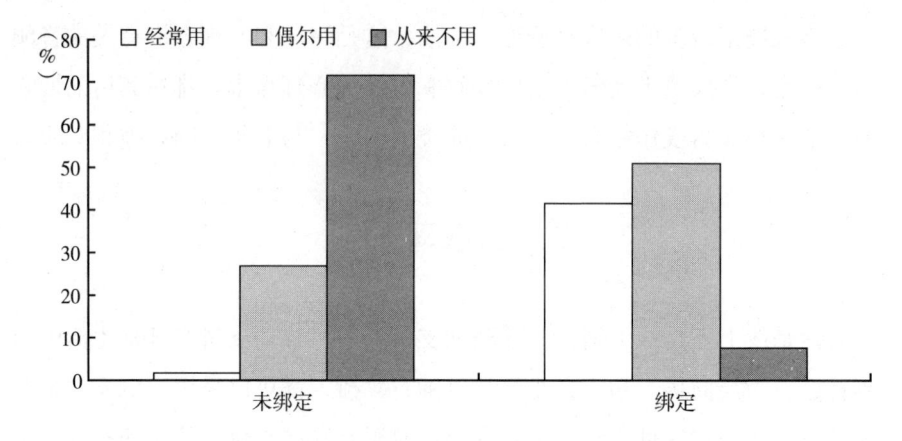

图1 老年人的手机支付与银行卡绑定的关系

表6 老年人绑定银行卡的额度（N=316）

单位：%

额度	选择人数百分比	额度	选择人数百分比
少于100元	2.2	5001~10000元	12.3
100~500元	9.8	10000元以上	7.9
501~1000元	20.6	不知道	7.3
1001~5000元	23.1	拒绝回答	16.8

绑定银行卡的老年人还是比较独立的，58.2%是自己独立绑定的；近四成由子女帮忙（36.7%）。除此之外，银行卡涉及财产安全和隐私，从朋友、亲戚那里获取帮助的情况不多，但是，银行或手机营业厅服务人员这样的"陌生人"，由于其专业身份，还是获得了一部分老年人的信任，部分老人从他们那里寻求帮助（8.9%）。

（二）安全感知和易操作性是推动老年人使用手机支付的关键因素

分析发现，老年人对于手机支付安全与否的感知和使用手机支付之间存在显著关系，如图2所示。认为手机支付非常安全的老年人中，97.6%在日常生活中会使用手机支付，其中近七成经常使用，近三成偶尔使用。认为手机支付比较安全的老年人中，80.9%选择用手机支付，其中近三成经常使用，超过半数的人偶尔使用。而认为手机支付不太安全的老年人中，则有

74.8%的人从来不用手机支付，25.2%的人会偶尔使用。认为手机支付非常不安全的老年人中，没有人选择用手机支付。可见，安全感知是决定老年人使用手机支付的重要因素之一。

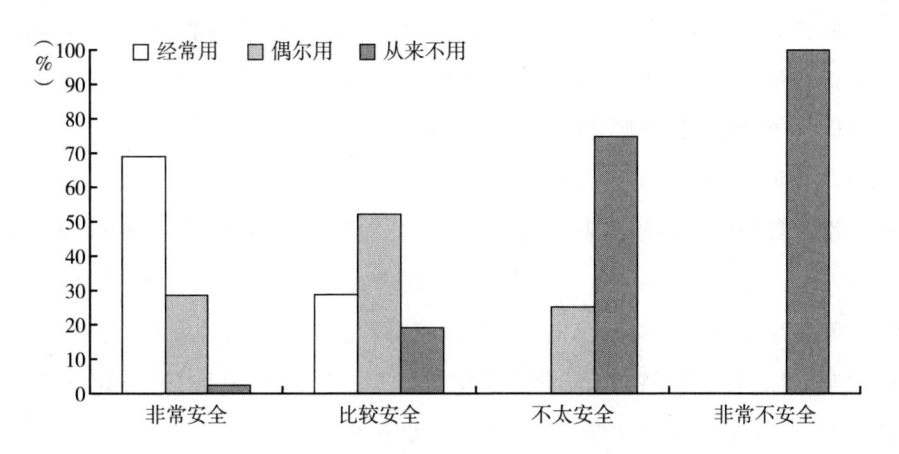

图2　老年人的安全感知与使用手机支付的关系

为了解老年人在使用手机支付过程中的经历和心理体验，针对使用过手机支付的老年人（430人），分析了他们对手机支付易操作性和信息安全的看法以及受骗经历，结果见表7。大多数老年人表示手机支付的操作很容易、自己没有受骗经历，半数老年人表示在使用手机支付时担心私人信息会泄漏。整体上，老年人的手机支付体验比较积极。但是，数据也反映了老年人对个人信息的保密意识不够强，存在一些安全隐患。

表7　老年人对手机支付的体验

单位：%

题目	选项	选择人数百分比
手机支付操作便利性	容易	87.0
	不容易	13.0
手机支付受骗经历	有受骗经历	13.5
	没有受骗经历	86.5
支付时是否担心个人信息泄漏	担心	50.0
	不担心	50.0

三 互联网与老年人的社会参与

调查显示，老年人参与最多的集体活动是运动健身和旅游，分别有70.1%和67.4%的老年人或多或少地参与过。此外，老年女性参与广场舞、交际舞等舞蹈活动和唱歌活动的比例也超过了半数，分别为58.9%和53.5%，而在这两项集体活动中，老年男性的参与比例都较低。类似的，老年女性在参与社区活动和志愿者服务方面比例也高于老年男性，女性分别有45.3%参与过社区活动，27.9%参与过志愿者服务，而老年男性则有32.1%参与过社区活动，19.8%参与过志愿者服务。不过，老年男性参与书法绘画的比例（23.3%）高于老年女性（17.4%）；参与读书写作的比例（24.9%）也高于老年女性（16.4%），见图3。

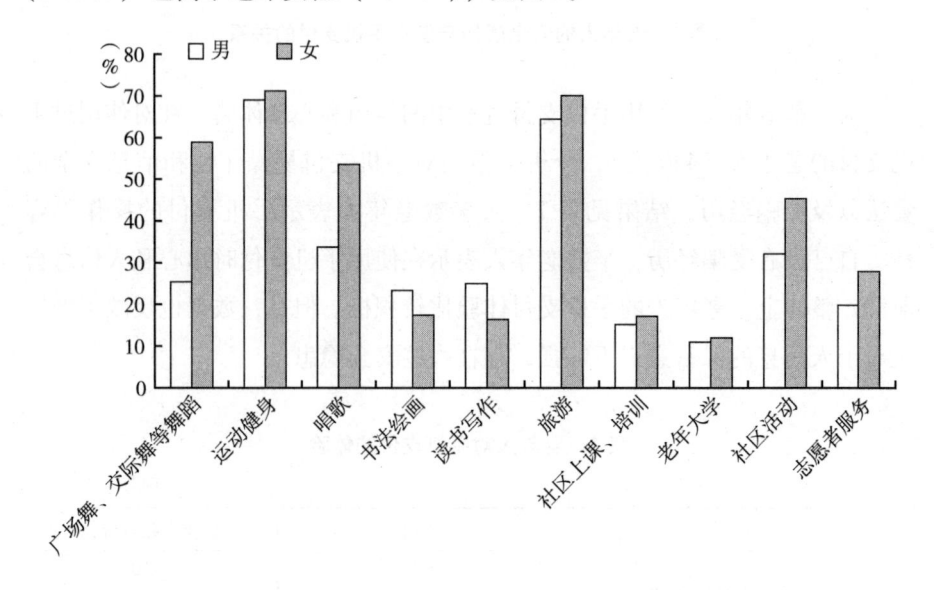

图3 男性和女性老年人参与社群活动的基本情况

电话和微信是老年人参与和组织社群活动的主要联络方式。对于广场舞、唱歌和运动健身这些组织性较强、人员较为固定、所在地又相对集中的活动来说，整体上微信联络的方式最为常见，分别有69.4%、

61.9%和59.5%的老年人选择微信联络,其次是电话的联络方式,面对面沟通也占到一定比例。社区类的集体活动,以及书法绘画和读书写作这样的交流活动,电话联络的比例稍高于微信,然后是面对面沟通的形式。旅游的联络和组织则主要依靠微信,67.2%的老年人选择此项,紧随其后的是电话。

从参与频率和联系方式看,如图4所示,经常参与各类社群活动的老年人使用微信进行联络的比例最高,而在有时或者偶尔参与某活动(如旅游、社区活动)的时候,传统的面对面沟通或电话的联络方式会相对多些。研究发现也可以理解为,使用微信较多的老年人参与各种社群或文娱活动也更为频繁,因此微信的使用在一定程度上促进了老年人的社会参与。

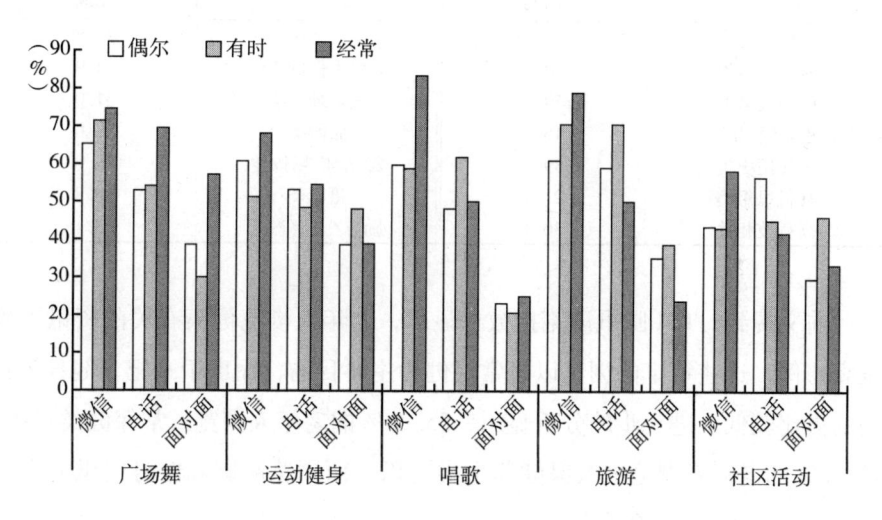

图4 老年人社会参与频率与使用联络方式的关系

四 鸡汤养生文偏好

随着老年人对互联网世界的参与程度加深,老年人自身的生活阅历、偏好乃至文化品味也被投射到互联网世界,构建了独特的互联网使用方式和互联网文化。而最具代表性的老年人互联网文化就是对心灵鸡汤和养生保健信息的偏好。

（一）养生保健是老年人最喜欢浏览的微信文章

使用微信的过程中，深得大多数老年人喜欢的是养生保健类和生活常识类信息，分别有74.9%和72.8%的老年人选择平时喜欢在微信上浏览这两类文章。此外，也有较高比例的老年人喜欢浏览时事新闻类、政府政策类、旅游类和情感类文章（见表8）。

表8　老年人在微信上喜欢浏览的文章类型

单位：%

文章类型	比例	文章类型	比例
情感类	42.5	生活常识类	72.8
时事新闻类	68.3	养生保健类	74.9
政府政策类	59.5	投资理财类	31.0
爱国/军事类	46.1	旅游类	52.0
人文历史类	39.1	舞蹈/广场舞类	36.0
社科思想类	27.1	摄影类	19.8
高科技相关	30.1	励志/人生态度	33.1

前文提到，TBI腾讯浏览指数也显示，老年人浏览健康有关的资讯占到很高比例，这些资讯的浏览以日常保健为主要目的，而出于减肥、健身等目的的占比较低。进一步的分析显示，55.28%的老年人浏览日常保健类资讯，41.18%的老年人浏览中医保健养生类资讯，而浏览减肥和健身资讯的老年人只占到13.13%和9.6%。

偏好养生文的老年人通常对自身健康非常重视。其中，认为身体健康对于幸福理想的晚年生活来说非常重要的占74.8%，认为比较重要的占到了21.1%；与之类似，认为自己目前身体健康状况需要改善的占到了79%。老年人首先会选择将此类文章转发到朋友圈的比例最高，为33.4%，首先转发给子女和家人的比例为24.5%。

老年人表示喜欢浏览励志/人生态度类文章的比例仅在1/3左右，不同于人们对老年人通常的认知——"老年人的微信朋友圈充斥着心灵鸡汤"。具体来看,偏好"心灵鸡汤"的老年人中以女性居多,占58.9%,高中/中专/职高学历的老年人居多,占42.3%。

数据显示,喜欢养生保健类文章的老年人也更喜欢生活常识类、时事新闻类、政府政策类、旅游类和情感类文章。如表9所示,喜欢养生保健类文章的老年人中,84.3%喜欢生活常识类文章,69.4%喜欢时事新闻类文章,60.1%喜欢政府政策类文章,58.6%喜欢旅游类文章,47.2%喜欢情感类文章。我们在焦点组访谈中也发现,老年人比较关心国内外时事政治以及与切身利益相关的政策,典型的包括涨退休工资、改革养老制度等相关资讯,但是这些资讯里充斥着很多谣言,使得老年人有所困扰。

表9 喜欢养生保健类文章的老年人同时喜欢的文章类型

单位:%

文章类型	比例	文章类型	比例
生活常识类	84.3	人文历史类	40.6
时事新闻类	69.4	励志/人生态度类	36.1
政府政策类	60.1	投资理财类	35.1
旅游类	58.6	高科技相关	28.2
情感类	47.2	社科思想类	27.0
爱国/军事类	44.6	摄影类	22.5
舞蹈/广场舞类	43.4		

(二)焦虑生老病死的老年人更依赖心灵鸡汤

本报告分析了心理机制对老年人偏好养生和鸡汤文的影响。测量死亡焦虑的量表包括:我非常恐惧死亡;想到自己的死亡时,我就焦虑不安;我尽可能不去想死亡的事情。测量死亡接纳程度的量表包括:死亡是生命中自然的一部分;死亡谈不上是好事还是坏事。测量尺度有四类,非常不同意、不太同意、比较同意、非常同意,分别赋值1~4分。

表10显示了样本中老年人的死亡焦虑程度和死亡接纳程度①。老年人整体上表现出中度偏低的死亡焦虑和中度偏高的死亡接纳。

表10 调查中老年人对于生老病死的焦虑程度

单位：%

程度	死亡焦虑程度	死亡接纳程度
低	34.9	11.5
中	51.3	53.0
高	13.9	35.5

相对而言，死亡焦虑程度高以及死亡接纳程度低的老年人喜欢看养生保健类文章的比例较低，而更喜欢看"心灵鸡汤"。在低度和中度死亡焦虑的老年人中，约1/3喜欢看"心灵鸡汤"，而在高度死亡焦虑的老年人中，42.3%表示喜欢"心灵鸡汤"（见表11）。

表11 心理机制与老年人阅读偏好的关系

单位：%

类别	励志/人生态度类	养生保健类
死亡焦虑程度		
低	31.5	78.1
中	31.7	75.1
高	42.3	65.8
死亡接纳程度		
低	78.3	28.3
中	75.0	32.5
高	73.6	35.6

可能的原因是，对于生老病死比较困扰的老年人更害怕了解自己的健康状况甚至害怕就医，从而更需要用鸡汤类文章来引导人生态度或者寻求精神寄托。但是对于"心灵鸡汤"的依赖，不利于老年人正视自己的身体问题，可能导致没有及时有效地采取医疗保健措施。

---

① 死亡焦虑指数得分从3分到12分，将6分及以下定义为低度焦虑，将7分到9分定义为中度焦虑，将10分及以上定义为高度焦虑。死亡接纳指数得分从2分到8分，将4分及以下定义为低度接纳，将5分到6分定义为中度接纳，将7分及以上定义为高度接纳。

五 互联网受骗

老年人在使用互联网的诸多功能方面进步明显,但是在网络安全方面防范能力仍相对薄弱。本部分将从老年人对互联网虚假信息的认知和受骗经历着手,分析老年人上当受骗的原因,并构建一个衡量网络安全素养的指标。

(一)老年人比较相信官方媒体和政府机构发布的信息

调查数据显示,老年人对互联网上的信息存在一定质疑。有23.5%的老年人认为微信上虚假信息的比例在50%~60%。这与我们在华北和华东地区进行的焦点组访谈所获得的研究发现一致,尤其是发达地区和一线城市的老年人,有更高的比例认为互联网上的虚假信息超过50%。

在老年人看来,信息来源比较可靠的主要是官方媒体和政府机构,分别有80.4%和45.6%的老年人认为官方媒体和政府机构订阅号发布的信息比较可信。相对而言,私人注册的公众号和养生保健类公众号的可信度在老年人看来较低(见图5)。这表明老年人对虚假信息具有一定的甄别能力,并且更相信政府和权威机构发布的信息。

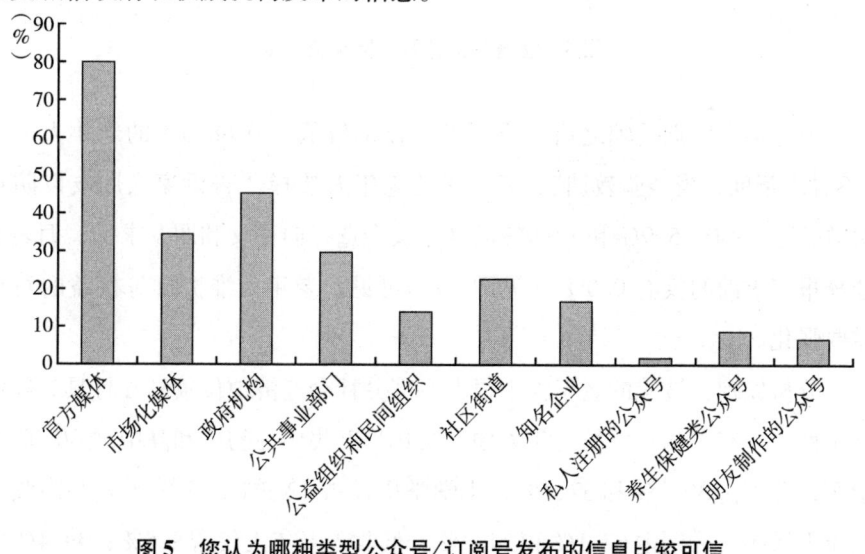

图5 您认为哪种类型公众号/订阅号发布的信息比较可信

（二）中等收入、有经济自主性的老年人受骗比例更高

如果将上当受骗涵盖到钱财、感情、谣言、虚假宣传等多方面，老年人表示在互联网上当受骗过（或者疑似上当受骗过）的比例为67.3%。如图6所示，老年人受骗的主要渠道是朋友圈（69.1%）、微信群（58.5%）以及微信好友（45.6%）。如图7所示，老年人受骗的信息类型前三位是：免费领红包（60.3%）、赠送手机流量（52.3%）和优惠打折团购商品（48.6%）。

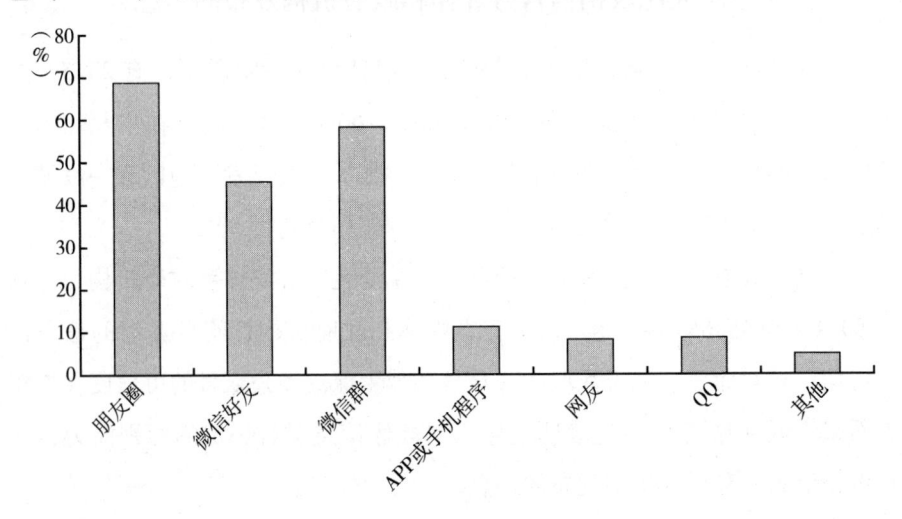

图6　您曾在何种互联网渠道被骗

当老年人发觉受骗之后寻求帮助的比例较低。有68.3%的老年人表示"不寻求帮助，当经验教训"，67.2%的老年人选择"告诉家人朋友以防再次被骗"，只有25.9%和17.9%的老年人会选择向子女和朋友求助，而表示选择报警求助的仅有0.6%（见图8）。可见，老年人维护自身权益的意识需要强化。

分析发现，被骗的老年人中很大一部分社会经济地位较高并且具有经济自主性。在有被骗经历的老年人中，文化程度集中在初中和高中/中专/职高学历，分别占39.4%和37.7%，小学学历仅占12.3%；中等收入和高收入老年人居多，分别占67.1%和24.3%，低收入老年人仅占8.6%；99.4%的

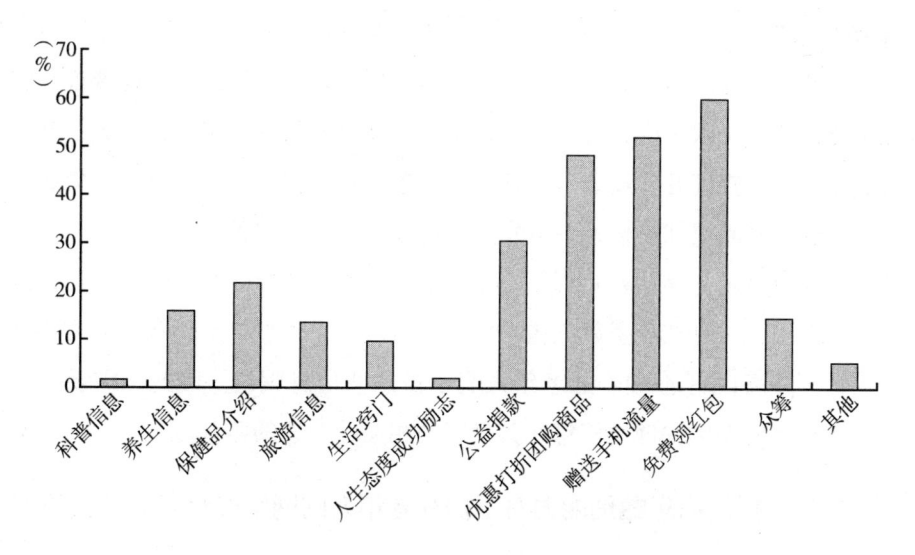

图 7　您曾经被何种类型信息骗过

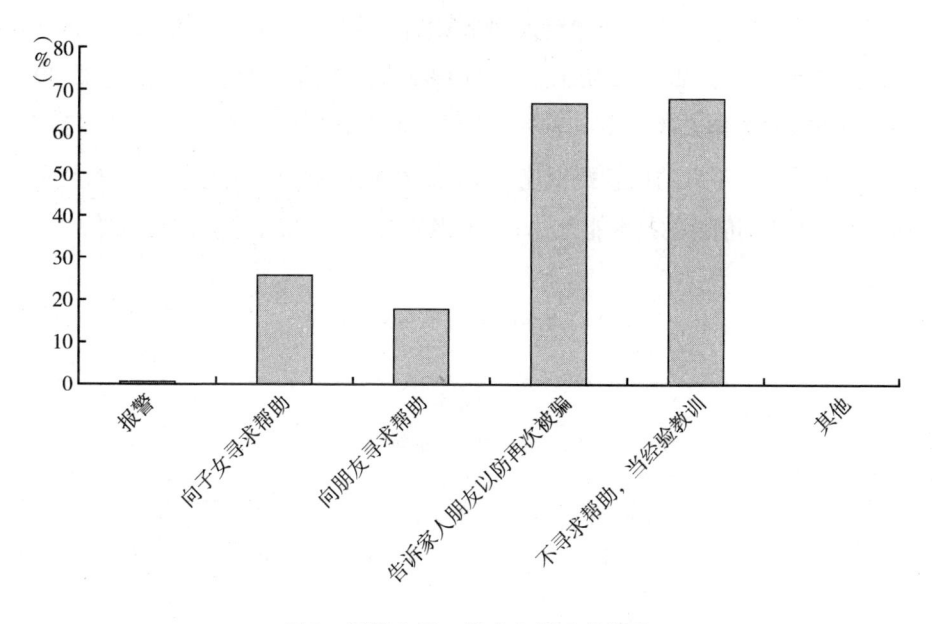

图 8　受骗之后，您会怎样寻求帮助

老年人都有医疗保险。从经济自主性来看，有受骗经历的老年人中 41.1%表示家里的重大支出由自己决定，37.5%的老年人表示是共同协商决定，仅有16%和5.4%的老年人表示是由配偶和子女决定。

因此，互联网时代老年人的受骗上当出现了新的特征，被骗或者说行骗的主要对象不局限于受教育程度低、生活保障程度低的老年人，很大一部分有文化、收入较高并且经济自主性较强的老年人被拖下了水，这些老年人通常对自己的判断更加自信，一旦发生经济损失也更为严重。

数据也显示，喜欢养生保健类文章的老年人当中66.6%曾经在互联网上受骗上当，并且在免费领红包、赠送手机流量、优惠打折团购商品方面被骗的比例较高，超过50%的老年人表示被这些信息骗过。因此，需要强化针对老年人的养生保健类信息尤其是营销相关的信息的监管。

（三）提高信息甄别能力对于提升老年人的网络安全素养尤其重要

本报告从信息获得能力、信息甄别能力、网络安全意识和个人信息保护能力四个维度，构建了一个老年人网络安全素养量表，每一个量表问题的得分范围是1~4分，如表12所示。样本中老年人的网络安全素养均值是22.494分，可以看出老年人的自评网络安全素养总体处于中等偏上水平。从四个维度的比较来看，老年人的信息甄别能力最弱，可见针对虚假消息和谣言的监管、培养老年人辨别信息的技术能力对于提升老年人的网络安全素养尤其重要。

表12 老年人网络安全素养水平

单位：分

测量维度	量表	得分
信息获得能力	我知道在哪里能够看到最新的新闻 我可以找到自己需要的信息	5.875
信息甄别能力	对流传的信息我能够辨别真假 我会利用网站、手机程序App等工具核实信息真假	4.918
网络安全意识	我从不浏览不安全的网站 我不轻易点微信文章或消息中的链接	5.918
个人信息保护能力	我没什么秘密，所以不需要保护个人的信息 我从不在不信任的地方留个人电话、地址等信息	5.783
网络安全素养		22.494

数据显示，老年人的网络安全素养与其社会经济地位显著相关。如图9所示，大专和本科及以上学历老年人的网络安全素养得分均超过23分，而未上过学或小学老年人的得分在20分左右。目前/退休前职业为企业管理者、普通职员和专业人员的老年人网络安全素养得分较高，而自由职业者和农林牧渔劳动者的得分较低（见图10）。此外，老年人的收入越高，其网络安全素养水平也越高（见图11）。

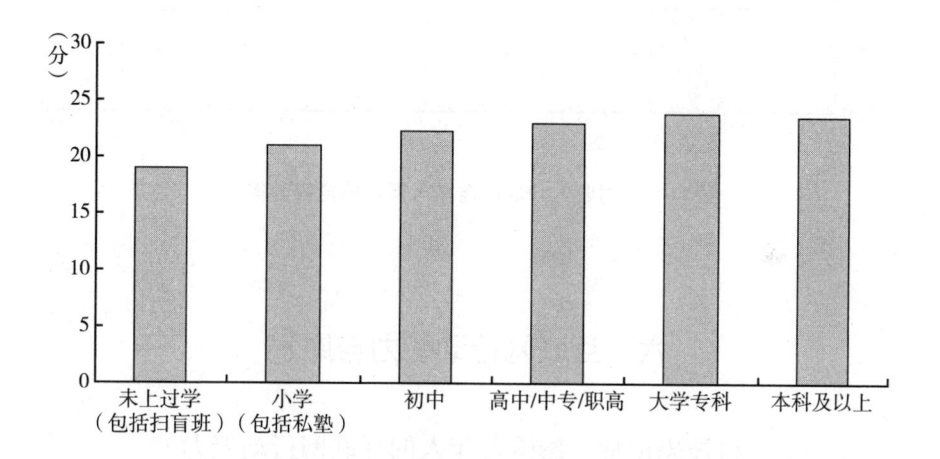

图9 不同学历老年人的网络安全素养得分

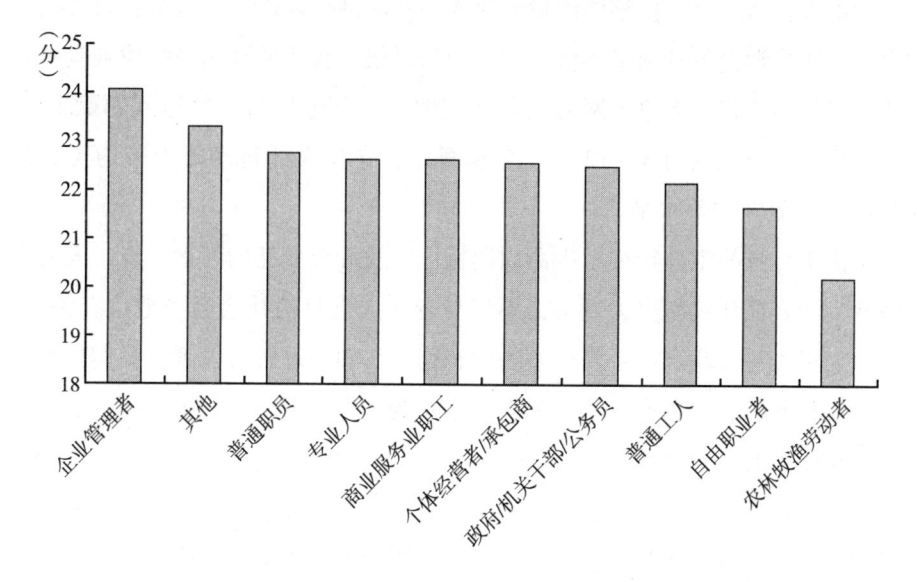

图10 目前/退休前不同职业老年人的网络安全素养得分

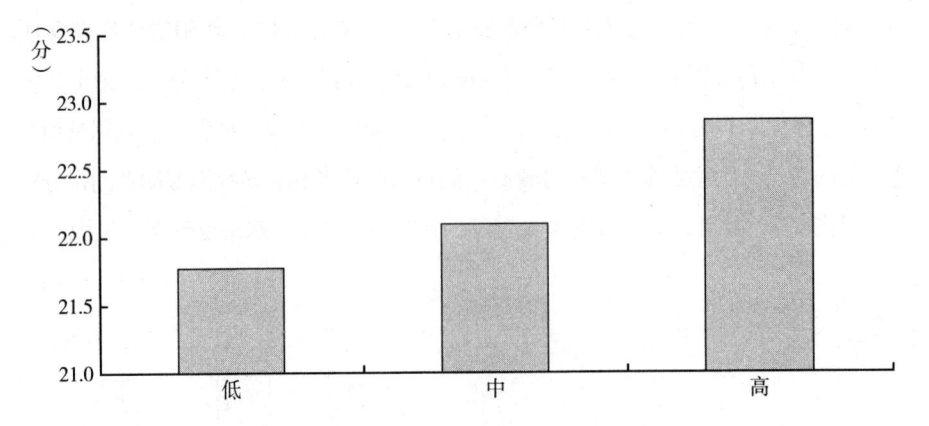

图 11　不同收入状况的老年人网络安全素养得分

六　互联网行动能力与愿景

（一）"科技恐惧症"影响老年人的互联网行动能力

本报告从三个指标整体测量老年人的互联网行动能力，包括：只要我努力，我就能学会各种网络操作；有麻烦的时候，我能够利用网络找到应对方法；以我的才智，无论上网遇到什么问题，我都能应付。每道问题赋 1~4 分，量表得分范围为 3~12 分。数据显示，老年人的行动能力平均得分为7.78 分，处在中等水平。

由于自身的生理特征、生命周期特征以及社会变迁的因素，老年人的互联网生活表征和机制更为复杂，不仅与老年人自身的社会经济地位有关系，也与老年人对互联网这个新生事物的态度、认知和理解有关系。我们将老年人对互联网的这种态度、认知和理解定义为"行动愿景"。互联网愿景是解释行动能力的重要因素。

调查发现，44.3%的老年人认为有需要去学习和使用更多的互联网和手机功能；认为有需要学习互联网和手机功能的老年人的互联网行动能力得分更高，为 7.80 分（认为没有需要学习的老年人得分为 7.63 分）。

老年人对互联网的理解和评价倾向正面。82.3%的老年人认为互联网让人与人之间联络更方便，分别有78.8%和74.3%的老年人同意互联网让自己的生活更便利和更充实，75.5%的老年人表示互联网让自己跟上了时代，65.4%的老年人同意互联网是自己获取所需相关资料的最重要渠道；反之，较低比例的老年人认同"互联网是年轻人的事，老年人肯定玩不好"和"必须高学历才能玩得好智能手机"。研究结果反映了老年人对互联网介入日常生活的认同。

老年人通常对新鲜事物具有排斥心理，一方面怕能力不足无法控制，另一方面出于自尊而不愿意接受新鲜事物。调查中，老年人的确显示出对智能手机的"科技恐惧症"。如图12所示，超过半数的老年人对于上当受骗、隐私安全以及智能手机的花费和病毒等多方面表现出担心。使用这些指标构建一个"科技恐惧症"的量表，得分范围从0分至7分，老年人的恐惧程度均值为3.99分，48.5%的老年人得分为5分及以上。对手机的恐惧程度[①]越高，老年人的互联网行动能力越低。分析显示，低度"科技恐惧"的老年人互联网行动能力显著较高，均值为8.20分，而高度"科技恐惧"的老年人互联网行动能力均值为7.75分。

可见，虽然越来越多的老年人开始使用智能手机和互联网，但仍存在一定程度的担忧和顾虑，从而阻碍了老年人进一步提升互联网行动能力。因此，老年人互联网生活的改善需要政府、社工力量的干预以及家庭的支持。

（二）老年人对互联网的认同和自信有助于提升行动能力和抵御风险能力

本报告将"互联网是年轻人的事情，老年人肯定玩不好"、"必须高学历才能玩得好智能手机"以及"科技恐惧症"等指标作为测量老年人对互联网的认知和理解的主要指标。接下来考察这些互联网愿景对于智能手机功

---

① 得分在2分及以下的为低度恐惧，3~5分为中度恐惧，6~7分为高度恐惧。

社会蓝皮书

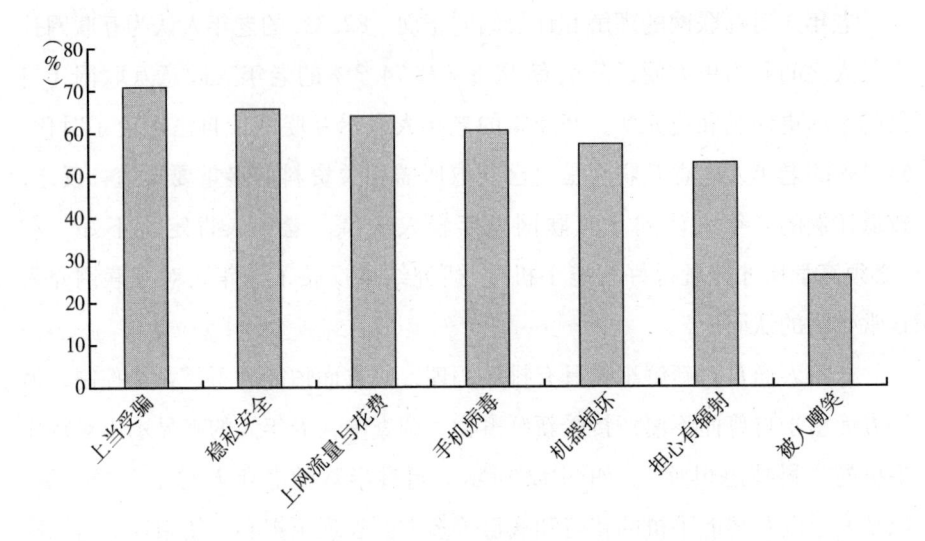

图12 老年人在手机使用过程中担心的问题

（柱状图数据：上当受骗 约71%；隐私安全 约66%；上网流量与花费 约64%；手机病毒 约61%；机器损坏 约58%；担心有辐射 约54%；被人嘲笑 约27%）

能的使用、互联网行动能力、互联网受骗以及网络安全素养的影响。

如前文提到，我们将智能手机功能分为四大类：知识获取、微信交流、生活应用和娱乐休闲，共计23项功能。将老年人使用智能手机的程度区分为三个层次，会使用的功能在8项及以下的为低层次，会使用9~16项的为中等层次，会使用17项及以上的为高层次。就智能手机使用程度而言，老年人被访者中低层次的使用者占44.9%，中等层次的占40.1%，高层次的占15%。

由表13可以看出，不同意"互联网是年轻人的事情，老年人肯定玩不好"的老年人智能手机使用程度更高，使用程度为中等层次和高层次的比例显著高于同意这种说法的老年人。不同意"必须高学历才能玩得好智能手机"的相关分析也揭示了类似的趋势。结果显示，越认同互联网和智能手机、恐惧心理越弱，老年人的智能手机使用程度就越高。

互联网愿景对于行动能力也有显著影响。与持同意看法的老年人相比，不同意"必须高学历才能玩得好智能手机"的老年人行动能力得分更高，为7.83分。

表13 互联网愿景对于智能手机使用程度的影响

单位：%

互联网愿景	态度	智能手机使用程度		
		低	中	高
互联网是年轻人的事情,老年人肯定玩不好	不同意	37.7	43.4	18.9
	同意	53.6	36.2	10.2
必须高学历才能玩得好智能手机	不同意	41.3	42.3	16.4
	同意	52.6	35.5	12.0

数据也显示，老年人"科技恐惧症"的程度越高，曾经在互联网上被骗的比例也越高，恐惧程度为高度的老年人中71.6%曾经被骗（见图13）。这可能是老年人越害怕新事物、高科技，对自己的能力越不自信，就越可能成为骗子的目标；当然也可能是老年人有过被骗经历，从而对智能手机等高科技的恐惧程度更高。

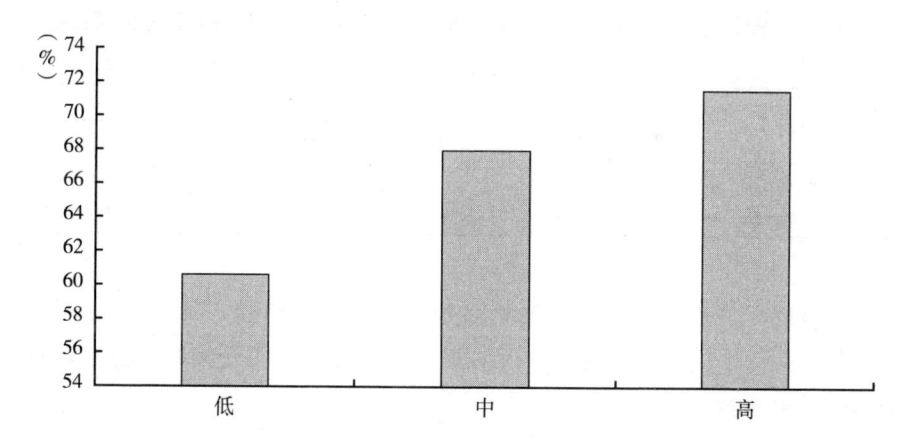

图13 手机担心程度与互联网受骗经历的关系

互联网愿景对于网络安全素养也有显著影响。不同意"互联网是年轻人的事情，老年人肯定玩不好"的老年人网络安全素养得分高于同意这种看法的老年人，分别为23.09分和21.77分。表14显示，不同意"互联网是年轻人的事情，老年人肯定玩不好"的老年人中34.9%拥有高程度的网络安全素养①，而持同意看法的老年人中仅16.0%拥有高程度的网络安全素养。

表14 是否同意"互联网是年轻人的事，老年人肯定玩不好"与网络安全素养的关系

单位：%

态度	网络安全素养		
	低	中	高
同意	13.0	71.0	16.0
不同意	7.8	57.3	34.9

不同意"必须高学历才能玩得好智能手机"的老年人网络安全素养得分高于同意这种看法的老年人，分别为22.88分和21.64分。表15显示，不同意"必须高学历才能玩得好智能手机"的老年人中31.1%拥有高程度的网络安全素养，而持同意看法的老年人中仅15.9%拥有高程度的网络安全素养。

表15 是否同意"必须高学历才能玩得好智能手机"与网络安全素养的关系

单位：%

态度	网络安全素养		
	低	中	高
同意	11.6	72.5	15.9
不同意	9.5	59.4	31.1

综合以上分析，老年人对互联网和智能手机越认同、对自己能力越自信，其掌握的手机功能也越多、行动能力也越强，从而受骗的可能性越低、网络安全素养越高。

七 结语

研究显示，老年人的互联网使用能力和参与深度受到已有的社会经济地

---

① 网络安全素养总得分范围为8~32分，得分在18分及以下为低程度的网络安全素养，19~24分为中程度的网络安全素养，得分在25分及以上为高程度的网络安全素养。

位的影响。但是，数据也显示，老年人对互联网的态度、认知和理解也在其互联网生活中发挥着显著的作用，老年人对互联网的认同以及开放、自信的态度有助于提升行动能力和抵御风险能力。如果说客观的经济地位、社会地位和生理特征塑造了老年人的三维生活世界，那么互联网某种意义上承担了"第四维"的角色，虽说不能实现时间旅行，但是互联网有可能也有必要为老年人创造一种新的生活世界、新的生活愿景。

政府、社区和家庭应当加强干预与合作，提升老年人的互联网行动能力。一方面，提供多样化的培训机会和技术支持，打破老年人对于科技或者恐惧或者迷信的认知，将互联网和智能技术融入养老保障和晚年生活；另一方面，构建针对老年人的互联网保护机制，加强防骗宣传教育，提高老年人的网络安全素养。

参考文献

郭志刚、刘鹏：《中国老年人生活满意度及其需求满足方式的因素分析——来自核心家人构成的影响》，《中国农业大学学报》（社会科学版）2007 年第 3 期。

何天天：《老年人互联网使用研究综述》，《新闻前哨》2015 年第 9 期。

乐昕、彭希哲：《老年消费新认识及其公共政策思考》，《复旦学报》（社会科学版）2016 年第 2 期。

Fang, Yang & Chau, Anson & Wong, Anna & Fung, Helene & Woo, Jean, "Information and Communicative Technology Use Enhances Psychological Well-being of Older Adults: the Roles of Age, Social Connectedness, and Frailty Status," *Aging & Mental Health*. 2017.

Hargittai, E. & Dobransky, K., "Old Dogs, New Clicks: Digital Inequality in Skills and Uses among Older Adults," *Canadian Journal of Communication*, 42 (2), 2017.

B.13 中国城乡困难群体状况调查报告

江治强 王晶 田丰*

摘 要: 自十八大以来,各级政府在城乡困难群体社会保障上投入了大量资源,城乡困难家庭的规模显著缩小,生活水平有所提高。但随着城市化速度加快,城乡困难群体在医疗、教育和住房上仍具有一定的压力。特别是城市流动困难家庭在城市中可获得的社会保障、社会救助水平较低,未来社会政策尤其需要关注这部分群体的诉求。

关键词: 城乡困难家庭 经济性贫困 社会性贫困 精准化

党的十八大以来,中央政府以全面建设小康社会为目标,在补齐民生短板、促进社会公平正义上投入了大量资源。在城乡困难群体社会保障上,通过统筹和完善城乡社会救助、最低生活保障制度,使城乡居民的生活状况获得了很大的改善。在十九大报告中,习近平进一步提出,"坚持在发展中保障和改善民生。增进民生福祉是发展的根本目的。在幼有所育、学有所教、劳有所得、病有所医、老有所养、住有所居、弱有所扶上不断取得新进展,深入开展脱贫攻坚,保证全体人民在共建共享发展中有更多获得感,不断促

---

* 江治强,民政部政策研究中心副研究员;王晶,中国社会科学院社会学研究所副研究员,主要研究方向为养老保障、住房保障;田丰,中国社会科学院社会学研究所研究员,主要研究方向为网络社会、社会分层。

进人的全面发展、全体人民共同富裕"。未来五年，逐步改善城乡困难群体的生活状况仍然是中央和各级政府的重要任务。本报告将基于宏观数据和2015~2017年三轮城乡困难家庭抽样调查数据，着重探讨十八大以来城乡困难群体的变动趋势以及当前面临的一些核心问题。

一 城乡困难家庭抽样调查基本情况

1. 城乡困难家庭的类型分布

"中国城乡困难家庭社会政策支持系统建设"项目自2015年起每年对城乡困难家庭进行追踪调查。[①] 该项目的调查对象分为三大类：第一类是城市困难家庭，包括在城市社区领取最低收入保障金的家庭（称为低保户）和在城市社区因家庭经济困难申请过低保但未获批准的家庭（称为低保边缘户）。第二类是农村困难家庭，包括在农村社区的低保户和低保边缘户。第三类是城市流动困难家庭，接受调查的这类家庭要同时满足以下4个条件。①被访对象需来自居住地以外的县市（不含同一市跨辖区情形）；②被访对象以家庭为单位（被调查人和直系亲属共同生活在一起）居住在城市社区；③被访家庭来居住地半年以上；④被访家庭经济状况在居住地处于中下水平。

2017年度的追踪调查成功访问了9269个困难家庭。其中城市困难家庭4124个，农村困难家庭3095个，城市流动困难家庭2050个。在城市困难家庭样本中，低保户占56%；农村困难家庭样本中低保户比例为47%；城市流动困难家庭样本中低保户比例为9%（见表1）。城市和农村困难家庭中低保户的统计口径是被调查者自报当前是否享受低保，城市流动困难家庭中低保户的统计口径为在现户籍地和居住地是否享受低保救助。

---

① 本文图表中的统计结果除非特别注明，均基于此项目的调查数据。

表1 2017年度调查城乡困难家庭的类型及比重

单位：个，%

困难家庭类型	城市	农村	城市流动
低保户	56	47	9
低保边缘户	44	53	91
合计	100	100	100
样本量	4124	3095	2050

2. 城乡困难家庭人口结构

2017年度调查样本中，城市困难家庭平均规模为3.1人，其中有劳动能力的人口平均数为1.3人，占家庭成员人数的比例平均数为39%；有工作收入的人口平均数为0.7人，占比平均数为24%；无生活自理能力的人口平均数为0.5人，占比平均数为16%。农村困难家庭平均规模为3.2人，略高于城市困难家庭规模。其中有劳动能力的人口平均数为1.2人，占比平均数为33%，略低于城市困难家庭相应比例；无生活自理能力的人口平均数为0.5人，占比平均数为16%，与城市困难家庭持平。城市流动困难家庭规模为3.5人，三类人群中城市流动困难家庭人口规模最大。其中有劳动能力的家庭成员平均数为2.1人，占比平均数为63%；有工作收入的家庭成员平均数为1.6人，占比平均数为49%；无生活自理能力的家庭成员平均数为0.2人，占比平均数为6%（见表2）。综合来看，城市流动困难家庭以劳动年龄人口为主，他们是家庭主要收入的创造者，城市流动人口贯穿城市与农村，也是农村困难家庭的支撑者。

表2 城乡困难家庭人口结构

类别	家庭成员平均人数（人）	有劳动能力平均人数及占比平均数（人，%）	有工作收入平均人数及占比平均数（人，%）	无生活自理能力平均人数及占比平均数（人，%）	样本量（个）
城市	3.1	1.3　39	0.7　24	0.5　16	4124
农村	3.2	1.2　33	—　—	0.5　16	3095
城市流动	3.5	2.1　63	1.6　49	0.2　6	2050

3. 城乡困难家庭的人力资本

家庭人力资本匮乏通常是家庭贫困的重要原因。本文首先分析城市、农村和城市流动困难家庭的健康状况：城市困难家庭中，自评健康状况较差的比例为26%，自评健康状况很差的比例为20%，两者合计为46%。农村困难家庭中，自评健康状况较差的比例为27%，自评健康状况很差的比例为23%，两者合计为50%，为农村困难家庭的一半。城市流动困难家庭中，自评健康状况较差的比例为7%，自评健康状况很差的比例为5%，两者合计为12%。三类家庭中，城市困难家庭和农村困难家庭中自评健康状况差的家庭成员数接近或等于总调查样本的一半，城市流动困难家庭成员健康状况较好，自评健康状况好和一般的比例为88%（见表3）。

表3 城乡困难家庭成员自评健康状况

单位：个，%

健康状况	城市	农村	城市流动
很好	8	8	31
较好	8	6	20
一般	38	36	37
较差	26	27	7
很差	20	23	5
合计	100	100	100
样本量	4124	3095	2050

从城乡困难家庭人口的文化程度看，城市困难家庭成员以初中文化程度为主，占城市困难家庭总样本的36%；其次为小学文化程度，占总样本的26%；没上过学的人口比例为14%。即城市困难家庭中初中及以下文化程度的人口占总样本的76%。农村困难家庭成员以小学文化程度为主，占农村困难家庭总样本的42%；其次为初中文化程度，占总样本的26%；没上过学的人口比例为25%，三类家庭中农村困难家庭文盲率最高。初中及以下文化程度的人口占农村困难家庭总样本的93%。城市流动困难家庭成员以初中文化程度为主，占城市流动困难家庭总样本的37%；其次为高中/中专文化程度，占总样本的23%；小学文化程度的人口占总样本的18%（见

表4)。三类家庭比较来看,城市流动困难家庭人口整体人力资本最高。

表4 城乡困难家庭成员文化程度

单位:个,%

文化程度	城市	农村	城市流动
没上过学	14	25	5
小学	26	42	18
初中	36	26	37
高中/中专	18	6	23
大专	3	1	11
本科及以上	3	—	6
合计	100	100	100
样本量	4124	3095	2050

4. 城乡困难家庭的就业结构

城乡困难家庭的就业结构较为复杂。首先,从城市困难家庭的就业结构看,城市困难家庭中稳定就业的比例仅为1%,从事个体经营的比例为14%。而劳动年龄但丧失劳动能力人口,失业、无业人口,长期料理家务人口三者合计的比例为29%,也就意味着城市"依赖型"家庭人口约占29%。其次,从农村困难家庭的就业结构看,农村困难家庭以务农为主,务农比例为35%,打零工的比例为10%。而"依赖型"家庭人口(劳动年龄但丧失劳动能力,失业、无业人口,长期料理家务合计)比例为22%。最后,城市流动困难家庭中,稳定就业的比例为21%,打零工的比例为17%,从事个体经营的占25%。长期料理家务,失业、无业人口,劳动年龄但丧失劳动能力合计比例仅为15%(见表5)。

表5 城乡困难家庭成员就业就学情况

单位:个,%

就业就学情况	城市	农村	城市流动
在校学生	1	1	1
稳定就业	1	1	21
零工	5	10	17

续表

就业就学情况	城市	农村	城市流动
个体经营	14	2	25
务农	3	35	3
长期料理家务	7	7	7
失业、无业人口	10	3	6
劳动年龄但丧失劳动能力	12	12	2
离退休(年老无业)	14	25	12
其他	33	4	6
合计	100	100	100
样本量	4124	3095	2050

在就业单位分布上，城市困难家庭就业人口中不便分类的其他从业人员占32%，商业、服务业人员占13%，农、林、牧、渔、水利业生产人员占6%，专业技术人员及办事人员和有关人员，分别占4%。农村困难家庭就业人口以农、林、牧、渔、水利业生产人员为主，占总样本的34%，不便分类的其他从业人员占26%。城市流动困难家庭就业人口中，不便分类的其他从业人员占31%，商业、服务业人员占总样本的31%（见表6）。整体来看，城乡困难家庭人口以在中低端行业就业为主。

表6 城乡困难家庭成员就业单位情况

单位：个，%

主要收入人职业	城市	农村	城市流动
国家机关、党群组织、企事业单位负责人	3	1	5
专业技术人员	4	2	10
办事人员和有关人员	4	1	6
商业、服务业人员	13	5	31
农、林、牧、渔、水利业生产人员	6	34	3
生产、运输设备操作人员及有关人员	8	5	7
军人	0.4	0.2	0.6
不便分类的其他从业人员	32	26	31
无业	30	26	6
合计	100	100	100
样本量	4124	3095	2050

二 城乡困难家庭的经济性贫困状况及变动趋势

1. 2014~2016年城乡困难家庭经济性贫困变动趋势

城乡困难群体抽样调查自2015年开始，目前已进行三期。从城乡困难家庭收入变动趋势看，总体上城乡困难家庭人均收入都有较大幅度的提高，其中城市困难家庭人均收入从9170元增长至13393元，增长了46%；农村困难家庭人均收入从4362元增长至7170元，增长了64%；城市流动困难家庭人均收入从17618元增长至23747元，增长了35%（见图1）。从相对增长幅度看，农村困难家庭人均收入增长幅度最大。

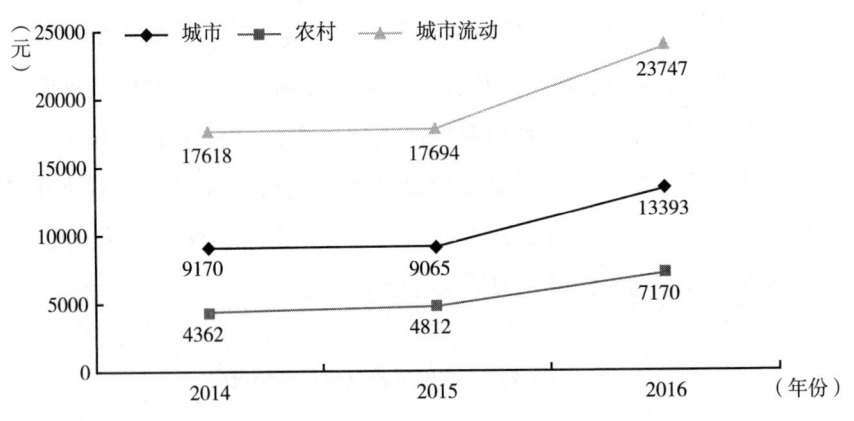

图1 2014~2016年城乡困难家庭人均收入变动趋势

从城乡困难家庭人均支出变动趋势看，城市困难家庭人均支出变动幅度不大，人均支出从15758元增长至16693元，增长了6%；农村困难家庭人均支出从11963元增长至13416元，增长了12%；城市流动困难家庭人均支出从20071元增长至28983元，增长了44%（见图2）。三者相比，城市流动困难家庭的人均支出变动幅度最大，伴随城市化的加深，流动人口家庭面临的生存压力更大。

恩格尔系数（食品支出占家庭总支出比例）是国际公认的贫困指标。从抽样调查统计分析结果看，城市困难家庭的恩格尔系数较为稳定，2014~2016年一直维持在0.34的水平；农村困难家庭的恩格尔系数略有降低，从

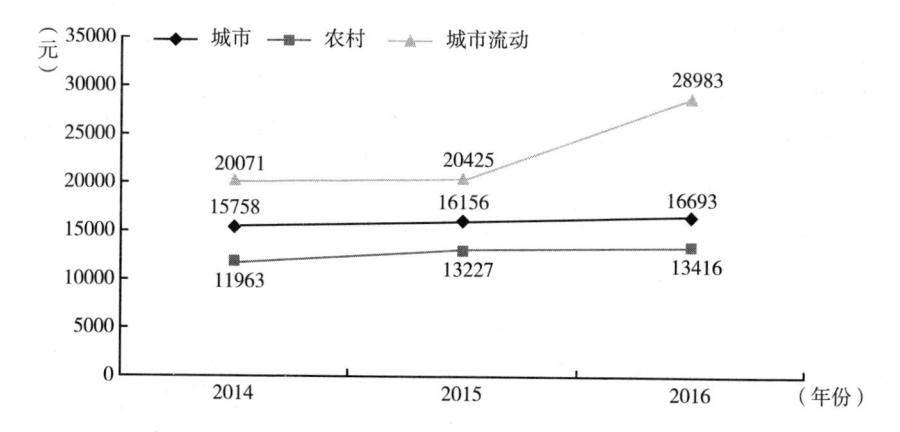

图2 2014~2016年城乡困难家庭人均支出变动趋势

2014年的0.31降低到2016年的0.28；城市流动困难家庭的恩格尔系数波动较大，2014年为0.30，2015年增至0.55，2016年降至0.27（见图3）。总体来看，城乡困难家庭食品支出比例均有不同程度的下降，对应食品支出比例的下降，其他消费项目额度将会同比提高，消费更加多元化。

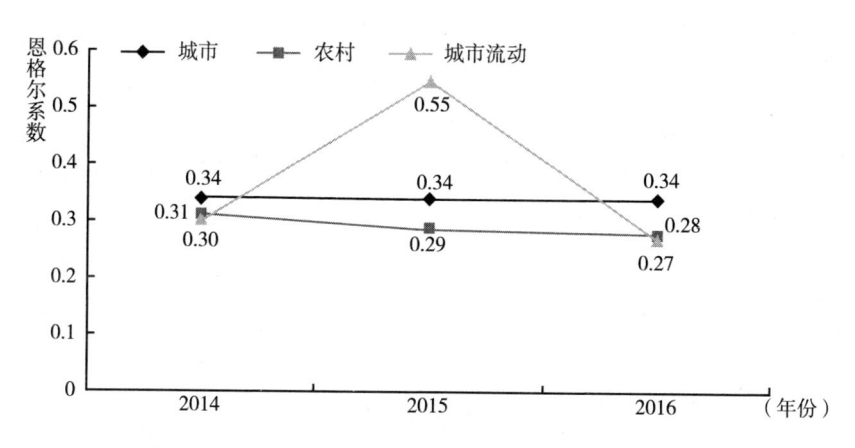

图3 2014~2016年城乡困难家庭恩格尔系数变动趋势

2. 2016年城乡困难家庭收入、支出结构

家庭收入结构是体现家庭经济可持续性的指标。根据2017年最新一期调查数据统计结果，2016年在城市困难家庭的收入结构中，劳动收入占家

庭总收入的40%，转移收入占38%，政府救助收入占16%，后两项收入合计占54%，这意味着城市困难家庭需要较高的转移支付才能维持收支平衡。

农村困难家庭收入结构中，劳动收入占家庭总收入的34%，转移收入占31%，政府救助收入占16%，后两项收入合计占47%，农村困难家庭收入构成中将近一半为各类转移支付收入。

城市流动困难家庭收入结构中，劳动收入占家庭总收入的71%，转移收入占11%，政府救助收入占2%（见表7）。和城市困难家庭、农村困难家庭相比，城市流动困难家庭的经济可持续性和自立能力最强。

表7 2016年城乡困难家庭收入结构

单位：元，%

类别	总收入	劳动收入占比	经营收入占比	财产收入占比	转移收入占比	政府救助收入占比	其他收入占比
城市	38409	40	3	2	38	16	2
农村	22903	34	15	2	31	16	1
城市流动	74971	71	14	2	11	2	0.7

从2016年城乡困难家庭支出结构看，城市困难家庭的主要消费集中在食品和医疗消费上，其中食品消费占比34%，医疗消费占比23%；农村困难家庭的主要消费也是集中在食品和医疗消费上，其中食品消费占比28%，医疗消费占比28%；城市流动困难家庭消费比较多元化，食品消费占27%，教育消费占9%，医疗消费占10%，住房消费占9%，其他消费占44%（见表8）。

表8 2016年城乡困难家庭支出结构

单位：元，%

类别	总支出	食品	教育	医疗	住房	其他
城市	47058	34	8	23	3	32
农村	40800	28	7	28	2	36
城市流动	90901	27	9	10	9	44

三 城乡困难家庭社会性贫困及变动趋势

1. 城乡困难家庭社会性贫困因素分析

2014~2016年，城乡困难家庭自报"家庭成员疾病负担重"的比例从59%降至51%，疾病负担虽有所降低，但仍然是城乡困难家庭的主要致贫因素。"家庭主要成员没有劳动能力"的比例从48%降至44%，降低了4个百分点。"家庭主要劳动力没有工作"的比例从46%降至42%，降低了4个百分点。"居住条件差"的比例从45%降低到43%，降低了2个百分点。"子女教育负担难以承受"的比例从30%降至28%，降低了2个百分点（见图4）。总体来看，城乡困难家庭困难程度有所减轻，但总体结构没有较大改变，医疗负担、住房负担、教育负担仍然是城乡困难家庭的重要困难问题。

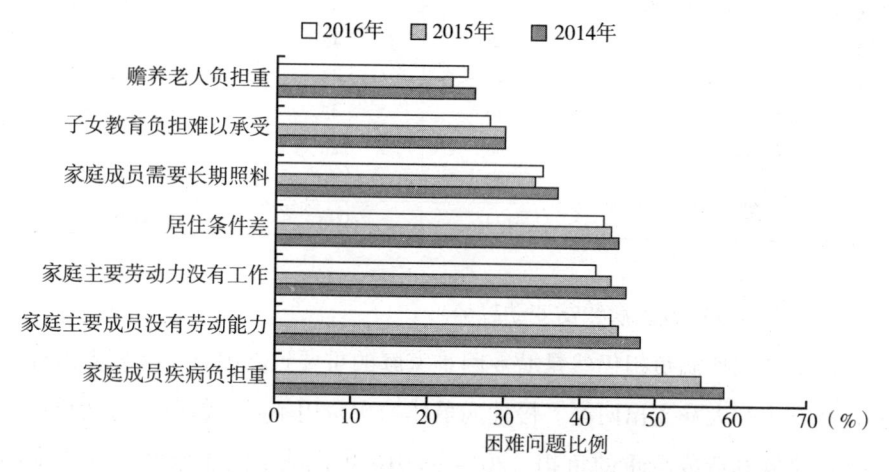

图4 2014~2016年城乡困难家庭贫困因素变动趋势

不同类型家庭面临的资源约束不同，困难问题也不同。从城市困难家庭的主要困难问题看，第一位因素是"家庭成员疾病负担重"，比例为58%；第二位因素为"家庭主要成员没有劳动能力"，比例为51%；第三位因素为"家庭主要劳动力没有工作"，比例为48%。从农村困难家庭的主要困难问题看，第一位因素也为"家庭成员疾病负担重"，比例为62%，比城市困难家庭高4

243

个百分点；第二位因素为"家庭主要成员没有劳动能力"，比例为57%，比城市困难家庭高6个百分点；第三位因素为"家庭主要劳动力没有工作"，比例为46%。从城市流动困难家庭的主要困难问题看，第一类困难因素是"居住条件差"，比例为45%；第二类困难因素为"子女教育负担难以承受"，比例为26%；第三类困难因素为"赡养老人负担重"，比例为25%（见表9）。城市流动困难家庭的困难因素与城市和农村贫困家庭的困难因素显著不同，居住条件、子女教育负担、赡养老人负担等方面的问题都是伴随着城市化过程逐步衍生出来的，他们面临的困难更多是由城市化过程中的弱势累积所导致的。

表9 2016年不同类型困难家庭的困难问题

单位：个，%

困难问题	城市	农村	城市流动
家庭成员疾病负担重	58	62	21
家庭主要成员没有劳动能力	51	57	14
家庭主要劳动力没有工作	48	46	24
居住条件差	41	44	45
家庭成员需要长期照料	40	42	16
子女教育负担难以承受	30	26	26
赡养老人负担重	25	24	25
样本量	4124	3095	2050

2. 城乡困难家庭因病致贫变动趋势

前文谈到疾病负担仍然是城乡困难家庭的重要致贫因素。疾病支出分为慢性病支出和大病支出两类。慢性病虽然均次费用不高，但持续时间长，也会给困难家庭造成沉重的负担。2014～2016年，城乡困难家庭慢性病支出绝对数额有所降低，从年均13612元降至12530元，绝对数额降低了8%，占家庭支出的比例也从39%下降至31%，下降了8个百分点。

城乡困难家庭大病支出的绝对数额也在降低，从年均42801元降至30533元，绝对数额降低了29%，占家庭支出的比例也从102%降低至63%，下降了39个百分点。因病借债的数额从年均16804元降至12802元，绝对数额降低了24%，占家庭支出的比例也降低了11个百分点（见表10）。

表10　2014~2016年城乡困难家庭不同类别疾病支出及占家庭支出比例

单位：元，%

年份	慢性病支出数额及占家庭支出比		大病支出数额及占家庭支出比		因病借债及占家庭支出比	
2014	13612	39	42801	102	16804	38
2015	12193	39	46306	104	17851	40
2016	12530	31	30533	63	12802	27

总的来说，2014~2016年家庭疾病支出负担有所降低，这可能与医改以来基层药品零加成及提高大病报销比例有一定的关系，后文中将专门对医保报销进行分析。

无论城市困难家庭、农村困难家庭还是城市流动困难家庭，大病支出负担都是家庭致贫的首位因素。从家庭类型来看大病支出的变动趋势：在城市困难家庭中，家庭大病支出先升后降，2014年年均大病支出为45597元，2015年增至52142元，2016年又回落至31092元。农村困难家庭中，家庭大病支出也是先升后降，2014年年均大病支出为38183元，2015年增至40864元，2016年又回落至26434元。城市流动困难家庭中，家庭大病支出先降后升，2014年年均大病支出为44056元，2015年降至31363元，2016年又升至44015元（见图5）。

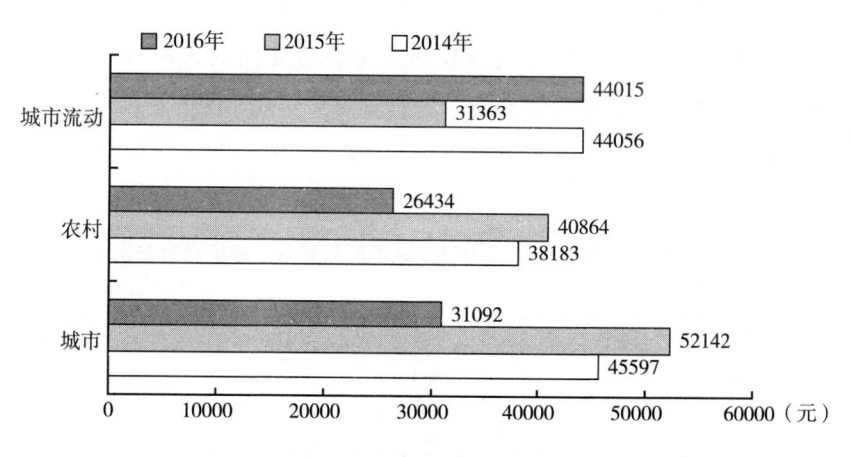

图5　2014~2016年城乡困难家庭大病支出的变动趋势

3.城乡困难家庭教育负担变动趋势

2016年，城乡困难家庭"子女教育负担难以承受"的比例占28%。本部分将分别对学前教育、义务教育、高中教育和大学教育四个阶段进行分析。从学前教育支出看，2014~2016年，城乡困难家庭年均学前教育费用从4647元上涨至5981元，上涨了29%。目前我国城乡公立幼儿教育机构严重不足，私立幼儿教育机构缺乏规范约束，学前教育资源存在巨大缺口，这是导致学前教育费用逐年上涨的关键因素。

从家庭义务教育支出看，相较于其他三个阶段，家庭义务教育支出额度是较低的。2016年家庭年均义务教育支出为3199元，而学前教育、高中教育和大学教育的支出分别为5981元、8137元和12097元。纵向比较看，2014~2016年，家庭义务教育年均支出从2864元增至3199元，上涨了12%。"十三五"期间，国家逐步提高义务教育阶段财政投入的比例，对降低城乡家庭义务教育负担起到了重要作用。

在高中教育阶段，家庭年均支出显著提高。以2016年为例，家庭年均高中教育支出是义务教育支出的2.5倍，有高中学生的家庭教育负担明显加重。习近平提出要逐步将高中教育也纳入义务教育之内，这一点对于缓解家庭教育负担意义重大。

在大学教育阶段，家庭年均支出又比高中阶段有个大的跳跃，还是以2016年为例，家庭年均大学教育支出是义务教育支出的3.8倍。从纵向指标比较看，2014~2016年，家庭大学教育支出从年均14555元降低至12097元，降低了17%（见表11）。

表11 2014~2016年城乡困难家庭不同教育阶段家庭教育支出

单位：元

年份	学前教育	义务教育	高中教育	大学教育
2014	4647	2864	7369	14555
2015	4807	2755	7924	15292
2016	5981	3199	8137	12097

大学是四个教育阶段中家庭教育负担最重的阶段，那么对于城市困难家庭、农村困难家庭和城市流动困难家庭来说，大学教育的负担是否有所不同，在不同时间点上也有差异呢？

从城市困难家庭大学教育支出的绝对数额看，2014年城市困难家庭大学教育支出为13842元，占家庭支出的比例为33%；到2016年，城市困难家庭大学教育支出上涨到14475元，占家庭支出的比例为31%，绝对数额上涨了5%，但占家庭支出的比例下降了2个百分点。

从农村困难家庭大学教育支出的绝对数额看，2014年农村困难家庭大学教育支出为16840元，占家庭支出的比例为55%，这就意味着有大学生的农村困难家庭一半支出将用于子女大学教育上。到2016年，农村困难家庭大学教育支出有所下降，年均教育支出为16243元，占家庭支出的比例为34%。2016年相比2014年大学教育支出占家庭总支出的比例降低了21个百分点，主要原因可能在于农村家庭收入在过去三年中有所增长。

从城市流动困难家庭大学教育支出的绝对数额看，2014年其大学教育年均支出为14521元，占家庭支出的比例为29%；2015年大学教育年均支出上涨到17580元，绝对数额上涨了21%；2016年大学教育支出维持在17705元的水平（见表12）。在前文中，城市流动困难家庭自评家庭困难因素中，"子女教育负担难以承受"是占第二位的困难因素（26%）。流动困难家庭融入城市后，逐步接受了城市的教育模式，认同了文化资本对于提高家庭地位的重要意义，由此对子女的教育预期比农村困难家庭有所提高，投入的激励性也比农村困难家庭有所提高，以2016年为例，城市流动困难家庭投入大学教育的支出比农村困难家庭投入大学教育的支出高出1462元。

表12　2014~2016年城乡困难家庭大学教育支出及占家庭支出比

单位：元，%

年份	城市 金额	城市 占比	农村 金额	农村 占比	城市流动 金额	城市流动 占比
2014	13842	33	16840	55	14521	29
2015	13857	33	16092	37	17580	41
2016	14475	31	16243	34	17705	25

4. 城乡困难家庭住房负担变动趋势

前文中提到"居住条件差"也是城乡困难家庭的共性特征。2016年城市困难家庭认为"居住条件差"的比例为41%，农村困难家庭为44%，城市流动困难家庭为45%。"居住条件差"与不同类型家庭的居住结构密切相关。城市困难家庭中，居住在自建房的比例为29%，居住在拆迁安置房的比例为17%，自购商品房的比例为10%，居住在公租廉租房的比例为9%。在农村困难家庭中，居住在自建房的比例为74%，政府补贴建房的比例为7%（见表13）。由于自建房比例较高，自建房本身的修缮和维护问题成为城乡困难家庭的共性问题。在城市困难家庭和农村困难家庭中，危房的比例都比较高。2014~2016年，城市困难家庭的危房比例一直在22%至23%上下徘徊；2014年农村困难家庭的危房比例为37%，到2016年，危房比例降低到32%，三年内降低了5个百分点（见表14）。

表13 2016年城乡困难家庭的居住结构

单位：%

住房类型	城市	农村	城市流动
自建房	29	74	12
拆迁安置房	17	4	—
自购商品房	10	—	24
公租廉租房	9	—	—
政府补贴建房	—	7	—
市场租房	—	—	30

注：其他住房类型统计结果略。

表14 2014~2016年城乡困难家庭危房比例

单位：%

年份	城市	农村
2014	22	37
2015	23	36
2016	23	32

三类家庭中，只有城市流动困难家庭将"居住条件差"排在困难因素的第一位，原因在于流动人口以市场租房为主要居住形式，占总样本的

30%；其次为自购商品房和自建房。流动人口大多居住在城市边缘地区，居住环境较差。周大鸣曾经提出城市社会存在"二元社区"，珠三角外来工或居住于当地农民房，或居住于宿舍，而本地人则居住在设施较好的小区，"地方本位"政策和"寄生"经济是导致二元模式的根本因素。[①]

四 社会保障政策在减贫过程中的作用

1. 十八大以来社会政策总体减贫效果

当前城乡低保户数量呈现降中趋稳的态势。根据国家统计局数据，2016年末全国共有1480.2万人享受城市居民最低生活保障，4586.5万人享受农村居民最低生活保障，496.9万人享受农村特困人员[②]救助供养，合计6563.6万人，占到全国总人口的5%。从近年的变化趋势来看，城乡低保人口和农村特困人员人口都在减少，三类人口在2012年有8033.6万人，占总人口的6%，从2012年开始持续下降，目前绝对规模已经降至7000万人以下，人口占比已低至5%（见表15）。

表15 2012~2016年我国低保和特困人员规模及比重

单位：万人，%

年份	城市低保人数	农村低保人数	农村特困人员人数	城乡低保和农村特困人口总数	城乡低保和农村特困人口占比
2012	2143.5	5344.5	545.6	8033.6	6
2013	2064.2	5388.0	537.2	7989.4	6
2014	1877.0	5207.2	529.1	7613.3	6
2015	1701.0	4903.6	516.7	7121.3	5
2016	1480.2	4586.5	496.9	6563.6	5

资料来源：《2016年社会服务发展统计公报》。

[①] 周大鸣：《外来工与"二元社区"——珠江三角洲的考察》，《中山大学学报》（社会科学版）2000年第2期。
[②] 农村特困人员是指无劳动能力，无生活来源，无法定赡养、抚养、扶养义务人或者其法定义务人无履行义务能力的农村老年人、残疾人以及未满16周岁的未成年人。

从变动幅度看，城市低保人数下降幅度最大，从2012年起，年均下降幅度为8%；农村低保人数年均下降幅度为4%；农村特困人数年均下降幅度为2%（见图6）。

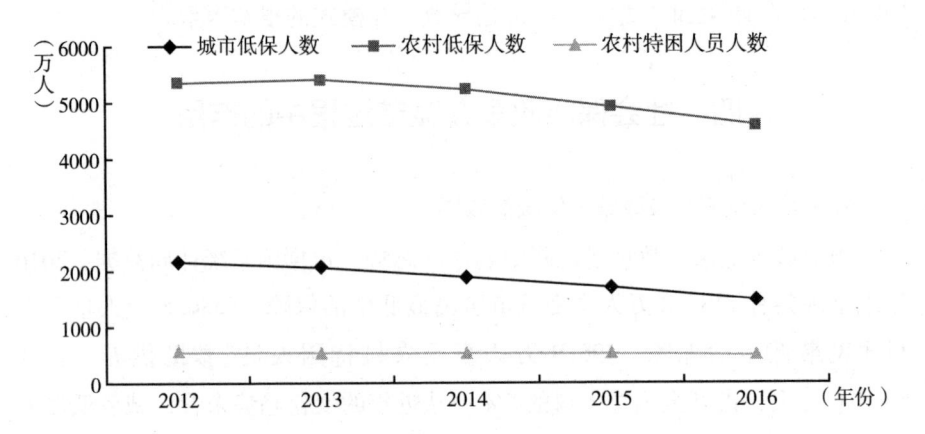

图6　2012~2016年城乡困难群体规模变动趋势

资料来源：《2016年社会服务发展统计公报》。

如果按照每人每年2300元（2010年不变价）的农村扶贫标准计算，2016年农村贫困人口为4335万人，比上年减少1240万人。从2012年到2016年，每年都有超过1200万农村贫困人口脱贫，年均脱贫率为19%。农村人口的贫困发生率也从2012年的15%降至2016年的7%（见表16）。

表16　2012~2016年我国农村贫困人口规模、发生率和增长率

单位：万人，%

年份	农村贫困人口数	脱贫数	农村贫困人口增长率	农村贫困发生率	贫困标准
2012	9899	2339	-19	15	每人每年2300元（2010年不变价）
2013	8249	1650	-17	13	
2014	7017	1232	-15	11	
2015	5575	1442	-21	9	
2016	4335	1240	-22	7	

资料来源：历年《国民经济和社会发展统计公报》。

2. 当前社会救助形式日益多元化和精准化

表17中抽样调查统计结果显示，城乡困难家庭可以享受的救助和优惠项目种类日益多元化，总体上以常规性救助项目为主、非常规性救助项目为辅。低保金、医疗救助、教育救助、住房救助均已覆盖城乡困难家庭。城市困难家庭享受低保金的比例为64%，高于农村困难家庭享受低保金的比例（58%），城市流动困难家庭人口在打工地享受低保金的比例较低，为9%。在医疗救助上，城市困难家庭人口享受医疗救助的比例还是最高的，为24%；农村困难家庭人口享受医疗救助的比例近三年也有显著提高，为21%；城市流动困难家庭人口享受医疗救助的比例为11%。除了以上常规性救助项目外，城市困难家庭在水电燃料取暖费减免、物价补贴或节假日救助等项目上享受政策优惠的比例也高于农村困难家庭和城市流动困难家庭。

表17　2016年城乡困难家庭社会保障政策的覆盖比例

单位：%

救助和优惠项目	城市	农村	城市流动
低保金	64	58	9
医疗救助	24	21	11
教育救助	15	13	6
住房救助	8	4	3
水电燃料取暖费减免	22	13	3
物价补贴或节假日救助	15	7	—
临时救助	9	7	2
慈善救助	6	5	—
其他救助或优惠	4	3	28
自然灾害救助	2	4	—
其他费用减免	3	2	—
失业援助	1	0.1	3
法律援助	1	0.2	1

3. 四类常规救助项目变动不大，救助项目重复覆盖较为普遍

从纵向发展趋势看，抽样调查统计结果显示，四类主要的救助制度覆盖范围在过去三年中变化不大。2014年低保金覆盖率为47%，2016年增长到

50%；医疗救助覆盖范围略有缩小，从2014年的22%降至2016年的20%；教育救助覆盖范围略有扩大，从2014年的10%提高到2016年的13%；住房救助变化不大，一直维持在5%上下（见表18）。

表18 2014~2016年城乡困难家庭不同类型救助政策变动趋势

单位：%

年份	低保金	医疗救助	教育救助	住房救助
2014	47	22	10	6
2015	51	21	11	5
2016	50	20	13	5

数据统计结果还显示，社会救助和优惠项目之间重复覆盖程度较高。在已经享受低保金的城乡困难家庭中，仍有部分对象享受医疗救助、教育救助、住房救助等。2014~2016年，在已经享受低保金的困难家庭中，享受医疗救助的家庭比例在28%上下徘徊；享受教育救助的人口逐年增长，2014年同时享受低保金和教育救助的家庭比例为14%，到2016年，这一比例增长至19%；同时享受低保金和住房救助的家庭比例在8%上下徘徊（见表19）。

表19 2014~2016年已享受低保金的家庭享受其他政策优惠项目的比例

单位：%

年份	医疗救助	教育救助	住房救助
2014	28	14	8
2015	27	15	7
2016	28	19	8

4. 社会保险在减贫中的作用日益凸显

前文提及城乡困难家庭医疗支出占家庭支出的比例逐步降低，相对应的，社会保险的重要性日益凸显。抽样调查数据统计结果显示，2014年城乡困难家庭慢性病医保报销平均额度为3937元，占慢性病医疗支出的比例为22%。到2016年，慢性病医保报销平均额度上涨到4247元，报销比例为23%，略有增长。在大病医保报销上，2014年城乡困难家庭大病医保报销平均额度为14248元，2016年绝对报销额度略有降低（11515元）。但是大病医保报销比例有所提升，从2014年的27%上升到2016年的30%（见表20）。

表20 2014~2016年城乡困难家庭慢性病及大病医保报销情况

单位：元，%

年份	慢性病医保报销额度	报销比例	大病医保报销额度	报销比例
2014	3937	22	14248	27
2015	3715	22	14383	30
2016	4247	23	11515	30

我国城乡医疗保险碎片化，总体上分为城镇职工医疗保险、城镇居民医疗保险、新型农村合作医疗保险，部分地区还为城市流动人口单独设立流动人口的医疗保险制度。正因为筹资制度的多样性，城市居民、农村居民、城市流动人口参加的社会保险类别和报销比例都有差异。根据2017年抽样调查数据的统计结果，在慢性病医保报销额度上，城市困难家庭的报销绝对额度仍然最高，为4672元，高于农村困难家庭和城市流动困难家庭。但从相对比例看，三类人群的报销比例逐步趋同，城市困难家庭慢性病报销比例为24%，农村困难家庭和城市流动困难家庭慢性病报销比例均为22%，这说明随着社会保险制度的逐步完善，城乡困难家庭慢性病报销的差距正在逐步缩小。

在大病报销额度上，城市困难家庭大病医保报销平均额度为12658元，农村困难家庭大病医保报销平均额度为10135元，比城市困难家庭低2523元；城市流动困难家庭大病医保报销平均额度为10385元，比城市困难家庭低2273元。在相对比例上，城市困难家庭大病医保报销比例为32%；农村困难家庭大病医保报销比例为30%；城市流动困难家庭医保报销比例为25%（见表21）。三类人群大病医保报销比例依次降低，总体来看，当下城市困难家庭医疗保险待遇还是优于农村困难家庭和城市流动困难家庭。

表21　2016年城乡困难家庭慢性病及大病报销情况

单位：元，%

类别	慢性病医保报销额度	报销比例	大病医保报销额度	报销比例
城市	4672	24	12658	32
农村	3913	22	10135	30
城市流动	3569	22	10385	25

五　未来政策展望

习近平总书记在十九大报告中指出，"按照兜底线、织密网、建机制的要求，全面建成覆盖全民、城乡统筹、权责清晰、保障适度、可持续的多层次社会保障体系"；"统筹城乡社会救助体系，完善最低生活保障制度"。这为新时期民政工作政策创新指明了方向，未来社会保障政策需要着重突出以下几个方面。

第一，努力建立多层次的社会保障体系。逐步建立起"养老社会保险＋企业年金＋商业保险＋个人储蓄"的多层次养老保障制度、"医疗社会保险＋企业补充医疗保险＋商业健康保险"的多层次医疗保障制度，实现养老金和医疗费用来源多元化。依托于社会保险体系，逐步提高城乡困难家庭风险抵御能力，减轻各级政府财政负担。

第二，逐步缩小不同社会保险体系之间的差距。目前，我国社会保险制度还存在制度碎片化、保障水平不均衡等问题。未来，应逐步对现有分散的城镇职工养老保险、城乡居民养老保险、机关事业单位养老保险进行整合，逐步缩小不同群体社会保险给付水平的差异。

第三，社会救助体系更加精准化，逐步避免重复覆盖的问题。目前，低保金与医疗、教育、住房等救助资金重复覆盖较为普遍，未来应该逐步廓清不同救助方式的边界，更加精准地满足贫困人口的社会需求。

第四，逐步完善社会救助和保障标准与物价上涨挂钩联动机制，确保困难群众基本生活水平不因物价上涨而降低。做好新时代民生保障的托底工作，需要密切关注CPI、社会平均收入、最低收入、退休平均收入、生活基本开销、水电煤通信物业停车费用、教育费用、医疗费用等关乎民生的核心经济数据。

专题篇

Reports on Special Subjects

B.14
2017年中国互联网舆论分析报告

祝华新　廖灿亮　潘宇峰*

摘　要： 互联网治理力度持续加大，治理范围从时政类资讯延伸到娱乐八卦类信息，从少数"意见人士"触及广大普通网民。互联网"自媒体"发展面临拐点。目前，中等收入群体已成为网络舆论发声的主力军。极端个案引爆的舆情减少，但公众常借日常生活中的一些小热点，抒发对阶层固化等社会深层问题的"集体焦虑"，引发共鸣。在整治网络乱象和保障网络表达之间找到平衡点，是未来互联网治理需要关注的要点。

关键词： 互联网舆情　实名制　集体焦虑　舆论结构　舆论分化

---

* 祝华新，人民网舆情监测室舆情分析师；廖灿亮，人民网舆情监测室舆情分析师；潘宇峰，人民网新媒体智库特约专家。

互联网给越来越多的中国人带来知情和表达的便利。截至2017年6月，中国网民规模达到7.51亿，网民中使用手机上网的人群占比提升至96.3%。92.1%的网民使用QQ、微信等即时通信，81.0%的网民使用搜索引擎。[①] 我国成年国民手机阅读接触率连续8年增长，2016年达到66.1%。有62.4%的成年国民在2016年进行过微信阅读，人均每天微信阅读时长为26.00分钟。[②] 新浪微博日活跃用户1.59亿[③]；微信公众号据估计约有2000万个，活跃App（含资讯类和服务类App）约1000万个。当下的舆论热点被形象地描绘为手机"刷屏"。依托于移动互联网的信息分享和意见交流，如"两微一端"（微博、微信、新闻客户端），越来越多地成为社会舆论的发源地和发酵平台。

一 2017年舆论压力量化分析

本报告通过构建热度、舆情压力等指标，对本期覆盖时段（2016年11月1日至2017年10月31日）内每月热度排名前50的600件舆情热点事件进行统计分析。

在本年度舆情热度最高的20件热点事件中，"党的十九大"以较大优势成为各类型网络舆论平台最为关注的话题；紧随其后的是《战狼2》和《人民的名义》，两部影视作品掀起舆论热议；中印边境冲突和雄安新区设立分列第四、第五位（见表1）。年度前五大事件均具有较为正面的舆论倾向性，前十大事件中仅有罗一笑事件和山东于欢案两个事件的舆情压力值为正数，造成了一定程度的舆论反弹和撕裂，这一数据在2016年和2015年均为6件。

---

① 中国互联网络信息中心：《第40次中国互联网络发展状况统计报告》，2017年8月4日。
② 中国新闻出版研究院：《第14次全国国民阅读调查》，2017年4月18日。
③ 微博2017年第2季度财报。

表1 2017年20件热点舆情事件

单位：千篇

热度排名	事件	报刊	新闻	论坛	博客	微博	微信	App	热度
1	中共十九大召开	76.5	550.7	42.3	3.9	66.3	314.6	161.0	97.03
2	《战狼2》大热	6.3	247.1	97.5	14.0	356.6	174.0	59.3	91.24
3	反腐剧《人民的名义》热播	14.3	303.9	126.8	15.1	147.6	191.6	15.7	91.09
4	中印洞朗对峙	4.6	150.5	24.9	20.9	44.7	158.8	16.4	85.56
5	河北雄安新区设立	6.5	194.1	41.2	17.7	13.8	63.7	8.2	83.57
6	山东于欢案	3.9	100.3	33.3	5.5	69.4	114.7	5.2	82.73
7	罗一笑事件	2.1	143.8	30.5	9.4	9.7	161.9	11.9	81.65
8	学区房话题及各地出台租购同权政策	4.1	137.3	8.6	4.8	8.9	50.7	14.0	80.63
9	2017"一带一路"国际合作高峰论坛	7.2	118.9	11.9	9.1	6.3	64.4	3.4	80.29
10	"共享单车"话题	5.1	134.9	11.6	3.5	6.2	48.3	9.1	80.09
11	大学生李文星陷传销死亡事件	5.5	62.0	6.6	2.5	13.7	52.1	7.0	79.14
12	韩国部署萨德引强烈抗议	1.4	65.5	46.4	6.9	49.0	70.7	4.4	78.93
13	邓相超言论争议事件	4.9	61.3	6.3	3.5	11.6	43.1	4.8	78.18
14	中国男乒集体退赛风波	1.7	24.5	4.8	1.7	98.9	18.9	2.3	74.22
15	中国首艘国产航母下水	0.7	40.1	43.7	4.2	19.3	20.6	6.5	74.12
16	杭州保姆纵火案	0.7	26.3	4.2	1.6	97.5	23.6	2.6	72.84
17	人民网三评"王者荣耀"	0.6	55.0	7.6	2.4	3.2	30.8	8.6	72.42
18	榆林产妇坠亡事件	0.8	20.6	3.2	1.5	21.1	11.3	8.3	71.32
19	《互联网群组信息服务管理规定》发布	1.2	30.5	4.6	0.6	3.3	19.5	4.9	70.63
20	郭文贵海外爆料造谣	1.1	46.8	3.3	0.9	1.3	11.7	1.5	68.44

本报告将热点事件分为公共管理、社会矛盾、公共安全、企业舆情等八大类别，可以看出：①社会矛盾领域依旧是舆情高压区，但公共管理领域的舆情压力较上一年度有较大幅度降低，各种公共政策、法律法规的颁布和实施在舆论场认同度较高。②乐视、海航、万达、百度等知名企业舆情危机增多，企业舆情的热点事件数量、热度和压力都较上年有所升高。③随着中国不断走向世界，越来越多的舆情热点事件发生在国外，其中不

乏中国公民失联、被劫等负面事件，由此推动涉外涉军舆情压力上升。同时显示出网民"大国心态"逐渐成型，爱国热情进一步凝聚。④体育、娱乐及公众人物舆情数量和舆情压力持续增长，全民娱乐时代越来越多的明星绯闻充斥着人们的眼球，挑战着大众的道德底线。⑤吏治反腐舆情压力有所下降，由官员贪腐产生的负面舆情危机已经极少，不再能刺激调动公众的激情反馈（见表2）。

表2 2015~2017年不同舆情领域压力指数

单位：件，%

分类	事件数量	2017年事件占比	2016年事件占比	2015年事件占比	2017年平均热度	2016年平均热度	2015年平均热度	2017年舆情压力	2016年舆情压力	2015年舆情压力
社会矛盾	131	21.8	25.5	20.6	47.04	41.30	56.86	110.87	102.41	105.09
公共管理	211	35.2	38.0	31.2	51.58	50.14	65.67	67.86	103.69	91.71
公共安全	75	12.5	10.7	11.6	53.49	48.72	62.54	65.46	59.83	61.41
企业舆情	48	8.0	5.2	14.0	55.93	53.74	61.81	34.17	24.94	49.82
体育、娱乐及公众人物	37	6.2	6.0	5.4	56.01	60.25	66.10	17.10	12.57	12.41
涉外涉军	61	10.2	7.2	9.4	56.51	59.73	65.72	11.66	9.76	11.02
吏治反腐	16	2.7	6.5	4.4	52.91	45.54	58.41	6.91	20.08	12.99
其他	21	3.5	1.3	3.4	50.20	48.97	66.76	2.11	5.27	8.00

从压力指数的地域分布上看：大部分地区的舆论压力较上年有所降低，其中北京、江苏、上海、四川、甘肃等地降幅最大。也有个别地区舆情压力有所上升，如浙江、云南、陕西、天津，这些地区多受个别负面事件影响，如浙江的杭州保姆纵火案、云南的涉旅游系列舆情事件、陕西的榆林产妇坠亡事件和问题电缆事件、天津的大学生李文星身陷传销死亡事件。

本年度600件热点事件中社会矛盾舆情事件共计131件，较上一年度减少22件，但是舆情压力总量有所上升。其中：①社会道德争议、未成年人及弱势群体保护、社会欺诈和意识形态领域的矛盾最为突出，舆情压力上升最多。②劳资纠纷、征地拆迁与群体维权等矛盾聚焦点本年度舆情态势回落明显，各类维权事件基本无舆论热议（见表3）。

表3 2015~2017年社会矛盾聚焦点压力指数

单位：件，%

矛盾聚焦点	事件数量	2017年事件占比	2016年事件占比	2015年事件占比	2017年平均热度	2016年平均热度	2015年平均热度	2017年舆情压力	2016年舆情压力	2015年舆情压力
社会道德争议	56	9.3	7.7	6.4	45.46	38.98	59.30	38.38	19.65	25.37
未成年人及弱势群体保护	15	2.5	2.3	2.2	49.00	30.75	52.32	15.16	7.23	11.70
社会欺诈	7	1.2	0.5	0.2	53.98	50.12	0.00	10.25	4.13	1.20
意识形态	6	1.0	1.0	1.2	54.29	53.79	56.87	8.49	5.04	10.35
社会暴力	8	1.3	1.7	2.6	43.80	41.43	54.37	8.14	8.57	10.11
官民关系	7	1.2	2.8	1.2	43.79	36.43	59.41	7.02	11.48	9.85
警民关系	3	0.5	1.3	1.2	62.99	44.03	57.96	5.70	8.69	9.16
医患关系	4	0.7	1.3	0.8	44.85	38.62	58.02	4.09	5.01	4.80
贫富及城乡差距	11	1.8	2.7	0.4	50.97	47.56	66.08	2.23	12.37	1.78
劳资纠纷	1	0.2	1.3	2.4	34.11	46.75	52.62	0.62	7.55	10.96
征地拆迁与群体维权	0	0.0	1.0	0.6	0.00	41.84	57.84	0.00	5.56	5.52

二 网络热点折射社会深层变化

（一）舆论场板块发生深刻的结构性变化

新闻媒体和"意见人士"对舆论场的影响力减弱，普通老百姓的表达机会增多，舆论场的话语权趋于均等化，而政府加强议程设置，在重要节点成为舆论场主角。

2017年，除了3月山东于欢案的舆论由《南方周末》报道《刺死辱母者》所引发，延续了纸媒原创、门户网站传播、社交网络热议的舆论生成发酵经典路径外，新闻媒体和"意见人士"的"议程设置"能力进一步减弱。6月24日，四川茂县叠溪镇新磨村突发山体高位垮塌，造成多人遇难。

一些垮塌视频流入微博和微信朋友圈,引起网民恐慌。后当地警方辟谣称,此视频来源于杭州,不是茂县。在突发事件中,如何用新闻媒体对冲网络自媒体谣言,给基层政府敲响了警钟。

微信降低了网络表达和浏览的门槛,从BBS年代和微博早期往往由少数"大V"主导舆论,变成了社会各界人士,包括基层百姓,都可以用拇指发布见解、表达诉求,舆论话语权趋于均等化。互联网上"意见人士"特立独行的言论少了并且附和者寡,而大众话题更容易引起共鸣,一篇贴文《如何避免成为一个油腻的中年猥琐男》阅读量高达500万次。2017年建军90周年期间,《人民日报》客户端推出H5产品《快看呐!这是我的军装照》,浏览次数突破15亿。这个现象级产品可能有青春自恋的元素,更可能体现了网民的家国情怀。

2017年大事喜事不断,从北京"一带一路"国际合作高峰论坛的举办、金砖国家领导人厦门会晤到中共十九大的召开,在一些具有政治意义的重要节点和议题上,政府具有很强的议程设置能力,获得了压倒性的舆论影响。2017年表现中国退役军人到非洲营救同胞的电影《战狼2》热映,三个月内观影人次达1.59亿,草根网民的民族自豪感爆棚,几乎一边倒的赞扬声浪,盖过了少数知识界网民对影片是否鼓吹民族自大情绪的质疑。

(二)涉及社会体制的宏大议题退潮

2017年的网络热点舆情更多地围绕与普通人利益攸关的民生问题展开,网民"代入感"和移情作用强烈,表达了社会转型期公众内心的"集体焦虑",呈现小热点、大舆情的特征。连黑豹乐队人到中年的鼓手拿着一个泡着枸杞的保温杯,也引出了众多网民青春易老的感慨。而北京家政女工的自述《我是范雨素》一夜之间走红网络,大社会、小人物的悲欢,寄托了网民对底层艰难谋生的同情,以及促发对底层人群生活状况的讨论。

从2017年2月开始,"学区房"话题引发舆论热议,"不能让孩子输在起跑线"成为众多网民共识。《一位中科院科研人员的自白:我为什么选择离开》《最近有点为北京感到难过》等关于"天价"学区房的网文在微信朋友圈热传，阅读量均超过70万次。

2017年高考季，"中产教育鄙视链"观点在网络热传。网络舆论场关于"读书改变阶层固化的能力越来越弱"的声音，得到不少人的认同。针对2017年高考作文题，有网民认为验证了"寒门再难出贵子"的趋势。"在偏远地区，高铁、共享单车、移动支付这些城里孩子司空见惯的事物对农村孩子来说真的是很抽象。可想而知他们写作的时候有多么为难。"10月，北京清华附小小学生写出《大数据帮你进一步认识苏轼》的论文，再次引发舆论场关于阶层固化的讨论。

（三）舆论关注营商环境，期待稳定非公经济对未来的预期

2016年岁末，福耀玻璃董事长曹德旺在美国投资6亿美元的汽车玻璃厂投产，在网上引出了曹德旺"跑路"的误解。曹德旺曾表示，"中国实体经济的成本，除了人便宜，什么都比美国贵"。有学者扬言中国企业遭遇"死亡税率"。国家税务总局官方网站刊文，指出我国宏观税负近些年来稳中有降。财政部做出回应，提出"放水养鱼"，研究新的减税降费措施，进一步减轻企业负担。

2017年各省区市及全国"两会"上，"优化营商环境建设"是热门议题。在当前经济增速减缓阶段，努力降低市场主体的交易成本，有助于恢复和提升企业家的信心。1月召开的中央政法工作会议提出，产权制度是市场经济的基石，加强产权保护，有利于稳定各类市场主体的市场预期，增强社会信心。十九大前，中共中央、国务院发布《关于营造企业家健康成长环境弘扬优秀企业家精神更好发挥企业家作用的意见》，强调"依法保护企业家财产权"；企业家依法进行自主经营活动，各级政府、部门及其工作人员不得干预；清理涉企收费、摊派事项；支持设立全国统一的企业维权服务平台。

（四）公众呼唤社会公德

2017年各城市"共享单车"大行其道，网民对共享单车频遭人为恶意损毁给予了谴责。社会公德的提升，涉及个人道德修养，也需要行业管理和

法制的保障。网民希望相关企业对用户实行信用管理,并呼吁政府把共享单车纳入社会诚信体系,对破坏公共秩序的行为依法惩处。

网络爆料发生在校园里的多起性侵事件,性侵一方往往是师生、同窗关系中相对强势的一方,提示学校管理的缺位特别是师德的失范。一些全国人大代表、全国政协委员和业界专家建议,将防范性侵教育纳入义务教育常态化教学,考虑公开性侵儿童犯罪人信息并禁止从事易于接触儿童的职业。

在山东,于欢案一审判处无期徒刑。《南方周末》的报道在公众中掀起了巨大的情感波澜。仅网易一篇新闻的跟帖就高达270万条。难能可贵的是,这次舆论"围观"最终指向尊重司法程序,期待二审法官做出公正的裁决。于欢二审改判有期徒刑5年。理性的声音赢得了公众的认同,压倒了某些鼓吹封建社会血亲复仇的偏激之言。围绕于欢案,展开了一轮司法和舆论的良性互动,还原事实真相,用法律息讼止争,避免了雷洋案后的舆论撕裂,凝聚了社会"最大公约数"。

(五)意识形态争论抬头

2017年,网络涉意识形态争论的事件较多,有关议题显化、激化,并呈现向线下行动转化的趋势。年初,原山东建筑大学教授邓相超、石家庄市文化广电新闻出版局副局长左春和、河南漯河电视台聘用人员刘勇均因网上"发表错误言论、违反政治纪律",被停职、免职。部分态度激烈的网民认为邓相超等人的言论属于"吃饭砸锅",线下聚集抗议,给当事人所在单位施加压力;也有一些网民主张"言论自由",观点分化明显。

3月,美韩联合部署萨德导弹系统,微博、微信热转"抵制美货韩货"的倡议,偏激民族主义情绪有所抬头。事件表明,部分网上意识形态议题辩论已经向网下冲击转变,容易从线上争吵发展为线下集会对抗,从无目的的网络宣誓性抗议向有目标的围堵式攻击转变。

与此同时,高校本着意识形态工作守土有责的原则,从网络公共空间到学校内部加强管控。一些大学教师因在课堂或互联网上发表不当言论,"逾越意识形态管理红线",而被校方解聘,引起震动。7月,我国首次成立国家教材委员会，以便把握好教材的政治思想性，确保国家意识形态安全。

（六）涉民族宗教议题、涉港议题凸显

在国际恐怖主义活动猖獗的大背景下，反对恐怖主义、分裂主义和极端主义"三股势力"成为全民共识。少数民族网民对涉民族宗教的事务较为敏感，一些商业服务业企业曾因取名"阿凡蹄""飞猪"而引发抗议。与此同时，对于某些极端化的民族宗教诉求，舆论开始出现反弹。2017年4月，山东临沂市郯城县政务微博"@郯城发布"披露：居民侯某某在微信朋友圈发表诋毁、侮辱宗教信仰的言论，已被公安机关依法拘留。网民在评论留言中，质疑地方政府"过度执法"。

7月，网络爆料美团外卖在部分地区设置专门的清真食品订购通道和清真食品箱，引发网络争议。主流舆论反对"泛清真化"，将原本属于饮食范围内具有特定民族宗教象征的标识，泛化至整个社会生活领域。网上部分偏激言论将清真和极端主义挂钩，变成对信仰伊斯兰教群众的抹黑，发展为非理性的"黑穆"倾向，值得警觉。

2017年，"港独"问题继续成为舆论焦点。从年初香港立法会议员辱华宣誓引出全国人大释法，中央政府及普通网民保持了对"港独"言行的高压态势。9月开学之际，香港一些大学校园内出现"港独"横幅和海报，与内地学生发生争执。网上主流声音对宣扬"港独"行为表示谴责，认为此举违反宪法和香港基本法。内地青年群体表现突出，成为发声和传播环节中活跃的人群。百度"李毅吧"网民再次发起"帝吧出征"[1]，在事件发生后集体"翻墙"登录"脸书"（Facebook），到香港中文大学学生会、香港大学学生会和美国驻香港及澳门总领事馆的账号下以表情包、发帖等形式进行抗议。

---

[1] 国足队员李毅贴吧，李毅曾被网民戏称为"李毅大帝"，现已完全摆脱了足球标签。贴吧是引发大规模互联网集体行动的社交平台，李毅吧网民曾多次集体翻墙，到脸书账号参与抗议蔡英文台独行为等活动。

此外，香港部分球迷在国际足球比赛中"嘘国歌"，美国马里兰大学中国留学生杨某在毕业典礼上以美国的"新鲜空气"和"言论自由"为题，将中国作为反面例子进行对比的演讲，一系列事件均引发舆论谴责。国家观念成为越来越多年轻网民的共识，神圣不可侵犯，反对"港独"立场坚定、态度鲜明；与此同时，关于"言论边界"的讨论，也在网上展开。

三　管理和保障：体制的张力

（一）互联网治理的力度空前加大，"自媒体"的黄金时代宣告结束

2017年6月1日《网络安全法》施行，对个人和组织使用网络做出法律规范；同日新版《互联网新闻信息服务管理规定》施行，从12年前针对PC端网站，转为主要针对微博客、公众账号、即时通信工具、网络直播等移动端平台，进行新闻信息服务的规范和管理。

互联网管理强调网络平台的主体责任，如要求过去被视为信息集散地的聚合新闻客户端，实行"总编辑负责制"。另外，不关心时政内容的年轻网民在过去一年也感受到了网络管理的压力。

6月，北京市网信办约谈多家网站，责令采取有效措施，遏制渲染演艺明星绯闻隐私、炒作明星炫富享乐等问题，包括"全明星探""中国第一狗仔卓伟""名侦探赵五儿"在内的一大批八卦账号被关闭。这份"罚单"对前些年"自媒体"野蛮生长的商业模式是一记重拳，据估算这些账号被封意味着数亿资产灰飞烟灭。一些八卦娱乐账号热衷于炒作明星绯闻，渲染天价婚礼、豪车名包、奢华居所。政府此举不仅申明了法律的约束，也是一种价值观的倡导。对一些网民来说，则意味着失去了娱乐消遣的内容。7月，因保护版权等考量，B站（bilibili）、A站（AcFun）境外影视剧下架，让年轻人产生了严重的失落感。10月，天涯BBS的同性交流版块"一路同行"关闭。过去处在相对自由放任状态的娱乐领域，开始感受到一只"看得见的手"的强势存在。

（二）属地管理和群组新规，提示"网上集体生活"需要规范

网信办的另一项管理措施在社会上引起震动。10月《互联网群组信息服务管理规定》，首次明确了微信、QQ等互联网群组建立者、管理者应当履行群组管理责任，即"谁建群谁负责""谁管理谁负责"。2017年，一些地方尝试对自媒体账号进行属地管理。例如西安市规定，粉丝数量超过3万的新浪微博个人注册用户，个人证件地、住所地或经常居住地在西安辖区的，微信公众号的注册者、管理者、使用者其中之一在西安辖区的，需进行集中备案登记。对自媒体账号的属地管理，在依法规范网络言论和保障公民表达权之间，需要审慎把握平衡，避免基层官员借机打压民众民主权利。

一些地方对于网民"吐槽"公职人员强制捐款，甚至医院食堂"价高难吃"，动辄以"寻衅滋事"为由，发动警方出面拘留，引起舆论哗然。治理网络乱象与尊重舆论监督，有关部门需要恪守政府权力与网民权利的边界，欢迎舆论监督，妥善回应公众关切。

四 热点个案的网络舆论结构及舆论分化研究

（一）热点舆情事件中网络舆论构成

人民网舆情监测室选取舆论压力值较大的12个社会矛盾类热点事件，随机抽取关注这些事件的82万个网民并对其性别、年龄等个人信息进行统计，结果如表4、表5所示。

表4 热点事件观点网民性别、地域、年龄结构

单位：%

事件	男性率	一线城市	二线发达城市	二线中等城市	三线城市	00后	90后	80后	70后	70前
陕西榆林产妇坠亡事件	32.90	21.14	12.09	35.29	16.25	3.63	68.15	22.64	4.28	1.31
山东于欢案	47.20	21.62	12.87	33.70	16.71	5.48	72.89	15.20	4.94	1.49
程序员苏享茂自杀	37.10	30.89	12.74	33.04	12.67	3.89	66.39	23.33	4.91	1.48

续表

事件	男性率	一线城市	二线发达城市	二线中等城市	三线城市	00后	90后	80后	70后	70前
罗一笑事件	26.61	29.80	12.99	32.35	13.15	4.53	66.93	22.73	4.56	1.25
邓相超错误言论事件	84.48	32.70	12.70	30.15	13.61	3.33	29.83	25.19	20.94	20.72
大妈占球场跳广场舞话题	68.62	27.01	12.28	32.39	17.24	2.90	66.95	23.12	5.49	1.55
B站、A站影视剧下架	34.68	21.50	13.57	33.05	15.45	15.52	75.63	4.42	3.20	1.22
上海警察绊摔抱娃女子	62.09	30.17	12.38	30.55	14.13	3.35	52.40	33.29	8.08	2.89
人民网评王者荣耀	58.55	24.61	12.03	34.50	14.11	10.82	71.95	12.19	4.15	0.88
马里兰大学中国留学生演讲	54.27	26.69	11.56	34.33	13.93	4.99	65.65	20.39	6.61	2.35
战狼2话题	44.54	21.56	11.98	34.04	16.06	12.09	70.58	13.17	3.42	0.75
周小平文章引争议	82.81	33.66	12.93	30.22	12.42	3.76	36.59	29.06	19.71	10.87

资料来源：人民网舆情监测室系统、新浪微博，数据抓取时间段为2016年11月至2017年11月。

表5 热点事件观点网民教育水平

单位：%

事件	小学	中学	大学	海归	未知
陕西榆林产妇坠亡事件	0.73	11.15	46.98	1.86	39.28
山东于欢案	0.64	11.84	47.74	1.96	37.81
程序员苏享茂自杀	1.43	8.21	52.65	2.63	35.07
罗一笑事件	1.09	10.48	51.87	4.30	32.26
邓相超错误言论事件	1.91	8.18	63.27	2.18	24.45
大妈占球场跳广场舞话题	1.36	10.34	52.21	2.78	33.31
B站、A站影视剧下架	0.00	21.41	43.07	3.02	32.49
上海警察绊摔抱娃女子	1.27	11.94	45.62	1.90	39.27
人民网评王者荣耀	1.03	11.60	52.49	2.45	32.44
马里兰大学中国留学生演讲	0.93	9.62	52.04	6.07	31.33
战狼2话题	0.64	14.32	44.12	2.05	38.87
周小平文章引争议	2.04	8.78	59.36	3.15	26.67

资料来源：人民网舆情监测室系统、新浪微博，数据抓取时间段为2016年11月至2017年11月。

从社会阶层结构看，中等收入群体构成网络舆论的主力军。数据显示，教育水平为大学本科及以上的网民占50.9%，认证职业为媒体人及企业白领员工的网民比例分别为7.48%及27.75%。由于中等收入群体教育水平普遍为大学本科及以上，而媒体人、企业白领员工属于知识密集型、中等收入的行业。因此，从教育水平以及职业结构看，热点事件中大多数发声网民都符合中等收入群体的界定。

中等收入群体成为网络舆论主力军也解释了为什么近年来社会热点多聚焦在安全、教育、医疗、收入分配、住房等领域。从舆论引导及社会治理角度看，由于中等收入群体最关注医疗、人身安全、教育公平等事关生活质量和发展前景的话题，且掌握网上部分话语权，热衷利用网络发声，因此，涉警、医疗、教育、收入分配等已成当前舆情高敏领域。而舆情事件背后，一些中等收入群体开始表达焦虑、不安全感及对"阶层固化"感到担忧的情绪。

另外，随着中产阶层舆论声量逐年上升，其他阶层的声量有被挤压的可能。特别是在社会主要矛盾已经转化为人民日益增长的美好生活需要和不平衡不充分的发展之间的矛盾的今天，更需要政府部门打捞"沉没的声音"，统筹兼顾，平衡各方利益诉求。

从性别结构看，热点舆情事件网民表达中性别未有显著差异，但在事件关注类型上差异明显。数据显示，网民男女比例为52.8∶47.2。从关注的话题看，女性网民重点关注事件通常多与自身相关或涉事主体为女性，如陕西榆林产妇坠亡事件中，女性网民占68.1%；罗一笑事件中，女性网民占73.4%。

从地域分布看，城市规模越大，网民对热点舆情事件的参与和表达程度越高，"80后"城市网民成舆论场最稳定群体。一、二线城市成热点舆情事件中网络舆论主要发声地，占比达71.6%。26.65%的网民来自一线城市，45.1%的网民来自二线城市。一线城市中网民引领舆论导向，参与的舆论议题相对宏观。二、三线城市网民更多关注社会生活类舆情事件。也有一些群体，如二线发达城市的"80后"，对各类事件的关注度波动最小，可以看作舆论场最稳定的群体。

从年龄结构看，"90后"群体成为热点事件舆论声量主力，"00后"作为新生代力量逐渐在个别热点事件中发声。"90后"网民约占总数的61.9%，但较少涉及网络涉意识形态话题；"80后"占比为20.4%，对各类舆论话题的参与度相对平均；"00后"占比为6.1%，比例虽少，但对娱乐话题的参与度较高。

（二）热点事件网络舆论分化现象

伴随社会阶层利益分化、碎片化，不同社会阶层，不同年龄、性别、地域群体在价值认识上存在一定差异和冲突。投射到互联网上，呈现网络舆论分化的现象。

一是涉及网民切身利益的一些民生问题，网络舆论容易出现多元特征。2017年9月，北京、深圳等一些混合居住的小区商品房主在与保障房连接处建立"隔离墙"消息被媒体报道后，引发舆论热议。《业主大战公租户，又一场小区里的阶级斗争》《公租房，从游泳池到隔离墙》等微信公众号的文章被广泛转发，舆情热度持续高涨。事件背后凸显出不同阶层之间住房需求发展不平衡、不充分的矛盾，值得深思。

二是个别网络涉意识形态话题的网络舆论分化呈现对抗性与激烈性，有时甚至从网络蔓延至线下，给社会秩序带来一定干扰。如前文所述邓相超、左春和、刘勇错误言论事件。

三是因一些地方政府应对欠妥，缺乏有效沟通回应，有时造成舆论场各群体"自说自话"的现象。比如个别基层单位陷入"越描越黑""说什么也不信"的"塔西陀陷阱"。2017年4月四川泸县学生坠亡事件中，出现了"被殴打致死""公职人员子女参与""政府包庇"等诸多传言。尽管已经被证实均是虚假信息，但当地发布的信息还是遭到了一些网民的质疑。

四是热点事件中网络舆论分化还呈现舆论圈层化特点，一些阶层群体容易呈现"抱团"、相互声援的现象，造成不同阶层群体间的认知裂痕。不同阶层群体在互联网有不同板块、阵地，形成了价值共同体和利益共同体，比如"95后""00后"年轻网民聚集于QQ空间、B站、网络直播等网络社区，城市中等收入群体热衷于知乎、果壳等网络社群。热点事件中一些观点容易在这些网络社群里固化并形成圈群内普遍认识，导致网络舆论场中一些观点、态度不断自我强化，并成为阶层、群体共识。

舆论圈层化并不利于舆论的降温与和解。9月，上海民警粗暴执法视频引发舆论热议。对此，网民观点分化明显。不少女性网民指责涉事交警"粗暴执法"，不应该在女子怀抱孩子的时候进行强制执法，会"危及婴儿安全"；也有不少警察群体认为，涉事妇女有错在先，涉嫌"袭警"，并以孩子为挡箭牌"挑战警察的现场执法权"，因此警察强制执法不存在过错。

应该看到，热点事件中网络舆论分化现象是伴随着社会基本矛盾变化产生的正常社会现象。可以说不平衡、不充分的发展影响了舆论场，网络舆论分化是新社会基本矛盾在舆论场上的反映。但多元的分化不利于社会团结及社会共识的达成，需要相关部门等积极应对，以消除舆论分化带来的负面影响。

五 2018年舆论生态展望

中共十九大以后，加强和维护党中央的集中统一领导，引领全国人民进入中国特色社会主义新时代，成为新闻宣传和意识形态建设的主题。唱响主旋律、传播正能量，将成为2018年网络舆论生态的基本特征。

（一）主流媒体将进一步推动媒体融合，政务新媒体建设更上一层楼

《人民日报》于2017年8月发起建设"全国党媒公共平台"活动，首批38家党媒客户端入驻，将在内容、渠道、运营、盈利模式等层面实现共建、共享和共赢的融合发展。以《人民日报》为例，其新浪微博账号粉丝5446万个，微信公众号粉丝1400万个，客户端下载量2.1亿次。《人民日报》旗下几十家融媒体工作室，如@大江东、@麻辣财经、@侠客岛，在政策解读、新闻剖析、舆论引导方面发挥了突出作用。在移动端的融合传播方面，央媒对市场化媒体的领先优势将继续扩大。

央媒的海外传播继续拓展，从小切口、感性素材入手，讲好中国故事

(见表6)。连过去较少曝光的防范和处理邪教工作，也走到阳光下。推特账号 China Facts 自2017年5月开通以来，发布了1000多条帖文，传播中国文化，特别是对"法轮功"散布的"器官摘除"等谣言进行辟谣，进行反邪教的科普。

表6　中国主流媒体海外社交平台传播数据

类别	Facebook 粉丝量（个）	Facebook 获赞（次）	Twitter 粉丝量（个）	Twitter 推文量（次）	YouTube 粉丝量（个）	Instagram 粉丝量（个）	Instagram 贴文量（条）
《人民日报》	39566865	39708893	4119821	55171	20435	699376	12367
CGTN*	52107586	52258526	4740270	38747	235677	1203778	3202
CCTV	43729264	43742682	370195	33127	233673	552051	2959
新华社	30113839	30106381	11079151	99312	121982	75233	2897
《中国日报》	26422353	26413600	1349205	53994	3215	5246	1016

注：数据截止日期为2017年10月29日。
＊CGTN（中国国际电视台），是中国中央电视台运营的国际传播机构。

（二）坚持正确舆论导向，需讲求传播艺术，注意时度效

新闻宣传要增强政治意识、大局意识、核心意识、看齐意识，政治动机要用政治效果来检验。摸准民意脉搏，不要触碰民众敏感神经。避免"文革"时期的句式，给人似曾相识的感觉，用力过猛，过犹不及。

新闻宣传工作者要提高知识水准，与网民知识同构、情感共振，才能切实提高新闻舆论传播力、引导力、影响力和公信力。一些张冠李戴的"正能量文章"，如认定电影《敦刻尔克》粉饰"英国在亚洲抵抗日军的英勇神武"，无视甚至抹黑了中国人的英勇抵抗，属于一种"高级黑"。

（三）互联网超级平台出现，需要政府、业界和网民协同治理

2017年人民网三批手机游戏"王者荣耀"影响青少年健康成长，曾经引发腾讯公司股市价值的波动。《今日头条》基于机器算法的信息推送，也经常遭遇官方媒体和专家的质疑。机器算法看似了解和体贴用户的需求，但

可能是在迎合用户情绪化的选择，不利于用户平衡心态、沉淀理性，更容易造成"信息茧房"，让用户的知识视野和价值关怀被浅层兴趣所引导。有人认为，网络平台方只是中立的供给方，不能要求其履行过多的社会责任。对一个社会化产品来说，涉及如此庞大的用户群体，网络平台方的社会责任应高于一般的互联网企业。网络平台需要与用户和多元主体共同参与规则制定。互联网是社会转型期的最大变量，可能冲击市场和社会运行秩序，造成社会心理的困扰不安。如何驾驭这个"最大变量"，需要网络平台、利益相关方和政府齐心携手、同向而行，共同打造开放共享的互联网新生态。

（四）知识内容付费阅读渐成势头，知识共享经济或是下一个互联网风口

虽然目前免费和收费属于不同的运营策略，但中国全面接入国际互联网20多年来，网民习惯于上网免费阅读。但内容原创是要付出成本的，如《南方周末》新闻报道每个字的成本高达12元。如果放任网上免费转载、免费阅读，无法收回原创的成本并盈利，会导致一种恶性循环：优秀的原创人才流失；而新闻网站越来越依赖于搜索、复制、剪贴以吸引眼球，内容同质化倾向严重。

互联网界从早期的视频、音乐付费试看试听，发展为原创文学、科普和思想观念类文章付费阅读，知乎、豆瓣、喜马拉雅、果壳网、分答、"逻辑思维"等纷纷尝试内容变现。财新传媒自2017年11月起启动新闻内容全面收费。收费后，浏览者数量可能有所减少，但质量会有提高，收费阅读形成的用户群使用黏度提高。

（五）老年群体上网高峰来临，需要鼓励老年人群的互联网运用

李开复预言，互联网"第三波人口"正在崛起，他们是三、四线城市及农村老龄移动互联网用户。但老年人对网络信息的真伪缺乏辨别能力，经常被微信朋友圈的谣言所误导。虽然老年人见多识广，但退休后信息源单一，对新事物缺乏了解，在新媒体时代容易中招受骗。甚至有老年人购买理

财产品被骗抵押房产，最终失去安身养老的住房。

在网络舆论场上，老年人的话语权较弱。从广场舞大妈与小青年争夺篮球场，到老年"暴走族"违规占用车行道和公园绿荫小道，经常遭受网民嘲弄。在网上，需要倾听老年群体的诉求和心理感受，促进其他年龄段人群对其理解和尊重。

B.15 2017年中国食品药品安全形势分析报告

罗杰 田明[*]

摘　要： 随着新的《食品安全法》正式实施以及习主席"四个最严"标准的提出，食品药品检查工作有效开展，重点集中在监督抽检上，以督促企业落实主体责任、引领公众科学消费、引导社会全面共治为目标，有序有力、全面深入推进食品安全监管工作。过去的一年，食品和药品安全犯罪案件显著减少，监督抽检合格率稳步提升。目前我国食品药品安全基础逐步稳固，但仍存在一定安全隐患，人民群众的安全感和满意度还有提升空间，保障食品药品安全仍然任重道远。本报告对过去一年我国的食品药品总体情况进行了概述，结合典型的食品药品安全事件剖析当前食品药品存在的问题，对以后食品药品工作做出正确的形势分析并提出建设性意见。

关键词： 食品药品　国家战略　食品安全　药品安全

---

[*] 罗杰，国家食品药品监督管理总局高级研修学院党委副书记、教授，法学博士，食品安全与工程博士后，研究方向为宪法学与行政法学、食品药品监管；田明，国家食品药品监督管理总局高级研修学院博士后，食品科学博士，研究方向为食品药品监管研究。

食品药品安全关系公众身体健康和生命安全，是构建社会主义和谐社会的重要内容。过去一年，各级政府和食品药品安全监管部门履行市场监管、社会管理和公共服务职能，严格落实"四个最严"要求，大力推进"放管服"改革。重点整治食品中违禁超限使用农兽药、食品添加剂问题，以及药品医疗器械制假售假问题。同时，改革创新审评审批制度机制，稳步实施仿制药一致性评价，全面公开监管执法信息，深入开展食品安全城市创建，努力营造饮食用药安全的良好环境。但是目前我国食品药品方面仍存在一定的问题。在食品方面，源头污染问题突出，食品产业基础薄弱，食品安全标准与发达国家食品法典标准尚有差距，监管能力尚难适应需要。药品方面主要存在的问题是质量控制与质量保证、文件管理以及设备部分出现缺陷等方面。再加之监管工作与人民的期待还有一定的差距，食品药品安全形势依然复杂严峻。

本报告对过去一年我国食品药品总体情况进行了概述，结合典型的食品药品安全事件剖析当前食品药品存在的问题，对以后食品药品工作做出正确的形势分析并提出建设性意见。

（一）食品药品安全总体形势

1. 食品药品生产和经营许可情况

2016年各省（区、市）局共新颁发食品生产许可证18854张，相比2015年减少了约8000张；颁发食品添加剂生产许可证462张，比2015年增加了200多张。

截至2016年11月底，全国共有原料药和制剂生产企业4176家，相比2015年的统计数据减少了约800家。全国共有药品经营许可证持证企业465618家，相比2015年减少约1000家，其中法人批发企业减少约200家，非法人批发企业减少约400家。[①] 2016年，药品生产企业数量以及原料药和制剂企业数量均有减少，这是因为许可证换证期间，一些企业由于未通过GMP认证，暂不具备换证条件而暂缓换证。

---

① 数据引自《2016年度食品药品监管统计年报》。

食品药品生产和经营许可总体情况稳中求进，在国家正确的方针指导下朝着更加规范的方向发展。

2. 食品药品注册审批情况

2016年共批准保健食品初次注册申请312件，变更申请738件，技术转让申请143件，再注册申请118件。[①]相比于2015年，保健食品的注册和变更显著减少。由于2016年7月1日出台了新的《保健食品注册与备案管理办法》，实行注册与备案双轨并存的保健食品管理办法，保健食品的审批制度更加严格和完善。这使得过去的一年里保健食品的注册申请数量略有下降。

2016年在新药审批工作中共批准新药临床4011件，相比2015年增加了约7倍的数量；新药证书及批准文号5件，相比2015年增加了3件；批准文号13件，相比2015年减少24件；同时，在仿制药临床申请、批准进口药品申请、批准药品补充申请以及直接接触药品的包装材料和容器生产申请等的审批方面，相比2015年数量显著增加。

3. 食品安全监督抽检情况[②]

2016年食品药品监管总局在全国范围内组织抽检了25.7万批次食品样品，总体抽检合格率为96.8%，与2015年持平，比2014年提高2.1个百分点。抽检的样品主要集中在以下几大类。

一是大宗日常消费品，抽检合格率保持较高水平。其中乳制品合格率最高，为99.5%，其次是粮食加工品，合格率为98.2%，肉、蛋、蔬、果等食用农产品的合格率为98.0%，食用油、油脂及其制品的合格率为97.8%。

二是社会关注度较高的婴幼儿配方乳粉，抽检结果仅发现0.9%的样品不符合国家食品安全标准，0.4%的样品符合国家标准但不符合产品包装标签明示值。

三是部分大型生产企业和大型经营企业集团的门店。抽检样品的合格率分别为99.0%和98.1%，比总体合格率分别高出2.2个和1.3个百分点。

总体而言，2014~2016年调味品、饮料、水果制品、蛋制品、水产制

[①] 数据引自《2016年度食品药品监管统计年报》。
[②] 本小节数据引自《国家食药监总局就2016年食品安全抽检信息及2017年抽检计划发布会》。

品、淀粉及淀粉制品、豆制品、保健食品和食品添加剂 9 类食品的抽检合格率逐年升高。其中社会关注度较高的品种三年内抽检样品全部合格，如乳制品和婴幼儿配方食品中的三聚氰胺、小麦粉中的黄曲霉毒素 B1、蛋制品中的苏丹红等；同时，花生油中的黄曲霉毒素 B1、水果干制品中的菌落总数、餐饮自制发酵面制品中的甜蜜素等抽检合格率也逐年提高。2017 年第一季度各类食品监督抽检结果如表 1 所示。

表 1　2017 年第一季度各类食品监督抽检结果

单位：批次，%

序号	食品种类	样品抽检数量	合格样品数量	不合格样品数量	样品合格率
1	粮食加工品	22925	22680	245	98.9
2	食用油、油脂及其制品	12439	12168	271	97.8
3	调味品	15830	15502	328	97.9
4	肉制品	21654	21210	444	97.9
5	乳制品	7385	7284	101	98.6
6	饮料	18217	17510	707	96.1
7	方便食品	4212	4067	145	96.6
8	饼干	2391	2342	49	98.0
9	罐头	2137	2095	42	98.0
10	冷冻饮品	1323	1274	49	96.3
11	速冻食品	6195	6138	57	99.1
12	薯类和膨化食品	3258	3185	73	97.8
13	糖果制品	4582	4511	71	98.5
14	茶叶及相关制品	6230	6177	53	99.1
15	酒类	13041	12582	459	96.5
16	蔬菜制品	9922	9456	466	95.3
17	水果制品	4987	4801	186	96.3
18	炒货食品及坚果制品	5389	5216	173	96.8
19	蛋制品	1212	1202	10	99.2
20	可可及焙烤咖啡产品	255	255	0	100.0
21	食糖	1409	1371	38	97.3
22	水产制品	6556	6348	208	96.8
23	淀粉及淀粉制品	3978	3629	349	91.2
24	糕点	18204	17456	748	95.9
25	豆制品	5559	5463	96	98.3
26	蜂产品	1937	1895	42	97.8
27	保健食品	2425	2397	28	98.8

续表

序号	食品种类	样品抽检数量	合格样品数量	不合格样品数量	样品合格率
28	特殊膳食食品	634	634	0	100.0
29	特殊医学用途配方食品	24	24	0	100.0
30	婴幼儿配方食品	1715	1705	10	99.4
31	餐饮食品	34460	33276	1184	96.6
32	食品添加剂	1038	1035	3	99.7
33	食用农产品	64222	63174	1048	98.4
34	其他	438	436	2	99.5
	合计	306183	298498	7685	97.5

4. 药品检查情况[①]

药品检查包括药品注册生产现场检查、药品GMP认证检查、药品GMP跟踪检查、药品飞行检查、进口药品境外生产现场检查、药品流通检查以及国际观察检查共计434项。各检查项目检查规模、派出组数以及派出人次的具体信息如表2所示。

表2 2016年完成各类药品检查任务

检查工作	检查企业数/品种数（家/个）	派出组数（组）	派出人次（人次）
药品注册生产现场检查	34	43	178
药品GMP认证检查	16	16	47
药品GMP跟踪检查	204	197	704
药品飞行检查	39	39	155
进口药品境外生产现场检查	7	7	31
药品流通检查	50	50	77
国际观察检查	81	81	85
合 计	431	433	1277

现场检查共完成现场检查报告42份，不通过及企业主动撤回注册申请的有8份。药品GMP认证检查16项，接收现场检查报告16份，完成审核

[①] 本小节数据引自《2016年度药品检查报告》。

的14份，其中12家药品生产企业通过药品GMP认证检查，2家药品生产企业未通过药品GMP认证检查，另有2家企业因尚未拿到相关注册批准证明性文件，认证程序暂停。药品GMP跟踪检查204项，共发现2260项缺陷，其中严重缺陷22项、主要缺陷212项、一般缺陷2026项，与2015年相比严重缺陷数目有所增加。2016年药品飞行检查发现中药和生化药品的问题较多，共有31家药品生产企业检查不通过，其中有14家企业被建议收回药品GMP证书，10家企业被建议立案调查，7家企业的问题产品被责令召回。进口药品境外生产现场检查发现3个品种不通过，8个品种在检查组织期间，企业主动撤销品种进口注册证，或被退审等。另21个品种已纳入2017年境外检查计划。

总体来说，2016年度药品检查力度逐步加大，取得了一定成绩，对于药品市场的规范起到了积极的促进作用。

5.食品药品投诉举报情况

2016年各级食品药品监管部门共受理食品投诉举报577915件，立案22479件，结案20988件。受理保健食品投诉举报26966件，立案640件，结案705件。受理药品投诉举报49354件，立案4144件，结案4880件。[①]食品药品的举报情况说明了人民对于食品药品的安全感和满意度还有提高的空间，这些意见和建议也是以后工作中值得关注的重点。

（二）我国食品药品安全存在的主要问题及分析

1.超范围、超限量使用食品添加剂

2016年国家食品药品监管总局食品抽检数据显示，食品抽检不合格原因中，超范围、超限量使用食品添加剂，占不合格样品的33.6%，应引起足够的重视和关注。2017年4月质检总局公布，超范围、超限量使用食品添加剂广泛出现在进口休闲食品和饮料中，例如立陶宛的妙味休闲奶酪棒（果冻味）超范围使用食品添加剂巴西棕榈蜡、山梨糖醇；产自意大利的爱

---

① 数据引自《2016年度食品药品监管统计年报》。

瑞巧牌高甘佐拉干酪超范围使用菌种青霉素菌。凡是超范围、超限量添加的产品均是不合格的产品，一经发现将全部退货或者销毁，防止流入销售市场。

2. 微生物污染

微生物污染在2016年的抽检结果中占不合格样品的30.7%，其中由致病性微生物导致的不合格样品占此类不合格的25.6%。2016年源自德国、法国、丹麦、新西兰等多个国家的进口牛奶被销毁，多为菌群与酸度超标、包装与添加剂不合格。如2016年5月，国家认监委官网公布，奥地利生产企业Agrana（阿果安娜）集团旗下的Holle（泓乐）品牌奶粉被"暂停"。2016年9月，创办于1932年的德国著名牛奶生产商Hochwald（好沃得）生产的常温奶因细菌污染在全德国范围内被召回；奥地利某公司有80年的历史，在其婴幼儿奶粉和食品中也发现有污染。

3. 质量指标不符合标准

质量指标不符合标准的样品占不合格样品的17.5%，网购食品的质量和安全性更是令人担忧。2016年3月，央视"3·15"晚会曝光黑心作坊入驻"饿了么"外卖网络平台，这些作坊的卫生状况极为恶劣。生产经营者在网络销售食品时向消费者提供的信息不充分，甚至夸大、虚假宣传。平台在承担管理义务时，也可能存在信息披露不完全或不及时的问题。

4. 重金属污染

重金属等元素污染的样品占不合格样品的8.2%。2016年11月23日，北京不少市民发现，京城多家超市的鱼缸"集体放空"，网上流传"因北京水体污染造成淡水活鱼大量下架"。官方虽然通过检验报告证实北京市水产品抽检合格率达9成以上，但这意味着市场上仍有不到10%的不合格产品存在。对于超市来说，当前拉网式的密集抽检态势下，10%以内的风险还是大概率，不想赔钱的超市是不肯冒这个风险的。活鱼下架是超市权衡利弊、不愿吃罚单而自主下架，是对严格监管的消极应对。

5. 农药兽药残留不符合标准

农药兽药残留不符合标准的样品占不合格样品的5.5%。2017年8月24日寿光市公安部门先后接到村民报警，称其饲养的羊喂食葱叶后陆续死亡。

经调查，确认问题大葱在出售前一个月喷洒了甲拌磷农药，总量5.2万斤。如果这批有毒大葱流向市场、走上餐桌，最终造成的后果将不堪设想。

6. 生物毒素污染

生物毒素污染不符合标准的样品占不合格样品的1.1%。2016年2月，媒体报道复旦大学公共卫生学院的专家监测发现，79.6%的上海学龄儿童尿液中检出21种抗生素中的一种或几种。研究人员还从儿童体内检测出临床已经停用多年但在环境和食品中经常发现的抗生素含量。产生这些问题的主要原因首先是源头污染，包括土壤、水源等环境污染导致重金属和有机物在动植物体内蓄积，农药兽药、农业投入品的违规使用导致农药兽药残留等超标；其次是生产经营过程管理不当，比如生产、运输、贮存等环节的环境或卫生条件控制不到位，生产工艺不合理，出厂检验未落实等。

（三）政策建议及趋势分析

1. 全面落实企业主体责任

食品抽检的结果显示，生产经营过程管理不当易引起食品安全问题，建议食品安全的监督部门督促食品生产经营者严格落实法定责任和义务，不仅应该确保生产过程符合有关标准规范且整洁卫生，还应该确保生产经营各环节数据信息真实、可靠，具有可溯源性。同时，作为承担主体责任的食品生产企业应该配备专业的食品安全管理人员，并建立健全食品安全相关管理制度，对生产上市的产品主动监测安全情况并对存在安全隐患的产品及时报备，发现问题产品依法召回。当企业主体能从源头严格遵守行业规章制度时就会大大减少食品安全事故的发生。

2. 加快食品安全标准与国际接轨

食品安全标准决定着食品安全的底线，严格的标准是食品安全的保障。学习和借鉴国外的先进标准对于保障国内食品安全具有事半功倍的作用。建议密切跟踪国际标准发展更新情况，结合我国的实际情况并整合现有资源，建立最严格的食品安全标准体系，例如鼓励生产企业制定严于国家和地方标准的企业标准，鼓励行业协会制定严于国家标准的团体标准。同时，将食品安全国家标准及其他相关标准通过网络平台公布，并且搭建便利的查询平台供企业和消费者查询。

3. 完善法律法规制度

规章制度是维护行业的"守卫者"，有法可依能维持整个行业的正常运转。建议加快构建和完善以食品安全法为核心、其他相关的法律法规以及规范性文件为补充的完整法律法规体系，通过实际的运行对现有的法律体系进行调整和补充。

4. 严格源头治理

源头污染引起的食品安全问题占所有食品安全问题的比例较高，其中农药兽药残留、重金属污染等尤为突出。建议深入开展以农药兽药残留、重金属污染为首的综合治理。通过研发和推广高效、低毒、低残留农药新品取代旧的高毒、高残留农药，以达到减少农药兽药残留的目的。针对重金属污染的问题，建议在摸清土壤污染分布的情况下开展污染耕地分级分类治理。除此之外，建议建立健全畜禽屠宰管理制度，加强粮食质量安全监测与监管，开展肉类、蔬菜等产品追溯体系建设的地区要加快建立运行长效机制。

5. 严格过程监管

食品加工生产过程中的疏忽也是造成食品安全问题的又一主要诱因。对于餐饮行业，建议整合现有资源，建立全国统一的食品生产经营许可信息公示系统，取得许可证的餐饮服务单位全面推行"明厨亮灶"。对于加工企业，建议严格生产经营环节现场检查，在划分食品生产经营风险等级的基础上开展工作，现场检查覆盖所有生产经营者且实行"双随机，一公开"的原则，重点检查农村、学校、幼儿园等重点区域，小作坊、小摊贩、小餐饮等重点对象，冷链贮运等重点环节，以及中高风险的食品生产经营者。严格特殊食品监管，对保健食品虚假宣传、商业欺诈、诱骗消费者购买等违法行为坚决打击。对于互联网食品经营、网络订餐等新业态实行严格监管，严格审核网络平台食品经营资质，完善网上交易在线投诉和售后维权机制。严格进出口食品安全监管，推动特色食品加工示范基地建设。

6. 强化抽样检验

抽样检验是预防食品生产销售中出现食品安全问题的有效手段。建议科学制定国家、省、市、县级抽检计划，并对所有品种和类别的食品进行抽样检验，着重关注食品中农药兽药残留的量，将抽样检验结果及时向社会公开。建议将食品安全抽检情况列为食品安全工作考核的重点内容。

7. 严厉处罚违法违规行为

严厉的处罚是维护食品健康安全的一道有力屏障。近些年来食品安全问题屡见不鲜，如超限量使用食品添加剂、使用回收食物作为食品原料、使用工业酒精生产酒类食品等。针对食品安全突出隐患及行业共性问题，建议整合食品安全监管、稽查、检查队伍，建立以检查为统领，集风险防范、案件调查、行政处罚、案件移送于一体的工作体系。各级公安机关针对打击食品安全犯罪的问题加强专业力量建设，同时加强行政执法与刑事司法的衔接，建立证据互认、证据转换、法律适用、涉案食品检验认定与处置等协作配合机制。

8. 提升技术支撑能力

提升风险监测和风险评估等能力对于防范食品安全问题同样有着重要的作用。食源性疾病、食品污染物等是造成食品安全问题的重要原因，建立监测数据共享机制能监测食源性疾病、食品污染物、食品中有毒物质等，对于及时地处理相关食品安全问题具有积极的作用。食品安全问题的发生和蔓延往往是在短时间内，建议完善食品安全风险评估体系和健全风险交流制度，这对于预防食品安全事故意义重大。同时，加快构建国家、省、市、县四级食品安全检验检测体系，从而做到全方位、深层次的预判，同时提高食品安全智慧监管能力，加强基层监管和应急处置能力建设。

9. 加快建立职业化检查员队伍

专业的检查员队伍不仅具备专业的知识背景，同时对于实践问题也具备较强的处理能力，加快建立职业化检查员队伍能及时发现并防止食品安全问题的发生。建议依托现有资源建立职业化检查员制度，明确检查员的资格标准、检查职责、培训管理、绩效考核等要求，在此基础上建立检查员培训体系，例如加强检查员专业培训和教材建设，建立检查员培训的实战基地等。采取多种合理有效措施，鼓励人才向监管一线流动。

10. 加快形成社会共治格局

全民参与食品安全的战斗能最大限度地打击食品违法犯罪。建议完善食品安全信息公开制度，让百姓随时了解食品安全的信息，并畅通投诉举报渠道，鼓励食品生产经营企业员工举报违法行为，在保护好举报人的前提下，对于真实有效的举报给予一定的奖励。同时加强舆论引导，鼓励新闻媒体对食品安全问题进行监督，及时回应社会关切。加强消费者权益保护，增强消费者食品安全意识和自我保护能力，加强科普宣传，提升全民食品安全科学素养。

参考文献

《2016年食品安全抽检信息及2017年抽检计划新闻发布会》，国家食品药品监督管理总局网站，http://www.sda.gov.cn/WS01/CL1908/168599.html。

《国家食品药品监督管理总局就2016年度药品检查报告新闻发布会实录》，国家食品药品监督管理总局网站，http://www.sda.gov.cn/WS01/CL1909/173318.html。

《2016年度药品检查报告》，国家食品药品监督管理总局网站，http://www.sda.gov.cn/WS01/CL0844/173310.html。

《2016年度食品药品监管统计年报》，国家食品药品监督管理总局网站，http://www.sda.gov.cn/WS01/CL0108/172895.html。

《2017年食品安全重点工作安排》，国家食品药品监督管理总局网站，http://www.sda.gov.cn/WS01/CL1605/171683.html。

《"十三五"国家食品安全规划》，中央政府网站，http://www.gov.cn/zhengce/content/2017-02/21/content_5169755.htm。

B.16
2017年中国环境保护状况分析报告

贾峰 杨珂 田烁 黄瀞潇 周恋彤*

摘 要： 十八大以来，以习近平同志为核心的党中央开展了一系列根本性、长远性、开创性的工作，我国生态环境保护从认识到实践发生了历史性、转折性和全局性变化，生态文明建设也发生了前所未有的变化。十九大标志着中国特色社会主义进入了新时代，也就生态文明建设和生态环境保护提出了许多新理念、新要求、新目标和新部署。绿水青山就是金山银山的理念将在全社会牢固树立和践行，节约资源和保护环境的基本国策将不断推进，绿色发展方式和生活方式将更广泛普及，建设美丽中国的信念将更加坚定，人民将拥有更加良好的生产生活环境，中国也将为全球生态安全做出新的贡献。

关键词： 生态文明 环境保护 环境管理

---

* 贾峰，环境保护部宣传教育中心主任、研究员，国家行政学院兼职教授，研究方向为环境宣传教育、环境公共关系、新媒体传播；杨珂，环境保护部宣传教育中心综合室副主任、副研究员，环境公共关系与战略传播研究所副所长，研究方向为环境宣传教育、环境公共关系、新媒体传播；田烁，环境保护部宣传教育中心工程师，环境公共关系与战略传播研究所主任助理，研究方向为环境宣传教育、环境公共关系、新媒体传播；黄瀞潇，环境保护部宣传教育中心工程师，环境公共关系与战略传播研究所项目主管，研究方向为环境宣传教育、环境公共关系、新媒体传播；周恋彤，环境保护部宣传教育中心工程师，环境公共关系与战略传播研究所项目主管，研究方向为环境宣传教育、环境公共关系、新媒体传播。

一 中国环境保护面临的总体形势

（一）国内形势

生态环境保护面临前所未有的新变化、新机遇。党的十八大以来，以习近平同志为核心的党中央谋划开展了一系列根本性、长远性、开创性的工作，推动我国生态环境保护从认识到实践发生了历史性、转折性和全局性变化，生态文明建设取得显著成效，进入认识最深、力度最大、举措最实、推进最快，也是成效最好的时期。简言之，发生了以下五个"前所未有"的变化。一是思想认识程度之深前所未有。全党全国贯彻绿色发展理念的自觉性和主动性显著增强，忽视生态环境保护的状况明显改变。二是污染治理力度之大前所未有。发布实施了大气、水、土壤污染防治三大行动计划，坚决向污染宣战。三是制度出台频度之密前所未有。中央全面深化改革领导小组审议通过了40多项生态文明和生态环境保护具体改革方案，对推动绿色发展、改善环境质量发挥了强有力的推动作用。四是监管执法尺度之严前所未有。环境保护法、大气污染防治法、水污染防治法、环境影响评价法、环境保护税法、核安全法等多部法律完成制修订，土壤污染防治法进入全国人大常委会立法审议程序，这些法律和机制在推动企业守法方面发挥了很好的作用。五是环境质量改善速度之快前所未有。2016年，京津冀、长三角、珠三角三个区域$PM_{2.5}$平均浓度与2013年相比下降了30%以上。全国酸雨区面积占国土面积比例由历史高点的30%左右下降到7.2%，污染的程度也有所下降。地表水国控断面Ⅰ～Ⅲ类水体比例增加到67.8%。森林覆盖率由21世纪初的16.6%提高到22%左右。这些成就的取得，是党的十八大以来党和国家事业发生历史性变革的一个缩影，为进一步推动生态环境保护工作奠定了基础、增强了信心。

随着经济总量和增量持续上升，污染物新增量依然处于高位，环境压力巨大。2016年，我国经济缓中趋稳、稳中向好，发展进入新常态，经济内在系统正在发生一系列重大变化，重构着中国经济发展的动力结构、产业结构、要素结构和增长模式。中国经济走入深化创新发展、协同发展及绿色发展的重要时期，但也存在因经济增速明显放缓、稳增长任务艰巨而出现的新旧增长模式拉锯激烈的现象，值得高度关注。2016年中央经济工作会议对中国生态环境保护形势的判断是"生态环境有所好转，绿色发展初见成效"[1]。中国东部一些地区已形成稳定的经济增长极，环境质量出现好转态势，环境与经济的关系逐步统一，逐渐向创新和绿色发展阶段迈进。但中西部、东北等以传统产业为主的地区经济发展、环境改善压力较大。中西部地区重化工项目投资持续攀升。东北地区经济发展滞后，同时环境质量不容乐观，经济发展与环境的关系呈现明显异化趋势。[2]

绿色发展理念深入人心，人民群众对环境质量改善的诉求强烈。随着人们物质生活水平和消费水平的不断提高，老百姓由盼"温饱"走向盼"环保"，由求"生存"走向求"生态"，对优质生态产品、优良生态环境的需求越来越迫切。这些需求与当前生态资源环境的承载力超限、生态公共产品不足、生态环保形势严峻之间的矛盾日益凸显，矛盾发展的态势正在逐步向主要矛盾或矛盾的主要方面靠拢、演化。人们的幸福感与生态环境的关联性越来越强，对生态环境破坏更加难以容忍，对环境质量的要求愈来愈高。如果没有清洁的空气、干净的水、优美的生态环境，即使经济发展起来了，老百姓也会抱怨。

（二）国际形势

全球治理体系和国际秩序变革加速推进。世界正处于大发展、大变革、大调整时期，多极化、经济全球化、社会信息化、文化多样化深入发展，各

---

[1] 《中央经济工作会议在北京举行 习近平李克强作重要讲话》，http://finance.people.com.cn/n1/2016/1216/c1004-28956355.html。

[2] 《陈吉宁：用环境质量改善增强人民群众获得感 以优异成绩迎接党的十九大胜利召开——在2017年全国环境保护工作会议上的讲话》，http://www.zhb.gov.cn/xxgk/hjyw/201701/t20170125_395251.shtml。

国的相互联系和依存日益加深，同时面临的不稳定性、不确定性突出。保护生态环境，应对气候变化，维护能源资源安全，是全球面临的共同挑战。

环境问题是全球关注的热点话题。2016年5月，第二届联合国环境大会以"落实《2030年可持续发展议程》中的环境目标"为主题，聚焦当今世界环境和可持续发展面临的挑战，围绕空气污染、野生动植物非法贸易、海洋环境保护、化学品和废物等关键环境议题，推动巴黎气候变化大会成果加速落实。①

气候变化是人类共同面临的重大危机和严峻挑战。2017年1月18日，世界气象组织（WMO）发布公告，确认2016年成为有气象记录以来最热的一年。全球二氧化碳平均浓度再创新高，突破400ppm的警示线。北极海冰面积逐渐萎缩至1979年开始记录以来最小值；海洋高温导致珊瑚礁白化现象扩散，洪水、热浪、热带气旋等极端现象影响了陆地上数以百万计的人口。气候变暖放大了自然和社会经济系统目前面临的风险，并产生各种新的风险。全球气温升高也造成我国华北地区静稳天气增多，促使重污染天气频发。2016年10月5日，欧盟及其七个成员国正式向联合国递交了《巴黎气候协定》批准书，使该协定缔约方数量达到74个，温室气体排放量占全球比重达到58.82%，终于满足协定生效条件。联合国秘书长潘基文宣布协定于2016年11月4日正式生效。

多国面临大气污染防治难题。2016年秋冬季节，除中国之外，欧洲的英国、法国、意大利、西班牙，亚洲的印度、伊朗、印度尼西亚等全球多个国家的城市均出现不同程度的重污染天气。世界卫生组织发表的报告《空气污染：全球评估曝光和疾病负担》显示，全球92%的人口生活在空气质量低于世界卫生组织规定的安全标准的地区。尽管各国均采取不同程度的治理措施，但整体改善仍需要一个过程。

清洁能源主导势在必行，西方国家环境政策摇摆不定。为减少碳排放、应对气候变化，英国的火电厂将在2025年前后全部关闭。2016年9月29

---

① 《揭晓！2016年度全球十大环境热点》，http://www.sohu.com/a/132422978_383714。

日，中英法三方签署最终协议，启动欣克利角核电项目，标志着英国时隔20多年后重启核电产业，首台机组预计2025年投运。[1] 美国环境政策曲折反复。2017年3月1日，特朗普宣布第一年美国环保署（EPA）裁员1/5，并且停止10多个核心项目。2017年3月28日特朗普签署行政令，要求"暂缓、修改或废除"奥巴马政府的《清洁电力计划》。2017年6月1日，美国宣布退出《巴黎协定》。未来，美国能源环境政策将如何演变，仍然充满不确定性。

中国成为全球生态文明建设的重要参与者、贡献者、引领者。中国在解决国内环境问题的同时，积极参与全球环境治理，迄今为止已批准加入30多项与生态环境有关的多边公约或议定书，率先发布《中国落实2030年可持续发展议程国别方案》。联合国千年目标中，中国执行效果最好，对全球的贡献最大，这是举世公认的事实。在蒙特利尔议定书框架下，中国累计淘汰消耗臭氧层物质占发展中国家淘汰量的一半以上。为应对气候变化，中国积极推动《2030年可持续发展议程》和《巴黎协定》的达成生效，发挥了中国作为世界上最大的发展中国家极其重要的作用。中国引导出台了《二十国集团落实2030年可持续发展议程行动计划》，首次引入可持续发展和绿色金融议题。2017年9月，在《联合国防治荒漠化公约》第13次缔约方大会上，中国推动形成"一带一路"防治荒漠化合作机制，为沿线国家提供平台。生态环境保护国际合作成为绿色"一带一路"建设的必要支撑和保障。[2]

中国的生态文明建设为全世界贡献了独特的"中国智慧"和"中国方案"。与西方一些大国在环保政策上的摇摆、不确定性形成了鲜明对比的是，中国大力推进生态文明建设，推动国家绿色与可持续发展。生态文明建设是中国话语、中国原创、中国表达，更有中华传统文明的古老东方生态智慧，为推动实现工业文明向生态文明转型提供了系统的理论、方法和

---

[1] 《英国重启核电之路》，http://finance.ifeng.com/a/20161010/14925600_0.shtml。
[2] 石峰等：《"十三五"时期我国环境保护国际合作的形势与挑战》，《环境保护科学》2016年第1期。

政策经验，并在世界范围内焕发出强大生机和活力。2016年，联合国环境规划署发布《绿水青山就是金山银山：中国生态文明战略与行动》报告，联合国副秘书长、联合国环境规划署执行主任埃里克·索尔海姆说，"中国的生态文明建设理念和经验，正在为全世界可持续发展提供重要借鉴，贡献中国的解决方案"。

二 2016~2017年中国环境质量状况

2016年以来，我国环境质量改善速度之快前所未有，然而环境保护形势仍然不容乐观，尤其是大气污染治理依然处于负重前行的关键时期，城市与城市之间还存在着不平衡的问题。

（一）大气环境质量

2016年，全国城市空气质量总体较2015年有所改善，重点区域主要污染物浓度同比下降，但部分地区特别是北方地区秋冬季大气污染形势依然严峻。2016年338个地级及以上城市中，有84个城市空气质量达标，占24.9%，同比上升3.3个百分点。338个城市平均优良天数比例为78.8%，同比上升2.1个百分点。$PM_{2.5}$平均浓度为47微克/立方米，同比下降6.0%；PM_{10}平均浓度为82微克/立方米，同比下降5.7%。京津冀、长三角、珠三角等重点区域和直辖市、省会城市、计划单列市等首批实施空气质量新标准的74个城市，平均优良天数比例为74.2%，同比上升3.0个百分点。$PM_{2.5}$平均浓度为50微克/立方米，同比下降9.1%；PM_{10}平均浓度为85微克/立方米，同比下降8.6%。[①] 相关数据如图1所示。

2017年1~9月，全国338个地级及以上城市空气质量总体呈改善趋势，重点区域大气颗粒物浓度持续下降。$PM_{2.5}$平均浓度为41微克/立方米，

---

① 环境保护部：《2016年中国环境状况公报》，2017年6月5日。

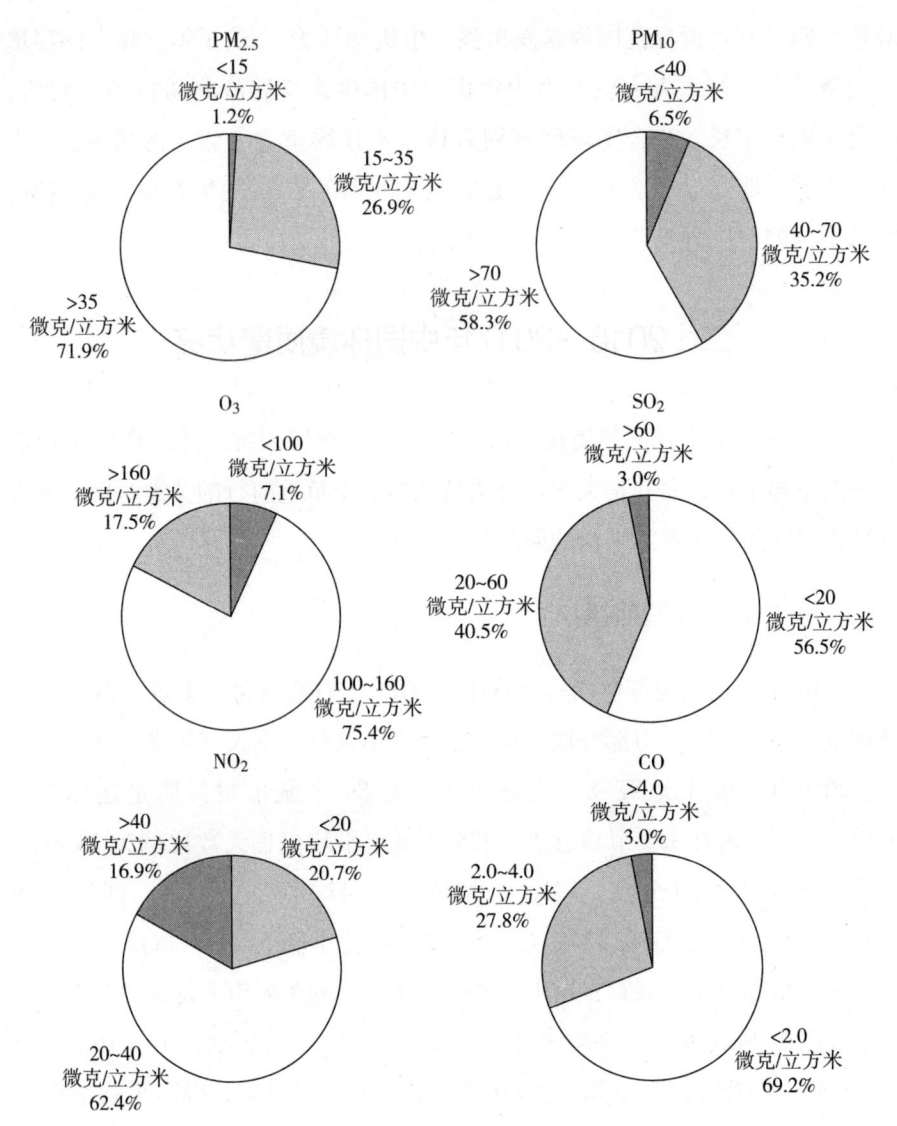

图1 2016年338个地级及以上城市六项污染指标不同浓度区间城市比例

资料来源：环境保护部：《2016年中国环境状况公报》，2017年6月5日。

同比下降2.4%；PM_{10}平均浓度为72微克/立方米，同比下降2.7%。平均优良天数比例为79.4%，较2016年小幅减少，下降2.2个百分点。重点区域尤其是北方地区大气环境形势依然不容乐观，2017年1~9月京津冀、长三角、珠三角城市平均优良天数比例均有所下降，分别为52.6%、74.3%和86.4%，同比分别降低8.7个、0.5个和3.8个百分点。[1]

（二）水环境质量

2016年，全国地表水达到或好于Ⅲ类水质（即水质优良）的国控断面比例为67.8%，Ⅳ、Ⅴ类和劣Ⅴ类水质（即丧失使用功能）断面比例分别为23.7%和8.6%。与2015年相比，Ⅰ～Ⅲ类水质比例上升3.3个百分点，劣Ⅴ类水质比例略有反弹，上升0.2个百分点。开展监测的全国地级及以上城市集中式饮用水水源中，93.6%的地表饮用水水源达标，同比上升1.0个百分点，85.0%的地下饮用水水源达标，同比下降1.6个百分点。[2] 总体上看，地表水质稳中趋好，饮用水水源达标率较高，但部分水体水环境质量差，出现反弹恶化现象（见图2）。2017年上半年，全国水环境质量呈改善趋势，

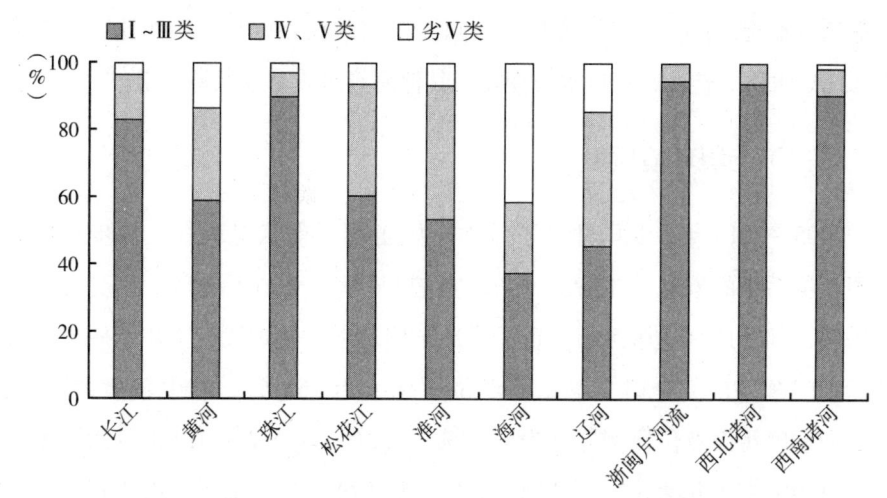

图2　2016年七大流域和浙闽片河流、西北诸河、西南诸河水质状况

资料来源：环境保护部：《2016年中国环境状况公报》，2017年6月5日。

---

[1] 《环境保护部发布2017年9月和1~9月重点区域和74个城市空气质量状况》，环境保护部网站，http://www.mep.gov.cn/gkml/hbb/qt/201710/t20171028_424246.htm，2017年10月29日。

[2] 环境保护部：《2016年中国环境状况公报》，2017年6月5日。

但各省（区、市）工作进展不平衡，部分地区完成2017年水质目标任务难度较大。全国地表水达到或好于Ⅲ类水质（即水质优良）的水体比例为70.0%（2017年目标为68.3%），同比上升1.2个百分点；劣Ⅴ类（即丧失使用功能）水体比例为8.8%（2017年目标为8.4%），同比下降1.7个百分点。①

2016年，全国近岸以外海域海水质量良好，近岸海域水质级别为一般，基本保持稳定，全国近岸海域水质优良（Ⅰ、Ⅱ类）比例为73.4%，同比上升2.9个百分点，污染海域主要集中在辽东湾、渤海湾、长江口、珠江口，以及江苏、浙江、广东部分近岸海域，主要超标因子为无机氮（点位超标率为23.3%）和活性磷酸盐（点位超标率为10.1%）。四大海区中，渤海近岸海域水质一般，黄海和南海近岸海域水质良好，东海近岸海域水质差。9个重要海湾中，北部湾水质优；辽东湾、黄河口和胶州湾水质一般；渤海湾和珠江口水质差；长江口、杭州湾和闽江口水质极差。与上年相比，辽东湾和珠江口水质好转，闽江口水质变差，其他海湾水质基本保持稳定。②

（三）土壤环境质量

2005~2013年，我国开展了首次全国土壤污染状况调查，初步掌握了全国土壤污染的宏观总体情况。③ 调查结果显示，全国土壤污染状况总体不容乐观，部分地区土壤污染较重，耕地土壤环境质量堪忧，工矿业废弃地土壤污染问题突出。全国土壤总的点位超标率为16.1%，其中轻微、轻度、中度和重度污染点位比例分别为11.2%、2.3%、1.5%和1.1%。污染类型以无机型为主（见表1），有机型次之（见表2），复合型污染占比较小。工矿业、农业等人为活动以及土壤环境背景值高是造成土壤污染或污染超标的

---

① 《环境保护部通报2017年上半年各省（区、市）水质情况和水质下降断面》，环境保护部网站，http://www.mep.gov.cn/gkml/hbb/qt/201708/t20170814_419655.htm，2017年10月28日。
② 环境保护部：《2016年中国环境状况公报》，2017年6月5日。
③ 环境保护部、国土资源部：《全国土壤污染状况调查公报》，2014年4月17日。

主要原因。从污染分布情况看，南方土壤污染重于北方；长江三角洲、珠江三角洲、东北老工业基地等部分区域土壤污染问题较为突出，西南、中南地区土壤重金属超标范围较大；镉、汞、砷、铅4种无机污染物含量分布呈现从西北到东南、从东北到西南方向逐渐升高的态势。

表1 全国土壤无机污染物超标情况

单位：%

污染物类型	点位超标率	不同程度污染点位比例			
		轻微	轻度	中度	重度
镉	7.0	5.2	0.8	0.5	0.5
汞	1.6	1.2	0.2	0.1	0.1
砷	2.7	2.0	0.4	0.2	0.1
铜	2.1	1.6	0.3	0.15	0.05
铅	1.5	1.1	0.2	0.1	0.1
铬	1.1	0.9	0.15	0.04	0.01
锌	0.9	0.75	0.08	0.05	0.02
镍	4.8	3.9	0.5	0.3	0.1

资料来源：环境保护部、国土资源部：《全国土壤污染状况调查公报》，2014年4月17日。

表2 全国土壤有机污染物超标情况

单位：%

污染物类型	点位超标率	不同程度污染点位比例			
		轻微	轻度	中度	重度
六六六	0.5	0.3	0.1	0.06	0.04
滴滴涕	1.9	1.1	0.3	0.25	0.25
多环芳烃	1.4	0.8	0.2	0.20	0.20

资料来源：环境保护部、国土资源部：《全国土壤污染状况调查公报》，2014年4月17日。

（四）自然生态环境质量

第八次全国森林资源清查（2009~2013年）结果[1]显示，全国现有森林

---

[1] 截至2017年6月，第八次全国森林资源清查（2009~2013年）结果仍为最新数据，故沿用。

面积2.08亿公顷，森林覆盖率21.63%。2016年，全国现有草原面积近4亿公顷，约占国土面积的41.7%。全国共建立各种类型、不同级别的自然保护区2750个，其中陆地面积约占全国陆地面积的14.88%；国家级自然保护区446个，其中陆地面积约占全国陆地面积的9.97%，基本形成类型比较齐全、布局基本合理、功能相对完善的自然保护区网络。[1]

2015年[2]，全国2591个县域中，生态环境质量为"优"和"良"的县域占44.9%，主要分布在秦岭淮河以南、东北大小兴安岭和长白山地区；"一般"的县域占22.2%，主要分布在华北平原、东北平原中西部、内蒙古中部、青藏高原中部和新疆北部等地区；"较差"和"差"的县域占32.9%，主要分布在内蒙古西部、甘肃西北部、青藏高原北部和新疆大部分地区。[3]

（五）声环境质量

2016年，全国322个地级及以上城市区域昼间声环境质量平均水平为二级，等效声级平均值为54.0分贝。其中，一级的城市占5.0%，同比上升1.0个百分点；二级的城市占68.3%，同比下降0.2个百分点；三级的城市占26.1%，同比下降0.1个百分点；四级的城市占0.6%，同比下降0.3个百分点；无五级的城市出现（见图3）。[4]

全国城市道路交通昼间声环境质量平均水平为一级，等效声级平均值为66.8分贝，具体如图4所示。全国城市各类功能区声环境质量昼间监测点次达标率为92.2%，夜间监测点次达标率为74.0%，同比分别下降0.2个和0.3个百分点。直辖市和省会城市的功能区监测点次达标率、区域及道路交通声环境质量均低于全国平均水平。[5]

---

[1] 环境保护部：《2016年中国环境状况公报》，2017年6月5日。
[2] 受数据收集时间所限，生态环境质量评价较其他环境要素滞后一年。
[3] 环境保护部：《2016年中国环境状况公报》2017年6月5日。
[4] 环境保护部：《2016年中国环境状况公报》，2017年6月5日。
[5] 环境保护部：《2016年中国环境状况公报》，2017年6月5日。

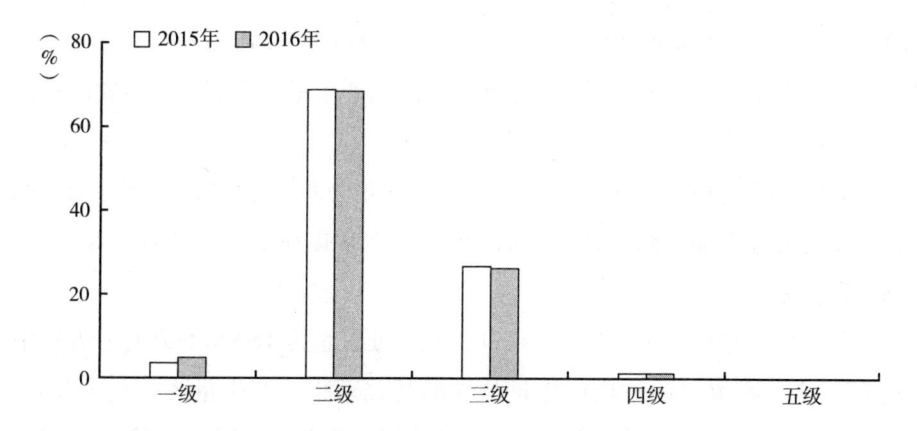

图3 2015~2016年全国城市区域昼间声环境质量各级别比例比较

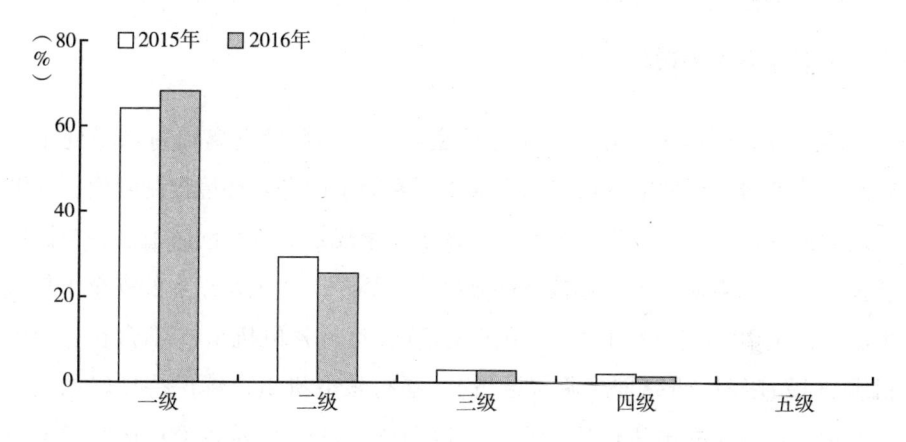

图4 2015~2016年全国城市道路交通昼间声环境质量各级别比例比较

资料来源：《2016年中国环境状况公报》，2017年6月5日。

（六）固体废物

2015年，246个大、中城市一般工业固体废物产生量为19.1亿吨，其中综合利用量为11.8亿吨，占利用处置总量的60.2%，处置和贮存分别为4.4亿吨和3.4亿吨，分别占比22.5%和17.3%，倾倒丢弃量为17.0万吨。一般工业固体废物产生量排在前三位的省份是山西、内蒙古、辽宁。

全国工业危险废物产生量为2801.8万吨，其中综合利用量为1372.7万吨，占利用处置总量的48.3%，处置和贮存分别为1254.3万吨和216.7万吨，分别占比44.1%和7.6%。工业危险废物产生量排在前三位的省份是山东、湖南、江苏。

全国医疗废物产生量为69.7万吨，处置量为69.5万吨，大部分城市的医疗废物处置率都达到100%。医疗废物产生量排在前三位的省份是广东、浙江、江苏。

全国生活垃圾产生量为18564.0万吨，处置量为18069.5万吨，处置率达97.3%。城市生活垃圾产生量最大的是北京市，产生量为790.3万吨，其次是上海、重庆、深圳和成都，产生量分别为789.9万吨、626.0万吨、574.8万吨和467.5万吨。①

（七）核与辐射

2016年，全国辐射环境质量保持良好。其中环境电离辐射水平处于本底涨落范围内，环境电磁辐射水平低于国家规定的电磁环境控制限值；核电基地运行导致公众个人年有效剂量远低于国家规定的剂量约束值。各类民用核设施及活动均未发生国际核事件分级表（INES）2级及以上的安全事件或事故。截至2016年12月底，全国现有35台运行核电机组、21台在建核电机组和19座民用研究堆（临界装置）。运行核电机组持续保持良好的安全运行记录，在建核电机组质量受控，民用研究堆（临界装置）运行情况总体良好。②

三 当前突出的环境保护问题

十八大以来，环境质量改善速度之快前所未有，但长期粗放发展产生的污染问题难以立即根除，环境质量改善程度尚不能满足人民群众对美好生活

---

① 环境保护部：《2016年全国大、中城市固体废物污染环境防治年报》，2016年11月22日。
② 环境保护部：《2016全国辐射环境质量报告》，2017年8月21日；国家核安全局：《中华人民共和国国家核安全局2016年报》，2017年7月12日。

环境的需求。2017年，中国生态系统总体稳定，环境质量在全国范围和平均水平上总体向好，但某些特征污染物和部分时段部分地区局部恶化，环境保护形势依然严峻。① 生态环境成为国家发展的短板和人民生活的痛点。环境保护工作仍需负重前行，久久为功。

（一）水、大气、土壤等主要领域环境质量改善程度不足

在大气环境质量方面，污染依然很重，空气质量很不理想，与老百姓的期待和要求相比有较大的差距。2016年，全国338个城市全年达标的只有84个，占比24.9%，全国PM_{10}平均浓度为82微克/立方米，超过70微克/立方米的标准17.1%；全国大气$PM_{2.5}$平均浓度为47微克/立方米，超过35微克/立方米的标准34.3%。秋冬季空气质量改善不明显，重点地区、重点时段的污染程度更加严重，华北地区特别是京津冀及周边在秋冬季重污染天气多发频发。2016~2017年，秋冬季节多地连续发生影响范围较广、持续时间较长的重污染过程，严重影响群众生产生活。

在水、土壤环境质量方面，以华北出现大面积工业渗坑、浙江嘉兴"垃圾船"在长江偷倒千吨垃圾等为代表的污染事件也揭示出水、土壤污染的严峻程度。长江经济带沿线生态环境问题突出，短板明显，治理、改善和修复的任务艰巨：基础设施欠账较多，沿线重化工布局比较密集，环境风险大；农村面源污染突出，提供生态系统服务的浅滩湿地等遭到损害和破坏。

在生态环境保护方面，生态系统质量总体水平较低，部分地区生态空间破碎化加剧、生态系统退化，生物多样性下降的速度尚未得到有效遏制，甘肃祁连山国家级自然保护区生态环境破坏严重等典型事件凸显出当前生态环境保护工作还存在较大不足。

在企业污染控制方面，依法达标排放仍存在不少问题。一些企业的守法意识不强，环境治理意愿不足，提标改造不及时，擅自停运治污设施甚至弄

---

① 《陈吉宁：用环境质量改善增强人民群众获得感 以优异成绩迎接党的十九大胜利召开——在2017年全国环境保护工作会议上的讲话》，http://www.zhb.gov.cn/xxgk/hjyw/201701/t20170125_ 395251. shtml。

虚作假、超标排放、偷排漏排等违法违规问题严重。环境保护压力没有有效传导到位。在一些地方，生态环境保护政策措施没有完全落地见效，环保工作和投入力度不够，环境治理时紧时松。

总的来看，环境保护还处在负重前行阶段，环境质量根本好转必然是一个长期过程，水、大气、土壤等主要领域的环境质量改善仍需打攻坚战、持久战。

（二）中国社会转型期和环境敏感期共存，环境风险与社会风险频频碰头叠加

产业、能源和运输结构转型有待进一步加强。重化工业在产业结构中的占比居高不下；以煤为主的能源结构难以在短期内改变；以公路为主的运输结构在国民经济中仍将长期存在。经济高位增长掩盖下的环境积弊，正在伴随增速放缓的常态逐一显现。

工业化与城市化齐头并进过程中，生态环境日益与群众的幸福感和获得感紧密相连。环境问题高发期与公众环境意识升级期叠加，致使环境与民生两大议题更加紧密交织。环境污染引发公众集体焦虑，成为关系群众健康的民生之患、民心之痛。垃圾处理、化工建设、危险废物和污染地块处理处置等城市公共设施和工业设施的环境影响成为社会关注焦点。长期紧绷的生态与资源之"弦"，稍经撩拨，即有可能引发"断裂"之势，环境风险凸显，环境事件易发高发，成为考验地方党委政府政绩观、治理能力、形象和公信力的"试金石"。

（三）环境保护治理体制机制还不能满足新形势新任务的要求

十八大以来，党中央高度重视生态文明体制机制建设。中央深化改革领导小组38次会议中有20次提到生态文明体制改革，改革实践也取得了有目共睹的成就。按照党中央、国务院的决策部署，环境保护治理体制机制已初步进行调整完善，取得了一定成效，促进了环保事业的健康发展。

我国环境污染的复杂性、严重性在世界范围前所未遇，单一治理模式难

以实现根治，几个污染因子控制无法满足治理需求，因此更需层层传导压力，实行最严格的环境保护制度，建立系统规范的激励约束机制，加快推进环境保护与管理方式方法、体制机制转型，形成政府、企业、公众共治的环境治理体系。①

当前环境保护体制机制还不能完全适应新形势、新任务的要求。相比经济体制改革的较快速度，生态文明体制改革相对滞后，改革积弊的过程难以一蹴而就。随着改革进入深水区，困难和问题更加严峻。一些改革没有先例可循，如建立主体功能、自然资源资产负债表等都是创举。自然资源产权制度的改革还处于试点阶段，确权难度很大。还有一些改革受到法律法规修订进展相对缓慢的制约，体制机制整合难度较大。生态保护和环境治理中，部门职责交叉的问题还没有根本解决，存在中央地方职责重合、监察执法保障不足、重审批轻监管等问题。发展与保护的关系尚不能完全厘清，政府监管全面加强，但市场机制作用发挥得不够，激励机制还有待进一步建立，并亟须在改革中进一步完善。②

（四）环境保护公众参与程度不足，尚未形成推动绿色生产、生活方式变革的合力

随着人民群众温饱无虞、迈向小康，生态环境在群众生活幸福指数中的分量不断加重，对清新空气、清澈水质、安全食品、优美环境等生态产品的需求越来越迫切，人们对经济发展与环境保护关系的认识发生着深刻变化，绿色发展理念日益深入人心。公众是生态文明和美丽中国建设事业中最广大、最根本的利益主体，也是落后产能淘汰、产业结构升级和经济绿色转型的最直接受益者。有效的公众参与将有助于促进绿色发展和打造经济升级

---

① 《吴舜泽："十三五"时期环境保护面临八大挑战》，http://www.h2o-china.com/column/154.html；《陈吉宁：用环境质量改善增强人民群众获得感　以优异成绩迎接党的十九大胜利召开——在2017年全国环境保护工作会议上的讲话》，http://www.zhb.gov.cn/xxgk/hjyw/201701/t20170125_395251.shtml。

② 《实录十九大第六场记者招待会（全文）》，中国环境宣传教育公众号，http://mp.weixin.qq.com/s/_SLj2XEUhuzbkjLl9wvREw##，2017年10月26日。

版。但当前环境保护的公众参与还处在培育期，相关制度规范还不完善，一些地方政府、企业对公众参与重视不够，接受公众监督的意愿不强，环境信息公开不足，尚未形成推动绿色生产、生活方式变革的合力。

四 环境保护工作新进展

（一）深入实施大气、水、土壤污染防治行动计划，环境质量改善整体可期①

2017年，环保部深入实施大气、水、土壤污染防治行动计划，坚决打好蓝天保卫战，深入推进水污染治理，全面实施土壤污染治理，实现中央环境保护督察全覆盖。

在大气污染防治方面，着力解决燃煤污染，特别是北方地区冬季供暖期散煤污染问题。在工业领域，开展重点行业环保专项整治，坚决依法取缔"散乱污"企业。推进产业结构调整，京津冀等重点区域加快完成化解钢铁等行业过剩产能任务。机动车治理方面，基本淘汰黄标车，加快淘汰老旧机动车，鼓励使用清洁能源汽车，在重点区域推广使用国六标准汽柴油。同时，增强重污染天气应对的科学性和精准性。

在水污染防治方面，发布实施重点流域水污染防治规划。健全区域、流域、海域水污染防治联防联控机制。加强饮用水水源规范化建设，组织排查化工企业周边地下饮用水水源安全隐患，保障饮用水安全。保护良好水体，防治地下水污染，治理城市黑臭水体。各地完成划定畜禽养殖禁养区，实施畜禽粪污综合利用试点。

在土壤污染防治方面，2017年环保部开展"土十条"考核细则研究制定工作，提出主要目标分解方案，与各省（区、市）人民政府签订土壤污染防治目标责任书。全面开展全国土壤污染状况详查。完善土壤污染防治法

---

① 《陈吉宁：用环境质量改善增强人民群众获得感 以优异成绩迎接党的十九大胜利召开——在2017年全国环境保护工作会议上的讲话》。

规标准体系，开展建设用地土壤环境调查评估。指导督促138个重金属污染防治重点区域制订综合治理方案等。

此外，环保部还通过持续深化和落实生态环保领域改革、加强环境法制建设、推动形成绿色生产生活方式等措施，推动生态环境质量持续改善。

（二）综合施策，标本兼治，防范与化解环境"邻避"风险

当前经济社会转型期，环境"邻避"问题突出。随着各级政府的重视和实践，已形成一套防范化解环境"邻避"问题的有效机制。

一是完善决策信息公开机制，加大信息公开力度，保障公众知情权。二是拓宽公众参与环境保护的渠道并延伸领域。环保部门通过召开圆桌会、座谈会、研讨会等，充分听取有关各方意见建议，通过环境行政复议、12369环保热线、环境信访等窗口，及时受理群众诉求与关切问题。公众通过参加环境宣传活动、环保设施开放活动，进行污染监督、提出意见建议等，积极参与环境保护。三是部分省市创新形式，引导公众参与化解环境污染矛盾纠纷。在实践中，部分省市通过与环保组织等群体直接对话，建立绿色共建委员会，化解"邻避"困境。四是科学合理回应利益诉求，在项目建设决策期及时、依法建立一套系统的补偿、保险和回馈机制，完善调解、司法等救济措施，化解矛盾纠纷。

总的来说，2017年环境"邻避"问题已经得到高度重视，并已形成有章可循、有方可解的良好局面。

（三）环境保护体制机制改革方向明确，稳步推进

当前，生态文明制度体系加快形成，环境治理体系改革力度加大。根据中央改革精神和有关要求，环境保护治理体制机制改革正在稳步推进中。环境保护体制机制改革坚持问题导向，通过创新环境治理，优化部门职能配置，理顺部门职责关系，突出环境的统一监管和执法，合理确定各层级政府监管职责，开展环境保护督察，形成职能完备、层级清晰、权责一致、运转

高效的环境保护治理制度体系。

为推进生态环境保护领域国家治理体系和治理能力现代化，2016年9月，中共中央办公厅、国务院办公厅印发《关于省以下环保机构监测监察执法垂直管理制度改革试点工作的指导意见》，目前已经形成点面结合、梯次推动的良好格局。地方环保管理新体制基本建立，将按要求于2018年6月底前全面完成垂改任务[①]；完善环境监察体系，增强环境保护监管力量。2017年，中央环保督察覆盖全国所有省区市，聚焦中央高度关注、群众反映强烈、社会影响恶劣的环境问题；紧盯生态破坏严重、环境质量恶化的重点区域流域，以及地方党委政府环境保护不作为、乱作为问题；敢于动真碰硬，紧盯问题整改落实，有效推进中央各项环境保护决策部署落实到位，极大地发挥了震慑作用，达到"百姓点赞、中央肯定、地方支持、解决问题"的良好效果。部分省区市也建立了相应的省级环境监察制度，形成了多层次、全覆盖、长效性的严格环境执法和全方位环保督查态势。

（四）社会多元主体参与环境治理成效初显

各地环保部门注重发挥社会多元环境治理主体的作用，保障公众知情权、参与权和监督权，特别发挥环保社会组织的积极作用和新闻媒体的监督、宣传职能。

2017年3月，根据中共中央办公厅、国务院办公厅印发的《关于改革社会组织管理制度促进社会组织健康有序发展的意见》，环境保护部、民政部联合印发了《关于加强对环保社会组织引导发展和规范管理的指导意见》，指导各级环保部门、民政部门加强对环保社会组织引导发展和规范管理。2017年5月，环境保护部、住房和城乡建设部联合印发《关于推进环保设施和城市污水垃圾处理设施向公众开放的指导意见》，要求各地环保部门、住建部门牵头指导各地环境监测、城市污水处理、城市生活垃圾处理、

[①] 《环境保护部召开全面深化改革领导小组2017年第4次全体会议》，环境保护部网站，http://www.zhb.gov.cn/gkml/hbb/qt/201709/t20170906_421023.htm。

危险废物和废弃电器电子产品处理四种设施定期向公众开放，为公众理解、支持、参与环保，履行环境责任提供平台。相关部门还通过举办环保社会组织培训班，提高社会组织参与环境保护等公共事务的能力；实施小额资助项目，为环保类社会组织提供更多的公共空间和资源。

经过一段时间的培育引导，环境治理多元共治的格局已见雏形，环保组织和社会公众积极监督环境信息公开、倡导公众践行绿色生活方式；新闻媒体通过正面宣传和负面案例剖析，为环境保护营造了良好的舆论氛围。政府、社会公众、环保组织、新闻媒体以及各类企业互相监督、互相促进，推动实现绿色发展。

五　环境保护新领域、新议题

当前，中国正处于全面建成小康社会、开启全面建设社会主义现代化国家新征程的关键期，生态环境保护处于前所未有的攻坚阶段。随着各级政府环境保护执政理念不断深化，生态文明建设和生态环境保护将加速推进，绿色发展价值观深刻变化，生态环保深化改革、振兴乡村、保护母亲河、土壤污染防治、社会多元共治等，成为环境保护的新领域、新议题。

（一）深化落实生态环保领域改革

党的十八大以来，中央深化改革领导小组38次会议中有20次提到生态文明体制改革，并取得了令人瞩目的改革成就。习近平总书记亲自倡导推动的一项生态文明体制机制重大改革举措，就是中央环保督察。

中央环保督察2015年底开始试点，截至2017年9月底已实现31个省区市的全覆盖，效果显著，具体体现在四个方面。一是增强了各方面加强生态环境保护、推动绿色发展的意识。全党全国贯彻绿色发展理念的自觉性和主动性显著增强，忽视生态环境保护的状况明显改变。二是切实解决了一大批群众身边的突出环境问题。四批次中央环保督察过程中，共受理群众举报13.5万件，已基本得到办结。其中约有8万件涉及垃圾、油烟、恶臭、噪声、散乱污企业污染及黑臭水体问题，得到了比较好的解决，得到了百姓的真心欢迎和拥护。三是中央环保督察促进了地方产业结构的转型升级。很多地方推动绿色发展、推进供给侧结构性改革，加强企业的污染防治，内化环境成本，整治散、乱、污企业，比较好地解决了一些地方存在的"劣币驱逐良币"的问题，大大提升了行业产业发展的效益并扩大了规模，在改善环境质量的同时，发挥了优化经济结构的正向驱动作用。四是有效促进了地方环境保护、生态文明机制的健全和完善。各地加快建立健全法规制度，进一步推进生态文明建设和绿色发展。

（二）完善严格环境执法的长效机制

推进生态文明建设和环境保护事业，需要把生态文明建设纳入制度化、法治化轨道，特别要建立完善环境执法的长效机制。中央环保督察取得的成效、积累的经验也显示出，生态环保领域改革的深化也将促使严格环境执法的长效机制更加完善。从督企到督政，中央环保督察形成强大震慑力，形成落实环境保护"党政同责""一岗双责"新局面，推动形成多部门统筹协调、齐抓共管、综合管理的新格局。中央环保督察成效显著，主要基于六个方面的做法：一是坚持以人民为中心的发展思想，把老百姓的事当事，放在心上、抓在手上；二是牢固树立"四个意识"，旗帜鲜明讲政治；三是紧盯党委政府，落实"党政同责""一岗双责"；四是坚持问题导向，奔着问题去；五是充分的信息公开，有效发挥社会监督的作用，收到的举报问题都向社会公布；六是严肃严厉的追责问责。通过严格执法的相关制度性安排，纠正一些人将环境执法当作"一阵风""走过场"的错误认识，对破坏生态环境的行为坚决制止，严惩重罚，形成不敢、不想、不能破坏生态环境的社会氛围。

此外，省以下环保机构监测监察执法垂直管理制度改革稳步推进，排污许可制度实施步伐加快，生态环境损害赔偿制度改革启动试点，出台《生态环境监测网络建设方案实施计划（2016~2020年）》等一系列改革举措，这些都将为强化严格环境执法提供有力支撑。[1]

（三）实施乡村振兴战略，改善农村生态环境

农村生态环境改善事关百姓的米袋子、菜篮子和水缸子。各级政府实施农村环境综合整治，共有11万个村庄，约2亿农村人口受益。但总体上看，对农业、农村污染防治投入的力量、资金相对不够，相对于城镇生活污染和工业污染防治而言，过去这些年对农村污染的重视程度不够，这成为生态环境保护和生态文明建设中的一块短板。

下一步将加强农村生态环境保护的监管、防止城市污染向农村转移作为重点，在畜禽养殖污染防治及废弃物资源化处置、农村垃圾分类处置、秸秆综合利用、农药化肥污染防治等方面积极推动改善。努力将农村生态环境的面貌进一步改善，满足农村人民群众对优美生态环境的需要。

（四）保护母亲河，修护长江生态环境

2016年1月，在推动长江经济带发展的座谈会上，习近平总书记特别强调，长江经济带发展必须坚持生态优先、绿色发展，要把修护长江生态环境摆在压倒性位置，共抓大保护，不搞大开发。为加强长江经济带生态环境保护的顶层设计，《长江经济带生态环境保护规划》于2017年7月发布。这个规划的内容和特点可概括为：三水并重、四抓同步、五江共建。[2]

三水并重就是水资源、水生态、水环境一起抓，合理利用水资源、修复保护水生态，治理改善水环境。

四抓同步：一要狠抓上下游的统筹协调；二要狠抓一些重点区域，尤其是两湖（鄱阳湖、洞庭湖）一口（长江口）；三要狠抓一批生态保护和环境

---

[1] 《李干杰：美丽中国建设深入人心稳步推进》，http：//www.zhb.gov.cn/gkml/hbb/qt/201709/t20170927_422373.htm；《陈吉宁：用环境质量改善增强人民群众获得感 以优异成绩迎接党的十九大胜利召开——在2017年全国环境保护工作会议上的讲话》，http：//www.zhb.gov.cn/xxgk/hjyw/201701/t20170125_395251.shtml。

[2] 环境保护部、国家发展和改革委员会、水利部：《长江经济带生态环境保护规划》，2017年7月13日。

治理的重大工程；四要狠抓有关体制机制的改革创新。

五江共建：一是通过推动水资源科学开发利用，建设一条和谐长江；二是通过加强水生态环境的治理，建设一条清洁长江；三是通过水生态系统的修复与保护，建设一条健康长江；四是通过沿江两岸其他环境问题的整治解决，建设一条优美长江；五是通过有关环境风险的有效管控，建设一条安全长江。

（五）深入推进"土十条"实施，保证老百姓舌尖上的安全

加强土壤污染防治基础性工作。一是完善土壤污染有关法律法规，制定出台农用地的土壤环境管理办法、城镇土壤环境管理办法等标准和制度。二是开展土壤污染状况详查，把底数摸清。按照已经制定出台的《全国土壤污染状况详查总体方案》积极推进。

积极推动两项重点工作。一是开展农用地分类管理，在天津、湖南、湖北、辽宁等相关地区开展农产品禁止生产区的划分试点，实施《探索实行耕地轮作休耕制度试点方案》。二是实施建设用地准入管理，利用全国污染地块土壤环境管理信息系统，实现多部门信息共享，北京、天津、上海、重庆等地已经建立了污染地块名录，一些地方陆续发布土壤环境重点监管企业名单，加强执法，严控新增污染。此外，在6个地区实施综合试点，在200个地块开展技术试点。强化目标考核，加快修复治理，促使土壤污染防治得到明显改善。

（六）推动形成政府、企业、公众共治格局

当前，公众对环境质量的期盼有可能在一定程度上超越了经济发展阶段和资源环境禀赋，加大了对环境状况动态好转的认可难度[1]，公众对更好环境质量的要求和自身参与环境保护的意愿及行动尚未统一，这也从另一个角度，对环境保护工作提出了更高要求，也为其提供了不懈前进的动力。

---

[1] 《吴舜泽："十三五"时期环境保护面临八大挑战》，http://www.h2o-china.com/column/154.html。

"十三五"规划纲要对生态环境保护做出全面部署,特别把推动形成绿色生产生活方式、加快改善生态环境作为事关全面小康、事关发展全局的重大目标任务。2017年5月26日,中共中央政治局就推动形成绿色发展方式和生活方式进行第41次集体学习。中共中央总书记习近平在主持学习时强调,推动形成绿色发展方式和生活方式是贯彻新发展理念的必然要求,必须把生态文明建设摆在全局工作的突出地位,坚持节约资源和保护环境的基本国策,坚持节约优先、保护优先、自然恢复为主的方针,形成节约资源和保护环境的空间格局、产业结构、生产方式、生活方式,努力实现经济社会发展和生态环境保护协同共进,为人民群众创造良好的生产生活环境。[1]

十九大报告提出,推进绿色发展。加快建立绿色生产和消费的法律制度和政策导向,建立健全绿色、低碳、循环发展的经济体系。构建市场导向的绿色技术创新体系,发展绿色金融,壮大节能环保产业、清洁生产产业、清洁能源产业。推进能源生产和消费革命,构建清洁低碳、安全高效的能源体系。推进资源全面节约和循环利用,实施国家节水行动,降低能耗、物耗,实现生产系统和生活系统循环链接。倡导简约适度、绿色低碳的生活方式,反对奢侈浪费和不合理消费,开展创建节约型机关、绿色家庭、绿色学校、绿色社区和绿色出行等行动。[2]

2017年是对加快推进生态文明建设具有重要意义的一年。新时期生态环境保护的蓝图已经绘就,必将引领各行各业的人为建设美丽中国奋发努力!

参考文献

石峰等:《"十三五"时期我国环境保护国际合作的形势与挑战》,《环境保护科学》

---

[1] 《习近平主持中共中央政治局第四十一次集体学习》,人民网,http://cpc.people.com.cn/n1/2017/0528/c64094-29305569.html。
[2] 《中共十九大开幕,习近平代表十八届中央委员会作报告(直播全文)》,中国网,http://www.china.com.cn/cppcc/2017-10/18/content_41752399.htm,2017年10月19日。

2016 年第 1 期。

环境保护部:《2016 年中国环境状况公报》,2017 年 6 月 5 日。

环境保护部、国土资源部:《全国土壤污染状况调查公报》,2014 年 4 月 17 日。

环境保护部:《2016 年全国大、中城市固体废物污染环境防治年报》,2016 年 11 月 22 日。

环境保护部:《2016 全国辐射环境质量报告》,2017 年 8 月 21 日。

国家核安全局:《中华人民共和国国家核安全局 2016 年报》,2017 年 7 月 12 日。

B.17
2017年中国产业工人队伍状况分析报告

乔健 刘晓倩*

摘　要： 2017年在新时代中国特色社会主义的历史方位下，职工就业稳中有增，失业率创金融危机以来新低；职工工资持续稳慎增长，国务院深化治理工资拖欠；社会保险趋向实现法定人员的全覆盖，推动养老保险全国统筹；安全生产稳中向好，中央意见为改革发展指明路径；劳动争议总量和涉及人数双回落，但仍处于历史高位。第八次职工状况调查表明，新生代农民工已成为主力军，其教育水平更高，互联网已成为他们获取信息、社会互动的重要空间，改变着职工的生活与工作方式。《新时期产业工人队伍建设改革方案》要求把提高职工队伍整体素质作为一项战略任务抓紧抓好，建设宏大的知识型、技能型、创新型劳动者大军。本报告也对分享经济如何影响雇佣关系和新的工作形态做出初步分析。

关键词： 新时代　职工状况调查　产业工人　分享经济

一　迈向新时代的劳工阶层现状

（一）就业稳中有增，失业率创金融危机以来新低

2017年前三季度，GDP同比增长6.9%，同比提升0.2个百分点；全国

---

* 乔健，中国劳动关系学院劳动关系系主任、副教授，主要从事劳动关系、职工状况和工会研究；刘晓倩，中国劳动关系学院劳动关系系教师，主要从事劳动关系、劳动法和劳工史研究。

规模以上工业增加值增速加快,服务业主导作用增强,第三产业增加值占GDP的比重为52.9%,比第二产业高12.8个百分点,进出口同比增长16.6%。[1]

职工就业形势延续了稳中向好的态势,很多指标创造了历史最高记录。主要体现在以下方面:一是就业的核心指标好于往年。2017年1~9月全国城镇新增就业1097万人,同比增加30万人,接近完成1100万人的全年目标任务;三季度末,全国城镇登记失业率是3.95%,同比下降0.09个百分点,是2008年金融危机以来的最低点;国家统计局发布的31个大城市城镇调查失业率是4.83%,也是2012年以来的最低点。二是重点群体就业平稳有序。2017年高校795万毕业生的就业水平保持了稳中有升,化解过剩产能的职工安置总体顺利,困难群体就业援助力度进一步加大,零就业家庭实现动态清零。三是市场供求与企业用工持续改善。100个城市公共就业服务机构的市场供求数据显示,2017年第三季度市场求人倍率达到1.16,创下了历史新高;对5万家企业、2700万岗位的监测数据显示,前9个月中有7个月监测的岗位数量处于增长状态。[2] 2017年5月,瑞士国际管理发展研究院公布了世界竞争力最新排名的数据,中国就业指标排在全球第一。

就业形势取得新进展的原因,一是把稳定和扩大就业作为宏观调控的主要目标,深入实施就业优先战略。二是经济增长的就业弹性明显增强。2012~2016年国内生产总值每增长一个百分点,平均吸纳非农就业172万人。特别是第三产业的快速发展和新产业、新业态、新就业方式的出现,增强了经济增长对就业的拉动能力。2016年我国参与分享经济的人数超过6亿人,其中分享经济平台的就业人员约为585万人,比上年增加85万人。三是得益于改革红利的释放。各级政府持续加强简政放权和行政审批制度改革,深化商事制度改革,推动"大众创业、万众创新",促进了新产业、新业态、

---

[1] 《新闻办就前三季度国民经济运行情况举行发布会》,中国政府网,2017年10月19日。
[2] 《人社部举行2017年第三季度新闻发布会》,人力资源和社会保障部官网,2017年11月1日。

新商业模式的发展,创造了大量就业机会。四是得益于积极就业政策效力的进一步发挥和对就业工作的大力推进。

(二)职工工资持续稳慎增长,国务院深化治理工资拖欠

2017年1~9月,全国居民人均可支配收入19342元,同比实际增长7.5%。城镇居民人均可支配收入27430元,同比实际增长6.6%。到三季度末,外出务工农村劳动力总量17969万人,比上年同期增加320万人,增长1.7%;外出务工农村劳动力月均收入3459元,增长7.0%,同比上升1.1个百分点。

在最低工资方面,截至2017年10月末,全国共有17个地区调整了最低工资标准,平均调增幅度为10.4%。其中,全国月最低工资标准最高的是上海的2300元,小时最低工资标准最高的是北京的22元。尽管2017年最低工资标准的调整面有所扩大,但调幅依然审慎放缓,这主要是考虑到当前经济下行压力大、企业经营困难的情况。有19个地区发布了工资指导线,基准线在8%左右。

在工资拖欠方面,2016年被拖欠的工资总额为270.9亿元,比上年增长0.3%;被拖欠工资的农民工人数为236.9万人,比上年下降14.1%。被拖欠工资的农民工比重为0.84%,比上年下降0.15个百分点。但是,被拖欠工资的农民工人均被拖欠11433元,比上年增加16.8%。从行业看,2016年制造业、建筑业、批发和零售业、交通运输仓储和邮政业被拖欠工资的农民工比重分别为0.6%、1.8%、0.2%和0.4%,分别比上年下降0.2个、0.2个、0.1个和0.3个百分点。居民服务、修理和其他服务业被拖欠工资的农民工比重有所上升,2016年为0.6%,较上年上升0.3个百分点。①

为强化治理工资拖欠的顽疾,2017年2月,李克强总理主持召开国务院常务会议,部署开展专项整治和督查,集中曝光一批典型案件,严肃查处

---

① 国家统计局:《2016年农民工监测调查报告》,国家统计局官网,2017年4月28日。

欠薪违法行为，坚决打击恶意欠薪违法犯罪，尤其要坚决解决涉及政府投资项目拖欠工程款导致的欠薪问题。① 7月，人社部印发《治欠保支三年行动计划（2017-2019）》，要求以解决工程建设领域欠薪问题为重点，用3年左右时间，实现被欠薪农民工比重逐年下降，力争到2020年实现农民工工资基本无拖欠。② 9月，人社部又印发《拖欠农民工工资"黑名单"管理暂行办法》，将克扣、无故拖欠农民工工资报酬，数额达到认定拒不支付劳动报酬罪数额标准的；因拖欠农民工工资违法行为引发群体性事件、极端事件并造成严重不良社会影响等情况的用人单位和个人，一并列入拖欠工资"黑名单"。③ 全国人大财经委已建议有关部门加强调研起草，争取将《劳动合同法》修改列入下届全国人大常委会立法规划。④

（三）社会保险趋向实现法定人员的全覆盖，推动养老保险全国统筹

社会保险覆盖面继续扩大。截至2017年9月末，全国基本养老、基本医疗、失业、工伤、生育保险参保人数分别为9.05亿人、11.29亿人、1.86亿人、2.24亿人、1.90亿人，⑤ 同比均有增加。1~9月，五项保险基金总收入为4.7万亿元，同比增长37.7%；总支出为4.02万亿元，同比增长34%。我国在社会保险扩大覆盖面方面的成就得到国际社会的高度评价，2016年11月，国际社会保障协会授予中国政府"社会保障杰出成就奖"。

职工待遇水平稳步提高。企业退休人员月均基本养老金从2012年的1686元增加到2016年的2362元，年均增长8.8%，2017年按平均5.5%的水平继续上调。城乡居民基本养老保险基础养老金最低标准从每人每月55

---

① 《国务院督查拖欠农民工工资问题 建拖欠黑名单》，《中国青年报》2017年2月14日。
② 《人社部：3年解决农民工欠薪》，《人民日报》（海外版）2017年7月18日。
③ 《拖欠农民工工资将列入"黑名单"》，《人民日报》（海外版）2017年10月10日。
④ 《全国人民代表大会财政经济委员会关于第十二届全国人民代表大会第五次会议主席团交付审议的代表提出的议案审议结果的报告》，中国人大网，2017年11月4日。
⑤ 《人社部举行2017年第三季度新闻发布会》，人力资源和社会保障部官网，2017年11月1日。

元提高至 70 元，人均养老金达到 120 元左右。城乡居民基本医疗保险补助标准从 2016 年的 420 元提高到 2017 年的 450 元。①

当前，社会保险存在的主要问题有以下几方面：一是基金收支失衡。近年来各项社会保险基金支出增长率超过收入增长率，一些统筹地区特别是中西部地区养老保险当期征缴收不抵支，需要依靠财政补贴和动用历年累积结余以确保养老金发放。二是中断缴费或蓄意少缴现象相当严重。近年来，每年都有 3000 多万参保人员中断缴纳养老保险，在职工养老保险参保人员中实际缴费人数占比约为 85%。一些用人单位虚报缴费基数和参保人数、逃避或拖欠缴费的问题也相当严重。三是职工基本养老保险费率过高，个人账户难以做实。四是城镇职工退休年龄较低，抚养比不断提高。目前，全国城镇企业职工实际退休年龄平均只有 54 岁，退休之后的平均余寿在 20 年以上，而养老保险最低缴费年限只有 15 年，缴费与待遇之间明显失衡。五是降低社会保险费率的压力和风险增大。目前，许多企业和不少政府都迫切要求减轻企业负担，降低社会保险费率。但是，在当前不少地方的养老保险、医疗保险当期征缴收不抵支的情况下，降低保险费率将进一步加大基金收支失衡的压力，未来基金收支缺口风险会更大。六是失能、半失能人员的长期护理缺乏制度保障，这涉及超过 3500 万人的生活保障。

（四）安全生产稳中向好，中央意见为改革发展指明路径

2016 年 12 月，中共中央、国务院印发《关于推进安全生产领域改革发展的意见》（以下简称《意见》）。这是新中国成立以来第一个以党中央、国务院名义出台的安全生产工作的纲领性文件。《意见》明确要求坚守"发展决不能以牺牲安全为代价"这条红线，规定了"党政同责、一岗双责、齐抓共管、失职追责"的安全生产责任体系，要求建立企业落实安全生产主体责任的机制，建立事故暴露问题整改督办制度，建立安全生产

---

① 《人力资源社会保障部通报 2017 年第二季度人社工作进展情况》，中国网，2017 年 7 月 28 日。

监管执法人员依法履行法定职责制度，实行重大安全风险"一票否决"。《意见》提出将研究修改刑法有关条款，将生产经营过程中极易导致重大生产安全事故的违法行为纳入刑法调整范围。《意见》颁行后，各地区强化监管监察执法，惩处力度加大。2017年前三季度，全国安全生产现场监督检查次数、行政处罚次数和处罚罚款分别同比上升10.5%、36.2%和73.1%，其中事前监督监察罚款14.9亿元，同比上升123%。上述举措，是2017年安全生产局面向好的重要原因。

2017年前三季度，全国共发生各类安全生产事故3.6万起，死亡2.6万人，同比分别下降26.3%和19%。其中，发生重特大事故21起，死亡293人，同比减少3起66人，实现了事故总量、较大事故与重特大事故起数和死亡人数"双下降"的局面。① 然而，一些行业和领域重特大事故仍然多发，其中主要是道路运输、煤矿等行业，蕴含重大风险的苗头性、倾向性事故时有发生。2017年1~9月，道路运输和煤矿行业，生产经营性火灾共发生17起重特大事故，占前三季度重特大事故总量的81%。煤矿行业重大事故多发，主要因素仍是2016年下半年以来煤价持续上涨，刺激了一些企业超能力、超强度生产。

2017年11月，为"进一步推进简政放权、放管结合，优化服务改革，更大程度上激发市场、社会的创新创造活力"②，第十二届全国人大常委会第三十次会议第三次修改《职业病防治法》，放宽了进行职业健康检查的医疗卫生机构标准和承担职业病诊断的执业医师数量条件。③

（五）劳动争议总量和涉及人数双回落，但仍处于历史高位

2016年，全国各地劳动争议调解和仲裁机构共处理争议177.1万件，同比上升2.9%；涉及劳动者226.8万人，同比下降2.1%；涉案金额

---

① 《前三季度全国安全生产形势总体稳中向好》，国家安全生产监督管理总局官网，2017年10月23日。
② 《关于〈中华人民共和国会计法〉等11部法律的修正案（草案）〉的说明》，中国人大网，2017年11月4日。
③ 《全国人民代表大会常务委员会关于修改〈中华人民共和国会计法〉等十一部法律的决定》，中国人大网，2017年11月4日。

471.8亿元，同比上升29%；案件调解成功率为65.8%，仲裁结案率为95.5%。① 2017年上半年，各地劳动争议调解和仲裁机构共处理劳动争议案件超过80万件，涉及劳动者超过90万人，同比均有回落，但仍然处于历史第二高位。

以北京为例，2017年上半年，全市仲裁机构共受理劳动人事争议案件38191件，同比下降10.2%；涉及劳动者13996人，同比下降21.3%。案件数量总体有所回落，但从近5年同期受理案件的情况看，目前仲裁案件总量仅低于2016年，仍然处于高位，尚未出现大幅度下降态势。随着疏解非首都功能、产业转型升级等工作深入推进，劳动关系不确定因素及劳动争议反弹的因素仍然存在。北京市争议案件的主要特点，一是案件基数仍然较大。全市仲裁机构月均受理案件6300余件，案件总量在近年同期仍处于高位。二是农民工劳动争议案件同比增长8.7%，占案件总量的14.1%。三是争议主要表现在支付劳动报酬、解除劳动关系的经济补偿和赔偿金，以及社会保险补偿等方面。私营企业劳动报酬争议仍很突出，工资、加班费等劳动报酬纠纷，不仅占私营企业争议案件的七成以上，也占全市全部劳动报酬争议的54.9%。四是案件日趋复杂，当事人诉求多样且分化，审理难度不断加大。五是集体争议案件同比下降明显。上半年全市受理集体争议案件数量及涉及劳动者人数，同比分别下降8.0%和21.3%。尤其是30人以上重大集体劳动争议案件数量及涉及劳动者人数下降明显，同比分别下降50.8%和48.0%。

二 分享经济中的劳动关系现状

互联网已深入社会各个领域，深刻改变着整个社会的生活形态和经济结构。据国家信息中心报告，2016年我国分享经济市场交易额约为34520亿

---

① 《2016年度人力资源和社会保障事业发展统计公报》，人力资源和社会保障部官网，2017年5月31日。

元,比上年增长10.3%。相应的,2016年我国分享经济的提供服务者人数约为6000万人,分享经济平台的就业人数约585万人。[1]

(一)分享经济带来各种灵活就业形态

以互联网为代表的数字技术正在成为促进我国消费升级和经济社会转型、构建国家竞争新优势的重要推动力。据报告,"2017年上半年,我国商务交易类应用持续高速增长,网络购物、网上外卖和在线旅行预订用户规模分别增长10.2%、41.6%和11.5%","截至2017年6月,公共服务类各细分领域应用用户规模均有所增长,在线教育、网约出租车、网约专车或快车和共享单车用户规模分别达到1.44亿、2.78亿、2.17亿和1.06亿"。[2] 比如其中网上外卖在商务交易类应用中增速最快,其增长伴随着外卖送餐员队伍的快速增长。

分享经济带来从业者队伍壮大的同时,也催生了更加多样化的就业形态。除了被企业直接雇用的典型全日制劳动者外,还有兼职从业者、非全日制劳动者和独立承包人三种类型。不管是哪种形态,这些从业者大多有着共同的特征,即工作的灵活化与工资的计件制。

由于信息技术的发展,雇主不再提供集中的工作场地和设备,给从业者带来了更大的自由,用人单位通过分包合作协议有效控制了劳动成本,减轻了雇主责任,而计件工资制也重新盛行起来。这使从业者虽然获得多劳多得、赢得高收入的机会,但也伴随着一些问题。首先,从业者自身要承担一定的市场经营风险;其次,从业者没有身份保障,如果出于生病、生育、家庭等原因不能工作,收入会直接降为零,没有病假工资、各种休假等相应待遇。而且如果从业者不能自我调节工作节奏,过多地超时工作,不仅影响自身身体状况和家庭生活,也影响社会整体的就业数量和质量,给市场带来不正当竞争的因素,冲击正常劳动关系的用工成本。

新型信息技术给传统工资工时制度带来了挑战,如何应对目前还没有清

---

[1] 国家信息中心:《中国分享经济发展报告2017》,中国信息网,2017年3月2日。
[2] 中国互联网络信息中心:第40次《中国互联网络发展状况统计报告》,中国信息网,2017年8月4日。

晰的路径。但是在分享经济中,由于大数据平台的搭建,各个平台都准确掌握了从业者的工作时间。如果互联网平台能够有效利用自身的数据系统,通过工作时间的数据积累和分析对从业者的服务时间进行合理安排和指导,则将使日益增长的灵活用工更加规范有序。

(二)新型就业形态促使劳动关系模糊化

依托互联网平台进行价值生产的分享经济企业的用工方式不再是传统的"公司+雇员",而是"平台+个人"的模式。平台提供技术服务以及资源调度服务,使各种服务依托于平台展开。这种创新模式改变了机器大工业时代人们对于工作时间、工作地点以及工作方式的界定。

新型用工形态的突出表现就是劳动关系模糊化。平台经济中的劳动者更多地被称为独立承包人、商业合作伙伴,超脱于传统以附属性为基本原理、以劳动合同为核心的劳动制度之外。劳动法律是否适用、怎样适用于这些劳动者,成为很多国家都面临的共同问题。拥有平台的公司认为这些从业者是商业伙伴、独立承包人,并非法律意义上的劳动者,与其签订的也多是合作协议。但是随着分享经济的发展,身处其中的很多从业者已经逐渐从短期、兼职发展到以之为主要生活来源,也逐渐有不同行业的从业者提出确认劳动关系的诉求。在此类劳动争议中,从业者主张其受用人单位管理,遵守用人单位制定的各项规章制度,提供的劳动也是用人单位业务的组成部分,所以和用人单位之间应该属于劳动关系。用人单位则主要依据合作协议否认劳动关系,同时也对工作过程的管理提出抗辩。比如,在2014年判决的某代驾服务公司的劳动争议中,用人单位提出从业者可以自己选择工作时间和工作地点,自己决定什么时间休息,不受公司约束和管理,而且代驾司机直接向客户收取代驾费,不是由公司支付报酬,并且其向公司支付信息服务费。最终法院没有认定其为劳动关系。[①] 但在2016年的一起拼车引起的交通事故

[①] 《王哲拴与北京亿心宜行汽车技术开发服务有限公司劳动争议一审民事判决书》,北京市石景山区人民法院〔2014〕石民初字第367号,裁判日期:2014年12月15日。

赔偿责任判决中，虽然代驾服务公司与司机之间的劳动关系没有得到认定，但法院认定该公司"作为平台提供者对于接入其平台的车辆具有审核权，且依据司机所述公司亦为其划定了经营区域，故双方之间存在一定的管理与被管理的属性"，最终判令公司承担连带赔偿责任。[①] 在国外的司法实践中也已经出现了同样的认定难题，比如 Uber 公司在美国和英国遇到的劳动关系确认诉讼，均在司法程序中悬而未决。

（三）信息技术的进步打破了工作和生活的界限

随着信息技术的发展，工作时间和工作地点的灵活化成为发展趋势。但是，新型信息技术在带来沟通便捷性和定位准确性的同时，却也因工作与生活的混同而压缩了劳动者的个人生活时间。目前，互联网技术型劳动者工作时间长、工作压力大已经成为公认的职场文化。究其原因主要是来自市场的压力。互联网企业多是以提供全天候服务来争取市场的，这就对相关工作人员的工作时间提出了很高的要求。为了赶进度、应对各种突发问题，企业必须提供及时的解决方案，否则将会被快速淘汰。而这种压力在扁平化的管理体制中，能够直接而快速地传导到基层员工中。

分享经济中的服务型从业者，也同样因通信方式的即时化而使得生活完全融入了工作中。比如网约车司机必须时刻保持在线状态，以免错过乘客订单，并且等待时间没有任何报酬。这种待命状态，虽然没有在工作，但是由于一直处于紧张的精神压力下，与个人闲暇时间不能等同。而长时间的工作也给劳动者的身体健康和个人生活带来了很大影响，频繁出现的过劳猝死、抑郁症等情况都成为值得关注的社会问题。可以说，信息技术带来了劳动过程的智能化与效率的提高，但它并没有自动带来劳动的自由，反而使工作对劳动者的控制打破了原有的时空界限而扩展到生活之中。

[①] 《徐小银与北京亿心宜行汽车技术开发服务有限公司等机动车交通事故责任纠纷二审民事判决书》，北京市第三中级人民法院〔2015〕三中民终字第04810号，裁判日期：2016年5月27日。

（四）劳动与雇用过程中的不确定性增强

市场和技术的快速变化同样影响着雇用关系。从长远来看，技术的发展将大大提高人类生活的便捷度和舒适度。但从短期看，技术的快速发展会因自动化和人工智能对于人的劳动的替代，给雇用带来不确定性的影响。人工智能和机器学习能力的提升预示着科技正在获得曾被认为是人类独有的认知能力，并且在日趋复杂的任务上，机器人正在超越人类。随着时间的推移，机器人将变得更加有能力、更加便宜。在这个过程中，需要重新发掘新的工作使人独特的创造性得以发挥，同时需要良好的培训制度和社会保障制度来完成工作的转型与过渡。机器适合什么工作，人类适合什么工作，可能也是将来劳动与雇用面临的重要问题。

三 产业工人队伍现状与建设改革方案的主要内容

伴随着中国特色社会主义进入新的历史阶段，经济新常态下劳动关系趋向灵活化，职工队伍状况也发生新的变化。为此，2017年全国总工会组织开展了第八次全国职工队伍状况调查，覆盖15个省，以期对职工队伍的时代特征和发展趋势做出更清晰的概括，为推进产业工人队伍建设改革提供理论支撑。

（一）职工队伍的新变化

以广东为例，从职工分布来看，珠三角依然是吸纳就业的主要地区，但其他地区从业人员比重增加。制造业从业人员增长缓慢，服务业人员增长迅猛。制造业作为广东的基础产业，其职工队伍的来源结构也在调整，本地化、就近化用工趋势上升。公有制经济单位和港澳台投资单位就业人员继续减少，外资企业和私营企业就业人员增长较快。从职工的受教育程度看，职工的教育层次有明显变化，职工平均受教育年限为13.2年，比2012年提高了0.5年，制造业职工受教育程度提升明显。从职工队伍构成看，新生代农民工成为主力军，他们的受教育程度更高，互联网已成为他们获取信息、社会互动的重要空间，这极大地改变着职工的生活方式与工作方式。此外，新业态带来职工发展的新机遇，也使其就业观念随之改变，弱化了其雇用观念和团结意识。

在浙江，职工队伍具有鲜明的时代特征和区域特色。现有产业工人约2000万人，第二产业就业近1400万人，第三产业就业近500万人；年龄在35岁及以下的占50%，文化程度为初中及以下的也占50%，近八成在制造业就业，近八成为农民工，近八成集中在产业集聚区。2015年末新增劳动力平均受教育年限达13.5年，2016年末高技能人才总量为245万人。在新时期产业工人中，农民工已成为主力军，新经济体系及配套的下游服务业工人成为生力军，各类知识型、技术型、创新型、复合型高技能工人成为领军者。[①] 浙江产业工人队伍的技能素质不断提升、区域分布逐步集聚、组织化程度得以提高、新元素影响不断增大，充分体现出"民营经济、产城融合、产业集群、互联网＋、人工智能＋"这一鲜明的浙江特色。

在河南，到2016年底，全省职工队伍总数约为2805万人，比2011年增加了750万人，年均增长150万人；职工占全省从业人员的41.7%，比2011年增长0.8个百分点。其特点包括以下几方面：首先，职工队伍结构"三升三降"，呈稳步增长的态势。所谓"三升三降"，即第三产业职工占比上升，第一产业职工占比下降；非公经济吸纳职工就业比例上升，国有、集体企业职工比例下降；战略性新兴产业、新经济新业态吸纳职工就业比例上升，传统制造业职工比例下降。2016年底，从事三次产业的就业人员比例分别为38.4%、30.6%、31%，与2011年相比，第三产业从业人员占比上升了4个百分点；第一产业占比下降了4.7个百分点；第二产业占比变化不大。其次，"两个主体"特征明显，呈不断优化态势。两个主体，即新生代职工成为职工队伍主体，农民工成为产业工人主体。调查

---

① 浙江省总工会：《体现浙江产业特色 凸显产业工人特点 融入工会元素和主张》，全国工会理论政策研究工作会议材料，2017年9月。

显示，40岁以下的职工占比58.7%，40~50岁占30%。2016年底，河南农村劳动力外出转移2876万人，其中省内转移1709万人。新生代职工多为独生子女，在性格、价值观、人生观方面呈现受教育程度高、职业期望值高、物质和精神享受要求高、工作耐受力较低的"三高一低"态势。新生代农民工对职业的认同已由农民向工人转变，由以往进城挣钱、回乡发展向进城谋职、体验生活、追求梦想转变，由忍耐坚持向追求权益平等转变。最后，职工就业自由度增加，呈更加灵活多样的态势。中小微企业、第三产业成吸纳就业的主力军，新产业、新业态、新模式蓬勃发展，新的就业形态成为职工的择业新选择，并呈现工作场所不固定、工作时间更灵活、服务对象多元化等新特点。职工的劳动就业观念不断变化，更加重视工作环境、福利条件、职业稳定性及未来发展机会，网络求职已成为劳动者特别是青年人求职的首选，农民工偏爱在家乡就业，一部分农民工由务工型向经商型、创业型转变。2017年上半年，河南新增农民工返乡创业13.72万人，创办企业7.67万家，带动就业114.94万人。[①]

在特大型都市北京，疏解非首都功能、构建高精尖经济结构，给职工队伍结构带来明显变化。制造业在岗职工数在2013年形成拐点，由逐年递增转为逐年递减，2016年比2012年减少20.4万人；批发和零售业2016年在岗职工人数为70万人，比上年减少0.6万人。在疏解调整的同时，北京大力发展高端生产性服务业，第三产业从业人员数已占从业人员总数的80.1%。信息传输、软件和信息技术服务业与科学研究和技术服务业的在岗职工数近十年都保持较快的增长速度，为北京建设科技创新中心提供了充分的人才保障，2016年两大行业在岗职工数分别为68万人和63.8万人，与2012年相比，分别增长32.8%和28.9%。另外，网约经济从业人员异军突起。截至2016年，滴滴出行在北京注册司机超过百万人。北京58平台的劳动者（包括兼职）接近10万人，其中专职劳动者约1万人。百度外卖在北

[①] 刘雪峰：《职工队伍发展新情况新趋势新特征》，全国工会理论政策研究工作会议材料，2017年9月。

京的劳动者约有2万名，闪送在北京的快递员超过10万人。此外，由于实施"走出去"发展战略，京外企业数量不断增加且规模不断扩大，企业京外职工人数亦大幅度增加。总体来看，北京职工的就业稳定，调查表明，77.3%的职工表示近五年没有经历过下岗、待岗、安置转岗，60.7%的职工没有担心过自己会失业。职工收入和保障水平也稳步提升。

（二）职工队伍建设面临的新问题

此次全国职工队伍状况调查也发现了一系列具有全国或区域典型性的新问题、新情况。一是经济下行期的劳资纠纷多发。欠薪是其中最主要的原因，部分省份由企业拖欠工资引发的劳资纠纷约占70%。欠缴社保和住房公积金，部分企业转型升级带来的撤并、转产、减员等也是产生劳资纠纷的重要因素。纠纷的群体性、行业性、连锁性突出，部分罢工呈非理性特征。二是职工的权益保障还需进一步落实。特别是新经济业态中劳动关系的不明晰，生成职工权益保障的空白点。调查发现，大多数网约平台没有与网约工签订劳动合同，绝大部分分享经济平台认为其与网约工建立的是合作关系而非雇用关系。劳动者处于弱势地位，在工资收入、福利规则制定方面无话语权，政府对平台的监管还存在漏洞。[1] 职工的休息休假权难以保障，部分行业加班补偿不到位。三是职工队伍阶层流动存在障碍，诸如身份权利、子女教育、医疗资源、城市公共服务等，对阶层的向上流动形成阻隔。四是转型期职工社会价值观更加多元。尤其是移动网络媒体的发展，带来多元化的媒体传播格局，互联网、手机、微博、微信为信息传播搭建了更便利的平台，职工获取信息的异质性增强，社会价值观更加多元。五是新生代农民工市民化面临诸多困难，其中转制成本、农民工自身素质和传统户籍的影响依然明显。六是非正规就业有所扩大，部分职工面临就业不稳定现象。这类就业往往存在非正式的劳动关系（无合同、无有效合同、临时雇用、随意决定工

---

[1] 北京市总工会研究室：《强化维权服务 畅通发展通道 建设符合首都功能定位的职工队伍》，全国工会理论政策研究工作会议材料，2017年9月。

资等)、未进入政府监管体系且就业性质和效果处于低层次和边缘地位,如劳务派遣、外包工、学生工和散工。① 七是互联网下的共享经济带来了全新的工作形态,这反映在就业领域、技术手段、组织方式和工作观念等诸多方面,正在对职工队伍进行新的形塑,对此亟须深化研究和规制。

(三)产业工人队伍建设改革方案的主要内容

2015年5月,国务院印发《中国制造2025》,这个文件第一次从国家战略层面描绘了"制造强国"战略的宏伟蓝图,对适应经济新常态,促进稳增长、调结构、转方式都具有重要意义。但是,文件也指出了我国劳动年龄人口总量下降、低成本劳动力优势迅速消失及产业工人整体素质和技能水平不高对实现"制造强国"目标的限制。据此,中共中央、国务院于2017年4月印发《新时期产业工人队伍建设改革方案》(以下简称《方案》),要求把提高职工队伍整体素质作为一项战略任务抓紧抓好,建设宏大的知识型、技能型、创新型劳动者大军,充分调动一线工人、制造业工人和农民工的积极性和创造性。

制定和实施《方案》,就产业工人队伍建设改革专门进行谋划和部署,在我们党和国家历史上尚属首次。《方案》围绕加强和改进产业工人队伍思想政治建设、构建产业工人技能形成体系、运用互联网促进产业工人队伍建设、创新产业工人发展制度、强化产业工人队伍建设支撑保障五个方面,提出了25条改革举措②,涉及思想引领、技能提升、作用发挥、支撑保障等方面的体制机制。

第一,加强和改进产业工人队伍思想政治建设。习近平总书记指出,党的全心全意依靠工人阶级的根本方针任何时候都不能忘记、不能淡化,要贯彻到经济、政治、文化、社会、生态文明建设以及党的建设各方面,落实到党和国家制定政策、推进工作全过程,体现到企业生产经营各环节。《方

---

① 吴国璋:《当前广东职工队伍的新变化和面临的新问题、新情况及对策与建议》,全国工会理论政策研究工作会议材料,2017年9月。
② 本部分资料若非注明,均引自李玉赋主编《新的使命和担当——〈新时期产业工人队伍建设改革方案〉解读》,中国工人出版社,2017。

案》围绕加强和改进产业工人队伍思想政治建设提出改革举措，涉及产业工人党建、思想政治引领、健全保障主人翁制度及推动工会改革。

第二，建设一支符合《中国制造2025》要求的高素质制造业大军。《方案》围绕构建产业工人技能形成体系提出六大举措，一是完善现代职业教育制度，加强职业教育、继续教育、普通教育的有机衔接，坚持产教融合、校企合作、工学结合、知行合一，创新各层次各类型职业教育模式。二是改革职业技能培训制度，推进职业技能培训市场化、社会化、多元化改革，建立各类培训主体平等竞争、产业工人自主参加、政府购买服务的技能培训机制。三是统筹发展职业学校教育和职业培训，建立覆盖广泛、形式多样、运作规范，行业、企业、院校、社会力量共同参与的职业教育培训体系，促进学历与非学历教育纵向衔接连通、横向互通互认。四是改进产业工人技能评价方式，优化职业技能等级标准，完善职业技能等级认定政策，引导和支持企业、行业组织和社会组织自主开展技能评价。五是实施国家高技能人才振兴计划，创新协同培育模式，依托大型骨干企业建设示范性高技能人才培训基地，打造更多高技能人才。六是促进农民工融入城市、稳定就业，深入实施农民工学历与能力提升行动计划、农民工职业技能提升计划。

第三，创新产业工人发展制度。《方案》主要从6个方面加以推进：一是拓宽产业工人发展空间，改革企业人事管理和工人劳动管理相区分的双轨管理体制。二是畅通产业工人流动渠道，健全公共就业服务体系，提高人力资源配置效率。三是创新技能导向的激励机制，建立健全培养、考核、使用、待遇相统一的激励机制，实现多劳者多得、技高者多得。建立技术工人创新成果按要素参与分配的制度，增加产业工人在劳动模范和先进代表等评选中的名额比例。四是改进劳动和技能竞赛体系，建立以企业岗位练兵和技术比武为基础、以国家和行业职业技能竞赛为主体、国内竞赛与国际竞赛赛项相衔接的劳动和技能竞赛机制。五是加大对产业工人创新创效的扶持力度，深化群众性技术创新活动，开展先进操作法总结、命名和推广活动，推动具备条件的行业企业建立职工创新工作室、劳模创新工作室和技能大师工作室。六是组织产业工人积极参与"走出去"战略和"一带一路"建设，加强产业工人的技能国际交流与合作。

第四，运用互联网促进产业工人队伍建设。这主要有三项举措：一是创新产业工人队伍建设网络载体，建立健全产业工人队伍基础数据库。二是打造网络学习平台，将促进产业工人终身学习纳入城乡信息化建设。三是推行"互联网+"普惠性服务，建设网上"职工之家"。

第五，加大维护产业工人队伍权益的政策力度。《方案》要求加强有关产业工人队伍建设的法治保障，完善财政投入机制，建立社会多元投入机制，完善产业工人劳动经济权益保障机制，深化产业工人队伍建设理论政策研究，营造尊重劳动、崇尚技能、鼓励创造的社会氛围。

参考文献

中共十九大报告，2017年10月。

中共中央国务院：《新时期产业工人队伍建设改革方案》，2017年4月。

李玉赋主编《新的使命和担当——〈新时期产业工人队伍建设改革方案〉解读》，中国工人出版社，2017。

《新闻办就前三季度国民经济运行情况举行发布会》，中国政府网，2017年10月19日。

《人社部举行2017年第三季度新闻发布会》，人力资源和社会保障部官网，2017年11月1日。

国家统计局：《2016年农民工监测调查报告》，国家统计局官网，2017年4月28日。

全国工会理论政策研究工作会议材料，2017年9月。

B.18
2017年中国农户发展状况分析报告

彭超 张效榕*

摘　要： 随着一系列"三农"政策的出台，农民的生产生活状况有了极大的改善。了解农民的现状有助于更好地评估政策所带来的影响，从而为研判未来农业发展提供决策基础。本文运用2016年全国农村固定观察点数据，分别从整体农户、不同农业经营方式的农户角度来分析农民的生产生活现状。具体的分析内容包括户主教育水平、户主外出务工时间、户主技能培训、家庭收入与支出情况、家庭土地情况、农产品产出等方面。

关键词： 农民　收入与支出　土地状况

党的十九大报告提出"构建现代农业产业体系、生产体系、经营体系，完善农业支持保护制度，发展多种形式适度规模经营，培育新型农业经营主体，健全农业社会化服务体系，实现农业兼业户和现代农业发展有机衔接"。当前，我国新型农业经营主体与传统农户两类生产主体非此即彼，政府所制定政策的针对性不强。例如，农业部门所实施的高标准农田制度，由于建设投入大，部分地方政府从银行贷款开展高标准农田的建设，但是最后并未理清谁来偿还贷款的问题。因此，应该对现有的生产经营主体进行细分，并从劳动力供给和生产固定资产的拥有量角度进行分析，为农业政策制

---

* 彭超，农业部农村经济研究中心农村固定观察点管理处副处长、副研究员；张效榕，研究生，中国人民大学、农业部农村经济研究中心，研究实习员，研究方向为农业政策、农户经济。

定提供数据参考。具体而言，本文通过对三类群体的分析，即农业兼业户（务工、不雇用劳动力）、纯农户（不务工、不雇用劳动力）以及家庭农场（不务工、雇用劳动力），为政策制定提供翔实的数据参考。

本文所用的数据来自2016年全国农村固定观察点。农业部固定观察点拥有的调查对象分布在全国除港澳台外的31个省（区、市），覆盖355个县（市、区）、360个行政村，其中，2016年共计调查农户23000户。

一 农户整体基本状况

调查数据显示，农户户主年龄偏高，平均在56岁。其中，年龄在50~59岁的农户最多，占总样本的30.49%；其次为60~69岁的农户，占总样本的28.59%；其次是40~49岁的农户，占总样本的22.41%（见图1）。

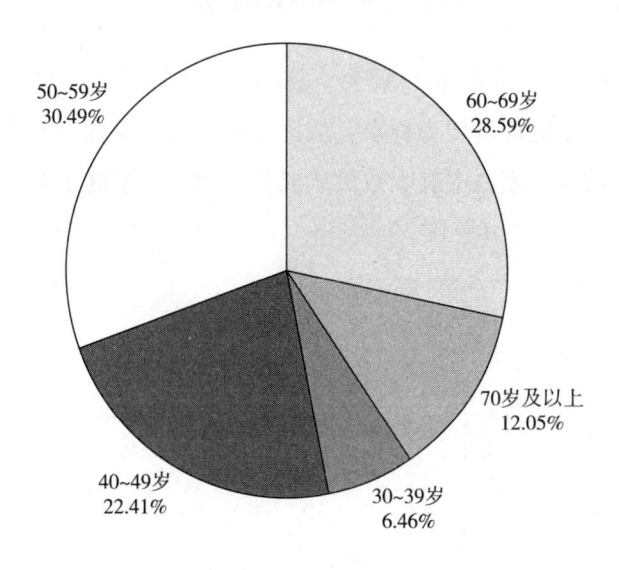

图1 户主年龄分布

从农户的性别结构来看，男性户主居多。其中，91.73%的户主性别为男性，仅8.27%的户主为女性。从受教育程度看，初中及以下文化程度的农户占大多数，占总样本的91.18%。其中，未上过学的农户比例为

1.85%，小学文化程度的比例为42.91%，初中学历的农户占总样本的46.42%。此外，部分农户受教育程度较高，但是占比较低，其中具有大学及以上学历的农户占总样本的0.67%（见图2）。

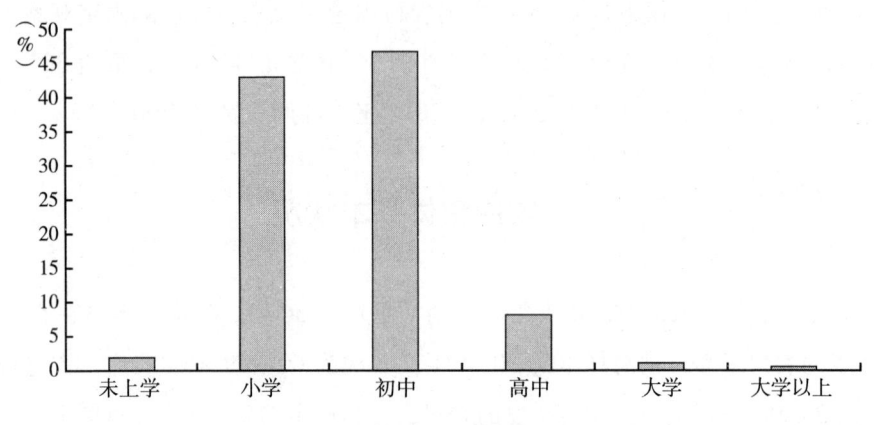

图2 户主受教育程度分布

从政治面貌看，党员农户较少。其中，16.04%的农户家庭中有党员，83.96%的农户家庭成员均为群众。从民族角度看，少数民族农户较少。其中，11.79%的农户家庭中有少数民族成员。此外，家庭中有担任村干部的成员的比例为4.17%（见图3）。

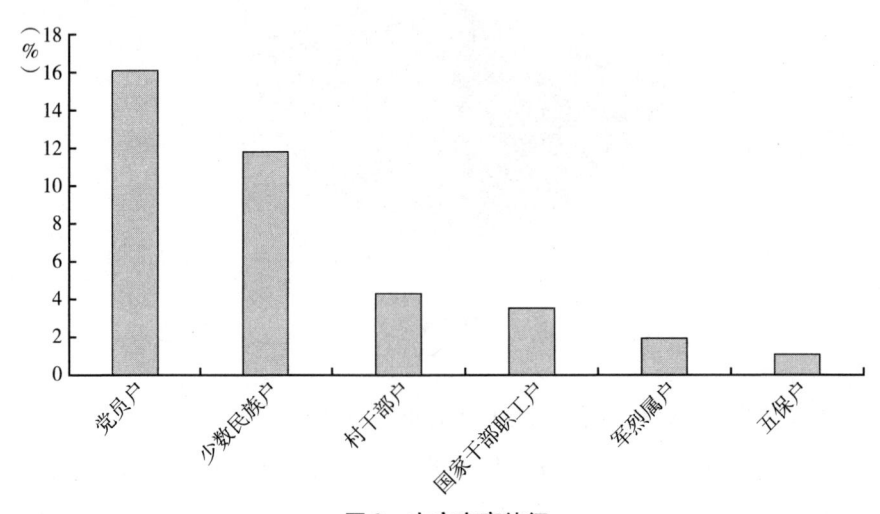

图3 农户家庭特征

数据显示，平均每户家庭常住人口为4人。其中，常住人口在3人及以下的占总样本的49.08%，4~6人的占总样本的46%。此外，每户住房面积平均为158.59平方米。从农户整体耕地角度看，年末经营耕地（包括农户承包田、承包村组内机动地以及转包田）在5亩以上的农户占总样本的51.36%（见图4）。

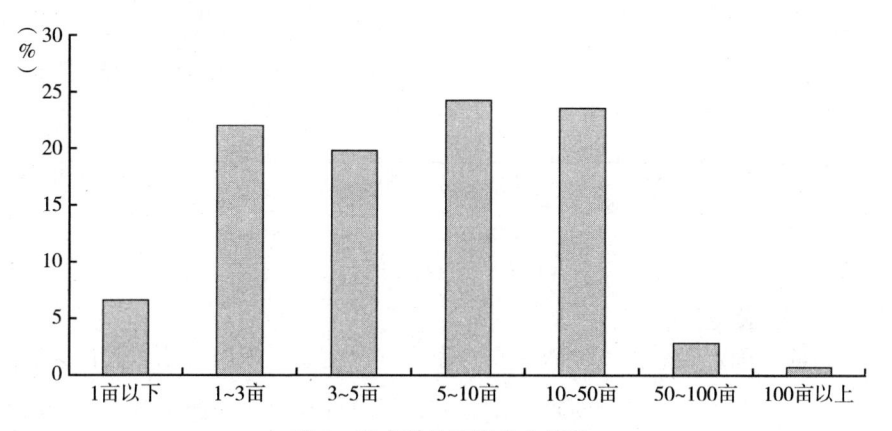

图4 农户耕地面积分布情况

农户打工的情况较为普遍。在本地打工的农户中，打工时间在1个月内的农户最多，占总样本的25.96%，而本地打工时间在3个月内的共占总样本的51.14%（见图5）。而农户外出打工的情况与本地打工情况相反，外出打工时间比本地打工时间长，其中，55.22%的农户在外时间在10个月及以上（见图6）。

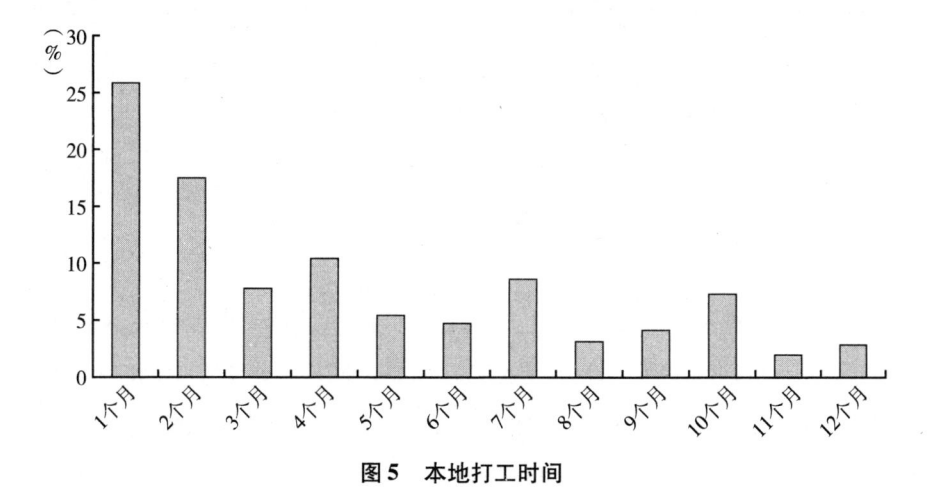

图5 本地打工时间

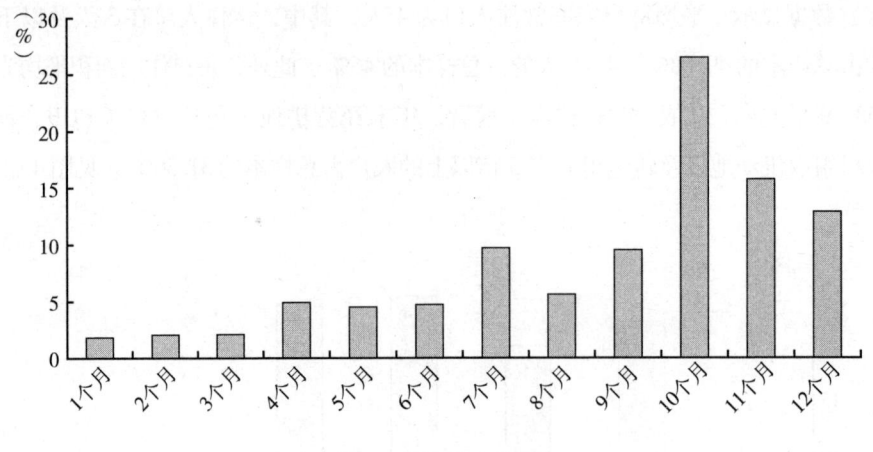

图6 外出打工时间

目前，固定观察点所调查农户的家庭支出主要包括以下几方面：家庭经营支出、购置生产性固定资产支出、家庭经营外投资、向国家缴纳税金、上缴村组集体支出、生活消费支出以及其他非借贷性支出。其中，生活消费支出包括食品支出、衣着支出、住房支出、燃料支出、用品支出、保险支出、生活服务支出（包括医疗费）、文化服务支出（包括学杂费）、旅游支出、交通通信支出及其他支出。2016年，被调查农户家庭总支出平均为50061.61元，其中生活总支出为31681.24元，占家庭总支出的63.28%。在生活支出中，饮食是农户的主要支出，饮食支出占生活总支出的32%。此外，生活服务支出、文化服务支出、交通通信支出占生活总支出的比例均为8%左右，旅游支出占生活总支出的1%（见图7）。

二 不同生产经营主体状况

农户通过种植多样化、农业产业化、非农务工等要素配置行为，实现了在人为限制条件下所不能达到的家庭积累。同时，农户技术水平、市场参与能力等方面的差异导致农户的收入结构及劳动力就业结构出现较大的差异，而且这种差异性通过自我积累的循环使得农户间逐渐发生分化。农

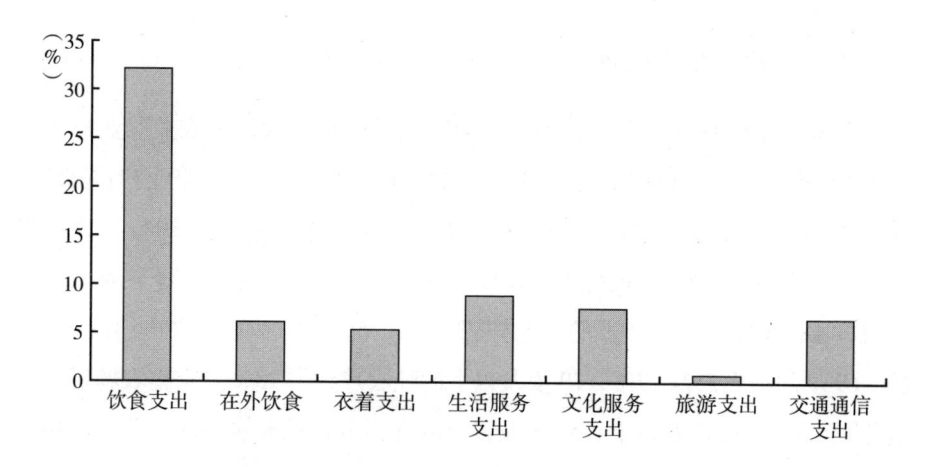

图 7　生活类支出占生活总支出的比例

户分化是指一定区域内的农户由同质性的经营农业户分化为经营农工商等异质性农户的过程，具体表现为农户由经营农业的纯农户逐渐分化出亦工亦农的兼业户及非农户，从而形成纯农户、兼业户、非农户并存且不断演化的局面。

因而，本文根据现有文献，按照农户生产经营过程中的务工时间与雇用他人时间将其分为三个群体，即农业兼业户、纯农户以及家庭农场。其中，农业兼业户在自身生产经营的同时，为其他农户提供劳动力，并不雇用他人。纯农户在生产经营过程中，既不为他人提供劳动力，也不雇用他人。家庭农场在生产经营过程中，不为他人提供劳动力，但雇用他人。根据时间的划分，整体样本中，农业兼业户样本数量为9272个，纯农户样本数量为9655个，家庭农场的样本数量为541个（见表1）。

表1　农户分层情况

单位：个

类别	是否务工	是否雇用劳动力	样本数
农业兼业户	是	否	9272
纯农户	否	否	9655
家庭农场	否	是	541

（一）户主个人特征

不同类型农户存在差别，但年龄分布大体相似。大部分农业兼业户年龄在50岁及以上，占总样本的71%。其中，40~49岁的农业兼业户占23%，50~59岁的农业兼业户占33%，60~69岁的农业兼业户占30%。纯农户中，年龄在50岁及以上的样本占总样本的73%。其中，40岁以下的纯农户仅占总样本的7%，40~49岁的纯农户占21%，50~59岁的纯农户约占26%，60~69岁的纯农户占29%，70岁及以上的纯农户约占18%。家庭农场负责人的年龄大多在50岁及以上，50岁及以上的样本占总样本的75%。其中，40~49岁占18%，50~59岁占27%，60~69岁占27%，70岁及以上占21%（见图8）。由此可以判断，农户的年龄都偏高，年轻人务农的情况较少。

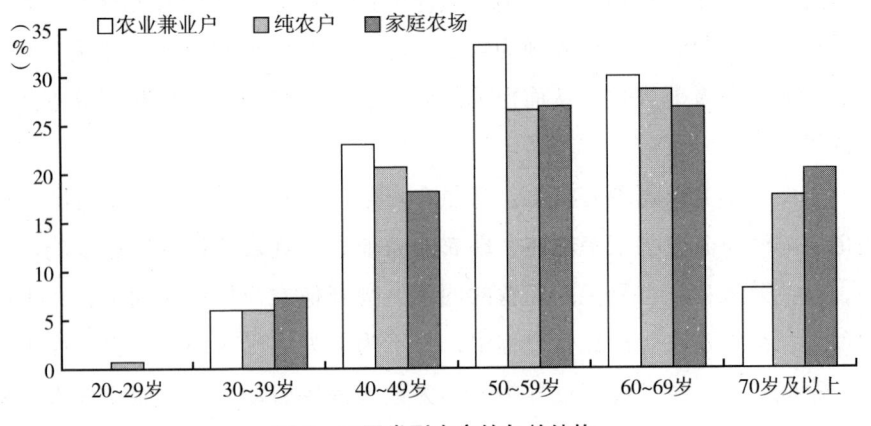

图8　不同类型农户的年龄结构

从不同类型农户的受教育程度来看，大部分农户受过教育，但初中学历的农户居多，其次为小学学历的农户。不同类型农户的受教育程度存在一定的差异，家庭农场负责人中初中学历的最多，占37%，其次为小学学历，占31%；农业兼业户的情况与此类似，农业兼业户中初中学历的最多，占48%，其次为小学学历的农户，占42%；而纯农户的受教育程度与家庭农场和农业兼业户有一些差异，纯农户中小学学历的居多，占42%，其次为初中学历的，占41%（见图9）。

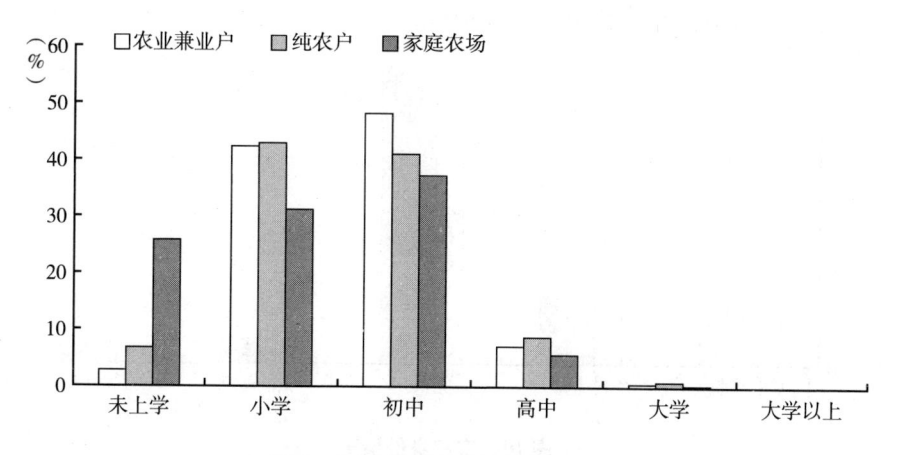

图9 不同类型农户的受教育程度

（二）家庭特征

在农户的政治身份中，党员户比例相对较高。其中农业兼业户的党员户占比16.16%，纯农户的党员户占比16.14%，家庭农场的党员户占比17.5%，家庭农场的党员户比例略高于农业兼业户和纯农户。在国家干部职工户中，纯农户中国家干部职工户占比较高，有4.41%，其次为家庭农场中国家干部职工户占比，有3.75%。在乡村干部户中，农业兼业户中乡村干部户占比较高，有4.4%，其次为家庭农场中乡村干部户占比，为4.17%。此外，军烈属户和五保户也有一定的比例，但比例较低，其中各类型农户的军烈属户比例在1.7%左右，五保户比例在1%左右（见图10）。

总体来看，农户家庭常住人口为4人左右，不同类型农户之间差异不是很大。其中，家庭农场的常住人口最多，平均为4.28人，农业兼业户和纯农户的家庭常住人口接近，其均值分别为3.7人和3.6人。而不同类型农户的家庭劳动力数差异较大。其中农业兼业户和纯农户的家庭劳动力数较多（其家庭劳动力均值分别为10.46人和8.19人），且均为各自家庭常住人口数的两倍多。但是家庭农场的家庭劳动力数少于家庭常住人口数，且家庭劳动力均值仅为2.59人（见图11）。此外，农户在家居住时间

333

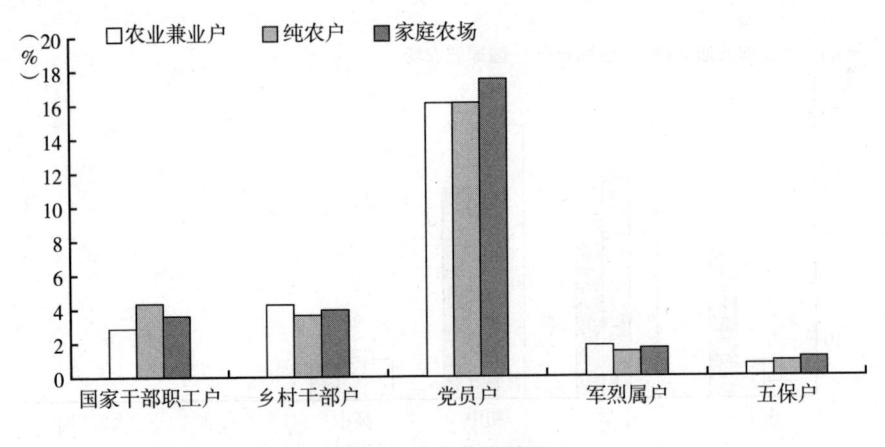

图10 农户身份情况

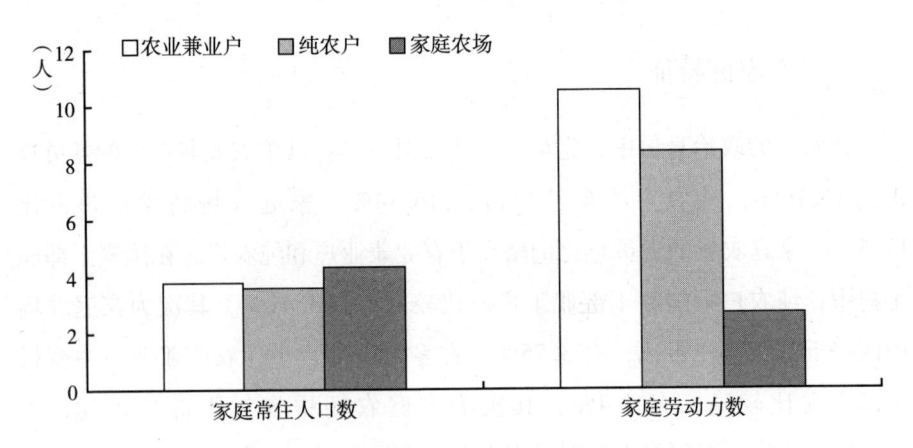

图11 农户家庭常住人口数及家庭劳动力数

存在一定的差异,其中,农业兼业户在家居住时间最长,全年有330天在家;其次为纯农户,全年在家时间有281天;而家庭农场负责人在家时间则为248天。

各类型农户中均有一定比例的信教农户,但总体比例偏低,各类型农户中信教比例均不超过20%。若按农户类型来看,家庭农场中信教的比例最高,达到15.83%,比纯农户和农业兼业户信教比例之和还多。信教比例最少的为农业兼业户,仅占农业兼业户总样本的3.61%(见图12)。

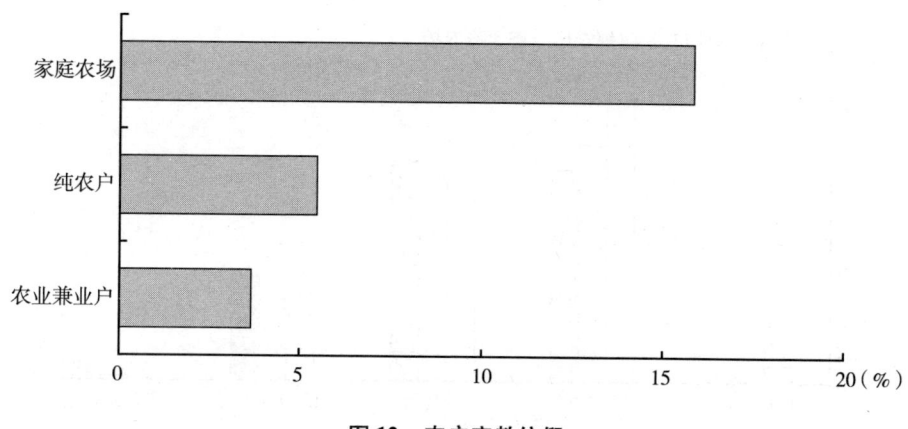

图12 农户宗教信仰

（三）收入状况

观察点所调研的家庭全年总收入包括家庭经营收入、工资性收入、租赁收入、利息收入、股息收入、征地补偿款、政府补贴、退休金及养老金等。其中，农业兼业户家庭全年收入平均为60495.1元，纯农户家庭全年收入平均为70941.2元，家庭农场家庭全年收入平均为101656.8元。

总体来看，农户收入在1万~10万元的居多。在农业兼业户中，1万~5万元收入的农户最多，占比49.85%；其次为5万~10万元的农户，占35.15%。在纯农户中，1万~5万元收入的农户最多，占比41.79%；其次为5万~10万元的农户，占35.80%。在家庭农场中，情况与农业兼业户和纯农户有点差异，5万~10万元收入的农户最多，占比39.04%；其次为1万~5万元的农户，占37.37%，但两个收入区间农户数量的差异不是很大。虽然大多数农户的收入偏低，但是也有小部分农户收入较高。其中，有0.3%的农业兼业户和0.73%的纯农户收入在50万元以上，而家庭农场的比例更高一些，共有3.13%的农户收入在50万元以上（见图13）。

家庭全年总收入中包括政府补贴，如退耕还林还草款、农业补贴（粮食直接补贴、良种补贴）。其中，农业兼业户政府补贴平均为1112.81元，纯农户补贴平均为883.23元，家庭农场补贴平均为4370.65元（见图14）。

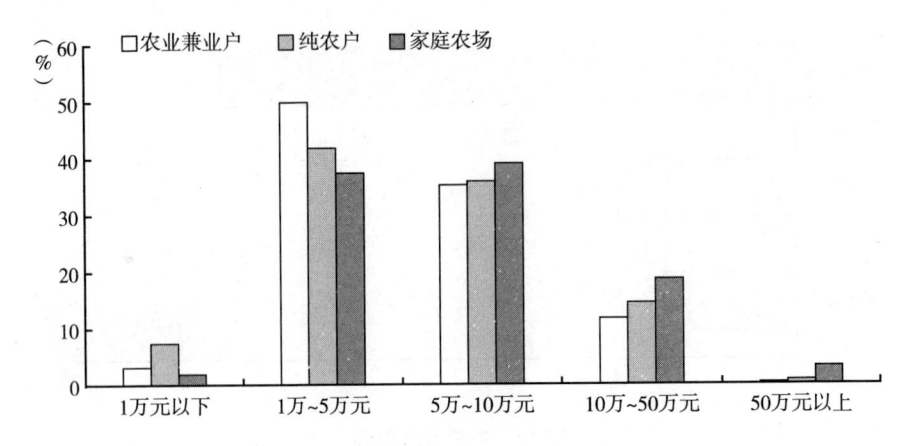

图13 家庭年收入

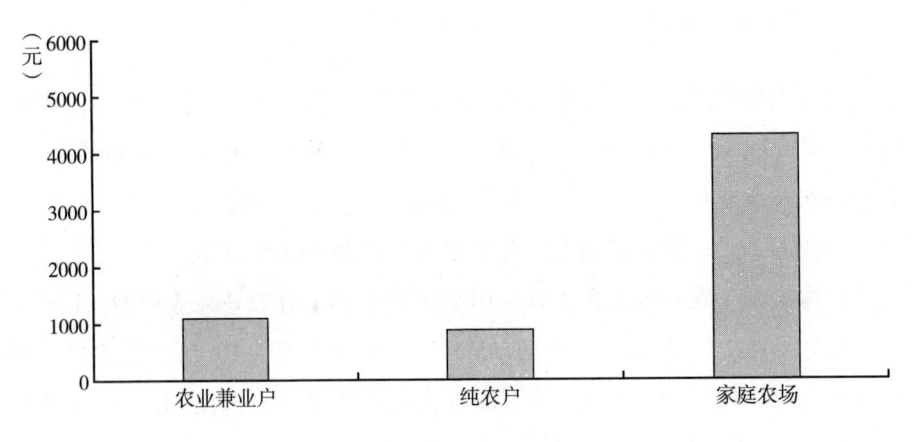

图14 政府补贴金额

（四）支出状况

1. 家庭总支出

农户家庭总支出中，家庭农场的支出金额最多，其平均值为76447.98元，纯农户家庭支出平均值为48826.58元，农业兼业户家庭支出平均值为43450.85元（见图15）。

图 15　家庭总支出情况

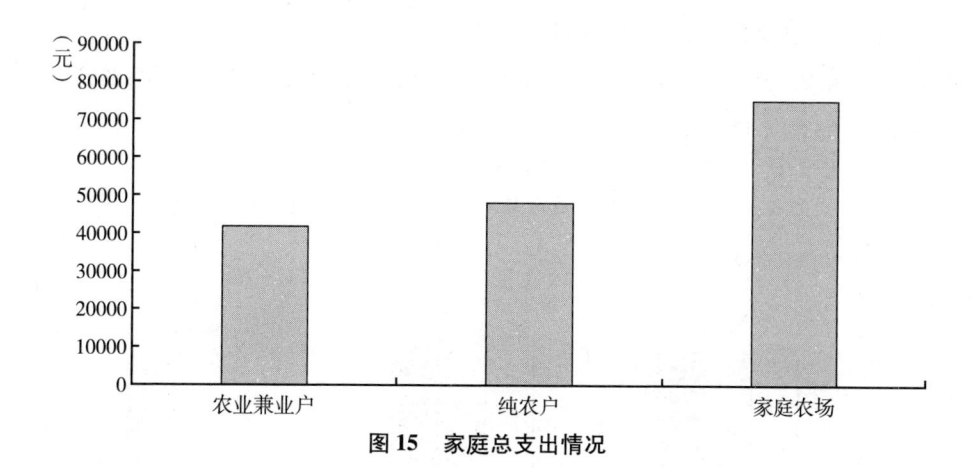

2. 生活总支出

纯农户生活支出占家庭总支出的比例较高，为 70.58%；其次为农业兼业户，平均值为 63.42%；最后为家庭农场，为 47.99%（见图 16）。

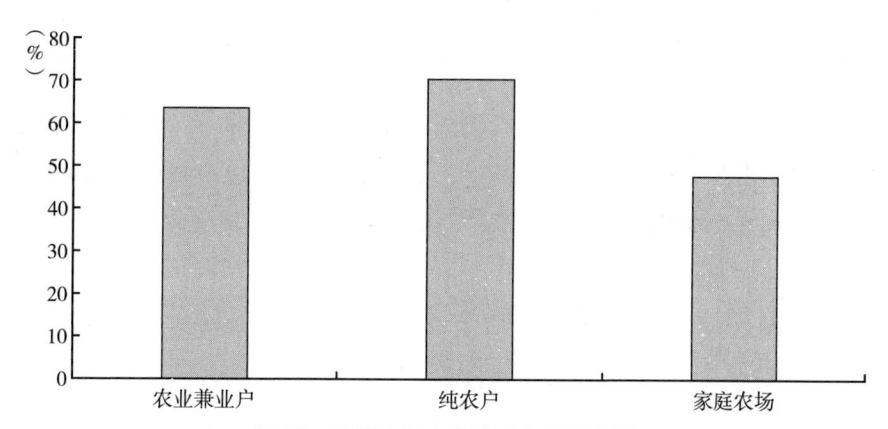

图 16　生活支出占家庭总支出的比例

（1）食品支出

农户饮食支出占家庭总支出的比例较小，其中纯农户该比例为 22.02%，农业兼业户为 20.68%，家庭农场为 15.1%。此外，三类农户饮食占生活支出的比例区别较小，其中农业兼业户为 32.61%，纯农户为 31.19%，家庭农场为 31.47%。此外，观察点对饮食支出指标进行细化，其中在外饮食支出占饮食支出的比例中农业兼业户与纯农户相似，分别为20.22%和20.59%，实际数值中两者相差300元左右，此外家庭农场该比例为18.86%（见图17）。

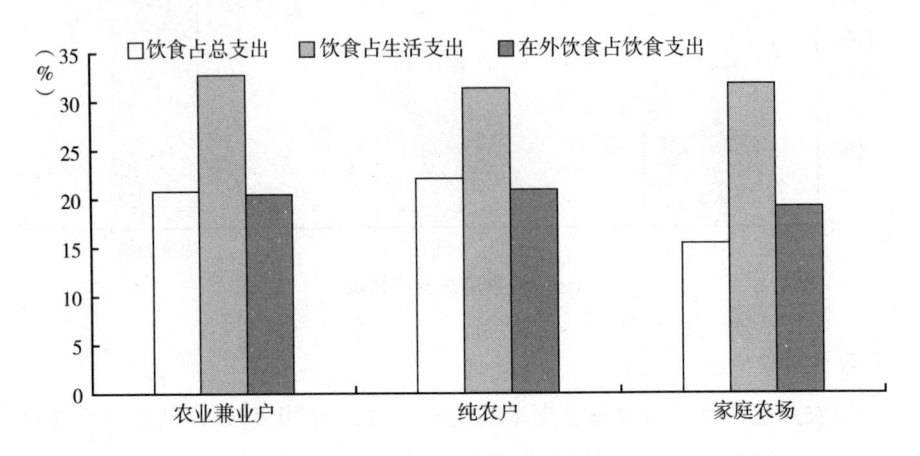

图17 饮食支出比例

（2）生活享受类支出

在生活支出中，饮食支出所占比例较高，其次为生活服务支出、文化支出、衣着支出及交通通信支出。其中，生活服务支出、文化支出、旅游支出等指标为提高生活质量、适度享受的指标。整体而言，家庭农场的享受类支出高于农业兼业户以及纯农户。

三类农户的饮食支出均占生活支出的30%左右。从数值看，家庭农场支出金额较大。其中，农业兼业户饮食支出平均为8986.97元，纯农户支出为10759.44元，家庭农场支出平均为11546.09元。家庭农场生活服务支出占生活总支出的比例较高，为10.64%。其中，家庭农场生活服务支出比农业兼业户的平均值高1500元左右，家庭农场生活服务支出为3905.02元；农业兼业户生活服务支出为2441.32元，占其生活总支出的8.85%；纯农户生活服务支出为3097.5元，占其生活总支出的8.99%。文化支出中，三类农户之间的差异不大，该类支出均占生活总支出的8%左右。此外，三类农户交通通信支出与旅游支出占生活总支出的比例较小（见图18）。

2017年中国农户发展状况分析报告

其中，交通通信支出占生活总支出的比例均为6%左右，农业兼业户该类支出为1730.17元，纯农户支出为2230.36元，家庭农场支出为2295.83元。根据数据统计，三类农户旅游支出均在1000元以下，其中家庭农场支出平均值为566.53元，纯农户为435.69元，农业兼业户的平均支出为204.25元。

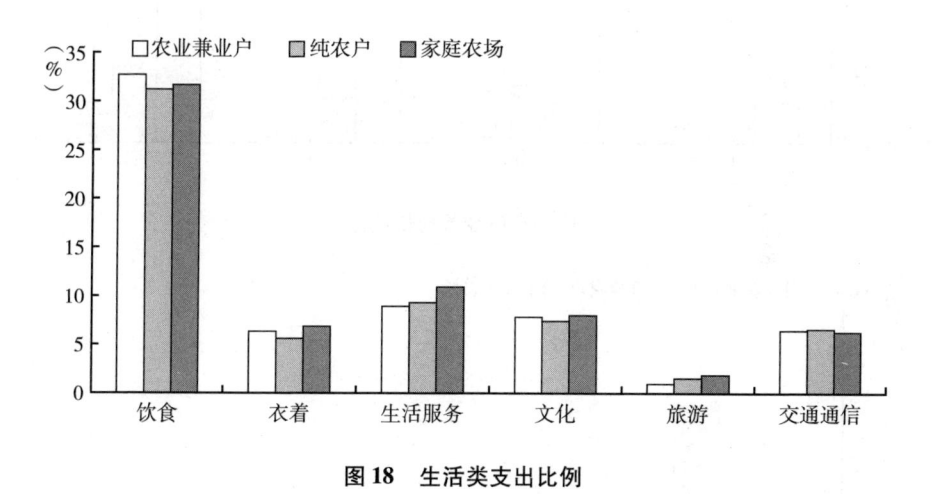

图18 生活类支出比例

（五）土地状况

图19描述了农户年末经营的耕地面积分布，家庭农场年末经营的耕地面积最多，平均为14.298亩；其次为农业兼业户，平均有8.938亩；纯农户年末经营的耕地面积最少，仅2.38亩。从耕地面积来看，总体来说，经营5亩以上耕地的农户最多，其中农业兼业户有4424户，纯农户有1239户，家庭农场有276户；其次为经营1~3亩耕地的农户，其中农业兼业户有2036户，纯农户有830户，家庭农场有82户；经营1亩以下耕地的农户最少，其中农业兼业户仅有573户，纯农户仅有327户，家庭农场仅有5户。此外，从年末实际经营地块数看，农业兼业户地块数平均为4.46块，纯农户经营的地块数为1.34块，家庭农场经营地块数为4.27块。具体分布如图20所示。

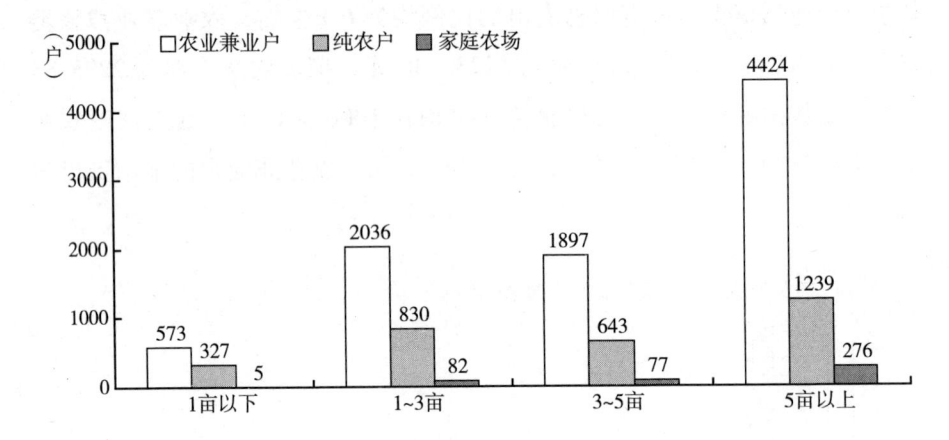

图19 农户经营的耕地分布

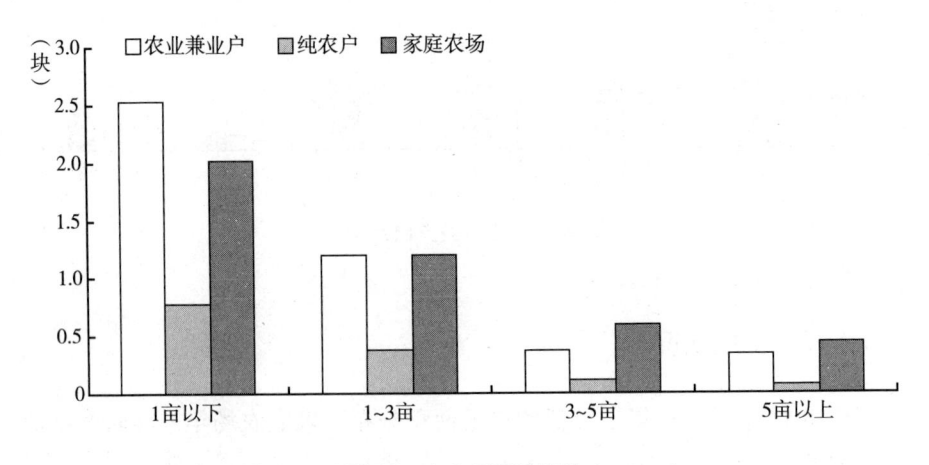

图20 农户经营地块数

（六）住房状况

三类农户在住房面积方面差别不大，其中农业兼业户住房面积平均为148.13平方米，纯农户住房面积为166.16平方米，家庭农场住房面积为155.8平方米。其中，农业兼业户大多居住在砖瓦平房中，纯农户居住楼房的比较多，家庭农场主主要居住在砖瓦平房中。33.73%的农业兼业户居住在楼房中，48.86%的纯农户居住在楼房中，33.5%的家庭农场主居住在楼房中。54.33%的农业兼业户居住在砖瓦平房,40.66%的纯农户居住在砖瓦平房,74.68%的家庭农场主居住在砖瓦平房(见图21)。

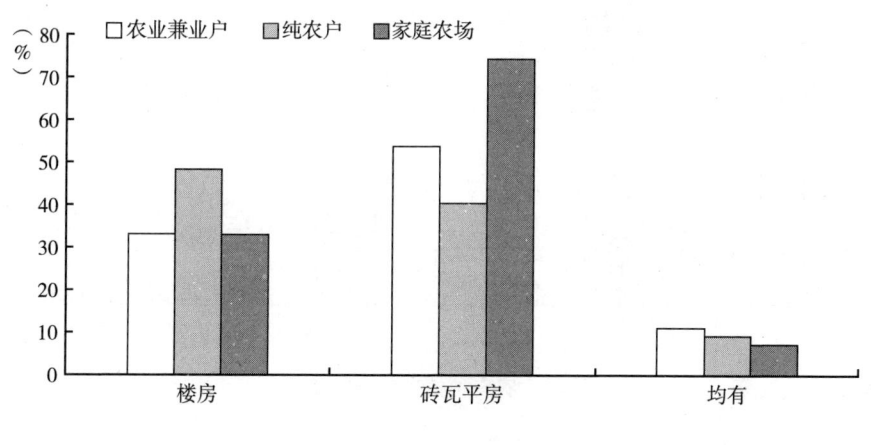

图21 农户住房类型

(七)其他状况

1. 农作物产量状况

在主粮作物的种植中,单纯从总面积来看,农业兼业户的主粮作物种植面积最多,其次为纯农户。从三大主粮作物的种植比例来看,不同类型农户均是种植玉米的比例最高,其中,农业兼业户种植玉米的面积达5625亩,纯农户玉米种植面积达1607亩,家庭农场玉米种植面积达249亩。在稻谷和小麦的种植分配中,农业兼业户和家庭农场是稻谷种植面积大于小麦种植面积,而纯农户的情况恰好相反(见图22)。

从主粮作物的亩均产量来看,总体来说玉米的亩均产量最高,其中家庭农场种植的玉米亩均产量最高,达到亩均774.93千克。各农户稻谷的亩均产量接近,而小麦的亩均产量在不同农户之间差异较大,其中农业兼业户和纯农户小麦的亩均产量接近,分别为381.42千克和405.52千克,而家庭农场小麦的亩均产量仅295.13千克(见图23)。

在粮食(包括小麦、玉米、稻谷等作物)的出售中,不同农户的粮食

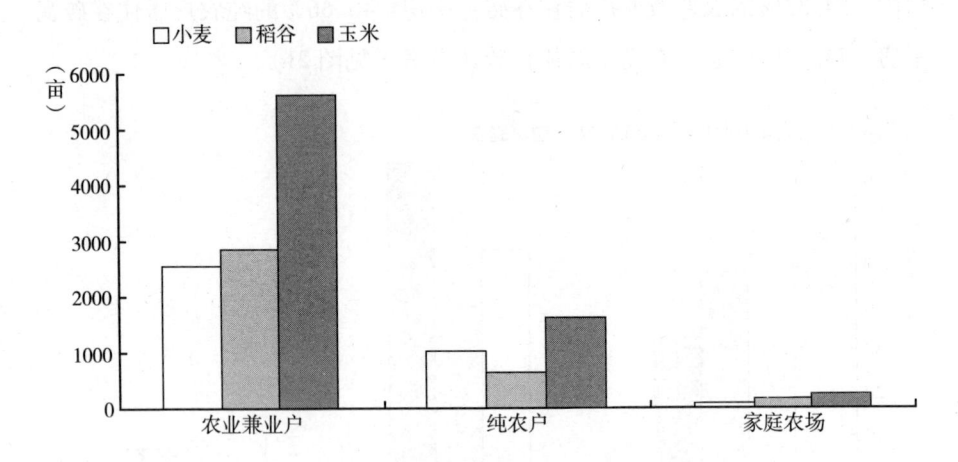

图22　农户种植主粮作物情况

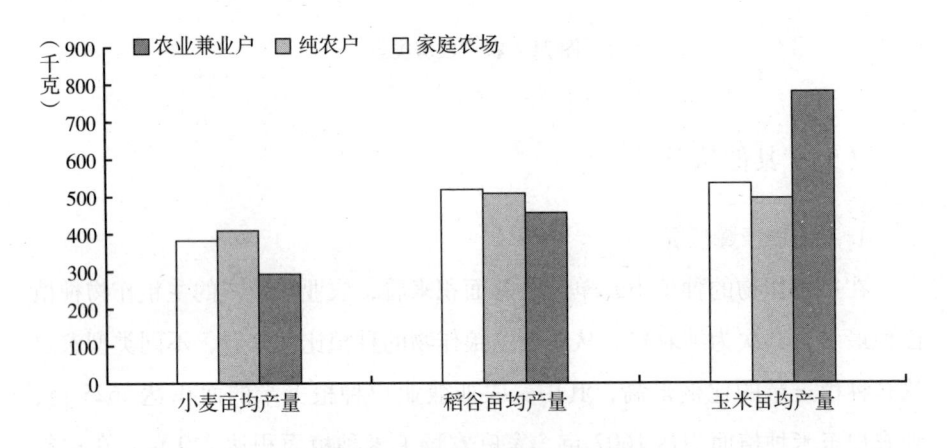

图23　农户主粮作物亩均产量

出售情况有较大差异。其中，家庭农场的粮食出售金额、粮食出售数量和出售农产品的总金额是三类农户中最高的，其次为农业兼业户，纯农户的情况属于三者中较差。综上，家庭农场的粮食种植面积最小，但是粮食产量及销售量最高；农业兼业户的粮食面积最大，粮食产量及销售量其次。

2. 农户固定资产

生产性固定资产包括役畜、种畜、产品畜，大中型铁木农具，农林牧渔业机械，工业机械，运输机械，生产用房，设施农业固定资产。其中，农业兼业户年末拥有生产性固定资产平均为 14190.74 元，纯农户年末拥有生产性固定资产平均为 11268.17 元，家庭农场年末拥有生产性固定资产平均为 44401.46 元。总体来看，固定资产在 1 万元以下的农户居多，其次为 1 万~5 万元的农户。

三　结语

本文基于农业部固定观察点数据，按照农户是否务工以及是否雇工将农户分为三类，即农业兼业户、纯农户以及家庭农场。本文分别从整体样本和三类农户的小样本分析了农户个人及家庭特征、土地经营、农作物产量、收入、固定资产和住房等方面的基本状况。

从生活支出数据看，饮食是农户家庭的主要生活支出，而农户享受类支出（旅游支出、生活服务支出、文化支出）占生活总支出的比例较小。从三类农户角度分析，不同农户享受类支出大体接近，均处于较低水平的消费阶段。其中，家庭农场的享受类支出高于农业兼业户与纯农户。

从农户个人特征看，三类农户年龄结构相似，平均年龄为 55~57 岁。此外，绝大多数农户受过小学教育，少数农户受过高中及以上教育。从家庭角度看，样本中绝大多数农户是普通家庭，即家中没有政府工作人员、军人、党员等，为普通农村居民。家庭农场的家庭常住人口最多，纯农户与农业兼业户的家庭常住人口次之。从农户在家居住时长可以看出，家庭农场外出时间较长，农业兼业户外出时间最短。此外，家庭农场的信教人数较多。从作物种植及产量来看，家庭农场亩均产量高，且粮食作物收入高。而从固定资产来看，农户总体拥有的固定资产较少，大部分农户拥有的固定资产在 5 万元以下。从农户住房来看，三类农户住房面积差异不大，但不同农户的住房条件有差异，其中家庭农场和农业兼业户居住在砖瓦平房中的居多，而纯农户则是楼房居多。

根据以上分析，未来农业发展首先应当促进农业兼业户的市民化，鼓励其将土地流转给家庭农场、合作社，如将农业兼业户的农业补贴替换为社保；其次促进纯农户自身发展，如对纯农户给予普惠制类型的补贴；最后发展壮大家庭农场式农户，如进行项目制类型的补贴和精准补贴，促进其市场化，进而扩大农业经营规模，提高农户市场竞争力，提高生活质量、适度享受。

参考文献

Eswaran M., Kotwal A., "Access to Capital and Agrarian Production Organisation," *The Economic Journal*, 1986, 96 (382).

陈春生：《中国农户的演化逻辑与分类》，《农业经济问题》2007 年第 11 期。

杜志雄、肖卫东：《家庭农场发展的实际状态与政策支持：观照国际经验》，《改革》2014 年第 6 期。

黄宗智：《"家庭农场"是中国农业的发展出路吗?》，《中国乡村研究》2014 年第 1 期。

李宪宝、高强：《行为逻辑、分化结果与发展前景——对 1978 年以来我国农户分化行为的考察》，《农业经济问题》2013 年第 2 期。

张立耀：《农户经济分层及其影响因素研究——基于广州市农村固定观察点调查数据的分析》，《南方农村》2010 年第 2 期。

朱启臻：《新型职业农民与家庭农场》，《中国农业大学学报》（社会科学版）2013 年第 2 期。

B.19
2017年中国新设小微企业状况分析报告

张久荣　吕鹏　靳朝晖*

摘　要： 本报告汇报了商事制度改革以来中国小微企业的发展情况。国家工商总局提供的宏观数据表明，全国新增私营企业和个体工商户发展势头迅猛。通过使用中国个体劳动者协会2015年以来所做的"全国百县万家新设小微企业周年活跃度"微观调查数据，本文报告了新设小微企业的活跃状况、周年开业率、营收和盈利状况、创造就业状况。本报告也反映了新设小微企业在融资、成本和营商环境评价方面的一些问题，并提出了政策建议。

关键词： 新设小微企业　活跃度调查　商事制度改革

一　调查基本情况

对新设小微企业的发展进行追踪分析，不仅是市场监管的一项重要内容，也反映了全社会创业创新的活力。伴随着近几年大力推进的商事制度改革和"放管服"改革（简政放权、放管结合、优化服务），市场活力被有效激发。其重要表现就是小微企业井喷式迅猛增加，自2014年3月至2017年

---

* 张久荣，中国个体劳动者协会；吕鹏，中国社会科学院社会学研究所；靳朝晖，中国个体劳动者协会。

8月，全国新登记各类市场主体总数达5511.7万户，占所有市场主体总数的59.07%，在促进经济发展、创造就业岗位、保持社会稳定等方面发挥了巨大作用。新设企业绝大多数是小型微型私营企业，所以助力小微企业创新发展也是重点促进小型微型私营企业创新发展。商事制度改革三年来新登记小微企业，其生存发展状况如何？发展中遇到的主要困难和问题是什么？如何围绕这些难点问题，进一步推进"放管服"改革？

为此，自2015年8月起，中国个体劳动者协会（以下简称中国个协）受工商总局委托，在各地个体劳动者协会的支持下，在全国范围内开展了"全国百县万家新设小微企业周年活跃度"调查工作。调查的范围覆盖全国31个省区市的100个县（区），因此需要在每个省设置调查点进行调查，以保证调查的全面性。中国个体劳动者协会根据东、中、西部经济发展水平和企业总量，按照5:3:2的比例在全国31个省份的县级协会中建立了100个基层调研工作点（东北地区分配数量参考中部地区数量）。调查的样本企业是在国家工商总局企业信息数据库中随机抽取的，每年调查的样本总量为40000家，每季度10000家。为了方便各被调查企业填答问卷，调查中开发了网上调查系统，供在线填答。

截至2017年9月底，中国个协已开展了10次较大规模的问卷调查，每一季度一次，一次调查10000家，共调查10万家小微企业，撰写了13份调查报告。[①] 本文将调查的主要内容及结果展示给大家，以引起社会各界更加关注小微企业发展，营造良好的营商环境。

二 全国新设小微企业的宏观情况

商事制度改革开展以来，各类市场主体尤其是个体私营经济得到了快速发展。我们可以通过国家工商总局的几个宏观数据一窥全貌。

---

① 如果报告中分析的对象为某一特定年份的某一季度，则样本量为当季调查的10000家；如果分析对象为某一特定年份，则样本量为该年四个季度合计的40000家；如果分析对象为N个季度，样本量则为N×10000家。

首先是全国新设私营企业和个体工商户的绝对数量和增长率。大多数新增私营企业都是小微企业，而个体工商户也大多数从事小规模生产经营活动，有些学者也将个体工商户视为小微企业。从图1能看到，2013~2016年，全国新设私营企业和新登记个体工商户数都呈现增长态势。2016年新增个体工商户1068.9489万户，比2013年新增853.0240万户增长25.3%；2016年新增私营企业522.8241万户，是2013年新增232.7261万户的2.2倍（见图1）。

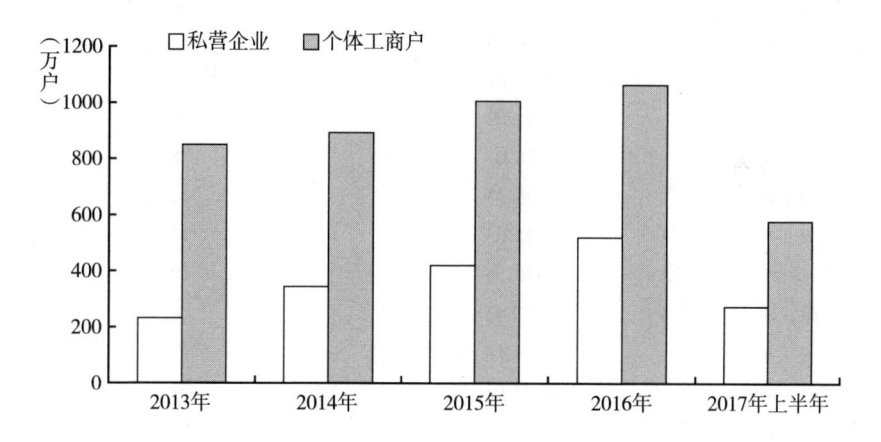

图1　全国新增私营企业与个体工商户户数
（2013年至2017年上半年）

其次是2016年新创私营企业同比增长率。表1显示，全国新创私营企业同比增长率达到24.14%。领跑全国的三个省级行政区分别是西藏、吉林和新疆，增速分别达到54.09%、47.07%和32.33%。云南、广西和北京的同比增速垫底，分别为1.89%、6.93%和8.95%。

最后是全国每万人人均新创企业数。虽然两个口径并不完全等同，但大多数的新创企业都是私营小微企业。表1显示，按照2016年的数据，全国每万人人均新创企业数为39.27户。分省来看的话，最少的三个是黑龙江（17.2户）、湖南（19.63户）和新疆（21.79户）；最多的前三名是上海（122.01户）、北京（105.91户）、广东（72.06户）。

表1 2016年全国分省份每万人人均新创企业数与新创私营企业同比增长率

单位：户，%

省份	每万人人均新创企业数	新创私营企业同比增长率
黑龙江	17.20	23.08
湖 南	19.63	24.19
新 疆	21.79	32.33
广 西	22.01	6.93
山 西	23.87	28.97
河 南	24.25	28.45
甘 肃	24.60	23.41
云 南	24.81	1.89
江 西	25.03	26.11
四 川	26.07	25.91
内蒙古	26.33	17.58
贵 州	26.53	22.52
辽 宁	26.56	19.96
陕 西	27.43	16.76
吉 林	28.18	47.07
青 海	29.93	29.14
安 徽	30.04	32.27
河 北	33.00	32.10
海 南	34.19	18.82
湖 北	34.41	21.69
西 藏	41.82	54.09
宁 夏	42.40	10.94
重 庆	43.54	12.06
浙 江	51.40	28.80
福 建	51.57	23.98
山 东	52.50	27.21
江 苏	63.67	27.23
天 津	68.87	28.47
广 东	72.06	28.86
北 京	105.91	8.95
上 海	122.01	17.69
全 国	39.27	24.14

三 调查结果分析

（一）活跃度及活跃指数

"全国百县万家新设小微企业周年活跃度"调查指标分为三大类。一类是反映企业是否"活着"的指标；二类是反映"活着"的企业活跃程度的指标；三类是反映企业经营中遇到的困难的指标，借此了解企业需求。详见表2。

表 2　重要指标项

指标名称	说明
企业基本信息	市场主体登记数据库中获取
经营状态	反映企业是否"活着"
从业人员	反映"活着"的企业活跃程度
营业收入	
纳税情况	
总体经营状况	
经营活动	
通过互联网开展的活动	
企业经营中面临的困难	了解企业需求

在统计计算中，根据企业的开业情况、收入情况以及开展生产经营活动情况等对企业的活跃程度进行量化。量化方法采用等概率法，即开展任何一种活动的活跃度均为 P，根据企业是否有收入和开展生产经营活动项目的多少 (N) 来决定活跃度，具体算法为：活跃度 = $1 - P^{[N^{(1/2)}]}$。依据算法得出的数值，将企业的活跃程度分为不活跃、低活跃、中低活跃、中高活跃和高活跃五个类别。其中，不活跃群体为未开业企业，低活跃群体为开业但没有开展生产经营相关活动的企业，中低活跃群体为活跃度为 0.5~0.6 的企业，中高活跃群体为活跃度为 0.6~0.7 的企业，高活跃群体为活跃度大于等于 0.7 的企业。

依据对调查样本的统计和计算，可以看出近三年来每年新设小微企业的周年活跃度，以及10次调查累计形成的活跃指数曲线。

图2为2016年第三季度新设小微企业不同活跃群体数量占比，可以看出，中高及以上活跃群体合计占比45.2%，该群体占比较2016年第二季度高2.0个百分点。历次调查结果在数值上略有变化，但变化幅度不大。

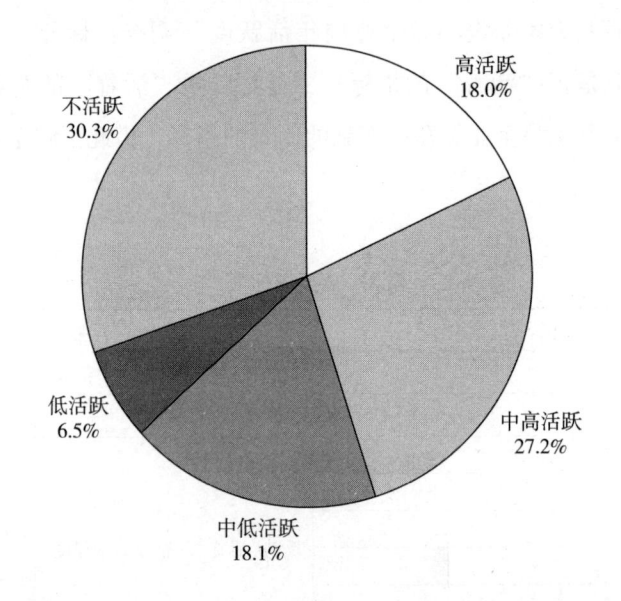

高活跃 18.0%
不活跃 30.3%
低活跃 6.5%
中低活跃 18.1%
中高活跃 27.2%

图2　2016年第三季度新设小微企业不同活跃群体数量占比

活跃指数的编制，主要基于企业开业率、开展活动企业占比、平均从业人员、平均营业收入、平均纳税额、盈利企业占比6项指标，根据各指标对分析问题的重要程度不同，赋予一定的权重后合成综合指标，进而得到最终的综合指标值。图3显示了2014年第二季度至2016年第三季度各季度新设小微企业活跃指数。这种变化趋势与全国制造业采购经理指数基本一致。

（二）新设小微企业周年运行情况

调查显示，新设小微企业周年开业率平均为70.3%。最高时点是2014年第三季度设立的企业，经过一周年运行后，开业率为72.3%。最低时点是2015年第二季度设立的企业，开业率为68.8%。详见图4。

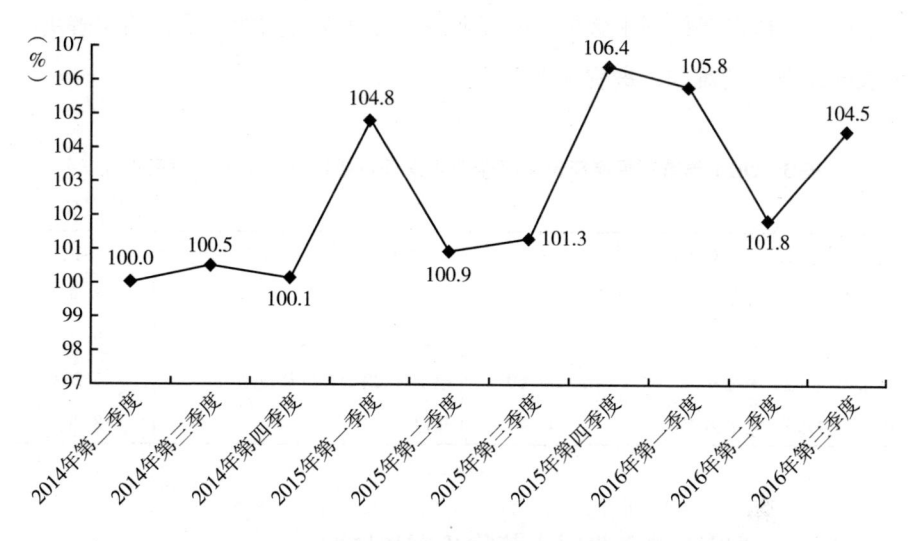

图3 2014年第二季度以来各季度新设小微企业活跃指数

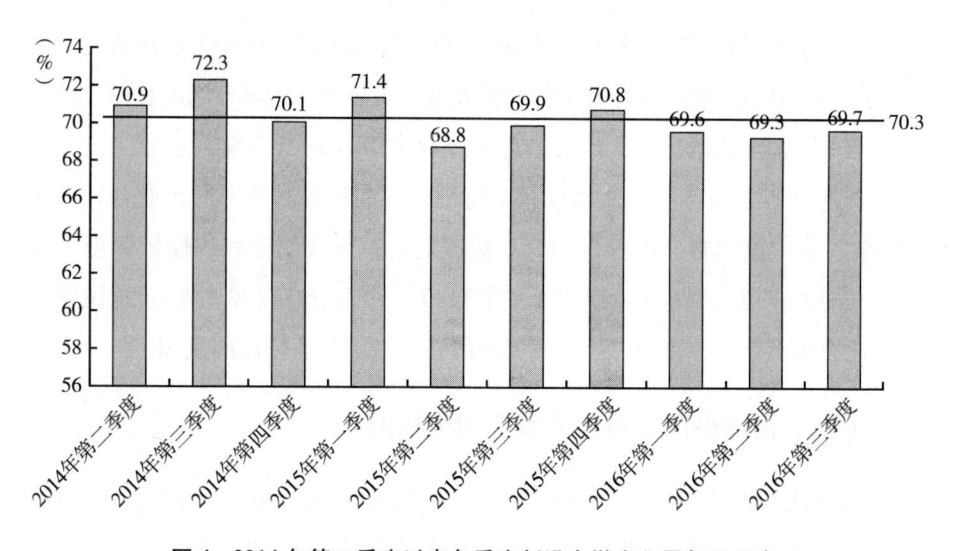

图4 2014年第二季度以来各季度新设小微企业周年开业率

调查显示，约有30%的企业未正常营业，表现是未开业或已停业歇业。这部分企业反映的主要问题是：行业不景气、没有业务开展，老板个人原因，资金不足、融资困难，市场竞争激烈、竞争力差。以2016年第三季度调查为例，以上四方面问题合计占没有开业企业所反映问题的七成以上

(见表3)。所以要提高小微企业的开业率，可从这些方面入手，切实解决其成长初期遇到的难题，做到精准帮扶。

表3　2016年第三季度新设小微企业中未开业或已停业歇业的原因占比

单位：%

未开业或已停业歇业原因	占比	未开业或已停业歇业原因	占比
行业不景气、没有业务	24.00	企业内部调整	7.80
老板个人原因	20.60	效益差、亏损严重	6.10
资金不足、融资困难	18.60	招工难、缺少人员和技术	3.20
市场竞争激烈、竞争力差	11.40	其他	8.20

（三）新设小微企业周年营收及赢利情况

调查显示，八成左右的开业企业实现营收，20%以上的企业有盈利。在总体经济形势不乐观的大环境下，新开业的小微企业目前经营状况良好。2016年第三季度调查数据显示，开展经营的企业中78.8%已实现营业收入，实现营收企业占比与2016年第二季度基本持平；盈利和盈亏持平的企业合计占比65.4%，其中盈利的企业占20.4%。数据显示，再次创业和规模扩张型企业的赢利能力较初次创业企业高出5.8个和17.4个百分点（见图5）。这说明创业企业经验积累十分重要，全社会要继续营造鼓励创业创新的氛围。

（四）新设小微企业创造就业岗位情况

调查显示新设小微企业周年后，平均从业人员比开业时增长16.9%，户均吸纳就业7.4人。2016年第三季度新设小微企业周年后平均从业人员比开业时增长18.3%，由开业时平均每户6.27人增加到7.42人。2016年第三季度新设小微企业吸纳的就业人员中全职人员占比为91.6%，高校应届毕业生占比为7.3%，失业再就业人员占比为6.9%，对拉动高校应届毕业生和失业人员再就业具有重要贡献。退伍人员占比为1.9%，而残疾人占比为0.3%（见图6）。

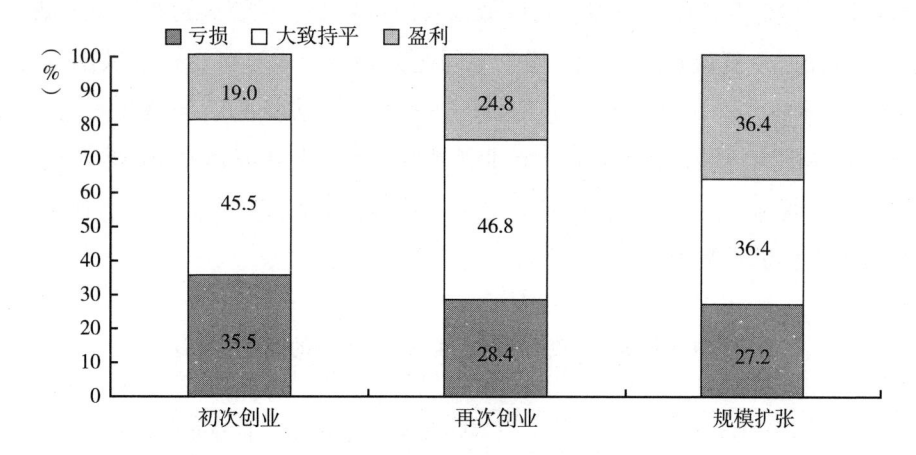

图5 2016年第三季度各类型新设小微企业中开业企业盈亏情况占比

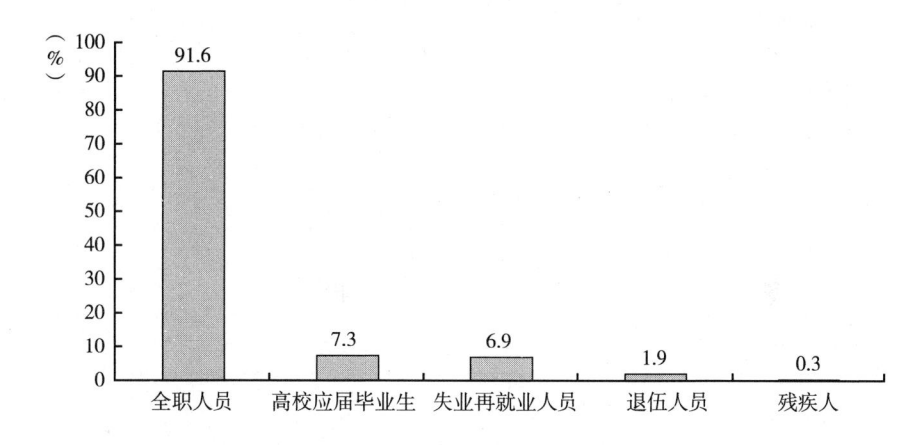

图6 2016年第三季度新设小微企业目前各类从业人员占比情况

四 小微企业发展中存在的问题

(一)成本高、竞争激烈、融资难依然是小微企业发展面临的主要难题

调查显示,新设小微企业经营中面临的主要困难是:经营成本高、人工

成本高、租金贵，竞争激烈、利润低以及缺少资金、融资渠道少、融资难。2016年第三季度调查显示，上述三类问题分别占新设小微企业反映困难总数的24.3%、21.6%和19.9%，合计占65.8%（见表4）。与之相对的是，反映行业准入门槛设置不合理、行业垄断和办理经营业务相关证件难两类问题的相对较少，占比均不足一成，这也体现了改革确实在企业准入、企业办事等方面提供了便利性。

表4 2016年第三季度新设各类小微企业反映的经营困难占比

单位：%

经营困难	初次创业	再次创业	规模扩张	全部
经营成本高、人工成本高、租金贵	24.5	23.9	22.6	24.3
竞争激烈、利润低	21.3	23.7	23.1	21.6
缺少资金、融资渠道少、融资难	20.6	16.7	13.0	19.9
缺少人员、招工难	8.5	6.6	7.5	8.3
经营场所受限、缺少合适的场所	7.0	6.3	8.3	7.1
留人难、专业人才缺乏	6.3	6.5	8.9	6.5
技术水平不高、创新难	4.3	2.7	5.4	4.2
经营管理水平不高、经营管理不善	3.0	4.4	2.4	3.0
税收比例高、税收负担重	1.7	4.6	2.3	1.9
办理经营业务相关证件难	0.7	0.6	1.2	0.7
行业准入门槛设置不合理、行业垄断	0.6	0.9	1.2	0.7
其他	1.6	3.1	4.0	1.8

（二）企业规模越小，面临的困难和问题越多

通过对企业规模和反映困难的关系分析发现，企业规模越小，其反映的问题和困难就越多。其中，资金规模在100万~500万元的企业，面临的困难系数最高（见图7）。这说明，企业经过一定时期的运行后，在初步扩张时期遇到的困难和问题最多，这也是企业发展的瓶颈所在。

（三）新设小微企业认为企业成本有所上涨

2017年第三季度的调查数据显示，近三年来，企业感觉人力成本、物

2017年中国新设小微企业状况分析报告

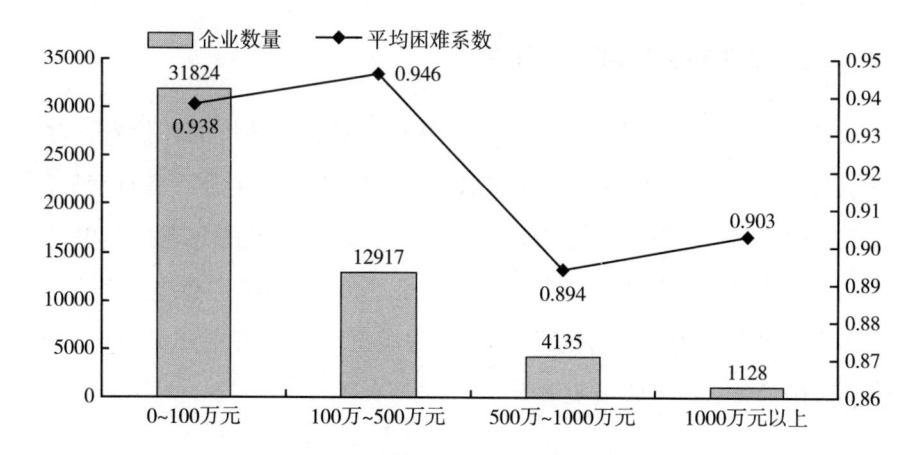

图7 企业规模和困难系数的关系

流成本和能源成本上升较快。其中,企业感觉人力成本"有所上涨"的比例达到54.1%,加上"上涨过快"的比例,合计达到71.5%。感觉物流成本和能源成本"有所上涨"与"上涨过快"的合计比例分别达到64.5%和58.9%。仅分别有4.8%、6.4%、5.3%的企业认为上述三项成本呈下降趋势("有所降低"和"明显降低"之和)。这三大成本的普遍上升推高了小微企业的整体投入成本。而到政府办事成本有明显下降,感受到"有所降低"和"明显降低"的比例较高,合计达到51.6%(见表5),说明近年来"放管服"改革产生了较好的效果。

表5 2017年第三季度企业成本感知状况

单位:%

类别	人力成本	物流成本	能源成本	到政府办事成本	税费成本	融资成本
明显降低	0.6	0.6	0.5	24.7	12.3	3.3
有所降低	4.2	5.8	4.8	26.9	20.7	7.1
没有变化	23.7	29.1	35.7	40.9	49.2	56.1
有所上涨	54.1	51.9	46.9	5.4	14.7	26.5
上涨过快	17.4	12.6	12.0	2.1	3.2	7.0

355

（四）企业对营商环境的评价

2017年第三季度的调查数据显示，从企业对营商环境的评价看，对基本公共服务的整体评价满意度普遍较高。其中，"工商注册"满意度最高，"满意"和"非常满意"合计占比达79%，在营商环境的九项指标中是唯一没有"非常不满意"服务评价的。其次是"治安环境""供电服务""报税服务""供水服务"，"满意"和"非常满意"合计占比分别为68.2%、68.1%、67.5%、67.2%（见表6）。

表6　2017年第三季度企业对营商环境基本公共服务的评价

单位：%

类别	供水服务	供电服务	治安环境	工商注册	报税服务	基础教育	医疗服务	运输交通	法律服务
非常满意	12.2	12.7	11.9	23.1	13.7	10.2	9.6	9.8	9.8
满意	55.0	55.4	56.3	55.9	53.8	50.1	46.1	47.1	45.1
一般	30.6	30.2	31.3	20.8	31.3	37.0	40.7	39.3	43.2
不满意	1.6	1.1	0.5	0.2	0.8	2.1	2.9	3.1	1.3
非常不满意	0.6	0.5	0.1	0.0	0.5	0.6	0.7	0.6	0.5

新设小微企业的生存发展十分重要，加强对这部分企业的深入调查研究，特别是对设立满2年和3年的企业存活和活跃度状况进行调查研究，深入了解其经营困难的原因，调查营商环境改善状况，对推动改革深入、营造适合创业创新的营商环境具有重要的现实意义。

五　政策建议

本报告对商事制度改革以来新设小微企业的发展状况进行了全面的评估。调查显示，虽然简政放权提高了小微企业主的获得感，但进一步降低企业制度性成本的任务依然较重。这既显现了近年来简政放权政策的实施效果，同时也提醒我们小微企业的健康发展依然存在较大的改进空间。基于此，我们提出以下建议供参考。

（一）"放管服"改革的重点是让小微企业"存活得住""发展得好"

当前行政审批制度和商事制度改革在促进新企业注册登记方面取得了明显成效，但要提高新设企业的存活率需要更加明确的政策支持。虽然本次调研的新设小微企业正常营业比例约为70%，但新设小微企业依然处于3年以内的创业期。随着时间的推移，这些企业的发展会遇到持续不断的挑战。创业期的企业发展有着自身的特殊规律，"放管服"改革应该帮助市场主体突破创业期的发展瓶颈。近几年来，新增企业数量井喷式增长、吸收了大量就业，但这些新设企业要经受住市场的考验，在开业之后要存活，存活之后要发展壮大、扩大就业，这些都需要进一步落实已有政策措施，并完善相关的政策法规，对新创办企业给予进一步扶持。

（二）新设企业具有一些自身的独特特征，需要有针对性地予以关注

首先，新设企业数量庞大，企业生死存亡本质上是市场竞争、优胜劣汰的结果。但在财税、金融、工商、培训和就业创业服务等方面也需要国家出台普惠性政策，让每一家新设企业都可以在宽松的环境中公平竞争。其次，新设小微企业的市场、社会和政治纽带尚未发育成熟，在遇到困难和权益受到侵害时，自我保护的渠道和力量相较于成熟的企业来说比较薄弱。这就需要行业协会、商会甚至政协、人大等对新设企业予以特别关注，让新创业企业有畅通的表达渠道和维权机制；在立法上，也可适时推出保护新设企业的法律法规，取消不利于新设企业发展的"恶法"。

（三）政策落地还需要各部门跟进，营商环境的改善需要多部门协调

包括商事制度在内的"放管服"改革的红利释放，需多个部门协调推进。除工商行政管理部门外，如果一些有行政审批权的部门政策衔接不够到位，一些新增的小微企业有可能成为有照无证的经营户。这就需要政府各部门形成改革合力，发挥最大效果。在进一步做好"放管服"改革工作上，需要法治建设的综合协调，用法治化的营商环境来推动市场化改革的落地和持续。

（四）要营造"敢于失败、再次创业"的政策环境与文化舆论环境

调查显示，绝大多数新设小微企业主都是初次创业。一个人创业失败，很可能就彻底地退出了市场。第一次创业失败了，再次创业则需要极大勇气。数据显示，实际经济生活中创业超过3次的个体工商户和企业主凤毛麟角，再次创业者的比例也不高。这既有经济规律的原因，也有市场环境和舆论文化的原因。

要让创业失败者，尤其是第一次创业失败的经营者，得到来自政府部门、协会组织的相应扶持，尤其在当前新设企业众多，而经济减速和结构调整的压力又空前巨大的社会现状下，创业失败可能也将成为经济新常态的一个方面。对此，相关部门可以让协会组织考虑在财税、金融、工商、培训和就业创业服务等方面对再次创业者的情况进行专题调研，并出台相应的鼓励政策。

在舆论环境上，当前鼓励创业已经成为共识，但创业失败后，对于"失败者"不以"一时一事论英雄"的氛围远未形成。要鼓励中央媒体、市场媒体甚至自媒体，通过创业者耳熟能详的生动方式，树立新设小微企业主的成功典型、总结和传播新设企业的成功经验。尤其是发现和传播再次创业的成功做法，总结经验教训，通过再次创业者中佼佼者现身说法，在全社会形成一种尊重再次创业、敢于再次创业的氛围。

参考文献

江志蕾：《基于大数据的小微企业群体活跃度研究》，《中国市场监管研究》2016年第5期。

谢雅萍、黄美娇：《社会网络、创业学习与创业能力——基于小微企业创业者的实证研究》，《科学学研究》2014年第3期。

杨文：《年报与企业运行态势——全国2013～2014年度企业年报分析报告》，《中国市场监管研究》2016年第3期。

朱其昌：《何谓"小微企业"》，《四川统一战线》2012年第5期。

附　录
Appendix

B.20
中国社会发展统计概览（2017）

张丽萍[*]

一　经济发展

2016年全年国内生产总值为744127.2亿元，同比增长6.7%，其中第一产业、第二产业和第三产业分别拉动0.3%、2.5%和3.9%；2017年1~3季度，国内生产总值为593289亿元，同比增长6.9%。

社会消费品零售总额保持增长态势。2016年社会消费品零售总额为332316.3亿元，较上年增长10.4%。2017年1~10月，社会消费品零售总额为297419.4亿元，同比增长10.3%。

不同省份的社会消费品零售总额和增长幅度也有很大差别。2015年和2016年，广东、山东、江苏、浙江和河南等省份的社会消费品零售总额均排在前五位。2016年社会消费品零售总额增长比例最高的是重庆和贵州，

---

[*] 张丽萍，中国社会科学院社会学研究所研究员。

中国社会发展统计概览（2017）

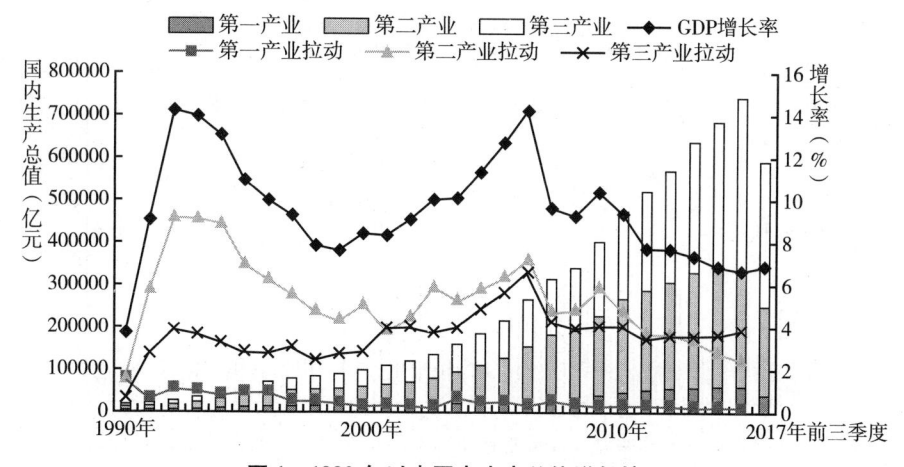

图1 1990年以来国内生产总值增长情况

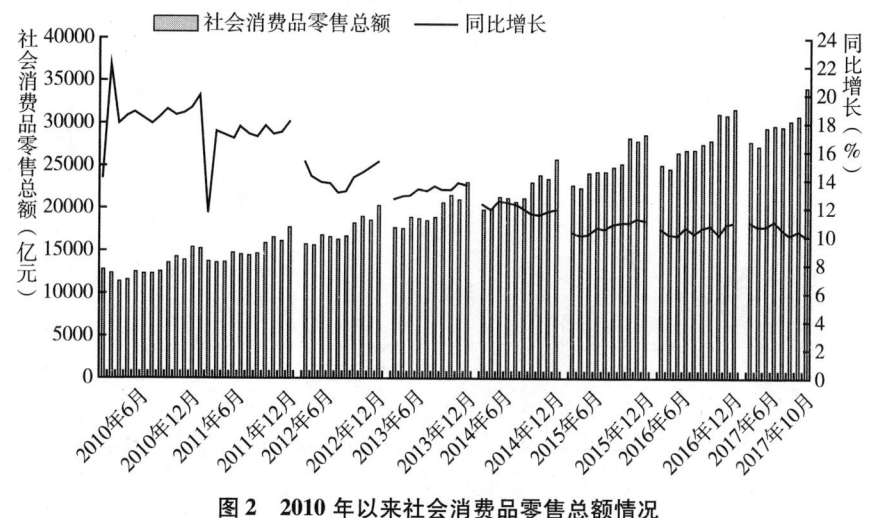

图2 2010年以来社会消费品零售总额情况

均超过13%，西藏、云南、安徽、江西的增长率也都超过12%。

网络经济的发展继续改变着居民的消费方式。2016年全国网上零售额达到51555.7亿元，其中实物商品网上零售额为41944.5亿元，分别比上年增长26.2%和25.6%。分区域看，广东、浙江、北京、上海、江苏的网上零售额远高于其他省份。从增长幅度看，贵州的网上零售额较上年增长55.6%，河南、吉林、安徽等省份的网上零售额增幅也在40%以上。

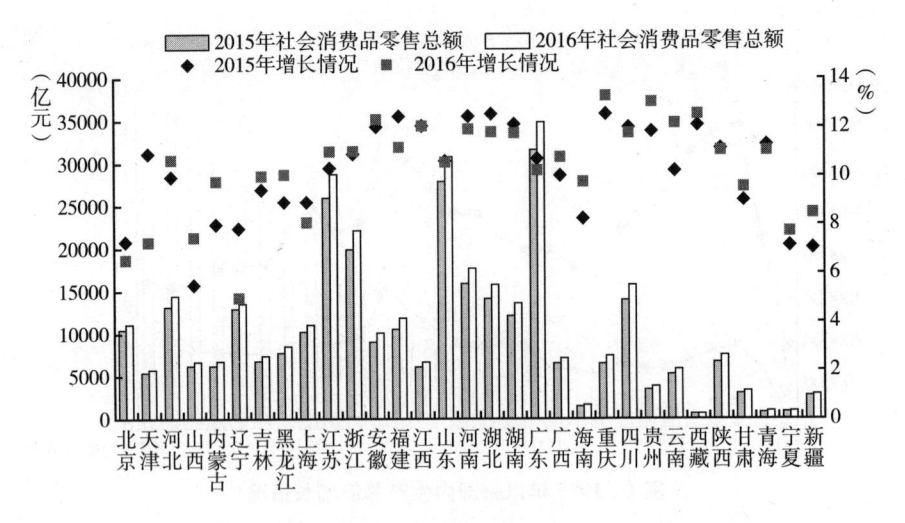

图3 2016年分地区社会消费品总额及增长情况

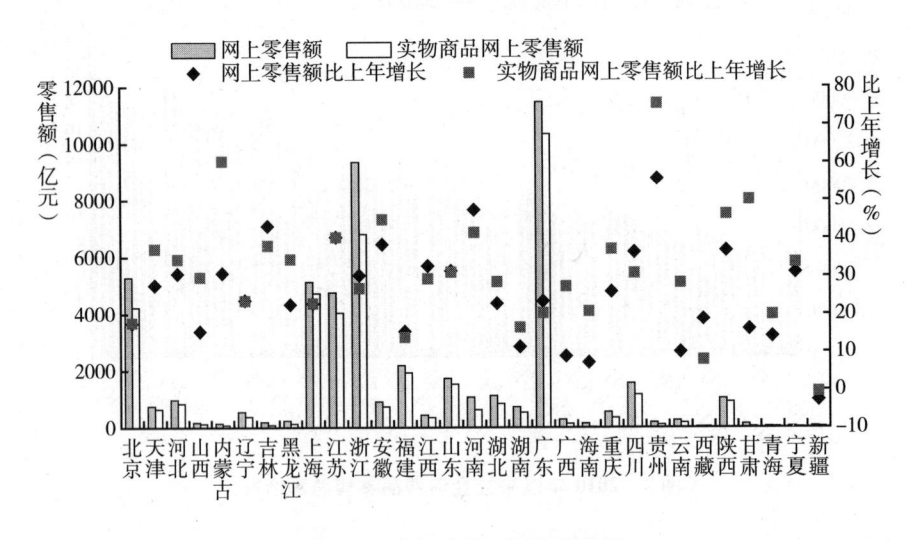

图4 2016年分地区网上零售额

二 人口与就业

随着生育政策的调整，人口出生率有所提升，由2015年的12.07‰提高到2016年的12.95‰，死亡率继续下降至7.09‰，人口自然增长率由上年的4.96‰提高到5.86‰。人口的城乡结构也在发生变化，2016年底总人口数量为138271万人，其中城镇人口比重上升到57.35%，乡村人口比重降至42.65%。

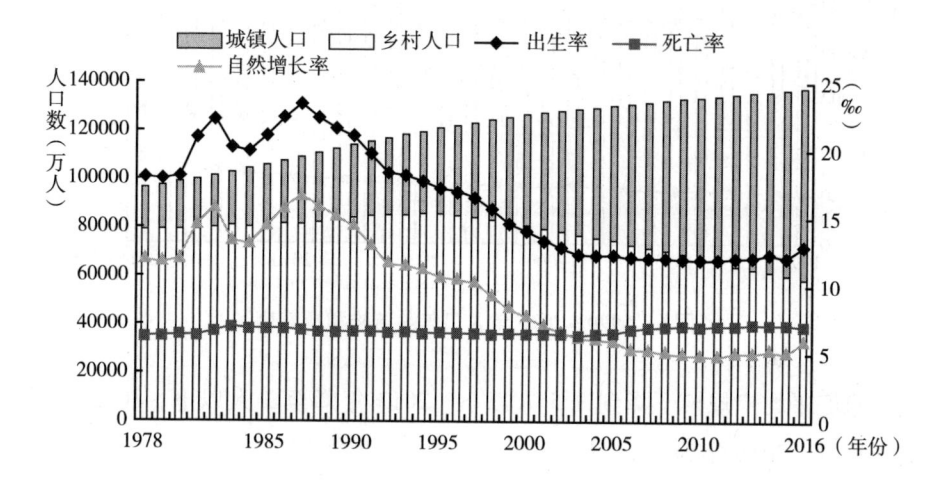

图5 1978~2016年总人口与自然增长情况

除人口数量和城乡结构的变化外，人口年龄结构也处于变化之中。2016年少儿人口数量为2.30亿人，较上年增加327万人；65岁及以上老年人口数量为1.50亿人，比2015年增加569万人；15~64岁劳动年龄人口数量从2014年开始减少，2016年为10.03亿人，较上年减少87万人；人口抚养比也发生了改变，2016年总抚养比继续上升，为37.9%，少儿抚养比提高到22.9%，老年抚养比提高到15%。

人口的婚姻和家庭结构也在发生着明显的变化。20世纪90年代以来，每年结婚登记人数呈现波动状态，先下降后上升，近年来又开始呈现下降的趋势。2016年底，各级民政部门和婚姻登记机构共依法办理结婚登记1142.8万对，比上年下降6.7%；与此同时，离婚人数和离婚率总体上呈现逐年上升的趋势，2016年依法办理离婚手续的共有415.8万对，比上年增长8.3%；粗离婚率为3.02‰，比上年增加0.2个千分点。

随着生育水平下降以及人口流动加剧，家庭规模日益缩小，从2000年

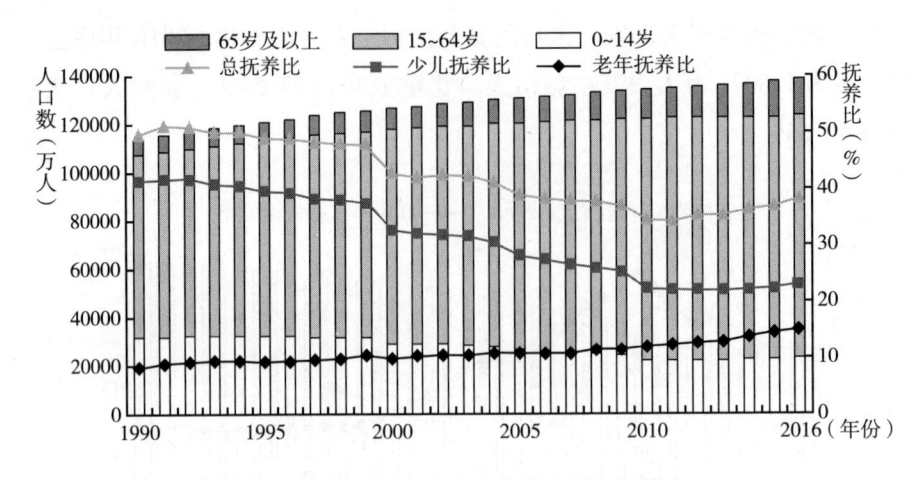

图6 1990~2016年人口年龄结构和抚养比

起,家庭平均户规模下降到3.5人以下,2013年降至3人以下,2015年起有所提升,2016年为3.11人。

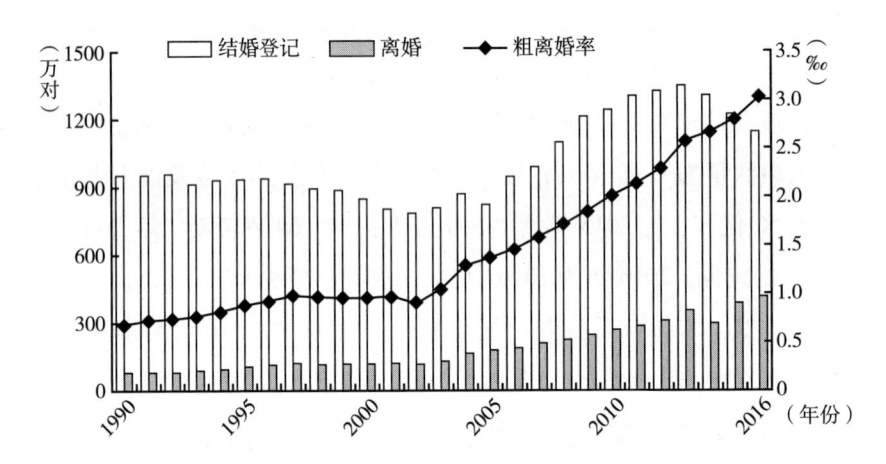

图7 1990~2016年结婚与离婚情况

持续多年的流动人口上升趋势开始出现稳定,并呈现下降趋势。2000年流动人口数量为1.21亿人,到2014年达到2.53亿人,2016年降至2.45亿人。人户分离人口2000年为1.44亿人,2014年为2.98亿人,2016年有所下降,为2.92亿人。

364

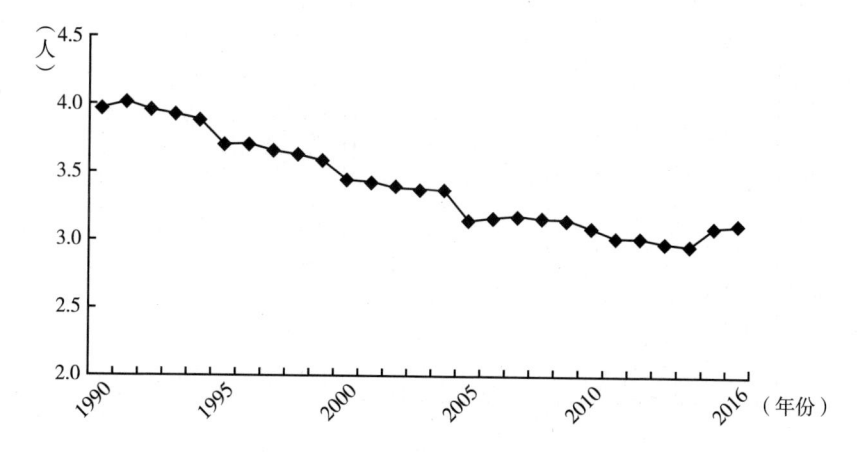

图8　1990～2016年家庭平均户规模变化情况

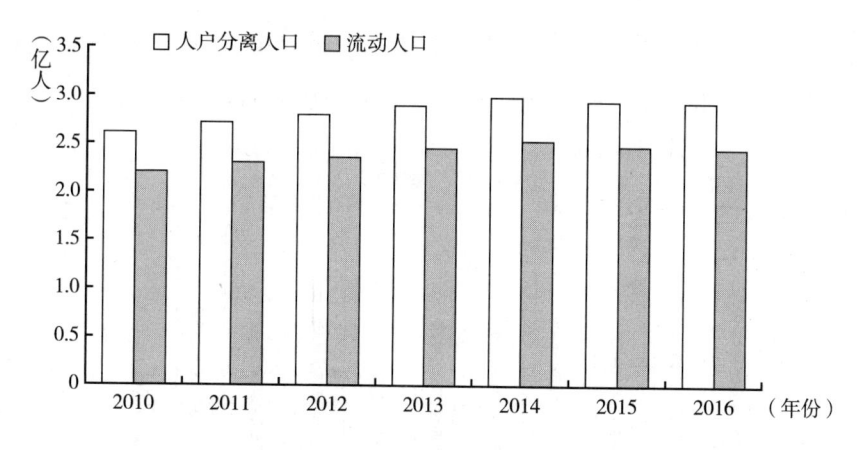

图9　2010～2016年流动人口与人户分离情况

就业人口的数量、城乡结构和产业结构也发生着变化，2016年就业人数为77603万人，与2000年相比增加了5500万人。2000年，就业人口中乡村人口超过2/3，2016年已经降低到46.6%。从产业结构看，2000年第一产业就业人口占50%，第二、第三产业分别占22.5%和27.5%，到2016年第一产业人口占27.7%，第二产业占28.8%，第三产业增加到43.5%。

当前我国就业形势保持基本稳定。城镇新增就业人口2016年为1314万人，失业人员再就业及就业困难人员再就业人数分别为554万人和169万

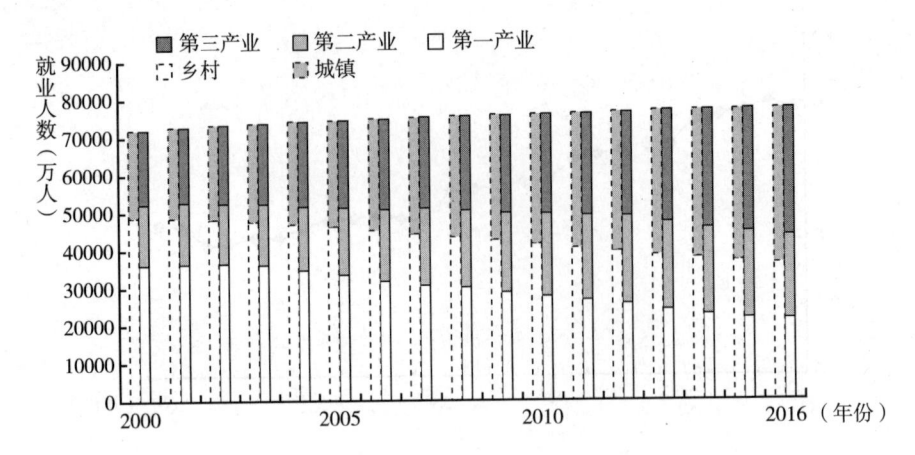

图 10　2000~2016年就业人员城乡结构与产业结构

人。2016年城镇登记失业人数为982万人,城镇登记失业率为4.02%。2017年三季度末,登记失业率为3.95%,为金融危机以来最低点。

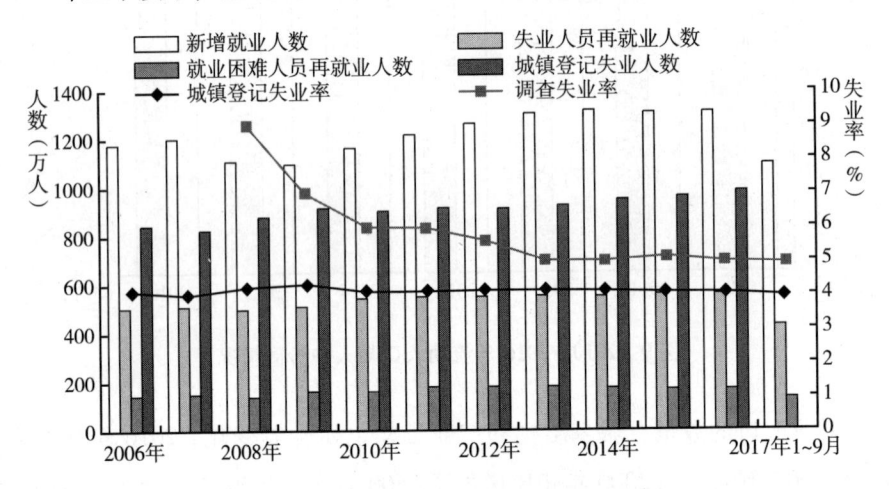

图 11　2006年以来新增就业与失业情况

三　城乡居民生活

城乡居民收入保持增长,从收入水平看,2015~2016年城镇居民家庭人均可支配收入从31194.8元提高到33616.2元；农村居民家庭纯收入从11421.7元提高到12363.4元。从城乡收入对比看，随着农村居民收入的提高，城乡居民收入差距开始缩小，农村居民家庭人均纯收入的增长率要高于城镇。

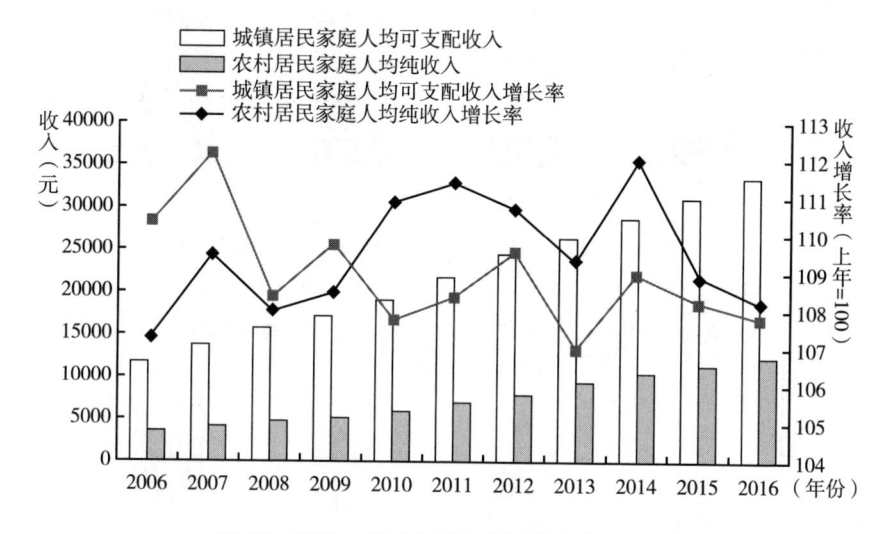

图12　2006～2016年城乡居民收支变化情况

居民收入中，工资性收入所占比例最高，2016年为56.5%，转移净收入和经营净收入所占比例比较接近，分别为17.9%和17.7%，财产净收入所占比例为7.9%。

居民消费支出也呈增长趋势，2016年为17110.7元。其中，食品烟酒类支出占比最高，占比超过30%，其次是居住类支出占21.9%，交通通信、教育文化娱乐支出所占比例分别为13.7%和11.2%。

反贫困工作继续推进。2016年贫困人口数量继续下降，为4335万人，贫困发生率降低到4.5%。

四　科技、卫生、社会保障与社会服务

科技经费的投入继续增加，R&D经费支出与国内生产总值之比2016年

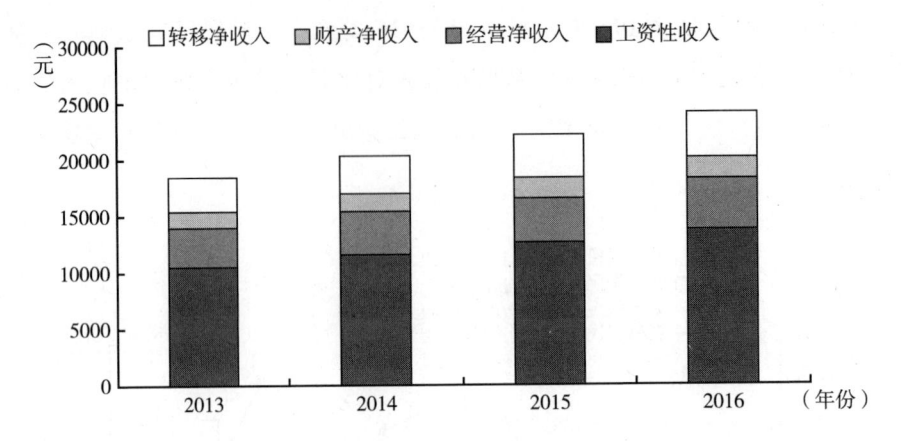

图 13　2013~2016 年居民人均可支配收入情况

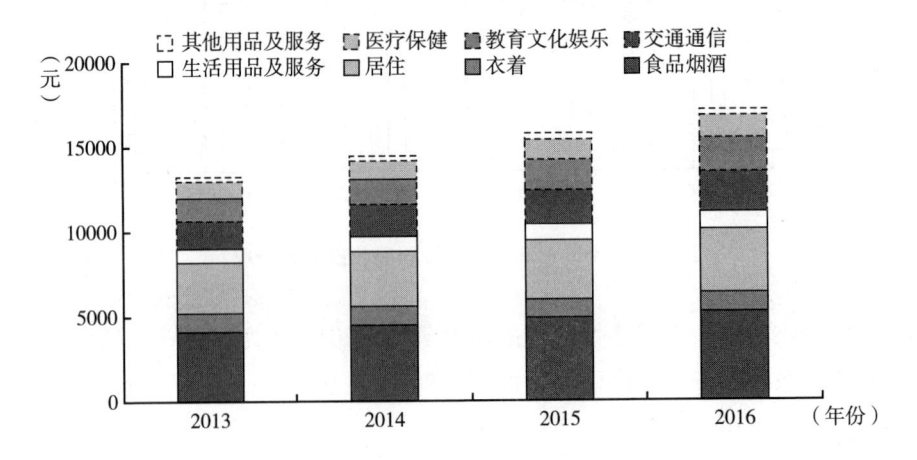

图 14　2013~2016 年居民人均消费支出情况

为 2.11%，与 2010 年相比增加了 0.38 个百分点。从总量上看，2012 年 R&D 经费支出超过万亿元后，2016 年超过 1.5 万亿元，达到 15676.7 亿元。在 R&D 经费中，基础研究、应用研究和试验发展的投入比例分别为 5.3%、10.2%、84.5%。

卫生总费用的数量和结构继续发生变化。卫生总费用占 GDP 的比重从 2009 年起超过 5%，2015 年已经达到 5.98%，2016 年超过 6%，达到 6.23%。2016 年卫生总费用达到 46344.8 亿元，其中政府卫生支出、社会卫生支出、

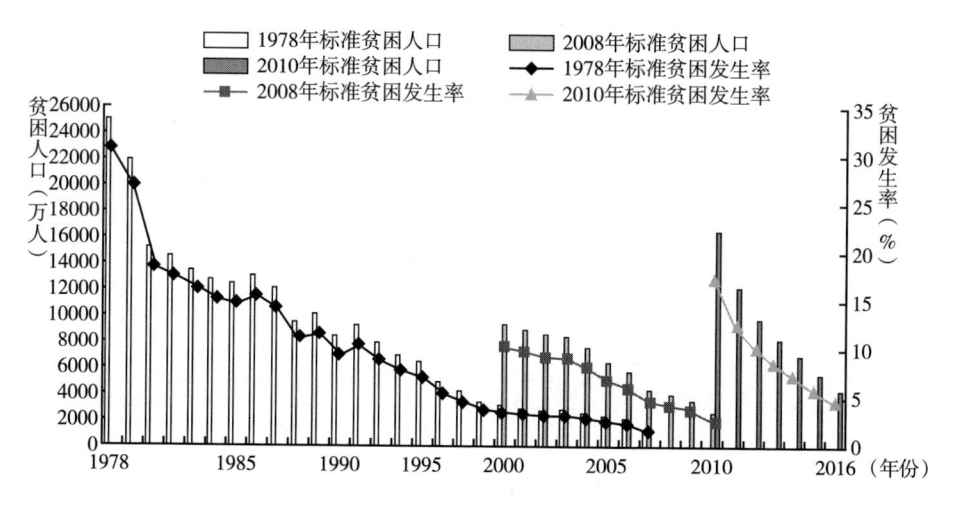

图 15　1978～2016 年贫困人口数与贫困发生率

注：①1978 年标准：1978～1999 年称为农村贫困标准，2000～2007 年称为农村绝对贫困标准。②2008 年标准：2000～2007 年称为农村低收入标准，2008～2010 年称为农村贫困标准。③2010 年标准：新确定的农村扶贫标准。

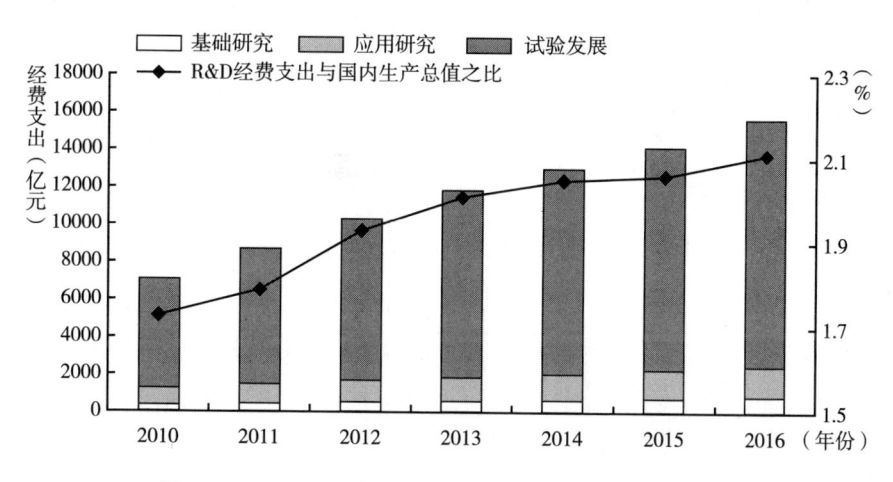

图 16　2010～2016 年研究与试验发展（R&D）投入情况

个人现金卫生支出分别占卫生总费用的 30.0%、41.2% 和 28.8%。与上年相比，社会卫生支出比例继续上升，个人和政府支出占比有所降低。

医疗条件明显改善，城市每千人口卫生技术人员数量由 2005 年的 5.82 人提高到 2016 年的 10.79 人，农村由 2005 年的 2.69 人提高到 2016 年的

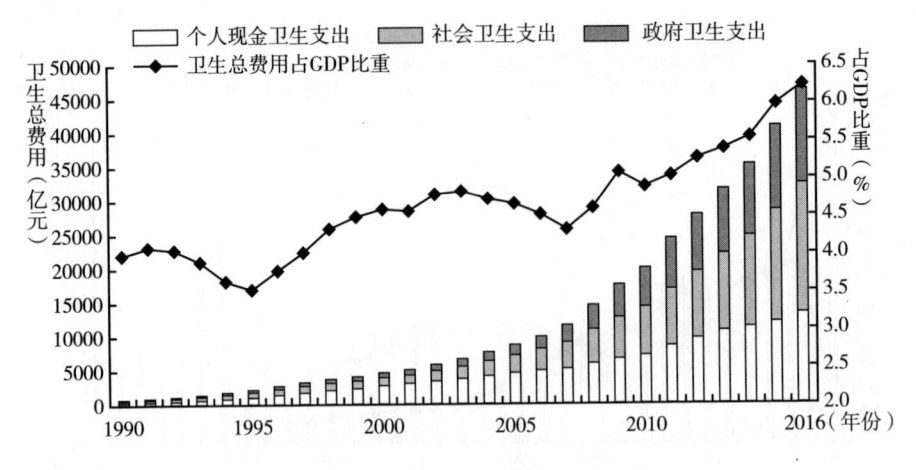

图 17　1990～2016 年卫生总费用支出情况

4.04 人。分地区看，2016 年城市每千人口卫生技术人员数量最高的分别是青海、北京和新疆，天津、上海和浙江的农村每千人口卫生技术人员数量高于其他地区。

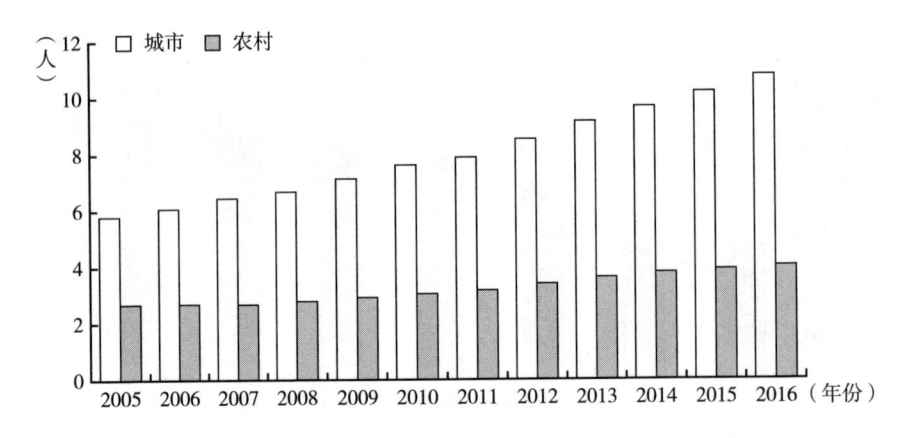

图 18　2005～2016 年每千人口卫生技术人员数

随着社会保障体系建设的快速推进，各类社会保险覆盖面持续扩大，参保人数逐年增加。2016 年，基本养老保险参保人数为 88776.8 万人，城镇基本医疗保险和城乡居民基本养老保险参保人数分别为 74391.6 万人和 50847.1 万人。另外，失业保险、工伤保险、生育保险的参保人数也有不同

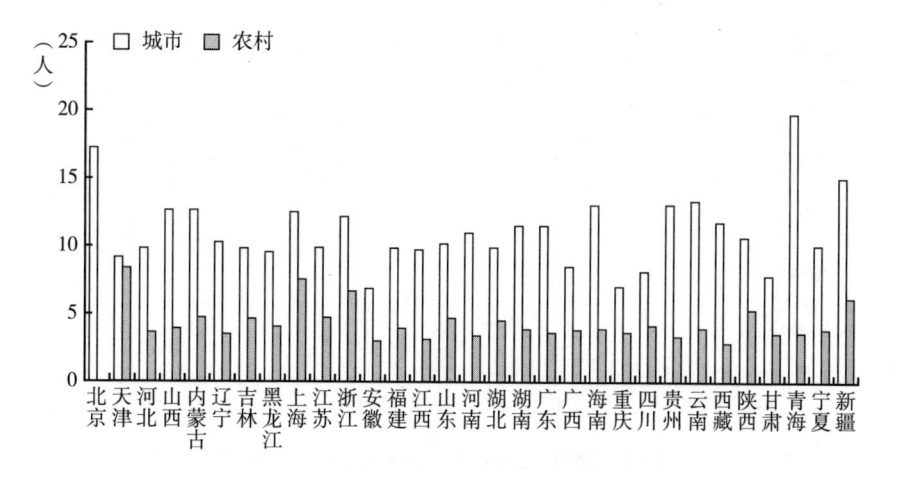

图19 2016年分地区每千人口卫生技术人员数

程度的增长,分别是18088.8万人、21889.3万人和18451.0万人。基金收入与支出增长迅速。2016年全年五项社会保险基金收入53562.71亿元,基金支出46888.43亿元,累计结余59532.53亿元。

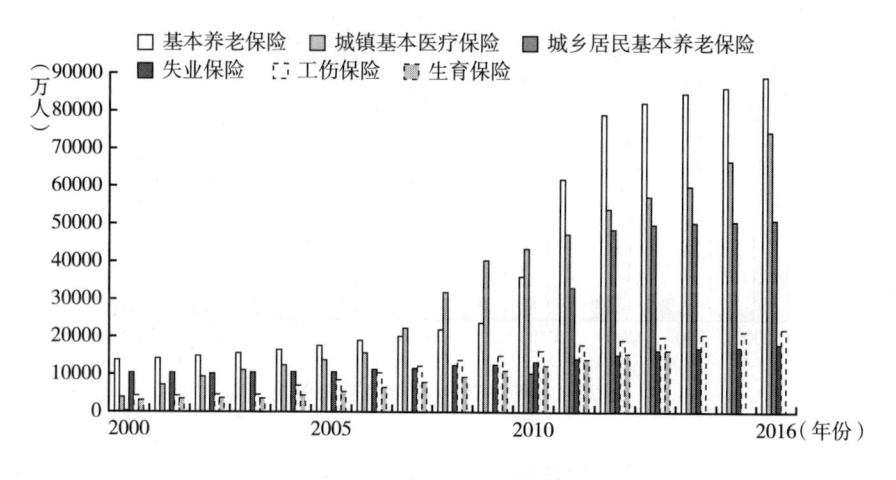

图20 2000~2016年社会保险参保人数

在社会救助方面,城市居民最低生活保障人数近年来稳中有降,2016年末全国共有1480万人享受这一保障。农村居民最低生活保障人数快速增长,从2007年的3566.3万人增加到2014年的5388万人,随后开始下降,

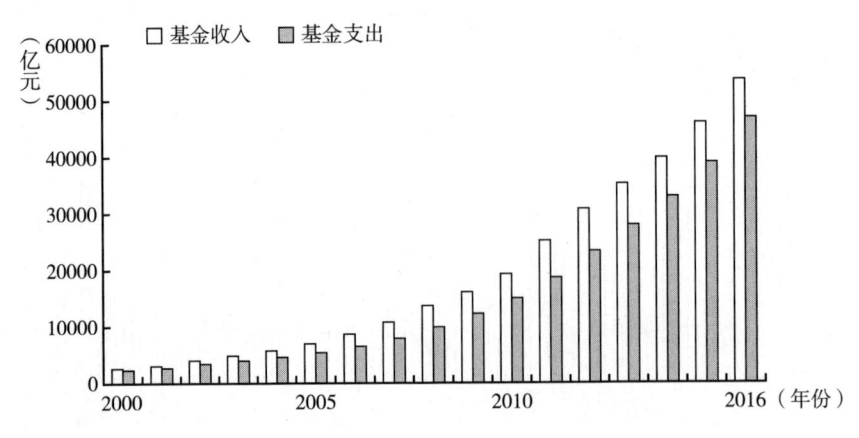

图 21 2000~2016 年社会保险基金收支情况

2016年为4586.5万人；2016年农村特困人员集中供养人数为139.7万人，比上年减少22.7万人；2016年农村特困人员分散供养人数为357.2万人。

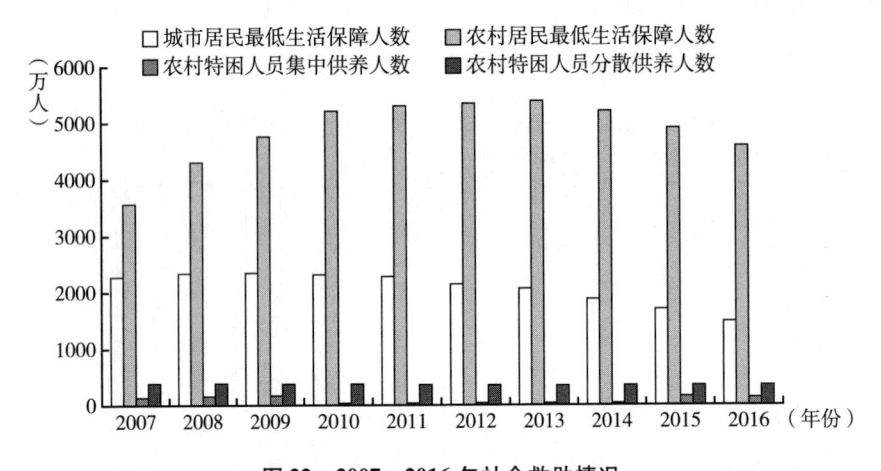

图 22 2007~2016 年社会救助情况

社区服务机构和设施继续发展，社会服务中心（站）覆盖率有较大提升。截至2016年底，全国共有各类社区服务机构和设施38.6万个，比上年增加2.5万个，社会服务中心（站）覆盖率为24.4%。

基层群众自治制度逐步完善。截至2016年，全国共有村委会55.9万个、居委会10.3万个。

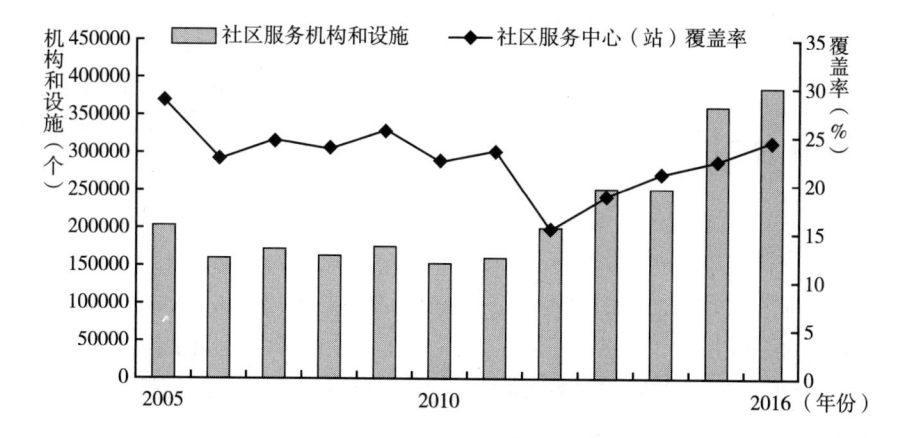

图 23　2005~2016 年社区服务机构情况

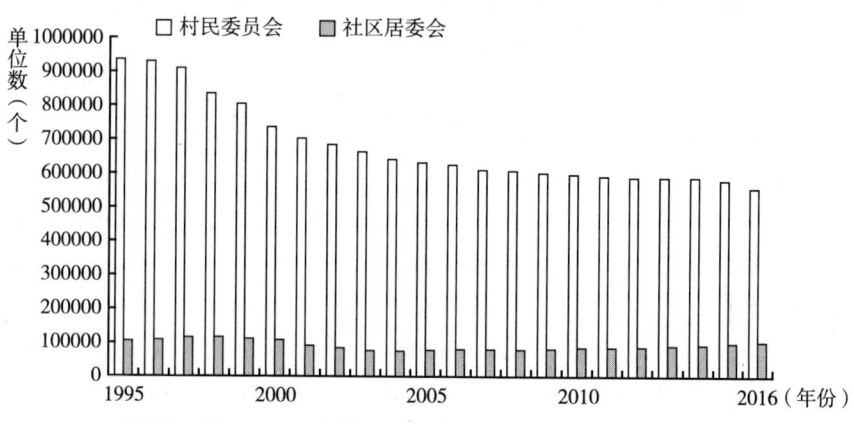

图 24　1995~2016 年村民委员会与居民委员会数量变化情况

参考文献

中华人民共和国国家统计局：《中国统计年鉴 2017》，中国统计出版社，2017。
中华人民共和国国家统计局：《中国统计摘要 2017》，中国统计出版社，2017。
中华人民共和国国家统计局：《中国统计年鉴 2011》，中国统计出版社，2011。
中华人民共和国国家统计局网站，http://www.stats.gov.cn/tjsj/。
中华人民共和国人力资源和社会保障部网站，http://www.mohrss.gov.cn/。

Abstract

This is the 2017 Annual Report (the Blue Book of China's Society) from the Research Group on "The Analysis and Forecast of China's Social Development", issued by Chinese Academy of Social Sciences (CASS). Researchers and scholars from various research institutions, universities and government departments report on statistical data released by the government or social science surveys. This project is organized by the Institute of Sociology at Chinese Academy of Social Sciences.

Based on the main theme of social development in the new era, this book analyzes the general situation of economic and social development in 2017, and points out that there still exists significant amount of problems and challenges. This report notes that, the nineteenth National Congress of the Communist Party of China has provided a blueprint of a new modernized China after the completion of the construction of a moderately prosperous society. Since the reform and opening up policy, especially from the eighteenth National Congress of the Communist Party of China, China has made significant progress in social and economic development. For the year 2017, social and economic development remains at a steady rate with significant breakthrough in many areas. The economy has kept increasing at a stable rate with the implementation of supply-side structural reform. The expenditure on social wellbeing is expanding, and the income of both urban and rural residents keeps rising. The coverage of social security is broadened, and the campaign of precise measure on anti-poverty reaches significant threshold. When the Socialism with Chinese characteristics enters new era, major social conflict is the disparity between people's aspiration for better life and the unbalanced and inadequate development. At this new historical starting point, it is crucial to promote development quality and efficiency, and to enhance social equality and justice. To meet people's demand in the areas of economic, political, cultural, social, and ecological development is the main task for China's future

Abstract

development.

Based on the topics above, this book, on the one hand, builds the foundation of discussion on reliable survey data and statistics; and on the other hand, offers insightful opinions on various topics. There are four parts of this book. The general report and another report provide discussion on the comprehensive analysis of China's social and economic development in 2017, coupled with forecast of future development. The general report also discusses the overall situation of social and economic development in 2017, and points out some significant problems and challenges ahead. The second part includes 6 reports on various issues, which examine problems such as the residents' income and consumption, employment situation, medical and healthcare service, education and unemployment, social security and social safety. The third part includes 6 survey reports, which provide data on social development quality, the effect of sharing economy, the university students' employment and social attitude, the living condition of white collar workers, the internet usage of the elderly population, and the living condition of the disadvantaged group. The fourth part of this book has 6 reports on special topics, which include the internet-based public opinion, food and drug safety, and environmental protection. The development of industrial workers, the living condition of peasants, and the situation of newly established small businesses also have been covered by this book. In general, each chapter of this book gives both insightful research and detailed policy recommendation.

Contents

I   General Report

B. 1   China's Social Development in the New Era

—*Analysis and Forecast of China's Social Development,*

2017 - 2018

Research Group on the "Analysis and Forecast of Social

Development" , Institute of Sociology, CASS,

Zhang Yi and Fan Lei / 001

1. *Overall Situation of China's Economic and Social*

   Development in 2017 / 003

2. *Problems and Challenges for China's Economic and Social*

   Development in 2017 / 014

3. *Forecast of China's Social Development and Main Tasks for 2018* / 019

Abstract: In 2017, the reform and opening-up policy has been implemented for 40 years. The nineteenth National Congress of the Communist Party of China has provided a blueprint of a new modernized China after the completion of the construction of a moderately prosperous society. Since the reform and opening-up policy, especially from the eighteenth National Congress of the Communist Party of China, China has made significant progress in social and economic development. For the year 2017, social and economic development remains at a steady rate with significant breakthrough in many areas. The economy has kept increasing at a stable rate with the implementation of supply-side structural reform. The expenditure on social wellbeing is expanding, and the income of both urban and rural residents keeps rising. The coverage of social security is broadened, and the campaign of precise measure on anti-poverty reaches significant threshold. When the Socialism with Chinese characteristics enters new era, major social conflict is the disparity between people's aspiration for better life and the unbalanced and inadequate development. At this new historical starting point, it is crucial to promote development quality and efficiency, and to enhance social equality and justice. To meet people's demand in the areas of economic, political, cultural, social, and ecological development is the main task for China's future development.

Keywords: New Era; Social Development; Social Equality and Justice

II Reports on Social Development

B. 2   2017: Income and Consumption Condition for

Urban and Rural Residents in China   *Lyu Qingzhe* / 028

Abstract: In 2017, the income level for Chinese residents has been increasing steadily with decreasing income gap. At the same time, the consumption level keeps increasing with better living condition. For 2018, the economy will remain stable improvement with the growth rate of 6.5%. To enhance residents' income and consumption, government should promote employment, increase income level, encourage entrepreneurship and innovation with further policy support. Also, the government should facilitate domestic investment, take precise measures for anti-poverty strategy, further promote the social security system, increase government service for innovation, stipulate domestic consumption, strengthen government regulation and create better consumption environment.

Keywords: Residents' Income; Residents' Consumption; Living Standard

B.3 2017: The Report of China's Employment Condition and the Employment Quality of College Students after Graduation

Mo Rong, Chen Yun and Wang Xinyu / 040

Abstract: In 2017, the overall employment situation remains stable, and the increment of urban employment opportunity keeps rising with low level of unemployment rate. The supply and demand of labor market remains a balanced situation. In 2018, the employment situation will keep at a steady condition with further improvement. However, challenges regarding the weak demand of the labor market, local risk of unemployment and the disadvantaged group's difficulty of finding jobs, all pose significant problem for the employment situation. The 19th CPC National Congress has proposed the requirement of higher quality of employment and adequate employment. This report relies on data to analyze the employment situation of college and university students after their graduation, and generates several policy recommendations.

Keywords: Employment Situation; College Students After Graduation; Quality of Employment

B.4 2017: The Social Security Reform Steps into a New Era

Lyu Xuejing, Wang Yongmei / 062

Abstract: China's social security has stepped from its experimental stage into a more stable stage with balanced fund income and expense. The social assistance system becomes more precise and well-targeted with the improvement of anti-poverty strategy. Social welfare and social charity system become more mature.

Both the senior and the disabled receive better welfare treatment. The volunteer service has been incorporated into the legal system. The report from the 19th National Congress of the Communist Party of China points out that the strengthening of the social security system will lead China into a new era with clear direction and detailed deployment.

Keywords: Social Security; Fund Investment and Management; Social Assistance; Social Charity

B.5 2017: The Report of China's Education Reform and Development

Li Tao, Zhang Wenting and Fang Chen / 082

Abstract: The year of 2017 is a critical year for the construction of Socialism with Chinese characteristics. It is important to keep education priority strategy and improve education modernization. For 2017, China's education development has reached the top rank around the globe, and all levels of education have made great improvement regrading both education quality and the government fiscal input. The education system reform has been further implemented in the areas of government regulation, education evaluation, examination enrollment, private education reform, and teachers' training system. In 2017, with more focus on ideological education, "first-class" higher education construction, the balanced development of rural area's education, education with the Belt and Road Initiatives, the enhancement of educational wellbeing, and the precise elimination of poverty in the education area, both the development of teachers' quality and the education industry have made significant improvement. At the meantime, the disadvantaged group, school violence, housing allocation and school enrollment, and the prevention of illegal business among college students, are all issues which have drawn extensive attention among the general public.

Keywords: Education Development; Education System Reform; Education Equality

B.6 2017 Report on the Development of
      Medical and Healthcare Reform   *Fang Lijie* / 099

Abstract: This report has reexamined the medical and healthcare reform during 2016 and 2017. This report finds that the new medical and healthcare reform still remains the direction set out in 2016. Due to the short period, it is hard to find any data variation. Also, during this period of time, there are significant local innovation which should be closely examined in the future. For 2017, there is less variation regarding the data in the area of medical and healthcare reform. For the future, the three medical service coordination will determine the outcome of medical insurance. At the meantime, disease-driven poverty, health risk among migrant population, and the quality of health service are important issues in the area of medical and healthcare reform. All these problems require corresponding policy measures which are crucial for the implementation of the Thirteenth Five – Year Plan.

Keywords: Three Medical Service Coordination; Disease-driven Poverty; Health Risk among Migrant Population; Quality of Healthcare Service

B.7 2017 Report on the Situation of Public Order in China
                                  Zhou Yandong, Gong Zhigang / 113

Abstract: With the continuous improvement and development of the three-dimensional public security and social control system, the general situation of social security in China has maintained a good state. In 2017, the number of terrorist cases in china remained at a low level, but the potential risks of terrorist attacks were still serious; and the personal safety situation continues to be in good trend. However, the property security appears to have a new feature of "decreasing the number of cases and increasing the sum of property crimes"; and smuggling crimes also showed a rising trend year after year. With the constant improvement of social security prevention and control system and the diversified dispute resolution mechanism, the public security cases and civil disputes have obviously been affected, presenting a "double inverted u-shaped". Stakeholders economic crimes, virtual currency crimes, MLM crimes and the hidden dangers of communities in the latter unit community have become the four "new dilemmas" for public security prevention and control in the new period. To promote the healthy and orderly operation of social security, the government should take measures to fight against Stakeholder Economic Crime, strictly control the virtual currency investment management, prevent and control the MLM crime and improve the safety precaution capability of the latter unit community.

Keywords: Public Order; Prevention System; Social Order

III Reports on Social Survey

B. 8   Report on China's Social Quality in the New
         Era of Development   *Cui Yan* / 130

Abstract: With social and economic development, people's living standard has improved greatly. The social security system reform has made significant progress. The general public have high level of recognition on social value and belief. Social level of cohesion has been enhanced, and the general public demonstrate high level of consensus on social justice and fairness. Meanwhile, people's evaluation on the government performance has been more positive.

Keywords: Social Quality; Social and Economic Security; Social Cohesion; Social Inclusion; Social Empowerment

B. 9   The Report of China's Sharing Economy and its Social Influence
         —Report Based on 7 Cities' Sampling Survey
                        Lu Yangxu, He Guangxi and Zhao Yandong / 151

Abstract: This report uses data from Social Participation and Sharing

Economy Survey, and analyzes the development condition of sharing economy and its social influence. The result demonstrates that the general public show high participation rate and willingness of participation. The foundation of sharing economy is social trust, which will also become the bottleneck for the future development of sharing economy. Although sharing economy will bring benefit to all social groups, class disparity still can be observed from the survey data.

Keywords: Sharing Economy; Public; Participation Rate; Tendency of Participation; Social Trust; Class Disparity

B. 10 Report on Contemporary University Students' Life Values and Social Attitudes

—Based on the Survey Data of University Students from 12 Universities in China　　　　Liu Baozhong / 164

Abstract: With the rapid economic growth and social changes, people's behaviors, attitudes and values are undergoing profound changes. The main body of contemporary university students are the post − 90s and the post − 95s. They have lively thinking, distinctive personality and strong curiosity. They are in the key moment that their world views, their philosophies and their values are shaping. The survey on the employment, life and values of Chinese college students and graduates started from the baseline survey in 2013, and the panel studies of employment, life and values of Chinese university students have paid attention to study the main characteristics and changes of employment, life and values of contemporary Chinese university students. Using this data, this report analyses the characteristics and trends of university students' values from their employment concept, consumption concept, network participation and social attitudes. The result will help guide students to establish the correct value, and promote their healthy growth.

Keywords: University Students; Life Values; Social Attitudes

Contents

B. 11　The Report of Urban White Collar Workers'
　　　　Living Condition
　　　　—*Analysis from 2017 Survey in Shanghai*

Sun Xiulin, *Shi Runhua* / 183

Abstract: New white collar workers become an important group in urban society, who will have significant impact on China's social development. This report uses data from the 2017 Shanghai Urban Community Survey, and analyzes the working condition, social life and social attitude among Shanghai urban white collar workers.

Keywords: Shanghai; New White Collar Workers; Social Situation; Urban Survey

B. 12　The Report of the Internet Usage among the
　　　　Elderly Population　　*Zhu Di*, *Gao Wenjun and Zhu Yanqiao* / 208

Abstract: More and more elderly people become internet users and form their own culture. This report describes the internet activities of the elderly, such as hardware and software usage, internet payment, internet participation, browsing habits and awareness of internet safety. The data in this report come from 8 cities and multiple internet platforms. The report demonstrates that both individual's social status and attitude and cognitive tendency towards internet affect internet behavior. The elderly population have special characteristics of their internet understanding and internet behavior, which affect their internet activity capacity and awareness of internet risk. Cooperation among government, community, and households should work together to improve the elderly group's internet capacity, and rely on internet to enhance the living standard of the elderly population.

Keywords: Internet; the Elderly Population; Action Capacity; Internet Perspective; Awareness of Internet Safety

B. 13　The Report of the Disadvantaged Population in

　　　　Urban and Rural Area

Jiang Zhiqiang , Wang Jing and Tian Feng / 234

Abstract: Since the 18th National Congress of the Communist Party of China, all levels of governments have input significant amount of resource on social security for the disadvantaged population. The scale of the disadvantaged population has decreased significantly with dramatic improvement of living standard. However, with the increasing rate of urbanization, the disadvantaged population still face difficulties in the area of medical and healthcare service, education, and housing condition. Especially for the disadvantaged migrant workers, it is difficult for them to receive social security and social assistance. Future policy-making agenda should pay more attention to their needs and demand.

Keywords: Disadvantaged Population; Economic Poverty; Social Poverty; Precise Measure

Ⅳ　Reports on Special Subjects

B. 14　2017 Report of Internet-based Public Opinion in China

Zhu Huaxin , Liao Canliang and Pan Yufeng / 255

Abstract: From the current political information extending to entertainment gossip information, from a small number of "opinion leaders" to the vast number of ordinary Internet users, the Internet governance has been strengthened significantly. The Internet as "self-media" is facing a point from prosperity to decline. At present, the middle-income group has become the main force of forming network public opinion. The fever of discussion about extreme cases has been reducing. However, the public are now conditioned to draw support from some small hot-spot issues in daily life, to the expression collective opinion and anxiety of deep social problems like stratum solidification. It is the topic left by 2017 to find a balanced point between the regulation of network chaos and the protection of network expression.

Keywords: Internet-based Public Opinion; Real Name System; Collective Opinion and Anxiety; Public Opinion Structure; Public Opinion Differentiation

B. 15 The Analysis and Forecast of Food and Drug Safety in 2017

Luo Jie, Tian Ming / 273

Abstract: With the implementation of the new *Food Safety Law* and President Xi's proposal of Four Strict Standards, the inspection of food and drug has carried out effectively. The focus of the inspection includes random sampling, the clarification of responsibility, the education of the general public, and the introduction of social force in the governance structure. In the past year, the criminal cases relating to food and drug safety have been reduced, and the passing rate of random sampling has been improved greatly. However, there are still room for improvement to meet people's satisfaction. The report introduces the general situation of the food and drug safety with special focus on typical cases, and presents policy recommendation for future work.

Keywords: Food and Drug; National Strategy; Food Safety; Drug Safety

B. 16 2017 Report on China's Environmental Protection

Jia Feng, Yang Ke, Tian Shuo, Huang Jingyi and

Zhou Liantong / 284

Abstract: Since the eighteenth National Congress of the Communist Party of China, Xi Jinping and the central committee have promoted a series campaign to deal with fundamental, long-term, and initiative challenges regarding the construction of ecological civilization and environmental protection. Historical and comprehensive changes have taken shape, which lead to unprecedented environmental management. The nineteenth National Congress of the Communist Party of China declares that Socialism with Chinese characteristics enters new era. New ideology, new requirement, new goal, and new deployment have been purposed in the process of the construction of ecological civilization and the environmental protection. All citizens have recognized the importance of protecting the environment and the balance between environmental protection and economic development. Environmental friendly activities and green mode of development have been promulgated. The construction of a beautiful China becomes the faith of many Chinese people. With improved awareness of environmental protection and better environmental condition, China will also contribute more to the global ecological security.

Keywords: Ecological Civilization; Environmental Protection; Environmental Management

B.17　2017: The Industrial Working Class in the New Era

Qiao Jian, Liu Xiaoqian / 309

Abstract: Under the background of Socialism with Chinese characteristics for a new era, the employment rate remains stable, and the unemployment rate has reached the lowest level since the financial crisis. The wage keeps steady increment with comprehensive regulation on the payment delay. The social insurance system further expands its full coverage. The national level overall planning of the old-age pension support has achieved significant improvement. The production safety remains a positive trend. The Central Committee of the Communist Party of China has pointed the direction of future reform. The amount of labor disputes and the number of people involved have been decreased, although both are still at a historical high level. The eighth survey of employees' working condition demonstrates that, new generation of peasant workers have been the main part of the labor force with higher education level. Internet becomes their primary source of information and social interaction. The Reform Plan for the Industrial Workers in the New Era requires the comprehensive improvement of workers' quality with better education, higher skill, and initiative of innovation. The report also analyzes how sharing economy affects employment relationship and working condition.

Keywords: New Era; Survey of Employees' Working Condition; Industrial Workers; Sharing Economy

B. 18　2017 Report on China's Peasants Development

Peng Chao, Zhang Xiaorong / 326

Abstract: With a series of policies regarding the rural area, the agricultural industry and the peasants, peasants' living condition and production situation have changed significantly. In order to have better evaluation of peasants' condition and provide reasonable policy recommendation, this report relies on observational data from 2016 National Rural Area Survey to study peasants' living condition and mode of production. The detailed analysis includes peasants' education level, migrant workers' condition, skill training experience, household income and expenditure, land ownership condition, and agricultural production.

Keywords: Peasants; Income and Expenditure; Land Ownership Situation

B. 19　2017: The Newly Established Small Businesses Condition in China

Zhang Jiurong, Lyu Peng and Jin Chaohui / 345

Abstract: This report analyzes the small business condition in China since the businessand commercial system reform. Data from the State Administration of Industry and Commerce demonstrate that, there is a significant increase on the number of newly established small businesses. Also from the data released by the Chinese Individual Workers Association (the 2015 Survey of National Newly Established Small Businesses' Active Level), the small businesses' active level, operation period, income and revenue, and the employment situation, have been examined. Many problems and challenges have been proposed with a series of policy recommendations.

Keywords: Newly Established Small Businesses; Active Level Survey; Business and Commercial System Reform

V Appendix

B.20　Social Development Graphs of China, 2017

Zhang Liping / 360

社会科学文献出版社　　皮书系列

❖ 皮书起源 ❖

"皮书"起源于十七、十八世纪的英国,主要指官方或社会组织正式发表的重要文件或报告,多以"白皮书"命名。在中国,"皮书"这一概念被社会广泛接受,并被成功运作、发展成为一种全新的出版形态,则源于中国社会科学院社会科学文献出版社。

❖ 皮书定义 ❖

皮书是对中国与世界发展状况和热点问题进行年度监测,以专业的角度、专家的视野和实证研究方法,针对某一领域或区域现状与发展态势展开分析和预测,具备原创性、实证性、专业性、连续性、前沿性、时效性等特点的公开出版物,由一系列权威研究报告组成。

❖ 皮书作者 ❖

皮书系列的作者以中国社会科学院、著名高校、地方社会科学院的研究人员为主,多为国内一流研究机构的权威专家学者,他们的看法和观点代表了学界对中国与世界的现实和未来最高水平的解读与分析。

❖ 皮书荣誉 ❖

皮书系列已成为社会科学文献出版社的著名图书品牌和中国社会科学院的知名学术品牌。2016年,皮书系列正式列入"十三五"国家重点出版规划项目;2013~2018年,重点皮书列入中国社会科学院承担的国家哲学社会科学创新工程项目;2018年,59种院外皮书使用"中国社会科学院创新工程学术出版项目"标识。

中国皮书网

（网址：www.pishu.cn）

发布皮书研创资讯，传播皮书精彩内容

引领皮书出版潮流，打造皮书服务平台

栏目设置

关于皮书：何谓皮书、皮书分类、皮书大事记、皮书荣誉、
皮书出版第一人、皮书编辑部

最新资讯：通知公告、新闻动态、媒体聚焦、网站专题、视频直播、下载专区

皮书研创：皮书规范、皮书选题、皮书出版、皮书研究、研创团队

皮书评奖评价：指标体系、皮书评价、皮书评奖

互动专区：皮书说、社科数托邦、皮书微博、留言板

所获荣誉

2008年、2011年，中国皮书网均在全国新闻出版业网站荣誉评选中获得"最具商业价值网站"称号；

2012年，获得"出版业网站百强"称号。

网库合一

2014年，中国皮书网与皮书数据库端口合一，实现资源共享。

权威报告·一手数据·特色资源

皮书数据库
ANNUAL REPORT(YEARBOOK) DATABASE

当代中国经济与社会发展高端智库平台

所获荣誉

- 2016年，入选"'十三五'国家重点电子出版物出版规划骨干工程"
- 2015年，荣获"搜索中国正能量 点赞2015""创新中国科技创新奖"
- 2013年，荣获"中国出版政府奖·网络出版物奖"提名奖
- 连续多年荣获中国数字出版博览会"数字出版·优秀品牌"奖

成为会员

通过网址www.pishu.com.cn或使用手机扫描二维码进入皮书数据库网站，进行手机号码验证或邮箱验证即可成为皮书数据库会员（建议通过手机号码快速验证注册）。

会员福利

- 使用手机号码首次注册的会员，账号自动充值100元体验金，可直接购买和查看数据库内容（仅限使用手机号码快速注册）。
- 已注册用户购书后可免费获赠100元皮书数据库充值卡。刮开充值卡涂层获取充值密码，登录并进入"会员中心"—"在线充值"—"充值卡充值"，充值成功后即可购买和查看数据库内容。

数据库服务热线：400-008-6695
数据库服务QQ：2475522410
数据库服务邮箱：database@ssap.cn
图书销售热线：010-59367070/7028
图书服务QQ：1265056568
图书服务邮箱：duzhe@ssap.cn

社会科学文献出版社 皮书系列
卡号：634439764233
密码：

基本子库
SUB DATABASE

中国社会发展数据库（下设12个子库）

全面整合国内外中国社会发展研究成果，汇聚独家统计数据、深度分析报告，涉及社会、人口、政治、教育、法律等12个领域，为了解中国社会发展动态、跟踪社会核心热点、分析社会发展趋势提供一站式资源搜索和数据分析与挖掘服务。

中国经济发展数据库（下设12个子库）

基于"皮书系列"中涉及中国经济发展的研究资料构建，内容涵盖宏观经济、农业经济、工业经济、产业经济等12个重点经济领域，为实时掌控经济运行态势、把握经济发展规律、洞察经济形势、进行经济决策提供参考和依据。

中国行业发展数据库（下设17个子库）

以中国国民经济行业分类为依据，覆盖金融业、旅游、医疗卫生、交通运输、能源矿产等100多个行业，跟踪分析国民经济相关行业市场运行状况和政策导向，汇集行业发展前沿资讯，为投资、从业及各种经济决策提供理论基础和实践指导。

中国区域发展数据库（下设6个子库）

对中国特定区域内的经济、社会、文化等领域现状与发展情况进行深度分析和预测，研究层级至县及县以下行政区，涉及地区、区域经济体、城市、农村等不同维度。为地方经济社会宏观态势研究、发展经验研究、案例分析提供数据服务。

中国文化传媒数据库（下设18个子库）

汇聚文化传媒领域专家观点、热点资讯，梳理国内外中国文化发展相关学术研究成果、一手统计数据，涵盖文化产业、新闻传播、电影娱乐、文学艺术、群众文化等18个重点研究领域。为文化传媒研究提供相关数据、研究报告和综合分析服务。

世界经济与国际关系数据库（下设6个子库）

立足"皮书系列"世界经济、国际关系相关学术资源，整合世界经济、国际政治、世界文化与科技、全球性问题、国际组织与国际法、区域研究6大领域研究成果，为世界经济与国际关系研究提供全方位数据分析，为决策和形势研判提供参考。

法律声明

"皮书系列"(含蓝皮书、绿皮书、黄皮书)之品牌由社会科学文献出版社最早使用并持续至今,现已被中国图书市场所熟知。"皮书系列"的相关商标已在中华人民共和国国家工商行政管理总局商标局注册,如LOGO( )、皮书、Pishu、经济蓝皮书、社会蓝皮书等。"皮书系列"图书的注册商标专用权及封面设计、版式设计的著作权均为社会科学文献出版社所有。未经社会科学文献出版社书面授权许可,任何使用与"皮书系列"图书注册商标、封面设计、版式设计相同或者近似的文字、图形或其组合的行为均系侵权行为。

经作者授权,本书的专有出版权及信息网络传播权等为社会科学文献出版社享有。未经社会科学文献出版社书面授权许可,任何就本书内容的复制、发行或以数字形式进行网络传播的行为均系侵权行为。

社会科学文献出版社将通过法律途径追究上述侵权行为的法律责任,维护自身合法权益。

欢迎社会各界人士对侵犯社会科学文献出版社上述权利的侵权行为进行举报。电话:010-59367121,电子邮箱:fawubu@ssap.cn。

社会科学文献出版社

权威报告·一手数据·特色资源

皮书数据库
ANNUAL REPORT(YEARBOOK) DATABASE

当代中国经济与社会发展高端智库平台

所获荣誉

- 2016年，入选"'十三五'国家重点电子出版物出版规划骨干工程"
- 2015年，荣获"搜索中国正能量 点赞2015""创新中国科技创新奖"
- 2013年，荣获"中国出版政府奖·网络出版物奖"提名奖
- 连续多年荣获中国数字出版博览会"数字出版·优秀品牌"奖

成为会员

通过网址www.pishu.com.cn或使用手机扫描二维码进入皮书数据库网站，进行手机号码验证或邮箱验证即可成为皮书数据库会员（建议通过手机号码快速验证注册）。

会员福利

- 使用手机号码首次注册的会员，账号自动充值100元体验金，可直接购买和查看数据库内容（仅限使用手机号码快速注册）。
- 已注册用户购书后可免费获赠100元皮书数据库充值卡。刮开充值卡涂层获取充值密码，登录并进入"会员中心"—"在线充值"—"充值卡充值"，充值成功后即可购买和查看数据库内容。

数据库服务热线：400-008-6695　　　　图书销售热线：010-59367070/7028
数据库服务QQ：2475522410　　　　　　图书服务QQ：1265056568
数据库服务邮箱：database@ssap.cn　　　图书服务邮箱：duzhe@ssap.cn

中国皮书网

（网址：www.pishu.cn）

发布皮书研创资讯，传播皮书精彩内容
引领皮书出版潮流，打造皮书服务平台

栏目设置

关于皮书：何谓皮书、皮书分类、皮书大事记、皮书荣誉、
皮书出版第一人、皮书编辑部
最新资讯：通知公告、新闻动态、媒体聚焦、网站专题、视频直播、下载专区
皮书研创：皮书规范、皮书选题、皮书出版、皮书研究、研创团队
皮书评奖评价：指标体系、皮书评价、皮书评奖
互动专区：皮书说、社科数托邦、皮书微博、留言板

所获荣誉

2008年、2011年，中国皮书网均在全国新闻出版业网站荣誉评选中获得"最具商业价值网站"称号；

2012年，获得"出版业网站百强"称号。

网库合一

2014年，中国皮书网与皮书数据库端口合一，实现资源共享。

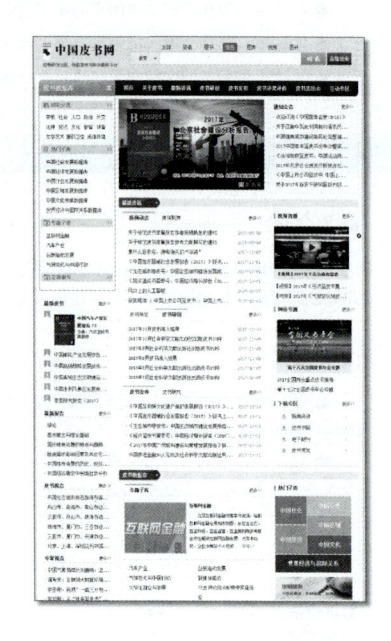

社会科学文献出版社　　皮书系列

❖ 皮书起源 ❖

"皮书"起源于十七、十八世纪的英国，主要指官方或社会组织正式发表的重要文件或报告，多以"白皮书"命名。在中国，"皮书"这一概念被社会广泛接受，并被成功运作、发展成为一种全新的出版形态，则源于中国社会科学院社会科学文献出版社。

❖ 皮书定义 ❖

皮书是对中国与世界发展状况和热点问题进行年度监测，以专业的角度、专家的视野和实证研究方法，针对某一领域或区域现状与发展态势展开分析和预测，具备原创性、实证性、专业性、连续性、前沿性、时效性等特点的公开出版物，由一系列权威研究报告组成。

❖ 皮书作者 ❖

皮书系列的作者以中国社会科学院、著名高校、地方社会科学院的研究人员为主，多为国内一流研究机构的权威专家学者，他们的看法和观点代表了学界对中国与世界的现实和未来最高水平的解读与分析。

❖ 皮书荣誉 ❖

皮书系列已成为社会科学文献出版社的著名图书品牌和中国社会科学院的知名学术品牌。2016年，皮书系列正式列入"十三五"国家重点出版规划项目；2013~2018年，重点皮书列入中国社会科学院承担的国家哲学社会科学创新工程项目；2018年，59种院外皮书使用"中国社会科学院创新工程学术出版项目"标识。

地方发展类-文化

皮书系列 2018全品种

创意城市蓝皮书
北京文化创意产业发展报告（2018）
著(编)者：郭万超 张京成　2018年12月出版 / 估价：99.00元
PSN B-2012-263-1/7

创意城市蓝皮书
天津文化创意产业发展报告（2017~2018）
著(编)者：谢思全　2018年6月出版 / 估价：99.00元
PSN B-2016-536-7/7

创意城市蓝皮书
武汉文化创意产业发展报告（2018）
著(编)者：黄永林 陈汉桥　2018年12月出版 / 估价：99.00元
PSN B-2013-354-4/7

创意上海蓝皮书
上海文化创意产业发展报告（2017~2018）
著(编)者：王慧敏 王兴全　2018年8月出版 / 估价：99.00元
PSN B-2016-561-1/1

非物质文化遗产蓝皮书
广州市非物质文化遗产保护发展报告（2018）
著(编)者：宋俊华　2018年12月出版 / 估价：99.00元
PSN B-2016-589-1/1

甘肃蓝皮书
甘肃文化发展分析与预测（2018）
著(编)者：王俊莲 周小华　2018年1月出版 / 估价：99.00元
PSN B-2013-314-3/6

甘肃蓝皮书
甘肃舆情分析与预测（2018）
著(编)者：陈双梅 张谦元　2018年1月出版 / 估价：99.00元
PSN B-2013-315-4/6

广州蓝皮书
中国广州文化发展报告（2018）
著(编)者：屈哨兵 陆志强　2018年6月出版 / 估价：99.00元
PSN B-2009-134-7/14

广州蓝皮书
广州文化创意产业发展报告（2018）
著(编)者：徐咏虹　2018年7月出版 / 估价：99.00元
PSN B-2008-111-6/14

海淀蓝皮书
海淀区文化和科技融合发展报告（2018）
著(编)者：陈名杰 孟景伟　2018年5月出版 / 估价：99.00元
PSN B-2013-329-1/1

河南蓝皮书
河南文化发展报告（2018）
著(编)者：卫绍生　2018年7月出版 / 估价：99.00元
PSN B-2008-106-2/9

湖北文化产业蓝皮书
湖北省文化产业发展报告（2018）
著(编)者：黄晓华　2018年9月出版 / 估价：99.00元
PSN B-2017-656-1/1

湖北文化蓝皮书
湖北文化发展报告（2017~2018）
著(编)者：湖北大学高等人文研究院　中华文化发展湖北省协同创新中心
2018年10月出版 / 估价：99.00元
PSN B-2016-566-1/1

江苏蓝皮书
2018年江苏文化发展分析与展望
著(编)者：王庆五 樊和平　2018年9月出版 / 估价：128.00元
PSN B-2017-637-3/3

江西文化蓝皮书
江西非物质文化遗产发展报告（2018）
著(编)者：张圣才 傅安平　2018年12月出版 / 估价：128.00元
PSN B-2015-499-1/1

洛阳蓝皮书
洛阳文化发展报告（2018）
著(编)者：刘福兴 陈启明　2018年7月出版 / 估价：99.00元
PSN B-2015-476-1/1

南京蓝皮书
南京文化发展报告（2018）
著(编)者：中共南京市委宣传部
2018年12月出版 / 估价：99.00元
PSN B-2014-439-1/1

宁波文化蓝皮书
宁波"一人一艺"全民艺术普及发展报告（2017）
著(编)者：张爱琴　2018年11月出版 / 估价：128.00元
PSN B-2017-668-1/1

山东蓝皮书
山东文化发展报告（2018）
著(编)者：涂可国　2018年5月出版 / 估价：99.00元
PSN B-2014-406-3/5

陕西蓝皮书
陕西文化发展报告（2018）
著(编)者：任宗哲 白宽犁 王长寿
2018年1月出版 / 估价：99.00元
PSN B-2009-137-3/6

上海蓝皮书
上海传媒发展报告（2018）
著(编)者：强荧 焦雨虹　2018年2月出版 / 估价：99.00元
PSN B-2012-295-5/7

上海蓝皮书
上海文学发展报告（2018）
著(编)者：陈圣来　2018年6月出版 / 估价：99.00元
PSN B-2012-297-7/7

上海蓝皮书
上海文化发展报告（2018）
著(编)者：荣跃明　2018年2月出版 / 估价：99.00元
PSN B-2006-059-3/7

深圳蓝皮书
深圳文化发展报告（2018）
著(编)者：张骁儒　2018年7月出版 / 估价：99.00元
PSN B-2016-554-7/7

四川蓝皮书
四川文化产业发展报告（2018）
著(编)者：向宝云 张立伟　2018年4月出版 / 估价：99.00元
PSN B-2006-074-1/7

郑州蓝皮书
2018年郑州文化发展报告
著(编)者：王哲　2018年9月出版 / 估价：99.00元
PSN B-2008-107-1/1

江苏法治蓝皮书
江苏法治发展报告No.6（2017）
著(编)者：蔡道通 龚廷泰　2018年8月出版 / 估价：99.00元
PSN B-2012-290-1/1

江苏蓝皮书
2018年江苏社会发展分析与展望
著(编)者：王庆五 刘旺洪　2018年8月出版 / 估价：128.00元
PSN B-2017-636-2/3

南宁蓝皮书
南宁法治发展报告（2018）
著(编)者：杨维超　2018年12月出版 / 估价：99.00元
PSN B-2015-509-1/3

南宁蓝皮书
南宁社会发展报告（2018）
著(编)者：胡建华　2018年10月出版 / 估价：99.00元
PSN B-2016-570-3/3

内蒙古蓝皮书
内蒙古反腐倡廉建设报告No.2
著(编)者：张志华　2018年6月出版 / 估价：99.00元
PSN B-2013-365-1/1

青海蓝皮书
2018年青海人才发展报告
著(编)者：王宇燕　2018年9月出版 / 估价：99.00元
PSN B-2017-650-2/2

青海生态文明建设蓝皮书
青海生态文明建设报告（2018）
著(编)者：张西明 高华　2018年12月出版 / 估价：99.00元
PSN B-2016-595-1/1

人口与健康蓝皮书
深圳人口与健康发展报告（2018）
著(编)者：陆杰华 傅崇辉　2018年11月出版 / 估价：99.00元
PSN B-2011-228-1/1

山东蓝皮书
山东社会形势分析与预测（2018）
著(编)者：李善峰　2018年6月出版 / 估价：99.00元
PSN B-2014-405-2/5

陕西蓝皮书
陕西社会发展报告（2018）
著(编)者：任宗哲 白宽犁 牛昉　2018年1月出版 / 估价：99.00元
PSN B-2009-136-2/6

上海蓝皮书
上海法治发展报告（2018）
著(编)者：叶必丰　2018年9月出版 / 估价：99.00元
PSN B-2012-296-6/7

上海蓝皮书
上海社会发展报告（2018）
著(编)者：杨雄 周海旺
2018年2月出版 / 估价：99.00元
PSN B-2006-058-2/7

社会建设蓝皮书
2018年北京社会建设分析报告
著(编)者：宋贵伦 冯虹　2018年9月出版 / 估价：99.00元
PSN B-2010-173-1/1

深圳蓝皮书
深圳法治发展报告（2018）
著(编)者：张骁儒　2018年6月出版 / 估价：99.00元
PSN B-2015-470-6/7

深圳蓝皮书
深圳劳动关系发展报告（2018）
著(编)者：汤庭芬　2018年8月出版 / 估价：99.00元
PSN B-2007-097-2/7

深圳蓝皮书
深圳社会治理与发展报告（2018）
著(编)者：张骁儒　2018年6月出版 / 估价：99.00元
PSN B-2008-113-4/7

生态安全绿皮书
甘肃国家生态安全屏障建设发展报告（2018）
著(编)者：刘举科 喜文华
2018年10月出版 / 估价：99.00元
PSN G-2017-659-1/1

顺义社会建设蓝皮书
北京市顺义区社会建设发展报告（2018）
著(编)者：王学武　2018年9月出版 / 估价：99.00元
PSN B-2017-658-1/1

四川蓝皮书
四川法治发展报告（2018）
著(编)者：郑泰安　2018年1月出版 / 估价：99.00元
PSN B-2015-441-5/7

四川蓝皮书
四川社会发展报告（2018）
著(编)者：李羚　2018年6月出版 / 估价：99.00元
PSN B-2008-127-3/7

云南社会治理蓝皮书
云南社会治理年度报告（2017）
著(编)者：晏雄 韩全芳
2018年5月出版 / 估价：99.00元
PSN B-2017-667-1/1

地方发展类-文化

北京传媒蓝皮书
北京新闻出版广电发展报告（2017~2018）
著(编)者：王志　2018年11月出版 / 估价：99.00元
PSN B-2016-588-1/1

北京蓝皮书
北京文化发展报告（2017~2018）
著(编)者：李建盛　2018年5月出版 / 估价：99.00元
PSN B-2007-082-4/8

地方发展类-社会

皮书系列 2018全品种

北京人才蓝皮书
北京人才发展报告（2018）
著(编)者：敏华　2018年12月出版 / 估价：128.00元
PSN B-2011-201-1/1

北京社会心态蓝皮书
北京社会心态分析报告（2017~2018）
北京市社会心理服务促进中心
2018年10月出版 / 估价：99.00元
PSN B-2014-422-1/1

北京社会组织管理蓝皮书
北京社会组织发展与管理（2018）
著(编)者：黄江松
2018年4月出版 / 估价：99.00元
PSN B-2015-446-1/1

北京养老产业蓝皮书
北京居家养老发展报告（2018）
著(编)者：陆杰华　周明明
2018年8月出版 / 估价：99.00元
PSN B-2015-465-1/1

法治蓝皮书
四川依法治省年度报告No.4（2018）
著(编)者：李林　杨天宗　田禾
2018年3月出版 / 估价：118.00元
PSN B-2015-447-2/3

福建妇女发展蓝皮书
福建省妇女发展报告（2018）
著(编)者：刘群英　2018年11月出版 / 估价：99.00元
PSN B-2011-220-1/1

甘肃蓝皮书
甘肃社会发展分析与预测（2018）
著(编)者：安文华　包晓霞　谢增虎
2018年1月出版 / 估价：99.00元
PSN B-2013-313-2/6

广东蓝皮书
广东全面深化改革研究报告（2018）
著(编)者：周林生　涂成林
2018年12月出版 / 估价：99.00元
PSN B-2015-504-3/3

广东蓝皮书
广东社会工作发展报告（2018）
著(编)者：罗观翠　2018年6月出版 / 估价：99.00元
PSN B-2014-402-2/3

广州蓝皮书
广州青年发展报告（2018）
著(编)者：徐柳　张强
2018年8月出版 / 估价：99.00元
PSN B-2013-352-13/14

广州蓝皮书
广州社会保障发展报告（2018）
著(编)者：张跃国　2018年8月出版 / 估价：99.00元
PSN B-2014-425-14/14

广州蓝皮书
2018年中国广州社会形势分析与预测
著(编)者：张强　郭志勇　何镜清
2018年6月出版 / 估价：99.00元
PSN B-2008-110-5/14

贵州蓝皮书
贵州法治发展报告（2018）
著(编)者：吴大华　2018年5月出版 / 估价：99.00元
PSN B-2012-254-2/10

贵州蓝皮书
贵州人才发展报告（2017）
著(编)者：于杰　吴大华
2018年9月出版 / 估价：99.00元
PSN B-2014-382-3/10

贵州蓝皮书
贵州社会发展报告（2018）
著(编)者：王兴骥　2018年4月出版 / 估价：99.00元
PSN B-2010-166-1/10

杭州蓝皮书
杭州妇女发展报告（2018）
著(编)者：魏颖　2018年10月出版 / 估价：99.00元
PSN B-2014-403-1/1

河北蓝皮书
河北法治发展报告（2018）
著(编)者：康振海　2018年6月出版 / 估价：99.00元
PSN B-2017-622-3/3

河北食品药品安全蓝皮书
河北食品药品安全研究报告（2018）
著(编)者：丁锦霞　2018年10月出版 / 估价：99.00元
PSN B-2015-473-1/1

河南蓝皮书
河南法治发展报告（2018）
著(编)者：张林海　2018年7月出版 / 估价：99.00元
PSN B-2014-376-6/9

河南蓝皮书
2018年河南社会形势分析与预测
著(编)者：牛苏林　2018年5月出版 / 估价：99.00元
PSN B-2005-043-1/9

河南民办教育蓝皮书
河南民办教育发展报告（2018）
著(编)者：胡大白　2018年9月出版 / 估价：99.00元
PSN B-2017-642-1/1

黑龙江蓝皮书
黑龙江社会发展报告（2018）
著(编)者：谢宝禄　2018年1月出版 / 估价：99.00元
PSN B-2011-189-1/2

湖南蓝皮书
2018年湖南两型社会与生态文明建设报告
著(编)者：卞鹰　2018年5月出版 / 估价：128.00元
PSN B-2011-208-3/8

湖南蓝皮书
2018年湖南社会发展报告
著(编)者：卞鹰　2018年5月出版 / 估价：128.00元
PSN B-2014-393-5/8

健康城市蓝皮书
北京健康城市建设研究报告（2018）
著(编)者：王鸿春　盛继洪　2018年9月出版 / 估价：99.00元
PSN B-2015-460-1/2

皮书系列 2018全品种　　地方发展类-经济 · 地方发展类-社会

四川蓝皮书
2018年四川经济形势分析与预测
著(编)者：杨钢　2018年1月出版 / 估价：99.00元
PSN B-2007-098-2/7

四川蓝皮书
四川企业社会责任研究报告（2017~2018）
著(编)者：侯水平 盛毅　2018年5月出版 / 估价：99.00元
PSN B-2014-386-4/7

四川蓝皮书
四川生态建设报告（2018）
著(编)者：李晟之　2018年5月出版 / 估价：99.00元
PSN B-2015-455-6/7

体育蓝皮书
上海体育产业发展报告（2017~2018）
著(编)者：张林 黄海燕　2018年10月出版 / 估价：99.00元
PSN B-2015-454-4/5

体育蓝皮书
长三角地区体育产业发展报告（2017~2018）
著(编)者：张林　2018年4月出版 / 估价：99.00元
PSN B-2015-453-3/5

天津金融蓝皮书
天津金融发展报告（2018）
著(编)者：王爱俭 孔德昌　2018年3月出版 / 估价：99.00元
PSN B-2014-418-1/1

图们江区域合作蓝皮书
图们江区域合作发展报告（2018）
著(编)者：李铁　2018年6月出版 / 估价：99.00元
PSN B-2015-464-1/1

温州蓝皮书
2018年温州经济社会形势分析与预测
著(编)者：蒋儒标 王春光 金浩
2018年4月出版 / 估价：99.00元
PSN B-2008-105-1/1

西咸新区蓝皮书
西咸新区发展报告（2018）
著(编)者：李扬 王军
2018年6月出版 / 估价：99.00元
PSN B-2016-534-1/1

修武蓝皮书
修武经济社会发展报告（2018）
著(编)者：张占仓 袁凯声
2018年10月出版 / 估价：99.00元
PSN B-2017-651-1/1

偃师蓝皮书
偃师经济社会发展报告（2018）
著(编)者：张占仓 袁凯声 何武周
2018年7月出版 / 估价：99.00元
PSN B-2017-627-1/1

扬州蓝皮书
扬州经济社会发展报告（2018）
著(编)者：陈扬
2018年12月出版 / 估价：108.00元
PSN B-2011-191-1/1

长垣蓝皮书
长垣经济社会发展报告（2018）
著(编)者：张占仓 袁凯声 秦保建
2018年10月出版 / 估价：99.00元
PSN B-2017-654-1/1

遵义蓝皮书
遵义发展报告（2018）
著(编)者：邓彦 曾征 龚永育
2018年9月出版 / 估价：99.00元
PSN B-2014-433-1/1

地方发展类-社会

安徽蓝皮书
安徽社会发展报告（2018）
著(编)者：程桦　2018年4月出版 / 估价：99.00元
PSN B-2013-325-1/1

安徽社会建设蓝皮书
安徽社会建设分析报告（2017~2018）
著(编)者：黄家海 蔡宪
2018年11月出版 / 估价：99.00元
PSN B-2013-322-1/1

北京蓝皮书
北京公共服务发展报告（2017~2018）
著(编)者：施昌奎　2018年3月出版 / 估价：99.00元
PSN B-2008-103-7/8

北京蓝皮书
北京社会发展报告（2017~2018）
著(编)者：李伟东
2018年7月出版 / 估价：99.00元
PSN B-2006-055-3/8

北京蓝皮书
北京社会治理发展报告（2017~2018）
著(编)者：殷星辰　2018年7月出版 / 估价：99.00元
PSN B-2014-391-8/8

北京律师蓝皮书
北京律师发展报告No.3（2018）
著(编)者：王隽　2018年12月出版 / 估价：99.00元
PSN B-2011-217-1/1

地方发展类-经济

皮书系列 2018全品种

湖南蓝皮书
2018年湖南县域经济社会发展报告
著(编)者：梁志峰　2018年5月出版／估价：128.00元
PSN B-2014-395-7/8

湖南县域绿皮书
湖南县域发展报告（No.5）
著(编)者：袁准　周小毛　黎仁寅
2018年3月出版／估价：99.00元
PSN G-2012-274-1/1

沪港蓝皮书
沪港发展报告（2018）
著(编)者：尤安山　2018年9月出版／估价：99.00元
PSN B-2013-362-1/1

吉林蓝皮书
2018年吉林经济社会形势分析与预测
著(编)者：邵汉明　2017年12月出版／估价：99.00元
PSN B-2013-319-1/1

吉林省城市竞争力蓝皮书
吉林省城市竞争力报告（2018~2019）
著(编)者：崔岳春　张磊　2018年12月出版／估价：99.00元
PSN B-2016-513-1/1

济源蓝皮书
济源经济社会发展报告（2018）
著(编)者：喻新安　2018年4月出版／估价：99.00元
PSN B-2014-387-1/1

江苏蓝皮书
2018年江苏经济发展分析与展望
著(编)者：王庆五　吴先满　2018年7月出版／估价：128.00元
PSN B-2017-635-1/3

江西蓝皮书
江西经济社会发展报告（2018）
著(编)者：陈石俊　龚建文　2018年10月出版／估价：128.00元
PSN B-2015-484-1/2

江西蓝皮书
江西设区市发展报告（2018）
著(编)者：姜玮　梁勇　2018年10月出版／估价：99.00元
PSN B-2016-517-2/2

经济特区蓝皮书
中国经济特区发展报告（2017）
著(编)者：陶一桃　2018年1月出版／估价：99.00元
PSN B-2009-139-1/1

辽宁蓝皮书
2018年辽宁经济社会形势分析与预测
著(编)者：梁启东　魏红江　2018年6月出版／估价：99.00元
PSN B-2006-053-1/1

民族经济蓝皮书
中国民族地区经济发展报告（2018）
著(编)者：李曦辉　2018年7月出版／估价：99.00元
PSN B-2017-630-1/1

南宁蓝皮书
南宁经济发展报告（2018）
著(编)者：胡建华　2018年9月出版／估价：99.00元
PSN B-2016-569-2/3

浦东新区蓝皮书
上海浦东经济发展报告（2018）
著(编)者：沈开艳　周奇　2018年2月出版／估价：99.00元
PSN B-2011-225-1/1

青海蓝皮书
2018年青海经济社会形势分析与预测
著(编)者：陈玮　2017年12月出版／估价：99.00元
PSN B-2012-275-1/2

山东蓝皮书
山东经济形势分析与预测（2018）
著(编)者：李广杰　2018年7月出版／估价：99.00元
PSN B-2014-404-1/5

山东蓝皮书
山东省普惠金融发展报告（2018）
著(编)者：齐鲁财富网
2018年9月出版／估价：99.00元
PSN B2017-676-5/5

山西蓝皮书
山西资源型经济转型发展报告（2018）
著(编)者：李志强　2018年7月出版／估价：99.00元
PSN B-2011-197-1/1

陕西蓝皮书
陕西经济发展报告（2018）
著(编)者：任宗哲　白宽犁　裴成荣
2018年1月出版／估价：99.00元
PSN B-2009-135-1/6

陕西蓝皮书
陕西精准脱贫研究报告（2018）
著(编)者：任宗哲　白宽犁　王建康
2018年6月出版／估价：99.00元
PSN B-2017-623-6/6

上海蓝皮书
上海经济发展报告（2018）
著(编)者：沈开艳
2018年2月出版／估价：99.00元
PSN B-2006-057-1/7

上海蓝皮书
上海资源环境发展报告（2018）
著(编)者：周冯琦　汤庆合
2018年2月出版／估价：99.00元
PSN B-2006-060-4/7

上饶蓝皮书
上饶发展报告（2016~2017）
著(编)者：廖其志　2018年3月出版／估价：128.00元
PSN B-2014-377-1/1

深圳蓝皮书
深圳经济发展报告（2018）
著(编)者：张晓倚　2018年6月出版／估价：99.00元
PSN B-2008-112-3/7

四川蓝皮书
四川城镇化发展报告（2018）
著(编)者：侯水平　陈炜
2018年4月出版／估价：99.00元
PSN B-2015-456-7/7

31

皮书系列 2018全品种 — 地方发展类-经济

贵州蓝皮书
贵州册亨经济社会发展报告（2018）
著（编）者：黄德林　2018年3月出版／估价：99.00元
PSN B-2016-525-8/9

贵州蓝皮书
贵州地理标志产业发展报告（2018）
著（编）者：李发耀　黄其松　2018年8月出版／估价：99.00元
PSN B-2017-646-10/10

贵州蓝皮书
贵安新区发展报告（2017~2018）
著（编）者：马长青　吴大华　2018年6月出版／估价：99.00元
PSN B-2015-459-4/10

贵州蓝皮书
贵州国家级开放创新平台发展报告（2017~2018）
著（编）者：申晓庆　吴大华　季泓
2018年11月出版／估价：99.00元
PSN B-2016-518-7/10

贵州蓝皮书
贵州国有企业社会责任发展报告（2017~2018）
著（编）者：郭丽　2018年12月出版／估价：99.00元
PSN B-2015-511-6/10

贵州蓝皮书
贵州民航业发展报告（2017）
著（编）者：申振东　吴大华　2018年1月出版／估价：99.00元
PSN B-2015-471-5/10

贵州蓝皮书
贵州民营经济发展报告（2017）
著（编）者：杨静　吴大华　2018年3月出版／估价：99.00元
PSN B-2016-530-9/9

杭州都市圈蓝皮书
杭州都市圈发展报告（2018）
著（编）者：沈翔　戚建国　2018年5月出版／估价：128.00元
PSN B-2012-302-1/1

河北经济蓝皮书
河北省经济发展报告（2018）
著（编）者：马树强　金浩　张贵　2018年4月出版／估价：99.00元
PSN B-2014-380-1/1

河北蓝皮书
河北经济社会发展报告（2018）
著（编）者：康振海　2018年1月出版／估价：99.00元
PSN B-2014-372-1/3

河北蓝皮书
京津冀协同发展报告（2018）
著（编）者：陈璐　2018年1月出版／估价：99.00元
PSN B-2017-601-2/3

河南经济蓝皮书
2018年河南经济形势分析与预测
著（编）者：王世炎　2018年3月出版／估价：99.00元
PSN B-2007-086-1/1

河南蓝皮书
河南城市发展报告（2018）
著（编）者：张占仓　王建国　2018年5月出版／估价：99.00元
PSN B-2009-131-3/9

河南蓝皮书
河南工业发展报告（2018）
著（编）者：张占仓　2018年5月出版／估价：99.00元
PSN B-2013-317-5/9

河南蓝皮书
河南金融发展报告（2018）
著（编）者：喻新安　谷建全
2018年6月出版／估价：99.00元
PSN B-2014-390-7/9

河南蓝皮书
河南经济发展报告（2018）
著（编）者：张占仓　完世伟
2018年4月出版／估价：99.00元
PSN B-2010-157-4/9

河南蓝皮书
河南能源发展报告（2018）
著（编）者：国网河南省电力公司经济技术研究院
　　　　　河南省社会科学院
2018年3月出版／估价：99.00元
PSN B-2017-607-9/9

河南商务蓝皮书
河南商务发展报告（2018）
著（编）者：焦锦淼　穆荣国　2018年5月出版／估价：99.00元
PSN B-2014-399-1/1

河南双创蓝皮书
河南创新创业发展报告（2018）
著（编）者：喻新安　杨雪梅　2018年8月出版／估价：99.00元
PSN B-2017-641-1/1

黑龙江蓝皮书
黑龙江经济发展报告（2018）
著（编）者：朱宇　2018年1月出版／估价：99.00元
PSN B-2011-190-2/2

湖南城市蓝皮书
区域城市群整合
著（编）者：童中贤　韩未名　2018年12月出版／估价：99.00元
PSN B-2006-064-1/1

湖南蓝皮书
湖南城乡一体化发展报告（2018）
著（编）者：陈文胜　王文强　陆福兴
2018年8月出版／估价：99.00元
PSN B-2015-477-8/8

湖南蓝皮书
2018年湖南电子政务发展报告
著（编）者：梁志峰　2018年5月出版／估价：128.00元
PSN B-2014-394-6/8

湖南蓝皮书
2018年湖南经济发展报告
著（编）者：卞鹰　2018年5月出版／估价：128.00元
PSN B-2011-207-2/8

湖南蓝皮书
2016年湖南经济展望
著（编）者：梁志峰　2018年5月出版／估价：128.00元
PSN B-2011-206-1/8

文化传媒类 | **皮书系列 2018全品种**

非物质文化遗产蓝皮书
中国非物质文化遗产发展报告（2018）
著(编)者：陈平　　2018年5月出版／估价：128.00元
PSN B-2015-469-1/2

非物质文化遗产蓝皮书
中国非物质文化遗产保护发展报告（2018）
著(编)者：宋俊华　　2018年10月出版／估价：128.00元
PSN B-2016-586-2/2

广电蓝皮书
中国广播电影电视发展报告（2018）
著(编)者：国家新闻出版广电总局发展研究中心
2018年7月出版／估价：99.00元
PSN B-2006-072-1/1

广告主蓝皮书
中国广告主营销传播趋势报告No.9
著(编)者：黄升民　杜国清　邵华冬　等
2018年10月出版／估价：158.00元
PSN B-2005-041-1/1

国际传播蓝皮书
中国国际传播发展报告（2018）
著(编)者：胡正荣　李继东　姬德强
2018年12月出版／估价：99.00元
PSN B-2014-408-1/1

国家形象蓝皮书
中国国家形象传播报告（2017）
著(编)者：张昆　　2018年3月出版／估价：128.00元
PSN B-2017-605-1/1

互联网治理蓝皮书
中国网络社会治理研究报告（2018）
著(编)者：罗昕　支庭荣
2018年9月出版／估价：118.00元
PSN B-2017-653-1/1

纪录片蓝皮书
中国纪录片发展报告（2018）
著(编)者：何苏六　　2018年10月出版／估价：99.00元
PSN B-2011-222-1/1

科学传播蓝皮书
中国科学传播报告（2016~2017）
著(编)者：詹正茂　　2018年6月出版／估价：99.00元
PSN B-2008-120-1/1

两岸创意经济蓝皮书
两岸创意经济研究报告（2018）
著(编)者：罗昌智　董泽平
2018年10月出版／估价：99.00元
PSN B-2014-437-1/1

媒介与女性蓝皮书
中国媒介与女性发展报告（2017~2018）
著(编)者：刘利群　　2018年5月出版／估价：99.00元
PSN B-2013-345-1/1

媒体融合蓝皮书
中国媒体融合发展报告（2017）
著(编)者：梅宁华　支庭荣　　2018年1月出版／估价：99.00元
PSN B-2015-479-1/1

全球传媒蓝皮书
全球传媒发展报告（2017~2018）
著(编)者：胡正荣　李继东　　2018年6月出版／估价：99.00元
PSN B-2012-237-1/1

少数民族非遗蓝皮书
中国少数民族非物质文化遗产发展报告（2018）
著(编)者：肖远平（彝）　柴立（满）
2018年10月出版／估价：118.00元
PSN B-2015-467-1/1

视听新媒体蓝皮书
中国视听新媒体发展报告（2018）
著(编)者：国家新闻出版广电总局发展研究中心
2018年7月出版／估价：118.00元
PSN B-2011-184-1/1

数字娱乐产业蓝皮书
中国动画产业发展报告（2018）
著(编)者：孙立军　孙平　牛兴侦
2018年10月出版／估价：99.00元
PSN B-2011-198-1/2

数字娱乐产业蓝皮书
中国游戏产业发展报告（2018）
著(编)者：孙立军　刘跃军
2018年10月出版／估价：99.00元
PSN B-2017-662-2/2

文化创新蓝皮书
中国文化创新报告（2017·No.8）
著(编)者：傅才武　　2018年4月出版／估价：99.00元
PSN B-2009-143-1/1

文化建设蓝皮书
中国文化发展报告（2018）
著(编)者：江畅　孙伟平　戴茂堂
2018年5月出版／估价：99.00元
PSN B-2014-392-1/1

文化科技蓝皮书
文化科技创新发展报告（2018）
著(编)者：于平　李凤亮　　2018年10月出版／估价：99.00元
PSN B-2013-342-1/1

文化蓝皮书
中国公共文化服务发展报告（2017~2018）
著(编)者：刘新成　张永新　张旭
2018年12月出版／估价：99.00元
PSN B-2007-093-2/10

文化蓝皮书
中国少数民族文化发展报告（2017~2018）
著(编)者：武翠英　张晓明　任乌晶
2018年9月出版／估价：99.00元
PSN B-2013-369-9/10

文化蓝皮书
中国文化产业供需协调检测报告（2018）
著(编)者：王亚南　　2018年2月出版／估价：99.00元
PSN B-2013-323-8/10

皮书系列
2018全品种

国别类 · 文化传媒类

国别类

澳大利亚蓝皮书
澳大利亚发展报告（2017-2018）
著(编)者：孙有中 韩锋　2018年12月出版 / 估价：99.00元
PSN B-2016-587-1/1

巴西黄皮书
巴西发展报告（2017）
著(编)者：刘国枝　2018年5月出版 / 估价：99.00元
PSN Y-2017-614-1/1

德国蓝皮书
德国发展报告（2018）
著(编)者：郑春荣　2018年6月出版 / 估价：99.00元
PSN B-2012-278-1/1

俄罗斯黄皮书
俄罗斯发展报告（2018）
著(编)者：李永全　2018年6月出版 / 估价：99.00元
PSN Y-2006-061-1/1

韩国蓝皮书
韩国发展报告（2017）
著(编)者：牛林杰 刘宝全　2018年5月出版 / 估价：99.00元
PSN B-2010-155-1/1

加拿大蓝皮书
加拿大发展报告（2018）
著(编)者：唐小松　2018年9月出版 / 估价：99.00元
PSN B-2014-389-1/1

美国蓝皮书
美国研究报告（2018）
著(编)者：郑秉文 黄平　2018年5月出版 / 估价：99.00元
PSN B-2011-210-1/1

缅甸蓝皮书
缅甸国情报告（2017）
著(编)者：孔鹏 杨祥章　2018年1月出版 / 估价：99.00元
PSN B-2013-343-1/1

日本蓝皮书
日本研究报告（2018）
著(编)者：杨伯江　2018年6月出版 / 估价：99.00元
PSN B-2002-020-1/1

土耳其蓝皮书
土耳其发展报告（2018）
著(编)者：郭长刚 刘义　2018年9月出版 / 估价：99.00元
PSN B-2014-412-1/1

伊朗蓝皮书
伊朗发展报告（2017~2018）
著(编)者：冀开运　2018年10月 / 估价：99.00元
PSN B-2016-574-1/1

以色列蓝皮书
以色列发展报告（2018）
著(编)者：张倩红　2018年8月出版 / 估价：99.00元
PSN B-2015-483-1/1

印度蓝皮书
印度国情报告（2017）
著(编)者：吕昭义　2018年4月出版 / 估价：99.00元
PSN B-2012-241-1/1

英国蓝皮书
英国发展报告（2017~2018）
著(编)者：王展鹏　2018年12月出版 / 估价：99.00元
PSN B-2015-486-1/1

越南蓝皮书
越南国情报告（2018）
著(编)者：谢林城　2018年1月出版 / 估价：99.00元
PSN B-2006-056-1/1

泰国蓝皮书
泰国研究报告（2018）
著(编)者：庄国土 张禹东 刘文正
2018年10月出版 / 估价：99.00元
PSN B-2016-556-1/1

文化传媒类

"三农"舆情蓝皮书
中国"三农"网络舆情报告（2017~2018）
著(编)者：农业部信息中心
2018年6月出版 / 估价：99.00元
PSN B-2017-640-1/1

传媒竞争力蓝皮书
中国传媒国际竞争力研究报告（2018）
著(编)者：李本乾 刘强 王大可
2018年8月出版 / 估价：99.00元
PSN B-2013-356-1/1

传媒蓝皮书
中国传媒产业发展报告（2018）
著(编)者：崔保国　2018年5月出版 / 估价：99.00元
PSN B-2005-035-1/1

传媒投资蓝皮书
中国传媒投资发展报告（2018）
著(编)者：张向东 谭云明
2018年6月出版 / 估价：148.00元
PSN B-2015-474-1/1

皮书系列 2018全品种

国际问题与全球治理类

国际安全蓝皮书
中国国际安全研究报告（2018）
著(编)者：刘慧　2018年7月出版／估价：99.00元
PSN B-2016-521-1/1

国际城市蓝皮书
国际城市发展报告（2018）
著(编)者：屠启宇　2018年2月出版／估价：99.00元
PSN B-2012-260-1/1

国际形势黄皮书
全球政治与安全报告（2018）
著(编)者：张宇燕　2018年1月出版／估价：99.00元
PSN Y-2001-016-1/1

公共外交蓝皮书
中国公共外交发展报告（2018）
著(编)者：赵启正　雷蔚真　2018年4月出版／估价：99.00元
PSN B-2015-457-1/1

金砖国家黄皮书
金砖国家综合创新竞争力发展报告（2018）
著(编)者：赵新力　李闽榕　黄茂兴
2018年8月出版／估价：128.00元
PSN Y-2017-643-1/1

拉美黄皮书
拉丁美洲和加勒比发展报告（2017～2018）
著(编)者：袁东振　2018年6月出版／估价：99.00元
PSN Y-1999-007-1/1

澜湄合作蓝皮书
澜沧江-湄公河合作发展报告（2018）
著(编)者：刘稚　2018年9月出版／估价：99.00元
PSN B-2011-196-1/1

欧洲蓝皮书
欧洲发展报告（2017～2018）
著(编)者：黄平　周弘　程卫东
2018年6月出版／估价：99.00元
PSN B-1999-009-1/1

葡语国家蓝皮书
葡语国家发展报告（2016～2017）
著(编)者：王成安　张敏　刘金兰
2018年4月出版／估价：99.00元
PSN B-2015-503-1/2

葡语国家蓝皮书
中国与葡语国家关系发展报告·巴西（2016）
著(编)者：张曙光　2018年8月出版／估价：99.00元
PSN B-2015-563-2/2

气候变化绿皮书
应对气候变化报告（2018）
著(编)者：王伟光　郑国光　2018年11月出版／估价：99.00元
PSN G-2009-144-1/1

全球环境竞争力绿皮书
全球环境竞争力报告（2018）
著(编)者：李建平　李闽榕　王金南
2018年12月出版／估价：198.00元
PSN G-2013-363-1/1

全球信息社会蓝皮书
全球信息社会发展报告（2018）
著(编)者：丁波涛　唐涛　2018年10月出版／估价：99.00元
PSN B-2017-665-1/1

日本经济蓝皮书
日本经济与中日经贸关系研究报告（2018）
著(编)者：张季风　2018年6月出版／估价：99.00元
PSN B-2008-102-1/1

上海合作组织黄皮书
上海合作组织发展报告（2018）
著(编)者：李进峰　2018年6月出版／估价：99.00元
PSN Y-2009-130-1/1

世界创新竞争力黄皮书
世界创新竞争力发展报告（2017）
著(编)者：李建平　李闽榕　赵新力
2018年1月出版／估价：168.00元
PSN Y-2013-318-1/1

世界经济黄皮书
2018年世界经济形势分析与预测
著(编)者：张宇燕　2018年1月出版／估价：99.00元
PSN Y-1999-006-1/1

丝绸之路蓝皮书
丝绸之路经济带发展报告（2018）
著(编)者：任宗哲　白宽犁　谷孟宾
2018年1月出版／估价：99.00元
PSN B-2014-410-1/1

新兴经济体蓝皮书
金砖国家发展报告（2018）
著(编)者：林跃勤　周文　2018年8月出版／估价：99.00元
PSN B-2011-195-1/1

亚太蓝皮书
亚太地区发展报告（2018）
著(编)者：李向阳　2018年5月出版／估价：99.00元
PSN B-2001-015-1/1

印度洋地区蓝皮书
印度洋地区发展报告（2018）
著(编)者：汪戎　2018年6月出版／估价：99.00元
PSN B-2013-334-1/1

渝新欧蓝皮书
渝新欧沿线国家发展报告（2018）
著(编)者：杨柏　黄森　2018年6月出版／估价：99.00元
PSN B-2017-626-1/1

中阿蓝皮书
中国·阿拉伯国家经贸发展报告（2018）
著(编)者：张廉　段庆林　王林聪　杨巧红
2018年12月出版／估价：99.00元
PSN B-2016-598-1/1

中东黄皮书
中东发展报告No.20（2017～2018）
著(编)者：杨光　2018年10月出版／估价：99.00元
PSN Y-1998-004-1/1

中亚黄皮书
中亚国家发展报告（2018）
著(编)者：孙力　2018年6月出版／估价：99.00元
PSN Y-2012-238-1/1

皮书系列 2018全品种
行业及其他类 · 国际问题与全球治理类

中国新三板蓝皮书
中国新三板创新与发展报告（2018）
著(编)者：刘平安 闻召林
2018年8月出版 / 估价：158.00元
PSN B-2017-638-1/1

中医文化蓝皮书
北京中医药文化传播发展报告（2018）
著(编)者：毛嘉陵　2018年5月出版 / 估价：99.00元
PSN B-2015-468-1/2

中医文化蓝皮书
中国中医药文化传播发展报告（2018）
著(编)者：毛嘉陵　2018年7月出版 / 估价：99.00元
PSN B-2016-584-2/2

中医药蓝皮书
北京中医药知识产权发展报告No.2
著(编)者：汪洪 屠志涛　2018年4月出版 / 估价：168.00元
PSN B-2017-602-1/1

资本市场蓝皮书
中国场外交易市场发展报告（2016~2017）
著(编)者：高峦　2018年3月出版 / 估价：99.00元
PSN B-2009-153-1/1

资产管理蓝皮书
中国资产管理行业发展报告（2018）
著(编)者：郑智　2018年7月出版 / 估价：99.00元
PSN B-2014-407-2/2

资产证券化蓝皮书
中国资产证券化发展报告（2018）
著(编)者：纪志宏　2018年11月出版 / 估价：99.00元
PSN B-2017-660-1/1

自贸区蓝皮书
中国自贸区发展报告（2018）
著(编)者：王力 黄育华　2018年6月出版 / 估价：99.00元
PSN B-2016-558-1/1

国际问题与全球治理类

"一带一路"跨境通道蓝皮书
"一带一路"跨境通道建设研究报告（2018）
著(编)者：郭业洲　2018年8月出版 / 估价：99.00元
PSN B-2016-557-1/1

"一带一路"蓝皮书
"一带一路"建设发展报告（2018）
著(编)者：王晓泉　2018年6月出版 / 估价：99.00元
PSN B-2016-552-1/1

"一带一路"投资安全蓝皮书
中国"一带一路"投资与安全研究报告（2017~2018）
著(编)者：邹统钎 梁昊光　2018年4月出版 / 估价：99.00元
PSN B-2017-612-1/1

"一带一路"文化交流蓝皮书
中阿文化交流发展报告（2017）
著(编)者：王辉　2018年9月出版 / 估价：99.00元
PSN B-2017-655-1/1

G20国家创新竞争力黄皮书
二十国集团（G20）国家创新竞争力发展报告（2017~2018）
著(编)者：李建平 李闽榕 赵新力 周天勇
2018年7月出版 / 估价：168.00元
PSN Y-2011-229-1/1

阿拉伯黄皮书
阿拉伯发展报告（2016~2017）
著(编)者：罗林　2018年3月出版 / 估价：99.00元
PSN Y-2014-381-1/1

北部湾蓝皮书
泛北部湾合作发展报告（2017~2018）
著(编)者：吕余生　2018年12月出版 / 估价：99.00元
PSN B-2008-114-1/1

北极蓝皮书
北极地区发展报告（2017）
著(编)者：刘惠荣　2018年7月出版 / 估价：99.00元
PSN B-2017-634-1/1

大洋洲蓝皮书
大洋洲发展报告（2017~2018）
著(编)者：喻常森　2018年10月出版 / 估价：99.00元
PSN B-2013-341-1/1

东北亚区域合作蓝皮书
2017年"一带一路"倡议与东北亚区域合作
著(编)者：刘亚政 金美花
2018年5月出版 / 估价：99.00元
PSN B-2017-631-1/1

东盟黄皮书
东盟发展报告（2017）
著(编)者：杨晓强 庄国土
2018年3月出版 / 估价：99.00元
PSN Y-2012-303-1/1

东南亚蓝皮书
东南亚地区发展报告（2017~2018）
著(编)者：王勤　2018年12月出版 / 估价：99.00元
PSN B-2012-240-1/1

非洲黄皮书
非洲发展报告No.20（2017~2018）
著(编)者：张宏明　2018年7月出版 / 估价：99.00元
PSN Y-2012-239-1/1

非传统安全蓝皮书
中国非传统安全研究报告（2017~2018）
著(编)者：潇枫 罗中枢　2018年8月出版 / 估价：99.00元
PSN B-2012-273-1/1

行业及其他类

皮书系列 2018全品种

基金会透明度蓝皮书
中国基金会透明度发展研究报告（2018）
著（编）者：基金会中心网
　　　　　清华大学廉政与治理研究中心
2018年9月出版 / 估价：99.00元
PSN B-2013-339-1/1

建筑装饰蓝皮书
中国建筑装饰行业发展报告（2018）
著（编）者：葛道顺 刘晓一
2018年10月出版 / 估价：198.00元
PSN B-2016-553-1/1

金融监管蓝皮书
中国金融监管报告（2018）
著（编）者：胡滨　2018年5月出版 / 估价：99.00元
PSN B-2012-281-1/1

金融蓝皮书
中国互联网金融行业分析与评估（2018~2019）
著（编）者：黄国平 伍旭川　2018年12月出版 / 估价：99.00元
PSN B-2016-585-7/7

金融科技蓝皮书
中国金融科技发展报告（2018）
著（编）者：李扬 孙国峰　2018年10月出版 / 估价：99.00元
PSN B-2014-374-1/1

金融信息服务蓝皮书
中国金融信息服务发展报告（2018）
著（编）者：李平　2018年5月出版 / 估价：99.00元
PSN B-2017-621-1/1

京津冀金融蓝皮书
京津冀金融发展报告（2018）
著（编）者：王爱俭 王璟怡　2018年10月出版 / 估价：99.00元
PSN B-2016-527-1/1

科普蓝皮书
国家科普能力发展报告（2018）
著（编）者：王康友　2018年5月出版 / 估价：138.00元
PSN B-2017-632-4/4

科普蓝皮书
中国基层科普发展报告（2017~2018）
著（编）者：赵立新 陈玲　2018年9月出版 / 估价：99.00元
PSN B-2016-568-3/3

科普蓝皮书
中国科普基础设施发展报告（2017~2018）
著（编）者：任福君　2018年6月出版 / 估价：99.00元
PSN B-2010-174-1/3

科普蓝皮书
中国科普人才发展报告（2017~2018）
著（编）者：郑念 任嵘嵘　2018年7月出版 / 估价：99.00元
PSN B-2016-512-2/2

科普能力蓝皮书
中国科普能力评价报告（2018~2019）
著（编）者：李富强 李群　2018年8月出版 / 估价：99.00元
PSN B-2016-555-1/1

临空经济蓝皮书
中国临空经济发展报告（2018）
著（编）者：连玉明　2018年9月出版 / 估价：99.00元
PSN B-2014-421-1/1

旅游安全蓝皮书
中国旅游安全报告（2018）
著（编）者：郑向敏 谢朝武　2018年5月出版 / 估价：158.00元
PSN B-2012-280-1/1

旅游绿皮书
2017~2018年中国旅游发展分析与预测
著（编）者：宋瑞　2018年2月出版 / 估价：99.00元
PSN G-2002-018-1/1

煤炭蓝皮书
中国煤炭工业发展报告（2018）
著（编）者：岳福斌　2018年12月出版 / 估价：99.00元
PSN B-2008-123-1/1

民营企业社会责任蓝皮书
中国民营企业社会责任报告（2018）
著（编）者：中华全国工商业联合会
2018年12月出版 / 估价：99.00元
PSN B-2015-510-1/1

民营医院蓝皮书
中国民营医院发展报告（2017）
著（编）者：薛晓林　2018年1月出版 / 估价：99.00元
PSN B-2012-299-1/1

闽商蓝皮书
闽商发展报告（2018）
著（编）者：李闽榕 王日根 林琛
2018年12月出版 / 估价：99.00元
PSN B-2012-298-1/1

农业应对气候变化蓝皮书
中国农业气象灾害及其灾损评估报告（No.3）
著（编）者：矫梅燕　2018年1月出版 / 估价：118.00元
PSN B-2014-413-1/1

品牌蓝皮书
中国品牌战略发展报告（2018）
著（编）者：汪同三　2018年10月出版 / 估价：99.00元
PSN B-2016-580-1/1

企业扶贫蓝皮书
中国企业扶贫研究报告（2018）
著（编）者：钟宏武　2018年12月出版 / 估价：99.00元
PSN B-2016-593-1/1

企业公益蓝皮书
中国企业公益研究报告（2018）
著（编）者：钟宏武 汪杰 黄晓娟
2018年12月出版 / 估价：99.00元
PSN B-2015-501-1/1

企业国际化蓝皮书
中国企业全球化报告（2018）
著（编）者：王辉耀 苗绿　2018年11月出版 / 估价：99.00元
PSN B-2014-427-1/1

行业及其他类

"三农"互联网金融蓝皮书
中国"三农"互联网金融发展报告(2018)
著(编)者：李勇坚 王弢
2018年8月出版 / 估价：99.00元
PSN B-2016-560-1/1

SUV蓝皮书
中国SUV市场发展报告(2017~2018)
著(编)者：靳军　2018年9月出版 / 估价：99.00元
PSN B-2016-571-1/1

冰雪蓝皮书
中国冬季奥运会发展报告(2018)
著(编)者：孙承华 伍斌 魏庆华 张鸿俊
2018年9月出版 / 估价：99.00元
PSN B-2017-647-2/3

彩票蓝皮书
中国彩票发展报告(2018)
著(编)者：益彩基金　2018年4月出版 / 估价：99.00元
PSN B-2015-462-1/1

测绘地理信息蓝皮书
测绘地理信息供给侧结构性改革研究报告(2018)
著(编)者：库热西·买合苏提
2018年12月出版 / 估价：168.00元
PSN B-2009-145-1/1

产权市场蓝皮书
中国产权市场发展报告(2017)
著(编)者：曹和平　2018年5月出版 / 估价：99.00元
PSN B-2009-147-1/1

城投蓝皮书
中国城投行业发展报告(2018)
著(编)者：华景斌
2018年11月出版 / 估价：300.00元
PSN B-2016-514-1/1

大数据蓝皮书
中国大数据发展报告(No.2)
著(编)者：连玉明　2018年5月出版 / 估价：99.00元
PSN B-2017-620-1/1

大数据应用蓝皮书
中国大数据应用发展报告No.2(2018)
著(编)者：陈军君　2018年8月出版 / 估价：99.00元
PSN B-2017-644-1/1

对外投资与风险蓝皮书
中国对外直接投资与国家风险报告(2018)
著(编)者：中债资信评估有限责任公司
　　　　　中国社会科学院世界经济与政治研究所
2018年4月出版 / 估价：189.00元
PSN B-2017-606-1/1

工业和信息化蓝皮书
人工智能发展报告(2017~2018)
著(编)者：尹丽波　2018年6月出版 / 估价：99.00元
PSN B-2015-448-1/6

工业和信息化蓝皮书
世界智慧城市发展报告(2017~2018)
著(编)者：尹丽波　2018年6月出版 / 估价：99.00元
PSN B-2017-624-6/6

工业和信息化蓝皮书
世界网络安全发展报告(2017~2018)
著(编)者：尹丽波　2018年6月出版 / 估价：99.00元
PSN B-2015-452-5/6

工业和信息化蓝皮书
世界信息化发展报告(2017~2018)
著(编)者：尹丽波　2018年6月出版 / 估价：99.00元
PSN B-2015-451-4/6

工业设计蓝皮书
中国工业设计发展报告(2018)
著(编)者：王晓红 于炜 张立群　2018年9月出版 / 估价：168.00元
PSN B-2014-420-1/1

公共关系蓝皮书
中国公共关系发展报告(2018)
著(编)者：柳斌杰　2018年11月出版 / 估价：99.00元
PSN B-2016-579-1/1

管理蓝皮书
中国管理发展报告(2018)
著(编)者：张晓东　2018年10月出版 / 估价：99.00元
PSN B-2014-416-1/1

海关发展蓝皮书
中国海关发展前沿报告(2018)
著(编)者：干春晖　2018年6月出版 / 估价：99.00元
PSN B-2017-616-1/1

互联网医疗蓝皮书
中国互联网健康医疗发展报告(2018)
著(编)者：芮晓武　2018年6月出版 / 估价：99.00元
PSN B-2016-567-1/1

黄金市场蓝皮书
中国商业银行黄金业务发展报告(2017~2018)
著(编)者：平安银行　2018年3月出版 / 估价：99.00元
PSN B-2016-524-1/1

会展蓝皮书
中外会展业动态评估研究报告(2018)
著(编)者：张敏 任中峰 聂鑫焱 牛盼强
2018年12月出版 / 估价：99.00元
PSN B-2013-327-1/1

基金会蓝皮书
中国基金会发展报告(2017~2018)
著(编)者：中国基金会发展报告课题组
2018年4月出版 / 估价：99.00元
PSN B-2013-368-1/1

基金会绿皮书
中国基金会发展独立研究报告(2018)
著(编)者：基金会中心网 中央民族大学基金会研究中心
2018年6月出版 / 估价：99.00元
PSN G-2011-213-1/1

社会政法类

皮书系列 2018全品种

城市政府能力蓝皮书
中国城市政府公共服务能力评估报告（2018）
著(编)者：何艳玲　2018年4月出版／估价：99.00元
PSN B-2013-338-1/1

创业蓝皮书
中国创业发展研究报告（2017~2018）
著(编)者：黄群慧　赵卫星　钟宏武
2018年11月出版／估价：99.00元
PSN B-2016-577-1/1

慈善蓝皮书
中国慈善发展报告（2018）
著(编)者：杨团　2018年6月出版／估价：99.00元
PSN B-2009-142-1/1

党建蓝皮书
党的建设研究报告No.2（2018）
著(编)者：崔建民　陈东平　2018年1月出版／估价：99.00元
PSN B-2016-523-1/1

地方法治蓝皮书
中国地方法治发展报告No.3（2018）
著(编)者：李林　田禾　2018年3月出版／估价：118.00元
PSN B-2015-442-1/1

电子政务蓝皮书
中国电子政务发展报告（2018）
著(编)者：李季　2018年8月出版／估价：99.00元
PSN B-2003-022-1/1

法治蓝皮书
中国法治发展报告No.16（2018）
著(编)者：吕艳滨　2018年3月出版／估价：118.00元
PSN B-2014-027-1/3

法治蓝皮书
中国法院信息化发展报告No.2（2018）
著(编)者：李林　田禾　2018年2月出版／估价：108.00元
PSN B-2017-604-3/3

法治政府蓝皮书
中国法治政府发展报告（2018）
著(编)者：中国政法大学法治政府研究院
2018年4月出版／估价：99.00元
PSN B-2015-502-1/2

法治政府蓝皮书
中国法治政府评估报告（2018）
著(编)者：中国政法大学法治政府研究院
2018年9月出版／估价：168.00元
PSN B-2016-576-2/2

反腐倡廉蓝皮书
中国反腐倡廉建设报告No.8
著(编)者：张英伟　2018年12月出版／估价：99.00元
PSN B-2012-259-1/1

扶贫蓝皮书
中国扶贫开发报告（2018）
著(编)者：李培林　魏后凯　2018年12月出版／估价：128.00元
PSN B-2016-599-1/1

妇女发展蓝皮书
中国妇女发展报告 No.6
著(编)者：王金玲　2018年9月出版／估价：158.00元
PSN B-2006-069-1/1

妇女教育蓝皮书
中国妇女教育发展报告 No.3
著(编)者：张李玺　2018年10月出版／估价：99.00元
PSN B-2008-121-1/1

妇女绿皮书
2018年：中国性别平等与妇女发展报告
著(编)者：谭琳　2018年12月出版／估价：99.00元
PSN G-2006-073-1/1

公共安全蓝皮书
中国城市公共安全发展报告（2017~2018）
著(编)者：黄育华　杨文明　赵建辉
2018年6月出版／估价：99.00元
PSN B-2017-628-1/1

公共服务蓝皮书
中国城市基本公共服务力评价（2018）
著(编)者：钟君　刘志昌　吴正杲
2018年12月出版／估价：99.00元
PSN B-2011-214-1/1

公民科学素质蓝皮书
中国公民科学素质报告（2017~2018）
著(编)者：李群　陈雄　马宗文
2018年1月出版／估价：99.00元
PSN B-2014-379-1/1

公益蓝皮书
中国公益慈善发展报告（2016）
著(编)者：朱健刚　胡小军　2018年2月出版／估价：99.00元
PSN B-2012-283-1/1

国际人才蓝皮书
中国国际移民报告（2018）
著(编)者：王辉耀　2018年2月出版／估价：99.00元
PSN B-2012-304-3/4

国际人才蓝皮书
中国留学发展报告（2018）No.7
著(编)者：王辉耀　苗绿　2018年12月出版／估价：99.00元
PSN B-2012-244-2/4

海洋社会蓝皮书
中国海洋社会发展报告（2017）
著(编)者：崔凤　宋宁而　2018年3月出版／估价：99.00元
PSN B-2015-478-1/1

行政改革蓝皮书
中国行政体制改革报告No.7（2018）
著(编)者：魏礼群　2018年6月出版／估价：99.00元
PSN B-2011-231-1/1

华侨华人蓝皮书
华侨华人研究报告（2017）
著(编)者：贾益民　2018年1月出版／估价：139.00元
PSN B-2011-204-1/1

15

皮书系列 2018全品种 区域经济类·社会政法类

区域经济类

东北蓝皮书
中国东北地区发展报告（2018）
著(编)者：姜晓秋　2018年11月出版／估价：99.00元
PSN B-2006-067-1/1

金融蓝皮书
中国金融中心发展报告（2017~2018）
著(编)者：王力　黄育华　2018年11月出版／估价：99.00元
PSN B-2011-186-6/7

京津冀蓝皮书
京津冀发展报告（2018）
著(编)者：祝合良　叶堂林　张贵祥
2018年6月出版／估价：99.00元
PSN B-2012-262-1/1

西北蓝皮书
中国西北发展报告（2018）
著(编)者：任宗哲　白宽犁　王建康
2018年4月出版／估价：99.00元
PSN B-2012-261-1/1

西部蓝皮书
中国西部发展报告（2018）
著(编)者：璋勇　任保平　2018年8月出版／估价：99.00元
PSN B-2005-039-1/1

长江经济带产业蓝皮书
长江经济带产业发展报告（2018）
著(编)者：吴传清　2018年11月出版／估价：128.00元
PSN B-2017-666-1/1

长江经济带蓝皮书
长江经济带发展报告（2017~2018）
著(编)者：王振　2018年11月出版／估价：99.00元
PSN B-2016-575-1/1

长江中游城市群蓝皮书
长江中游城市群新型城镇化与产业协同发展报告（2018）
著(编)者：杨刚强　2018年11月出版／估价：99.00元
PSN B-2016-578-1/1

长三角蓝皮书
2017年创新融合发展的长三角
著(编)者：刘飞跃　2018年3月出版／估价：99.00元
PSN B-2005-038-1/1

长株潭城市群蓝皮书
长株潭城市群发展报告（2017）
著(编)者：张萍　朱有志　2018年1月出版／估价：99.00元
PSN B-2008-109-1/1

中部竞争力蓝皮书
中国中部经济社会竞争力报告（2018）
著(编)者：教育部人文社会科学重点研究基地南昌大学中国
　　　　　中部经济社会发展研究中心
2018年12月出版／估价：99.00元
PSN B-2012-276-1/1

中部蓝皮书
中国中部地区发展报告（2018）
著(编)者：宋亚平　2018年12月出版／估价：99.00元
PSN B-2007-089-1/1

区域蓝皮书
中国区域经济发展报告（2017~2018）
著(编)者：赵弘　2018年5月出版／估价：99.00元
PSN B-2004-034-1/1

中三角蓝皮书
长江中游城市群发展报告（2018）
著(编)者：秦尊文　2018年9月出版／估价：99.00元
PSN B-2014-417-1/1

中原蓝皮书
中原经济区发展报告（2018）
著(编)者：李英杰　2018年6月出版／估价：99.00元
PSN B-2011-192-1/1

珠三角流通蓝皮书
珠三角商圈发展研究报告（2018）
著(编)者：王先庆　林至颖　2018年7月出版／估价：99.00元
PSN B-2012-292-1/1

社会政法类

北京蓝皮书
中国社区发展报告（2017~2018）
著(编)者：于燕燕　2018年9月出版／估价：99.00元
PSN B-2007-083-5/8

殡葬绿皮书
中国殡葬事业发展报告（2017~2018）
著(编)者：李伯森　2018年4月出版／估价：158.00元
PSN G-2010-180-1/1

城市管理蓝皮书
中国城市管理报告（2017-2018）
著(编)者：刘林　刘承水　2018年5月出版／估价：158.00元
PSN B-2013-336-1/1

城市生活质量蓝皮书
中国城市生活质量报告（2017）
著(编)者：张连城　张平　杨春学　郎丽华
2018年2月出版／估价：99.00元
PSN B-2013-326-1/1

宏观经济类

城市蓝皮书
中国城市发展报告（No.11）
著(编)者：潘家华 单菁菁
2018年9月出版 / 估价：99.00元
PSN B-2007-091-1/1

城乡一体化蓝皮书
中国城乡一体化发展报告（2018）
著(编)者：付崇兰
2018年9月出版 / 估价：99.00元
PSN B-2011-226-1/2

城镇化蓝皮书
中国新型城镇化健康发展报告（2018）
著(编)者：张占斌
2018年8月出版 / 估价：99.00元
PSN B-2014-396-1/1

创新蓝皮书
创新型国家建设报告（2018~2019）
著(编)者：詹正茂
2018年12月出版 / 估价：99.00元
PSN B-2009-140-1/1

低碳发展蓝皮书
中国低碳发展报告（2018）
著(编)者：张希良 齐晔
2018年6月出版 / 估价：99.00元
PSN B-2011-223-1/1

低碳经济蓝皮书
中国低碳经济发展报告（2018）
著(编)者：薛进军 赵忠秀
2018年11月出版 / 估价：99.00元
PSN B-2011-194-1/1

发展和改革蓝皮书
中国经济发展和体制改革报告No.9
著(编)者：邹东涛 王再文
2018年1月出版 / 估价：99.00元
PSN B-2008-122-1/1

国家创新蓝皮书
中国创新发展报告（2017）
著(编)者：陈劲
2018年3月出版 / 估价：99.00元
PSN B-2014-370-1/1

金融蓝皮书
中国金融发展报告（2018）
著(编)者：王国刚
2018年2月出版 / 估价：99.00元
PSN B-2004-031-1/7

经济蓝皮书
2018年中国经济形势分析与预测
著(编)者：李平
2017年12月出版 / 定价：89.00元
PSN B-1996-001-1/1

经济蓝皮书春季号
2018年中国经济前景分析
著(编)者：李扬
2018年5月出版 / 估价：99.00元
PSN B-1999-008-1/1

经济蓝皮书夏季号
中国经济增长报告（2017~2018）
著(编)者：李扬
2018年9月出版 / 估价：99.00元
PSN B-2010-176-1/1

经济信息绿皮书
中国与世界经济发展报告（2018）
著(编)者：杜平
2017年12月出版 / 估价：99.00元
PSN G-2003-023-1/1

农村绿皮书
中国农村经济形势分析与预测（2017~2018）
著(编)者：魏后凯 黄秉信
2018年4月出版 / 估价：99.00元
PSN G-1998-003-1/1

人口与劳动绿皮书
中国人口与劳动问题报告No.19
著(编)者：张车伟
2018年11月出版 / 估价：99.00元
PSN G-2000-012-1/1

新型城镇化蓝皮书
新型城镇化发展报告（2017）
著(编)者：李伟 宋敏 沈体雁
2018年3月出版 / 估价：99.00元
PSN B-2005-038-1/1

中国省域竞争力蓝皮书
中国省域经济综合竞争力发展报告（2016~2017）
著(编)者：李建平 李闽榕 高燕京
2018年2月出版 / 估价：198.00元
PSN B-2007-088-1/1

中小城市绿皮书
中国中小城市发展报告（2018）
著(编)者：中国城市经济学会中小城市经济发展委员会
中国城镇化促进会中小城市发展委员会
《中国中小城市发展报告》编纂委员会
中小城市发展战略研究院
2018年11月出版 / 估价：128.00元
PSN G-2010-161-1/1

皮书系列重点推荐　地方发展类

地方发展类

北京蓝皮书

北京经济发展报告（2017～2018）

杨松/主编　2018年6月出版　估价：99.00元

◆ 本书对2017年北京市经济发展的整体形势进行了系统性的分析与回顾，并对2018年经济形势走势进行了预测与研判，聚焦北京市经济社会发展中的全局性、战略性和关键领域的重点问题，运用定量和定性分析相结合的方法，对北京市经济社会发展的现状、问题、成因进行了深入分析，提出了可操作性的对策建议。

温州蓝皮书

2018年温州经济社会形势分析与预测

蒋儒标　王春光　金浩/主编　2018年4月出版　估价：99.00元

◆ 本书是中共温州市委党校和中国社会科学院社会学研究所合作推出的第十一本温州蓝皮书，由来自党校、政府部门、科研机构、高校的专家、学者共同撰写的2017年温州区域发展形势的最新研究成果。

黑龙江蓝皮书

黑龙江社会发展报告（2018）

王爱丽/主编　2018年6月出版　估价：99.00元

◆ 本书以千份随机抽样问卷调查和专题研究为依据，运用社会学理论框架和分析方法，从专家和学者的独特视角，对2017年黑龙江省关系民生的问题进行广泛的调研与分析，并对2017年黑龙江省诸多社会热点和焦点问题进行了有益的探索。这些研究不仅可以为政府部门更加全面深入了解省情、科学制定决策提供智力支持，同时也可以为广大读者认识、了解、关注黑龙江社会发展提供理性思考。

文化传媒类 | 皮书系列 重点推荐

文化传媒类

新媒体蓝皮书
中国新媒体发展报告 No.9（2018）

唐绪军 / 主编　2018 年 6 月出版　估价：99.00 元

◆ 本书是由中国社会科学院新闻与传播研究所组织编写的关于新媒体发展的最新年度报告，旨在全面分析中国新媒体的发展现状，解读新媒体的发展趋势，探析新媒体的深刻影响。

移动互联网蓝皮书
中国移动互联网发展报告（2018）

余清楚 / 主编　2018 年 6 月出版　估价：99.00 元

◆ 本书着眼于对 2017 年度中国移动互联网的发展情况做深入解析，对未来发展趋势进行预测，力求从不同视角、不同层面全面剖析中国移动互联网发展的现状、年度突破及热点趋势等。

文化蓝皮书
中国文化消费需求景气评价报告（2018）

王亚南 / 主编　2018 年 2 月出版　估价：99.00 元

◆ 本书首创全国文化发展量化检测评价体系，也是至今全国唯一的文化民生量化检测评价体系，对于检验全国及各地 " 以人民为中心 " 的文化发展具有首创意义。

国别类

美国蓝皮书
美国研究报告(2018)

郑秉文 黄平 / 主编 2018年5月出版 估价:99.00元

◆ 本书是由中国社会科学院美国研究所主持完成的研究成果,它回顾了美国2017年的经济、政治形势与外交战略,对美国内政外交发生的重大事件及重要政策进行了较为全面的回顾和梳理。

德国蓝皮书
德国发展报告(2018)

郑春荣 / 主编 2018年6月出版 估价:99.00元

◆ 本报告由同济大学德国研究所组织编撰,由该领域的专家学者对德国的政治、经济、社会文化、外交等方面的形势发展情况,进行全面的阐述与分析。

俄罗斯黄皮书
俄罗斯发展报告(2018)

李永全 / 编著 2018年6月出版 估价:99.00元

◆ 本书系统介绍了2017年俄罗斯经济政治情况,并对2016年该地区发生的焦点、热点问题进行了分析与回顾;在此基础上,对该地区2018年的发展前景进行了预测。

国际问题与全球治理类

世界经济黄皮书
2018年世界经济形势分析与预测

张宇燕 / 主编   2018年1月出版   估价：99.00元

◆ 本书由中国社会科学院世界经济与政治研究所的研究团队撰写，分总论、国别与地区、专题、热点、世界经济统计与预测等五个部分，对2018年世界经济形势进行了分析。

国际城市蓝皮书
国际城市发展报告（2018）

屠启宇 / 主编   2018年2月出版   估价：99.00元

◆ 本书作者以上海社会科学院从事国际城市研究的学者团队为核心，汇集同济大学、华东师范大学、复旦大学、上海交通大学、南京大学、浙江大学相关城市研究专业学者。立足动态跟踪介绍国际城市发展时间中，最新出现的重大战略、重大理念、重大项目、重大报告和最佳案例。

非洲黄皮书
非洲发展报告No.20（2017~2018）

张宏明 / 主编   2018年7月出版   估价：99.00元

◆ 本书是由中国社会科学院西亚非洲研究所组织编撰的非洲形势年度报告，比较全面、系统地分析了2017年非洲政治形势和热点问题，探讨了非洲经济形势和市场走向，剖析了大国对非洲关系的新动向；此外，还介绍了国内非洲研究的新成果。

民营医院蓝皮书

中国民营医院发展报告（2018）

薛晓林 / 主编　2018年1月出版　估价：99.00元

◆ 本书在梳理国家对社会办医的各种利好政策的前提下，对我国民营医疗发展现状、我国民营医院竞争力进行了分析，并结合我国医疗体制改革对民营医院的发展趋势、发展策略、战略规划等方面进行了预估。

会展蓝皮书

中外会展业动态评估研究报告（2018）

张敏 / 主编　2018年12月出版　估价：99.00元

◆ 本书回顾了2017年的会展业发展动态，结合"供给侧改革"、"互联网+"、"绿色经济"的新形势分析了我国展会的行业现状，并介绍了国外的发展经验，有助于行业和社会了解最新的展会业动态。

中国上市公司蓝皮书

中国上市公司发展报告（2018）

张平　王宏淼 / 主编　2018年9月出版　估价：99.00元

◆ 本书由中国社会科学院上市公司研究中心组织编写的，着力于全面、真实、客观反映当前中国上市公司财务状况和价值评估的综合性年度报告。本书详尽分析了2017年中国上市公司情况，特别是现实中暴露出的制度性、基础性问题，并对资本市场改革进行了探讨。

工业和信息化蓝皮书

人工智能发展报告（2017~2018）

尹丽波 / 主编　2018年6月出版　估价：99.00元

◆ 本书国家工业信息安全发展研究中心在对2017年全球人工智能技术和产业进行全面跟踪研究基础上形成的研究报告。该报告内容翔实、视角独特，具有较强的产业发展前瞻性和预测性，可为相关主管部门、行业协会、企业等全面了解人工智能发展形势以及进行科学决策提供参考。

产业经济类

房地产蓝皮书
中国房地产发展报告 No.15（2018）

李春华 王业强 / 主编　2018 年 5 月出版　估价：99.00 元

◆ 2018 年《房地产蓝皮书》持续追踪中国房地产市场最新动态，深度剖析市场热点，展望 2018 年发展趋势，积极谋划应对策略。对 2017 年房地产市场的发展态势进行全面、综合的分析。

新能源汽车蓝皮书
中国新能源汽车产业发展报告（2018）

中国汽车技术研究中心　日产（中国）投资有限公司
东风汽车有限公司 / 编著　2018 年 8 月出版　估价：99.00 元

◆ 本书对中国 2017 年新能源汽车产业发展进行了全面系统的分析，并介绍了国外的发展经验。有助于相关机构、行业和社会公众等了解中国新能源汽车产业发展的最新动态，为政府部门出台新能源汽车产业相关政策法规、企业制定相关战略规划，提供必要的借鉴和参考。

行业及其他类

旅游绿皮书
2017~2018 年中国旅游发展分析与预测

中国社会科学院旅游研究中心 / 编　2018 年 2 月出版　估价：99.00 元

◆ 本书从政策、产业、市场、社会等多个角度勾画出 2017 年中国旅游发展全貌，剖析了其中的热点和核心问题，并就未来发展作出预测。

皮书系列重点推荐　　社会政法类

社会体制蓝皮书
中国社会体制改革报告No.6（2018）

龚维斌/主编　2018年3月出版　估价：99.00元

◆ 本书由国家行政学院社会治理研究中心和北京师范大学中国社会管理研究院共同组织编写，主要对2017年社会体制改革情况进行回顾和总结，对2018年的改革走向进行分析，提出相关政策建议。

社会心态蓝皮书
中国社会心态研究报告（2018）

王俊秀　杨宜音/主编　2018年12月出版　估价：99.00元

◆ 本书是中国社会科学院社会学研究所社会心理研究中心"社会心态蓝皮书课题组"的年度研究成果，运用社会心理学、社会学、经济学、传播学等多种学科的方法进行了调查和研究，对于目前中国社会心态状况有较广泛和深入的揭示。

华侨华人蓝皮书
华侨华人研究报告（2018）

贾益民/主编　2018年1月出版　估价：139.00元

◆ 本书关注华侨华人生产与生活的方方面面。华侨华人是中国建设21世纪海上丝绸之路的重要中介者、推动者和参与者。本书旨在全面调研华侨华人，提供最新涉侨动态、理论研究成果和政策建议。

民族发展蓝皮书
中国民族发展报告（2018）

王延中/主编　2018年10月出版　估价：188.00元

◆ 本书从民族学人类学视角，研究近年来少数民族和民族地区的发展情况，展示民族地区经济、政治、文化、社会和生态文明"五位一体"建设取得的辉煌成就和面临的困难挑战，为深刻理解中央民族工作会议精神、加快民族地区全面建成小康社会进程提供了实证材料。

社会政法类

社会蓝皮书
2018年中国社会形势分析与预测
李培林　陈光金　张翼 / 主编　2017年12月出版　定价：89.00元

◆ 本书由中国社会科学院社会学研究所组织研究机构专家、高校学者和政府研究人员撰写，聚焦当下社会热点，对2017年中国社会发展的各个方面内容进行了权威解读，同时对2018年社会形势发展趋势进行了预测。

法治蓝皮书
中国法治发展报告No.16（2018）
李林　田禾 / 主编　2018年3月出版　估价：118.00元

◆ 本年度法治蓝皮书回顾总结了2017年度中国法治发展取得的成就和存在的不足，对中国政府、司法、检务透明度进行了跟踪调研，并对2018年中国法治发展形势进行了预测和展望。

教育蓝皮书
中国教育发展报告（2018）
杨东平 / 主编　2018年4月出版　估价：99.00元

◆ 本书重点关注了2017年教育领域的热点，资料翔实，分析有据，既有专题研究，又有实践案例，从多角度对2017年教育改革和实践进行了分析和研究。

宏观经济类・区域经济类

中国省域竞争力蓝皮书
中国省域经济综合竞争力发展报告（2017～2018）

李建平　李闽榕　高燕京/主编　2018年5月出版　估价：198.00元

◆ 本书融多学科的理论为一体，深入追踪研究了省域经济发展与中国国家竞争力的内在关系，为提升中国省域经济综合竞争力提供有价值的决策依据。

金融蓝皮书
中国金融发展报告（2018）

王国刚/主编　2018年2月出版　估价：99.00元

◆ 本书由中国社会科学院金融研究所组织编写，概括和分析了2017年中国金融发展和运行中的各方面情况，研讨和评论了2017年发生的主要金融事件，有利于读者了解掌握2017年中国的金融状况，把握2018年中国金融的走势。

区域经济类

京津冀蓝皮书
京津冀发展报告（2018）

祝合良　叶堂林　张贵祥/等著　2018年6月出版　估价：99.00元

◆ 本书遵循问题导向与目标导向相结合、统计数据分析与大数据分析相结合、纵向分析和长期监测与结构分析和综合监测相结合等原则，对京津冀协同发展新形势与新进展进行测度与评价。

宏观经济类

宏观经济类　　皮书系列重点推荐

经济蓝皮书
2018年中国经济形势分析与预测
李平 / 主编　2017年12月出版　定价：89.00元

◆ 本书为总理基金项目，由著名经济学家李扬领衔，联合中国社会科学院等数十家科研机构、国家部委和高等院校的专家共同撰写，系统分析了2017年的中国经济形势并预测2018年中国经济运行情况。

城市蓝皮书
中国城市发展报告 No.11
潘家华　单菁菁 / 主编　2018年9月出版　估价：99.00元

◆ 本书是由中国社会科学院城市发展与环境研究中心编著的，多角度、全方位地立体展示了中国城市的发展状况，并对中国城市的未来发展提出了许多建议。该书有强烈的时代感，对中国城市发展实践有重要的参考价值。

人口与劳动绿皮书
中国人口与劳动问题报告 No.19
张车伟 / 主编　2018年10月出版　估价：99.00元

◆ 本书为中国社会科学院人口与劳动经济研究所主编的年度报告，对当前中国人口与劳动形势做了比较全面和系统的深入讨论，为研究中国人口与劳动问题提供了一个专业性的视角。

社会科学文献出版社简介

社会科学文献出版社（以下简称"社科文献出版社"）成立于1985年，是直属于中国社会科学院的人文社会科学学术出版机构。成立至今，社科文献出版社始终依托中国社会科学院和国内外人文社会科学界丰厚的学术出版和专家学者资源，坚持"创社科经典，出传世文献"的出版理念、"权威、前沿、原创"的产品定位以及学术成果和智库成果出版的专业化、数字化、国际化、市场化的经营道路。

社科文献出版社是中国新闻出版业转型与文化体制改革的先行者。积极探索文化体制改革的先进方向和现代企业经营决策机制，社科文献出版社先后荣获"全国文化体制改革工作先进单位"、中国出版政府奖·先进出版单位奖，中国社会科学院先进集体、全国科普工作先进集体等荣誉称号。多人次荣获"第十届韬奋出版奖""全国新闻出版行业领军人才""数字出版先进人物""北京市新闻出版广电行业领军人才"等称号。

社科文献出版社是中国人文社会科学学术出版的大社名社，也是以皮书为代表的智库成果出版的专业强社。年出版图书2000余种，其中皮书400余种，出版新书字数5.5亿字，承印与发行中国社科院院属期刊72种，先后创立了皮书系列、列国志、中国史话、社科文献学术译库、社科文献学术文库、甲骨文书系等一大批既有学术影响又有市场价值的品牌，确立了在社会学、近代史、苏东问题研究等专业学科及领域出版的领先地位。图书多次荣获中国出版政府奖、"三个一百"原创图书出版工程、"五个'一'工程奖"、"大众喜爱的50种图书"等奖项，在中央国家机关"强素质·做表率"读书活动中，入选图书品种数位居各大出版社之首。

社科文献出版社是中国学术出版规范与标准的倡议者与制定者，代表全国50多家出版社发起实施学术著作出版规范的倡议，承担学术著作规范国家标准的起草工作，率先编撰完成《皮书手册》对皮书品牌进行规范化管理，并在此基础上推出中国版芝加哥手册——《社科文献出版社学术出版手册》。

社科文献出版社是中国数字出版的引领者，拥有皮书数据库、列国志数据库、"一带一路"数据库、减贫数据库、集刊数据库等4大产品线11个数据库产品，机构用户达1300余家，海外用户百余家，荣获"数字出版转型示范单位""新闻出版标准化先进单位""专业数字内容资源知识服务模式试点企业标准化示范单位"等称号。

社科文献出版社是中国学术出版走出去的践行者。社科文献出版社海外图书出版与学术合作业务遍及全球40余个国家和地区，并于2016年成立俄罗斯分社，累计输出图书500余种，涉及近20个语种，累计获得国家社科基金中华学术外译项目资助76种、"丝路书香工程"项目资助60种、中国图书对外推广计划项目资助71种以及经典中国国际出版工程资助28种，被五部委联合认定为"2015-2016年度国家文化出口重点企业"。

如今，社科文献出版社完全靠自身积累拥有固定资产3.6亿元，年收入3亿元，设置了七大出版分社、六大专业部门，成立了皮书研究院和博士后科研工作站，培养了一支近400人的高素质与高效率的编辑、出版、营销和国际推广队伍，为未来成为学术出版的大社、名社、强社，成为文化体制改革与文化企业转型发展的排头兵奠定了坚实的基础。

社长致辞

蓦然回首，皮书的专业化历程已经走过了二十年。20年来从一个出版社的学术产品名称到媒体热词再到智库成果研创及传播平台，皮书以专业化为主线，进行了系列化、市场化、品牌化、数字化、国际化、平台化的运作，实现了跨越式的发展。特别是在党的十八大以后，以习近平总书记为核心的党中央高度重视新型智库建设，皮书也迎来了长足的发展，总品种达到600余种，经过专业评审机制、淘汰机制遴选，目前，每年稳定出版近400个品种。"皮书"已经成为中国新型智库建设的抓手，成为国际国内社会各界快速、便捷地了解真实中国的最佳窗口。

20年孜孜以求，"皮书"始终将自己的研究视野与经济社会发展中的前沿热点问题紧密相连。600个研究领域，3万多位分布于800余个研究机构的专家学者参与了研创写作。皮书数据库中共收录了15万篇专业报告，50余万张数据图表，合计30亿字，每年报告下载量近80万次。皮书为中国学术与社会发展实践的结合提供了一个激荡智力、传播思想的入口，皮书作者们用学术的话语、客观翔实的数据谱写出了中国故事壮丽的篇章。

20年跬步千里，"皮书"始终将自己的发展与时代赋予的使命与责任紧紧相连。每年百余场新闻发布会，10万余次中外媒体报道，中、英、俄、日、韩等12个语种共同出版。皮书所具有的凝聚力正在形成一种无形的力量，吸引着社会各界关注中国的发展，参与中国的发展，它是我们向世界传递中国声音、总结中国经验、争取中国国际话语权最主要的平台。

皮书这一系列成就的取得，得益于中国改革开放的伟大时代，离不开来自中国社会科学院、新闻出版广电总局、全国哲学社会科学规划办公室等主管部门的大力支持和帮助，也离不开皮书研创者和出版者的共同努力。他们与皮书的故事创造了皮书的历史，他们对皮书的拳拳之心将继续谱写皮书的未来！

现在，"皮书"品牌已经进入了快速成长的青壮年时期。全方位进行规范化管理，树立中国的学术出版标准；不断提升皮书的内容质量和影响力，搭建起中国智库产品和智库建设的交流服务平台和国际传播平台；发布各类皮书指数，并使之成为中国指数，让中国智库的声音响彻世界舞台，为人类的发展做出中国的贡献——这是皮书未来发展的图景。作为"皮书"这个概念的提出者，"皮书"从一般图书到系列图书和品牌图书，最终成为智库研究和社会科学应用对策研究的知识服务和成果推广平台这一整个过程的操盘者，我相信，这也是每一位皮书人执着追求的目标。

"当代中国正经历着我国历史上最为广泛而深刻的社会变革，也正在进行着人类历史上最为宏大而独特的实践创新。这种前无古人的伟大实践，必将给理论创造、学术繁荣提供强大动力和广阔空间。"

在这个需要思想而且一定能够产生思想的时代，皮书的研创出版一定能创造出新的更大的辉煌！

社会科学文献出版社社长
中国社会学会秘书长

2017年11月